■2025年度中学受験用

横浜翠陵中学校

4年間スー

●収録内容一覧

入試問題と解説・解答の収録内容

2024年度　１回	算数・社会・理科・国語	実物解答用紙DL
2024年度　２回	算数・社会・理科・国語 （解答のみ）	実物解答用紙DL
2023年度　１回	算数・社会・理科・国語	実物解答用紙DL
2023年度　２回	算数・社会・理科・国語 （解答のみ）	実物解答用紙DL
2022年度　１回	算数・社会・理科・国語	実物解答用紙DL
2022年度　２回	算数・社会・理科・国語 （解答のみ）	実物解答用紙DL
2021年度　１回	算数・社会・理科・国語	
2021年度　２回	算数・社会・理科・国語 （解答のみ）	

～本書ご利用上の注意～　以下の点について，あらかじめご了承ください。

★**別冊解答用紙は巻末にございます。実物解答用紙は，弊社サイトの各校商品情報ページより，一部または全部をダウンロードできます。**

★編集の都合上，学校実施のすべての試験を掲載していない場合がございます。

★当問題集のバックナンバーは，弊社には在庫がございません（ネット書店などに一部在庫あり）。

合格を勝ち取るための『スーパー過去問』の使い方

本書に掲載されている過去問をご覧になって，「難しそう」と感じたかもしれません。でも，多くの受験生が同じように感じているはずです。なぜなら，中学入試で出題される問題は，小学校で習う内容よりも高度なものが多く，たくさんの知識や解き方のコツを身につけることも必要だからです。ですから，初めて本書に取り組むさいには，点数を気にしすぎないようにしましょう。本番でしっかり点数を取れることが大事なのです。

過去問で重要なのは「まちがえること」です。自分の弱点を知るために，過去問に取り組むのです。当然，まちがえた問題をそのままにしておいては意味がありません。

本書には，長年にわたって中学入試にたずさわっているスタッフによるていねいな解説がついています。まちがえた問題はしっかりと解説を読み，できるようになるまで何度も解き直しをしてください。理解できていないと感じた分野については，参考書や資料集などを活用し，改めて整理しておきましょう。

このページも参考にしてみましょう！

◆どの年度から解こうかな　「入試問題と解説・解答の収録内容一覧」

本書のはじめには収録内容が掲載されていますので，収録年度や収録されている入試回などを確認できます。

※著作権上の都合によって掲載できない問題が収録されている場合は，最新年度の問題の前に，ピンク色の紙を差しこんでご案内しています。

◆学校の情報を知ろう!!「学校紹介ページ」

このページのあとに，各学校の基本情報などを掲載しています。問題を解くのに疲れたら息ぬきに読んで，志望校合格への気持ちを新たにし，再び過去問に挑戦してみるのもよいでしょう。なお，最新の情報につきましては，学校のホームページなどでご確認ください。

◆入試に向けてどんな対策をしよう？「出題傾向＆対策」

「学校紹介ページ」に続いて，「出題傾向＆対策」ページがあります。過去にどのような分野の問題が出題され，どのように対策すればよいかをアドバイスしていますので，参考にしてください。

◇別冊「入試問題解答用紙編」

本書の巻末には，ぬき取って使える別冊の解答用紙が収録してあります。解答用紙が非公表の場合などを除き，（注）が記載されたページの指定倍率にしたがって拡大コピーをとれば，実際の入試問題とほぼ同じ解答欄の大きさで，何度でも過去問に取り組むことができます。このように，入試本番に近い条件で練習できるのも，本書の強みです。また，データが公表されている学校は別冊の１ページ目に過去の「入試結果表」を掲載しています。合格に必要な得点の目安として活用してください。

本書がみなさんの志望校合格の助けとなることを，心より願っています。

株式会社　声の教育社　編集部

横浜翠陵中学校

所在地	〒226-0015 神奈川県横浜市緑区三保町1
電　話	045-921-0301(代)
ホームページ	https://www.suiryo.ed.jp/
交通案内	JR 横浜線「十日市場駅」より徒歩20分またはバス7分 東急田園都市線「青葉台駅」よりバス15分，相鉄線「三ツ境駅」よりバス20分

くわしい情報は
ホームページへ

トピックス

★桜並木と銀杏並木が季節ごとに違う彩りでキャンパスを飾ります。
★朝の10分間を使って計算演習を行い，1日のウォーミングアップをはかります。

創立年
平成11年

男女共学

高校募集
あり

2024年度応募状況

募集数			応募数	受験数	合格数	倍率
①	30名	男	40名	16名	13名	1.2倍
		女	20名	8名	6名	1.3倍
適		男	6名	6名	6名	1.0倍
		女	3名	3名	2名	1.5倍
②	30名	男	62名	44名	30名	1.5倍
		女	31名	22名	18名	1.2倍
③	10名	男	57名	20名	12名	1.7倍
		女	30名	11名	4名	2.8倍
④	10名	男	84名	40名	28名	1.4倍
		女	42名	21名	11名	1.9倍
⑤	10名	男	79名	12名	7名	1.7倍
		女	47名	13名	6名	2.2倍

※①・③は帰国生入試を含む。

入試情報（参考：昨年度）

＜一般＞
第１回…２月１日午前　　第２回…２月１日午後
第３回…２月２日午前　　第４回…２月３日午後
第５回…２月５日午前
＜適性検査型＞　２月１日午前
＜英語資格型＞　２月１日午前／２月２日午前
※試験科目は，一般第１～３，５回が２科(国算)または４科(国算理社)，一般第４回が１科(国または算)，適性検査型がⅠ型(人文・社会科学系)・Ⅱ型(数理・自然科学系)，英語資格型が国または算＋英語資格。

本校の教育

建学の精神「考えて行動のできる人の育成」
校訓「考えることのできる人」
モットー「Think ＆ Challenge！」

本校では青年期の人間形成にあたって，“Think ＆ Challenge！”をモットーとし，自主性に富んだ，誠実で，実行力のある人間の育成を教育の方針とする。

教育目標
1．目標を持って考えて行動し，自分の行動に責任を持てる人間を育成する。
2．人を愛し，社会と国を愛し，世界を愛する寛容の精神を養う。
3．勤労に積極的に取り組み，心身ともに健康で明るい人間を育成する。
4．豊かな教養と徳性の育成につとめ，有益な社会人としての資質を養う。
5．幅広い視野を持ち，国際社会で活躍できる知識と能力を有する人間を育成する。

2024年春の主な大学合格実績

＜国公立大学＞
東京学芸大，東京海洋大，宇都宮大，東京都立大
＜私立大学＞
東京理科大，明治大，青山学院大，立教大，中央大，法政大，学習院大，成蹊大，成城大，明治学院大，國學院大，武蔵大，日本大，東洋大，専修大，東京女子大，日本女子大，東京都市大

編集部注―本書の内容は2024年4月現在のものであり，変更されている場合があります。正式な情報は，学校のホームページ等で必ずご確認ください。

算数　出題傾向＆対策

◆基本データ（2024年度１回）

試験時間／満点	50分／100点
問題構成	・大問数…６題 計算１題（５問）／応用小問１題（５問）／応用問題４題 ・小問数…20問
解答形式	応用問題では，考え方や式を書くスペースが設けられている設問もある。
実際の問題用紙	Ａ４サイズ，小冊子形式
実際の解答用紙	Ａ３サイズ

◆出題傾向と内容

▶過去３年の出題率トップ３
１位：四則計算・逆算25％　２位：角度・面積・長さ９％　３位：速さなど６％
▶今年の出題率トップ３
１位：四則計算・逆算23％　２位：角度・面積・長さ14％　３位：整数・小数・分数の性質９％

標準的な問題量になっており，比較的よゆうを持って問題を解くことができるでしょう。レベル的にも素直な問題が多く，いわゆる難問・奇問のたぐいは見られません。

１題めの計算問題では，整数・小数・分数の四則計算のほか，逆算も出題されています。

２題めの応用小問では，数の性質，数列，場合の数，角度，面積，体積・表面積，平均とのべ，相当算などが出題されています。

３題め以降の応用問題では，図形分野と規則性からの出題がめだちます。また，記述形式の問題も出されています。

◆対策～合格点を取るには？～

本校の算数は，基本が重視され，難問が見あたらない問題構成です。したがって，対策としては，計算力を確実なものにすることと，応用小問の攻略法を身につけ，実戦力を高めることがあげられます。計算力は毎日の問題練習でしか身につきません。応用小問対策としては，類題研究が有効です。特に，式の計算，規則性，場合の数などは，多くの類題にあたっておきましょう。なお，図形やグラフを使った問題などは，論理的に考える力，「題意」を明確につかむ力が特に必要です。さまざまな問題に取り組み，算数のセンスを身につけてください。

分野＼年度		2024		2023		2022	
		1回	2回	1回	2回	1回	2回
計算	四則計算・逆算	●	●	●	●	●	●
	計算のくふう	○	○	○	○	○	○
	単位の計算						
和と差	和差算・分配算						
	消去算						
	つるかめ算						
	平均とのべ	○	○	○	○	○	○
	過不足算・差集め算						
	集まり						
	年齢算						
割合と比	割合と比			○	○		
	正比例と反比例						
	還元算・相当算			○	○	○	○
	比の性質	○					
	倍数算		○		○		
	売買損益						○
	濃度						
	仕事算						
	ニュートン算				●		
速さ	速さ	○	○		◎		◎
	旅人算		○	●	○		
	通過算						
	流水算						
	時計算						
	速さと比						○
図形	角度・面積・長さ	◎	◎	●	○	◎	○
	辺の比と面積の比・相似				○		
	体積・表面積	○	○				
	水の深さと体積						
	展開図						
	構成・分割						
	図形・点の移動	○	○		◎	○	○
表とグラフ					○		
数の性質	約数と倍数	○		○	○		
	N進数						
	約束記号・文字式	○		○	○		
	整数・小数・分数の性質	○	◎	○	○		○
規則性	植木算		○				
	周期算			○			
	数列			●		○	○
	方陣算		○				
	図形と規則				◎	○	
場合の数				○			
調べ・推理・条件の整理		○		○		○	○
その他							

※　○印はその分野の問題が１題，◎印は２題，●印は３題以上出題されたことをしめします。

社会　出題傾向＆対策

◆基本データ（2024年度１回）

試験時間／満点	理科と合わせて50分／50点
問　題　構　成	・大問数…３題 ・小問数…20問
解　答　形　式	記号選択と用語の記入が大半だが，短文記述もある。また，漢字指定のものもある。
実際の問題用紙	Ａ４サイズ，小冊子形式
実際の解答用紙	Ａ４サイズ

分野＼年度			2024		2023		2022	
			1回	2回	1回	2回	1回	2回
日本の地理		地図の見方						
		国土・自然・気候	○	○	○	○	○	○
		資源						
		農林水産業	○		○		○	○
		工業		○			○	
		交通・通信・貿易						
		人口・生活・文化		○		○		
		各地方の特色						
		地理総合						
世界の地理					○			
日本の歴史	時代	原始～古代	○	○			○	○
		中世～近世	○		○	○	○	○
		近代～現代						○
	テーマ	政治・法律史		○	★	★	★	
		産業・経済史						
		文化・宗教史	★	★			○	
		外交・戦争史	○					
		歴史総合						★
世界の歴史								
政治		憲法						★
		国会・内閣・裁判所	★		○	○	○	
		地方自治			○			
		経済						
		生活と福祉						
		国際関係・国際政治		○	○	○	○	
		政治総合						
環境問題				★		○		
時事問題					★	○	★	
世界遺産								
複数分野総合								

※　原始～古代…平安時代以前，中世～近世…鎌倉時代～江戸時代，近代～現代…明治時代以降
※　★印は大問の中心となる分野をしめします。

◆出題傾向と内容

地理・歴史・政治（時事などをふくむ）の各分野からまんべんなく出題されています。問題のレベルは標準的です。

●地理…２つの都道府県について，自然，気候，産業などの基本的な知識が問われています。また，海外の地理が出題されることもあるので注意が必要です。

●歴史…ＮＨＫの大河ドラマとその時代のできごとに関する文章や史料から，事件や人物名，文化に関連することがらを問うものが出されています。特定の時代が問われる場合と，広い範囲の時代にわたって問われる場合があります。人物名や歴史的できごとを漢字で書くように指示されることも増えています。

●政治…国会についての文章から，役割や制度などについて出題されています。国会や内閣，憲法，三権のしくみ，国政選挙，地方自治をはじめ，環境問題や，現在の日本の国際関係における問題など，大きな注目を集めるニュースに気を配る必要があります。

◆対策～合格点を取るには？～

はば広い知識が問われていますが，問題のレベルは標準的ですから，まず，基礎を固めることを心がけてください。教科書のほか，説明がていねいでやさしい標準的な参考書を選び，基本事項をしっかりと身につけましょう。

地理分野では，地図とグラフが欠かせません。つねにこれらを参照しながら，白地図作業帳を利用して地形と気候をまとめ，そこから産業のようす（もちろん統計表も使います）へと広げていってください。

歴史分野では，教科書や参考書を読むだけでなく，自分で年表を作って覚えると学習効果が上がります。できあがった年表は，各時代，各分野のまとめに活用できます。本校の歴史の問題にはさまざまな分野が取り上げられていますから，この作業はおおいに威力を発揮するはずです。

政治分野では，日本国憲法の基本的な内容と三権についてはひと通りおさえておいた方がよいでしょう。また，時事問題については，新聞やテレビ番組などでニュースを確認し，国の政治や経済の動き，世界各国の情勢などについて，ノートにまとめておきましょう。

理科 出題傾向＆対策

◆基本データ（2024年度１回）

試験時間／満点	社会と合わせて50分／50点
問題構成	・大問数…４題 ・小問数…24問
解答形式	記号選択と適語・数値の記入が大半だが，短文記述も出題されている。
実際の問題用紙	Ａ４サイズ，小冊子形式
実際の解答用紙	Ａ４サイズ

◆出題傾向と内容

本校の理科は，すべての分野からバランスよく出題される傾向にあります。どの分野も，基礎的な内容が中心の出題です。

●**生命**…種子の発芽，植物の分類，根・茎・葉のつくり，無セキツイ動物，心臓のしくみとはたらき，ヒトの感覚器のつくりとはたらき，ヒトの消化器官，ヒトの呼吸のしくみ，植物と二酸化炭素の増減などが出題されています。

●**物質**…気体の発生と性質，ものの燃え方，ものの溶け方，水溶液の性質，中和反応などについての問題が出されています。

●**エネルギー**…浮力と密度・圧力，電気回路，豆電球と発光ダイオード，気温と音の速さ，音の伝わり方，ふりこ・物体の運動などが取り上げられています。

●**地球**…季節と太陽の動き，星座早見，季節の星座や星の動き，フェーン現象，風のふき方，天気の変化，気象の観測，台風の特ちょう，火山・地震などが見られます。その他，環境問題や時事問題なども出題されています。

分野＼年度		2024 1回	2024 2回	2023 1回	2023 2回	2022 1回	2022 2回
生命	植物		★	★			★
	動物	★	○		○		
	人体				★	★	
	生物と環境						
	季節と生物						
	生命総合						
物質	物質のすがた	★					
	気体の性質		○	○	★	★	
	水溶液の性質						★
	ものの溶け方			★			
	金属の性質						
	ものの燃え方		★				
	物質総合						
エネルギー	てこ・滑車・輪軸						
	ばねののび方						
	ふりこ・物体の運動			★			
	浮力と密度・圧力				★		
	光の進み方						
	ものの温まり方						
	音の伝わり方		★			★	
	電気回路	★					★
	磁石・電磁石						
	エネルギー総合						
地球	地球・月・太陽系			★			
	星と星座	★					
	風・雲と天候		★		★	★	
	気温・地温・湿度				○		
	流水のはたらき・地層と岩石						
	火山・地震						★
	地球総合						
実験器具							
観察							
環境問題					○	○	
時事問題						○	
複数分野総合							

※　★印は大問の中心となる分野をしめします。

◆対策～合格点を取るには？～

本校の理科は，実験・観察・観測をもとにした問題が中心となっています。したがって，まず基礎的な知識をはやいうちに身につけ，そのうえで，問題集で演習をくり返すのがよいでしょう。

「生命」は，身につけなければならない基本知識の多い分野です。動物やヒトのからだのつくり，植物のつくりと成長などを中心に，ノートにまとめながら知識を深めましょう。

「物質」は，気体や水溶液，金属などの性質に重点をおいて学習するとよいでしょう。また，中和反応や濃度，気体の発生など，表やグラフをもとに計算させる問題にも積極的に取り組むように心がけてください。

「エネルギー」では，計算問題としてよく出される力のつり合いに注目しましょう。てんびんとものの重さ，てこ，輪軸，ふりこの運動などについて，それぞれの基本的な考え方をしっかりマスターし，さまざまなパターンの計算問題にチャレンジしてください。

「地球」では，太陽・月・地球の動き，季節と星座の動きがもっとも重要なポイントです。また，天気と気温・湿度の変化，地層のでき方などもきちんとおさえておきましょう。

国語　出題傾向＆対策

◆基本データ（2024年度１回）

試験時間／満点	50分／100点
問題構成	・大問数…４題 文章読解題２題／知識問題２題 ・小問数…23問
解答形式	記号選択と書きぬきが中心となっているが，文章中のことばを使って書かせる記述問題も見られる。
実際の問題用紙	Ａ４サイズ，小冊子形式
実際の解答用紙	Ａ４サイズ

◆出題傾向と内容

▶近年の出典情報（著者名）
説明文：田中淳夫　森　達也　内田　樹
小　説：瀬尾まい子　関口　尚　町田そのこ

●読解問題…取り上げられる文章のジャンルは説明文・論説文と小説・物語文の組み合わせがほとんどです。出題内容を見ると，説明文・論説文では，論旨の展開を正しく理解しているかどうかをためすもの，小説・物語文では，状況や登場人物の性格などとからめ，心情を問うものが中心です。さらに，指示語の内容，接続語や副詞などの補充，語句の意味など，さまざまなものが出題されています。

●知識問題…漢字の読みと書き取りが出されます。また，慣用句・ことわざ，対義語，四字熟語の意味などを選ぶ問題もあります。

◆対策～合格点を取るには？～

入試で正しい答えを出せるようにするためには，なるべく多くの読解問題にあたり，出題内容や出題形式に慣れることが大切です。問題集に取り組むさいは，指示語の内容や接続語に注意しながら，文章がどのように展開しているかを読み取るように気をつけましょう。また，答え合わせをした後は，漢字やことばの意味を辞書で調べてまとめるのはもちろん，正解した設問でも解説をしっかり読んで解答の道すじを明らかにし，本番で自信をもって答えられるようにしておきましょう。

知識問題については，分野ごとに短期間に集中して覚えるのが効果的です。ただし，漢字は毎日少しずつ学習するとよいでしょう。

		年度	2024		2023		2022	
		分野	1回	2回	1回	2回	1回	2回
読	文章の種類	説明文・論説文	★	★	★	★	★	★
		小説・物語・伝記	★	★	★	★	★	★
		随筆・紀行・日記						
		会話・戯曲						
		詩						
		短歌・俳句						
解	内容の分類	主題・要旨						
		内容理解	○	○	○	○	○	○
		文脈・段落構成				○		○
		指示語・接続語	○	○		○	○	○
		その他	○	○	○	○	○	○
知	漢字	漢字の読み	○	○	○	○	○	○
		漢字の書き取り	○	○	○	○	○	○
		部首・画数・筆順						
	語句	語句の意味						
		かなづかい						
		熟語	○	○	○	○	○	○
		慣用句・ことわざ	○	○	○	○	○	○
識	文法	文の組み立て						
		品詞・用法						
		敬語						
	形式・技法							
	文学作品の知識							
	その他							
	知識総合		★	★	★	★	★	★
表現	作文							
	短文記述							
	その他							
放送問題								

※　★印は大問の中心となる分野をしめします。

カコを追いかけ
ミライをつかめ
「今の説明、もう一回」を何度でも
web過去問
ストリーミング配信による入試問題の解説動画
もっと古いカコモンないの？
カコ過去問
「さらにカコの」過去問をHPに掲載（DL）
声の教育社
詳しくはこちらから

2024 年度

横浜翠陵中学校

【算　数】〈第１回試験〉（50分）〈満点：100点〉

1　次の □ にあてはまる数を求めなさい。

(1) $137-(6\times 83+30)\div 11=$ □

(2) $\left(2\frac{1}{3}+1\frac{1}{8}\right)\div 6\frac{11}{12}=$ □

(3) $(7.3\times 2.8+6.06)\div 5.3=$ □

(4) $72\times 2.01-27\times 2.01+5\times 2.01=$ □

(5) $(179+$ □ $\times 23)\div 12=59$

2　次の各問いに答えなさい。

問１．1から20までの整数の中で，3または4でわりきれる数は何個ありますか。

問２．Ａさん，Ｂさん，Ｃさんの３人の年齢《れい》は，ＡさんとＢさんの比が５：４，ＡさんとＣさんの比が９：４になっています。Ｂさんが36歳《さい》のとき，Ｃさんは何歳ですか。

問３．「計算」，「文章題」，「図形」の３種類の小テストがあり，それぞれ20点満点です。ある人は「計算」が16点，「文章題」と「図形」は同じ点数で，３つの結果を平均すると14点でした。この人の「文章題」は何点ですか。

問４．右の図は，長方形の紙の一部分を折り曲げたものです。
アの角度は何度ですか。

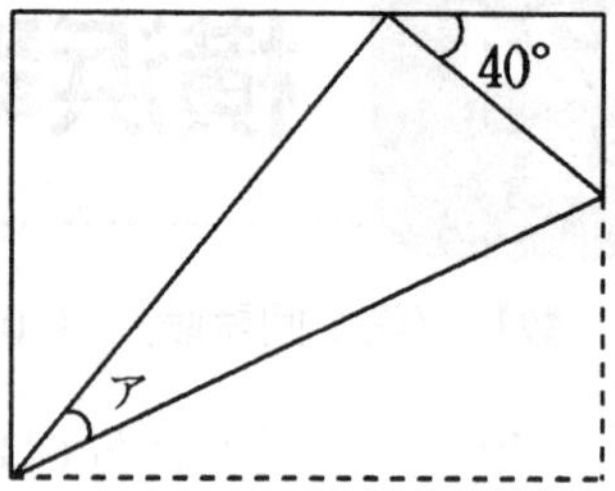

問５．たてX cm，横Y cm，高さZ cmの直方体について，$(X \times Y + Y \times Z + Z \times X) \times 2$　は
『直方体の何』を表した式ですか。１行程度の文章で答えなさい。

3　図のように，校庭にたて300m，横240mの長方形の枠《わく》があり，長方形の各辺の真ん中の位置をA，B，C，Dとします。また，AとB，CとDをそれぞれ直線で結び，白線を引きました。２本の白線が交わる位置をEとします。太郎さんと花子さんは最初Eの位置にいて，太郎さんは『E ⇒ B ⇒ E ⇒ A ⇒ E　⇒ ……』と白線上を毎分60mの速さで往復します。花子さんは『E ⇒ D ⇒ E ⇒ C ⇒ E ⇒ ……』と白線上を一定の速さで往復します。太郎さんと花子さんが同時にEを出発して，太郎さんが初めてEにもどってきたとき，花子さんは初めてDに着いてから30m進んだ位置にいました。このとき，次の各問いに答えなさい。

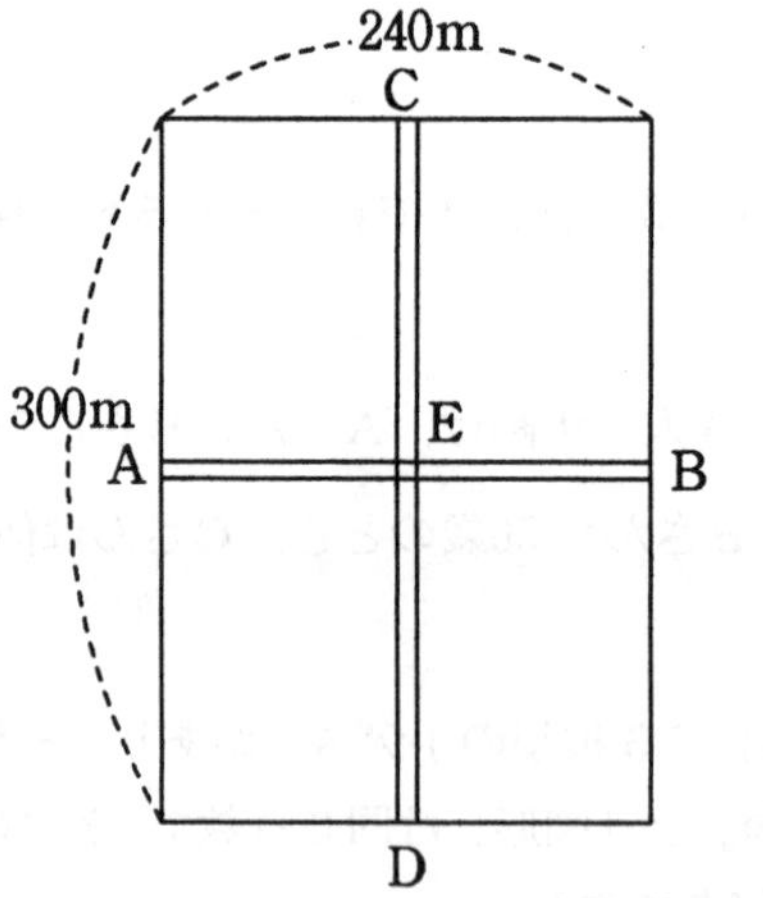

問１．花子さんの速さは分速何mですか。

問２．花子さんが出発したあと初めてＥにもどってきたとき，太郎さんはどの位置にいますか。１行程度の文章で説明しなさい。

問３．２人が同時にＥを出発したあと，初めて２人がＥで出会うのは，出発してから何分後ですか。また，そのとき２人はどのようにＥへ到着《とうちゃく》しましたか。下の図から正しいものを１つ選び，記号で答えなさい。

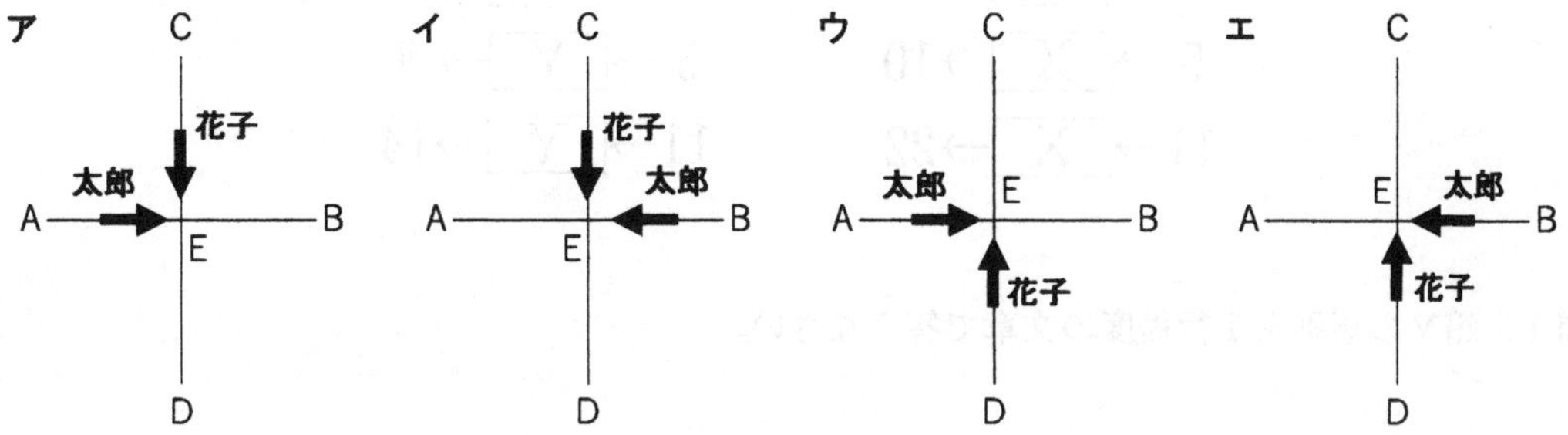

4　**図１**のようなおうぎ形があります。**図２**は，**図１**のおうぎ形を２枚重ねたものです。このとき，次の各問いに答えなさい。ただし，円周率は3.14とします。**問１**，**問２**とも考え方や式も書きなさい。

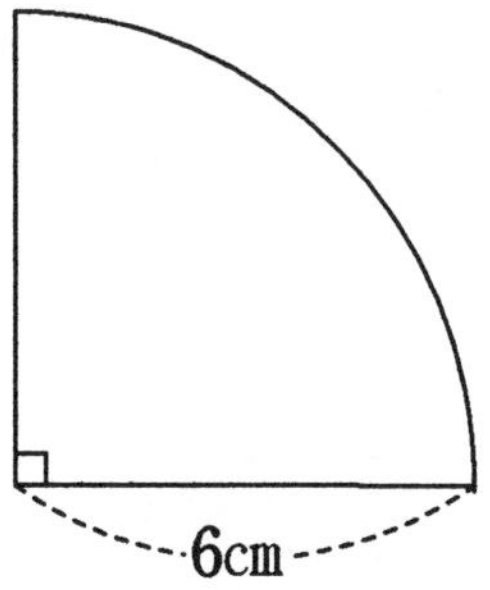

図１

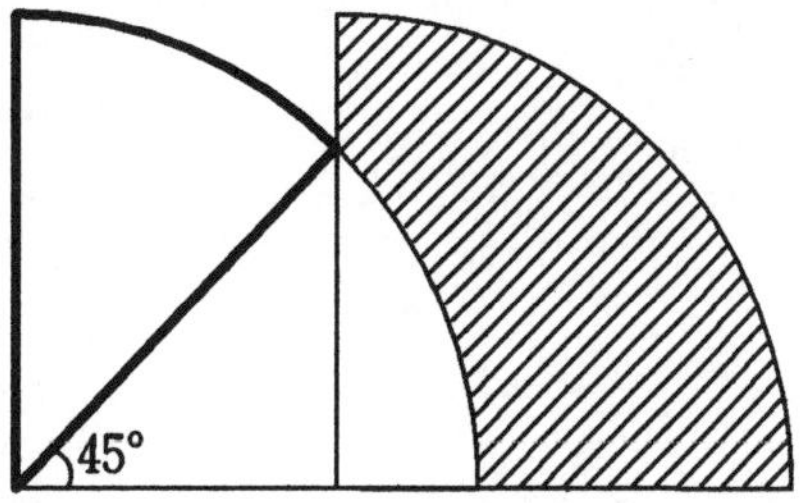

図２

問１．**図２**において，太線で囲んだ図形の面積は何cm^2ですか。

問２．**図２**において，斜線《しゃせん》部の面積は何cm^2ですか。

5 2つの箱XとYがあります。この箱には，それぞれ入口と出口があり，入口から数を入れると，ある規則にしたがって変換《へんかん》された数が出口から出てきます。箱Xは『入れた数が2倍になって出てくる』という規則になっています。下の図は，2つの箱の入口に2，5，11の3つの数を入れたときの様子を表しています。このとき，次の各問いに答えなさい。

2 → [X] → 4　　　2 → [Y] → 5
5 → [X] → 10　　　5 → [Y] → 8
11 → [X] → 22　　　11 → [Y] → 14

問1．箱Yの規則を1行程度の文章で答えなさい。

問2．下の図のように3つの箱を連結しました。ある数 N を入れたところ，3つ目の箱から出てきた数は18でした。ある数 N は何ですか。

N → [X] → [Y] → [X] → 18

問3．下の図のように4つの箱を連結して，4を入れたところ，4つ目の箱から出てきた数は17でした。①から④にあてはまるものは，それぞれ何ですか。XまたはYで答えなさい。

4 → [①] → [②] → [③] → [④] → 17

6 ある遊園地では，下のような料金制度でチケットが売られています。
このとき，次の各問いに答えなさい。

＜料金表＞　※1 人あたりの価格（親子パスを除く）

<table>
<tr><th>チケットの種類</th><th colspan="3">料金</th></tr>
<tr><td rowspan="2">1日フリーパス</td><td>大人</td><td>3500 円</td><td>時間制限なし</td></tr>
<tr><td>子ども</td><td>1700 円</td><td>時間制限なし</td></tr>
<tr><td>時間制チケット
（子どものみ）</td><td>子ども</td><td colspan="2">（最初の 60 分）550 円
（延長料金）60 分を超過《ちょうか》した分は 10 分ごとに 100 円</td></tr>
<tr><td>親子パス</td><td colspan="3">（最初の 2 時間）2 人で 4000 円
（延長料金）2 時間を超過した分は 10 分ごとに 2 人で 100 円
※大人と子どもで 1 名ずつのペアをつくれるとき利用可能</td></tr>
</table>

※注意事項

時間制チケットと親子パスの延長料金は，超過時間が 1 分から 10 分までを 10 分の延長とみなします。

例）時間制チケットの子ども料金

73 分の利用（延長 20 分で計算）550 円＋200 円＝750 円

問１．大人１人と子ども２人で，80 分間遊びました。大人は１日フリーパス，子どもは時間制チケットを購入《こうにゅう》したとき，料金の合計は何円ですか。

問２．大人１人と子ども２人で２時間 30 分遊びます。３人でどのようにチケットを購入するのが最も料金が安くなりますか。また，そのときの料金の合計は何円ですか。１行程度の文章で答えなさい。ただし，同一人物が２種類以上のチケットを組み合わせて購入する方法は考えないものとします。

【社　会】〈第１回試験〉（理科と合わせて50分）〈満点：50点〉

１　今年のＮＨＫ大河ドラマは「光る君へ」です。次の文章を読んで，後の問いに答えなさい。

今年の大河ドラマ「光る君へ」は，①**平安時代**の歌人・作家で朝廷《ちょうてい》に仕《つか》えた女官《にょかん》でもあった紫式部《むらさきしきぶ》の生涯《しょうがい》を描《えが》いた作品です。

894年に（　　　　②　　　　）ため，中国の文化が入ってこなくなり，日本独《どく》特の③**国風文化**が生まれます。その中で④**女性**が宮中で文学の才能を発揮《はっき》するようになり，紫式部も⑤**女流文学者**の１人として，平安中期の貴族社会を描いた『源氏物語』を書き上げました。

江戸時代の学者の本居宣長《もとおりのりなが》は，『古事記』や⑥**『万葉《まんよう》集』**とともに『源氏物語』を研究し，平安時代には日本の美的価値観の一つである「もののあはれ」があることを発見しました。「もののあはれ」は平安時代の女性が描いたしみじみとした想《おも》いや，この時代に特徴的な⑦**無常観《むじょうかん》**をあらわすと言われます。

紫式部の『源氏物語』は，その後も与謝野晶子《よさのあきこ》や瀬戸内寂聴《じゃくちょう》によって現代語訳されるなど，時代をまたいで愛されています。

問１．下線部①について，下の年表の **あ～お**から**平安時代ではない**出来事を**２つ**選び，記号で答えなさい。

752年	東大寺で大仏の開眼供養《かいげんくよう》が行われる	…**あ**
805年	最澄《さいちょう》が天台宗を開く	…**い**
939年	平将門《たいらのまさかど》が関東地方で反乱を起こす	…**う**
1167年	平清盛《きよもり》が太政《だいじょう》大臣になる	…**え**
1203年	東大寺南大《なんだい》門の金剛力士《こんごうりきし》像が完成する	…**お**

問２．空欄《くうらん》②にあてはまる文を，次の中から選び，記号で答えなさい。

ア　聖徳太子が送った国書に隋《ずい》の煬帝《ようだい》が激怒《げきど》したことで，交流が途絶《とだ》えた
イ　菅原道真《すがわらのみちざね》の献策《けんさく》によって遣唐使《けんとうし》が廃止された
ウ　元寇《げんこう》でモンゴル民族が襲来《しゅうらい》したことで，日本との関係が悪化した
エ　朝鮮出兵で戦争状態になったために，国交が断絶《だんぜつ》した

問３．下線部③の国風文化について，

⑴ 平安時代に漢字からつくられた文字で，日本人の微妙《びみょう》な感情を表現できるようになった文字は何ですか。書きなさい。

⑵ 国風文化の時期の**作品ではないもの**を，次の中から選び，記号で答えなさい。

ア 『土佐《とさ》日記』　**イ** 『竹取物語』　**ウ** 『日本書紀』　**エ** 『古今《こきん》和歌集』

⑶ 次の写真は藤原頼通《よりみち》が建てた国風文化を代表する建物です。この建物の名前を，次の中から選び，記号で答えなさい。

ア 中尊《そん》寺金色《こんじき》堂
イ 東大寺南大門
ウ 円覚《えんがく》寺舎利殿《しゃりでん》
エ 平等院鳳凰《ほうおう》堂

問4．下線部④について，推古《すいこ》天皇や持統《じとう》天皇など，日本の歴史には女性の天皇が登場します。現在は男性しか天皇になれませんが，なぜ古代には女性が天皇になれたのでしょうか。その理由を考えて説明しなさい。

問5．下線部⑤について，女流文学者として有名な清少納言《せいしょうなごん》の作品としてふさわしいものを，次の中から選び，記号で答えなさい。

ア 『枕草子《まくらのそうし》』　**イ** 『徒然《つれづれ》草』　**ウ** 『奥の細道』　**エ** 『たけくらべ』

問6．下線部⑥の『万葉集』の特徴《とくちょう》として最もふさわしいものを，次の中から選び，記号で答えなさい。

ア 松尾芭蕉《ばしょう》などによって詠《よ》まれた俳句《はいく》が収《おさ》められた
イ 源実朝《みなもとのさねとも》などの武士によって詠まれた和歌が多く収められた
ウ 日本の始まりなどの神話が多く収められた
エ 天皇や貴族の歌に加えて，名もない農民や防人《さきもり》の歌なども収められた

問7．下線部⑦の無常観は仏教の考え方で，すべてのものは変化して移り変わることを示します。平氏が源氏に敗《やぶ》れて滅亡《めつぼう》していく様子を描いた『平家物語』の冒頭《ぼうとう》の文は，この無常観をあらわしています。その冒頭の文を，次の中から選び，記号で答えなさい。

ア この世をば　我が世とぞ思ふ　望月《もちづき》の　かけたることも　なしと思へば
イ 祇園精舎《ぎおんしょうじゃ》の鐘《かね》の声　諸行《しょぎょう》無常の響《ひび》きあり
ウ あおによし　ならの都は　咲く花の　におうがごとく　今さかりなり
エ 天は人の上に人をつくらず　人の下に人をつくらずといへり

2 次の文章を読んで，後の問いに答えなさい。

【Ａ】　①**この都道府県**には，下北《しもきた》半島があります。この半島の陸奥湾《むつわん》では，（　②　）の養殖《ようしょく》が盛《さか》んです。また，この都道府県は，りんごの生産量が全国第一位です。この都道府県と秋田県との間には，ぶなの原生林《げんせいりん》で有名な世界自然遺産《しぜんいさん》の（　③　）があります。

問１．【Ａ】の都道府県名を**漢字**で書きなさい。

問２．下線部①について，【Ａ】の都道府県にあり，日本有数のりんごの生産地でもある平野を次の中から選び，記号で答えなさい。

ア　越後《えちご》平野　　**イ**　津軽《つがる》平野　　**ウ**　讃岐《さぬき》平野　　**エ**　筑紫《つくし》平野

問３．空欄②にあてはまる語句を次の中から選び，記号で答えなさい。

ア　アコヤ貝　　**イ**　まぐろ　　**ウ**　ほたて貝　　**エ**　うなぎ

問４．空欄③にあてはまる語句を次の中から選び，記号で答えなさい。

ア　知床《しれとこ》　　**イ**　屋久島《やくしま》　　**ウ**　小笠原諸島《おがさわらしょとう》　　**エ**　白神《しらかみ》山地

【Ｂ】　この都道府県は四国地方にあり，太平洋を一望《いちぼう》できる室戸岬《むろとみさき》があります。この都道府県では，温暖《おんだん》な気候をいかした④**促成栽培《そくせいさいばい》**が盛んで，（　⑤　）の生産量が全国第一位，ピーマンの生産量が全国第三位です。

問５．【Ｂ】の都道府県名を**漢字**で書きなさい。

問６．下線部④について，促成栽培とはどのような栽培ですか。説明しなさい。

問７．空欄⑤にあてはまる語句を次の中から選び，記号で答えなさい。

ア　茶　　**イ**　なす　　**ウ**　りんご　　**エ**　みかん

問８．【B】の都道府県の雨温図を，次の中から選び，記号で答えなさい。

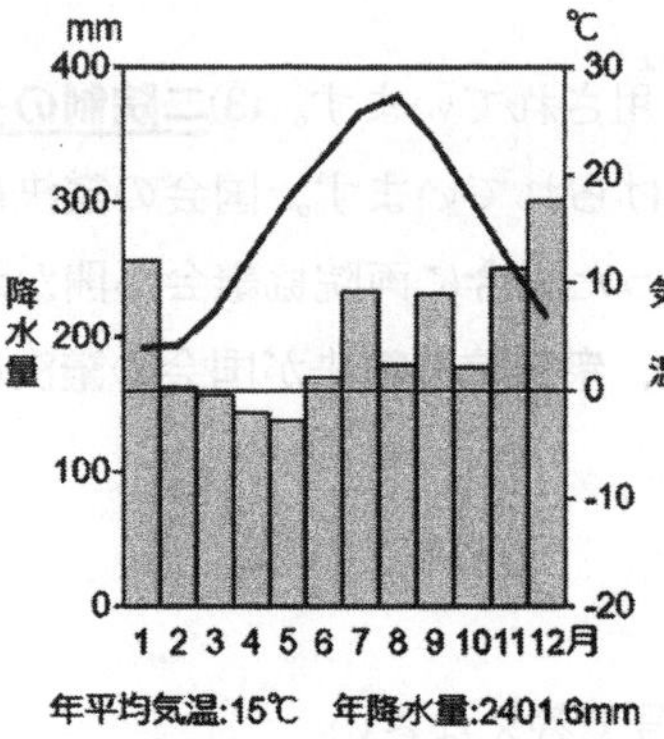

ア

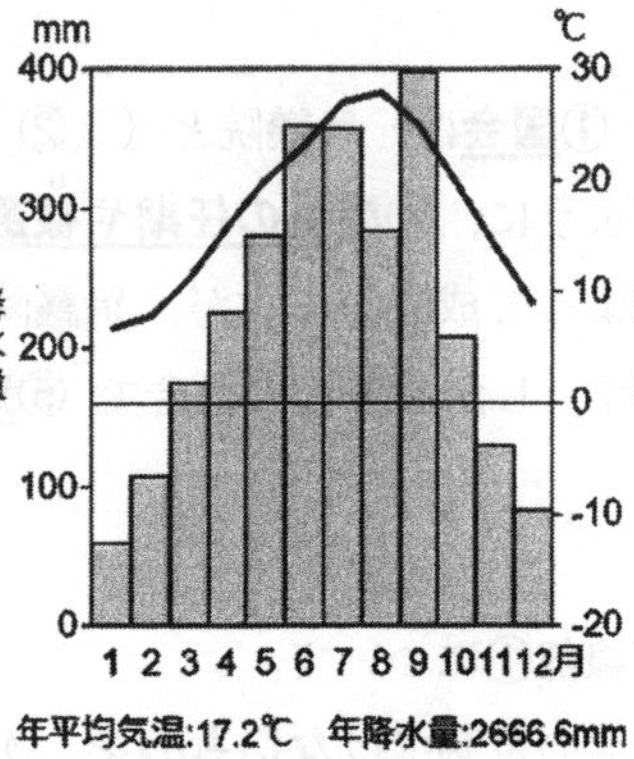

イ

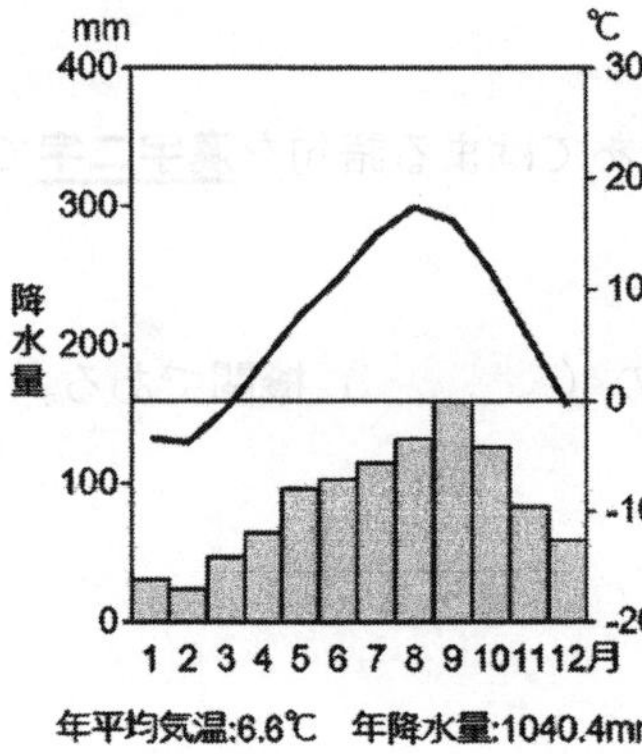

ウ

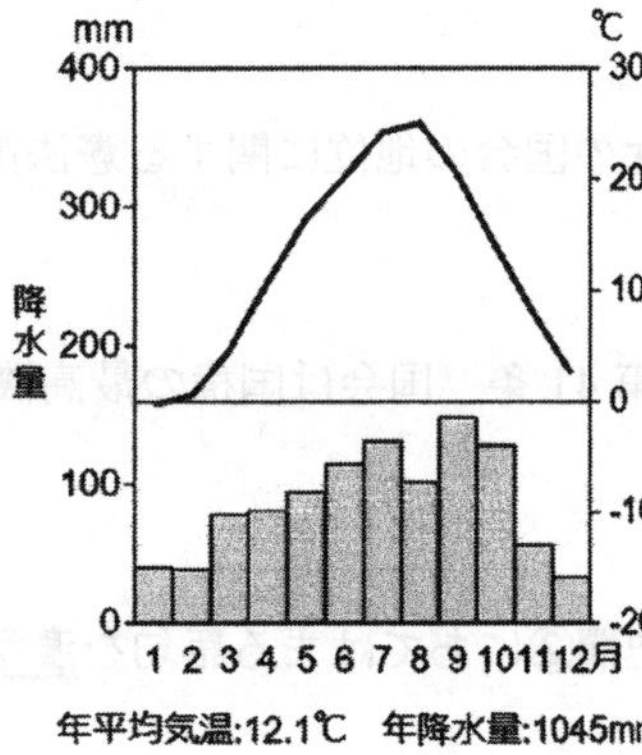

エ

3 国会に関する次の文章を読んで，後の問いに答えなさい。

日本の **①国会**は，衆議院と（　②　）からなる二院制が採用《さいよう》されています。**③二院制の長所**が生かされるように，**④議員の任期や被《ひ》選挙権**などに違《ちが》いがもうけられています。国会の議決は両議院の一致《いっち》によって成立しますが，衆議院と（②）の議決が異《こと》なった場合に両院協議会が開かれることがあります。しかし多くの場合で **⑤衆議院の優越《ゆうえつ》**が認《みと》められ，衆議院の議決が国会の議決になります。

問１．下線部①について，

⑴　国会の役割では**ないもの**を，次の中から１つ選び，記号で答えなさい。

ア　法律の制定　　**イ**　予算の作成　　**ウ**　憲法改正の発議《はつぎ》　　**エ**　内閣総理大臣の指名

⑵　次の国会の地位に関する憲法第 41 条をみて，空欄にあてはまる語句を**漢字二字**で書きなさい。

第 41 条　国会は国権の最高機関であって，国の唯一《ゆいいつ》の（　　　　）機関である。

問２．空欄②にあてはまる語句を**漢字**で書きなさい。

問３．下線部③について，二院制の長所を一院制と比較して説明しなさい。

問４．下線部④について，

⑴　衆議院議員の任期を，次の中から１つ選び，記号で答えなさい。

ア　３年　　**イ**　４年　　**ウ**　５年　　**エ**　６年

⑵　衆議院議員の被選挙権は何歳以上に定められていますか。次の中から１つ選び，記号で答えなさい。

ア　満 20 歳以上　　**イ**　満 25 歳以上　　**ウ**　満 30 歳以上　　**エ**　満 35 歳以上

問５．下線部⑤について，衆議院の優越が認められている理由は，衆議院の方が文中の②よりも民意を反映《はんえい》しやすいためです。なぜ民意を反映しやすいのか説明しなさい。

【理　科】〈第１回試験〉（社会と合わせて50分）〈満点：50点〉

《注意事項》 字数制限のあるものは，原則として句読点も一字に数えます。

1　図１～図３は豆電球，かん電池を使った回路です。後の問いに答えなさい。

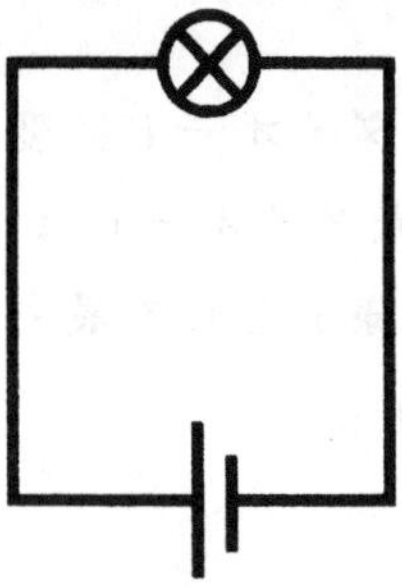

図１

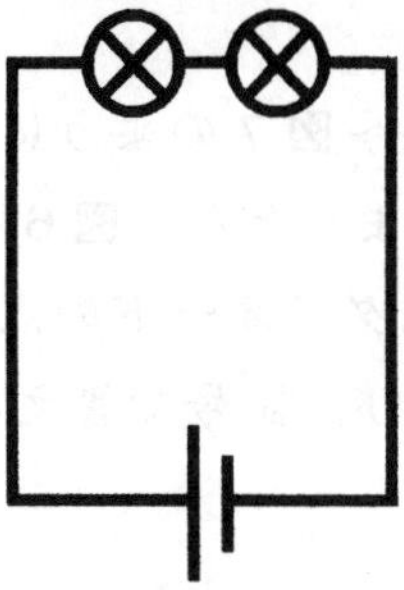

図２

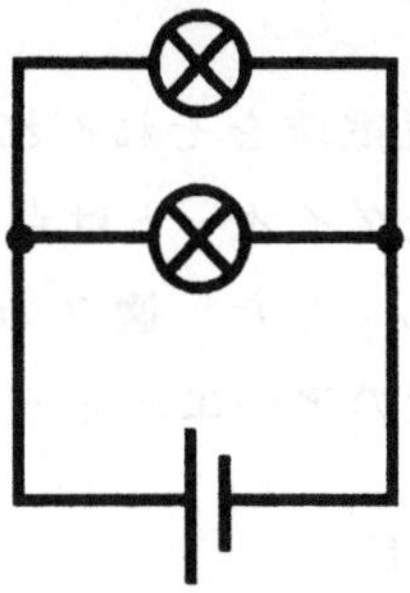

図３

問１．図２と図３の豆電球 １ つの明るさは，図１の豆電球と比べてどうなっていますか。次の**ア**～**ウ**からそれぞれ一つずつ選び，記号で答えなさい。

ア　明るくなっている

イ　暗くなっている

ウ　変わらない

問２．図２のような豆電球のつなぎ方を何つなぎといいますか。

問３．図１の回路に導線をつないで，図４のような回路をつくりました。図４の豆電球はどうなりますか。次の**ア**～**エ**から一つ選び，記号で答えなさい。

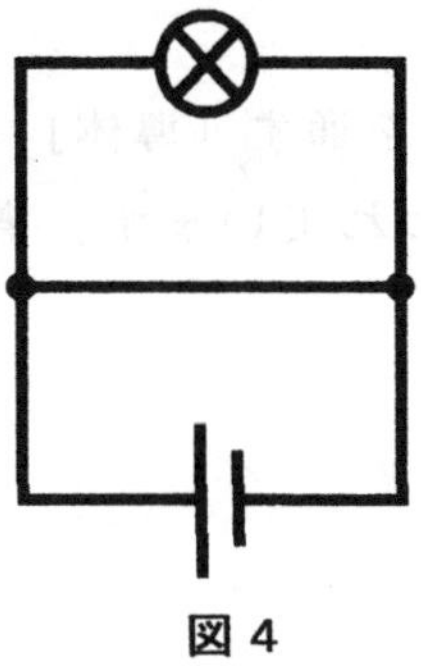

図４

ア　図１の豆電球より明るく点灯する

イ　図１の豆電球より暗く点灯する

ウ　図１の豆電球と変わらない明るさで点灯する

エ　点灯しない

問４．日常生活では豆電球や白熱電球に代わって，発光ダイオード（LED）が多く用いられるようになりました。屋内の照明などで発光ダイオードが用いられるのはなぜですか。15字以内で説明しなさい。

問５．**図１**～**図３**の豆電球をそれぞれ**図５**～**図７**のように発光ダイオードに変えました。**図５**の発光ダイオードは点灯しましたが，**図６**の発光ダイオードは２つとも点灯しませんでした。**図７**の発光ダイオードの点灯の様子として最もあてはまるものを，次の**ア**～**エ**から一つ選び，記号で答えなさい。

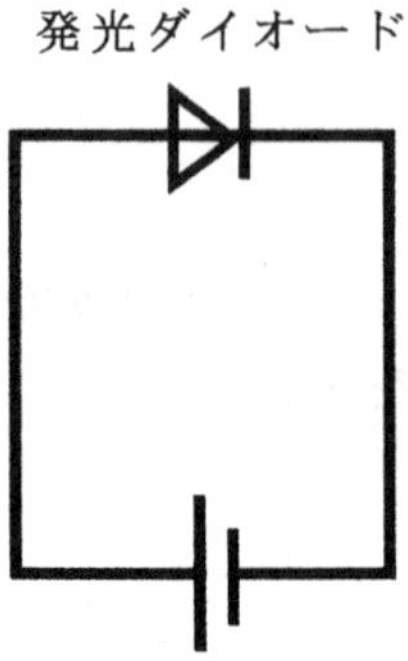

図５

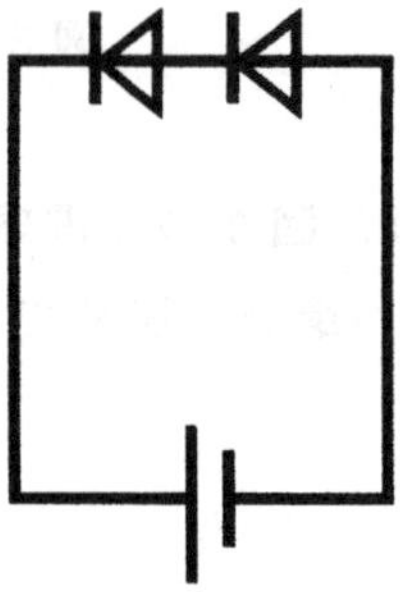
図６

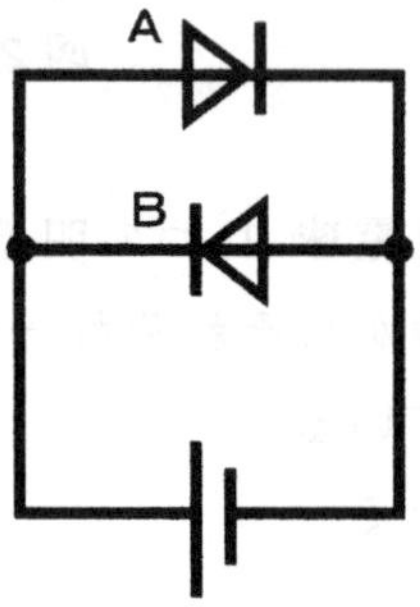

図７

ア　**A**と**B**の２つとも点灯する。
イ　**A**と**B**の２つとも点灯しない。
ウ　**A**は点灯するが，**B**は点灯しない。
エ　**A**は点灯しないが，**B**は点灯する。

問６．発光ダイオードには，よく電気を通す「導体」と電気を通さない「不導体」の中間の性質をもったものが使われています。導体と不導体の中間の性質をもったものを何といいますか。

2 もののの状態について調べる実験をしました。後の問いに答えなさい。

実験1　**図1**のように，氷をフラスコに入れて加熱しました。

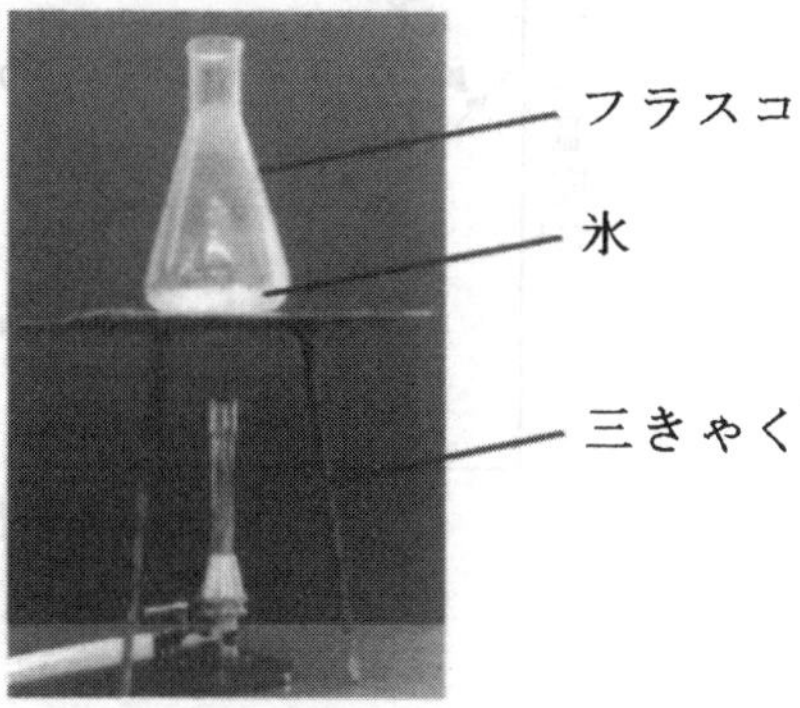

図1

問1．氷がとけて水に変化することを何といいますか。次の**ア**～**エ**から一つ選び，記号で答えなさい。

ア　凝固《ぎょうこ》　　**イ**　融解《ゆうかい》　　**ウ**　蒸発　　**エ**　凝縮《ぎょうしゅく》

問2．氷が水に変化した後も加熱を続けたところ，水は気体に変化しました。気体の状態の水を何といいますか。

問3．気体になった水の体積は，液体の水の体積に比べてどのように変化しますか。次の**ア**～**ウ**から一つ選び，記号で答えなさい。

ア　大きくなる
イ　変化しない
ウ　小さくなる

問4．フラスコの中の水がすべて気体に変化する前に，フラスコを三きゃくからおろし，すぐに**図2**のようにフラスコの口にゴム風船をかぶせました。しばらく空気中で冷やしたときの，ゴム風船の様子を20字以内で説明しなさい。

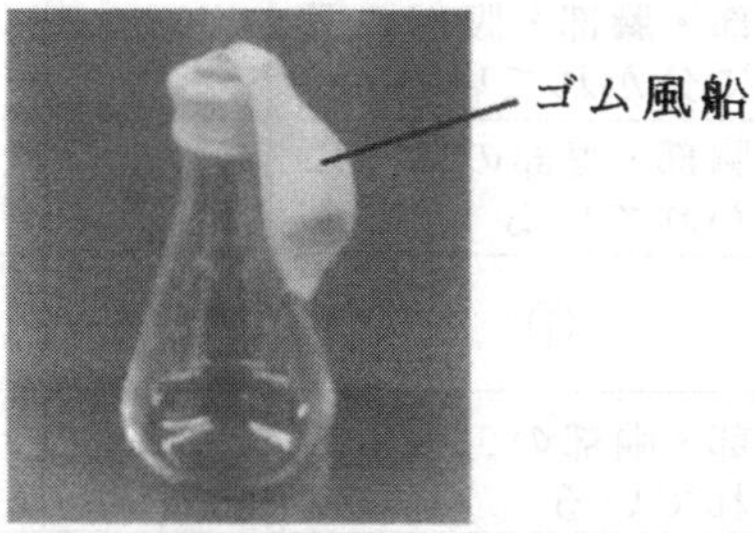

図2

実験２　水を入れた試験管を寒ざい（氷と食塩をまぜたもの）で冷やし，水の温度の変化を調べたところ，**図３**のグラフのようになりました。

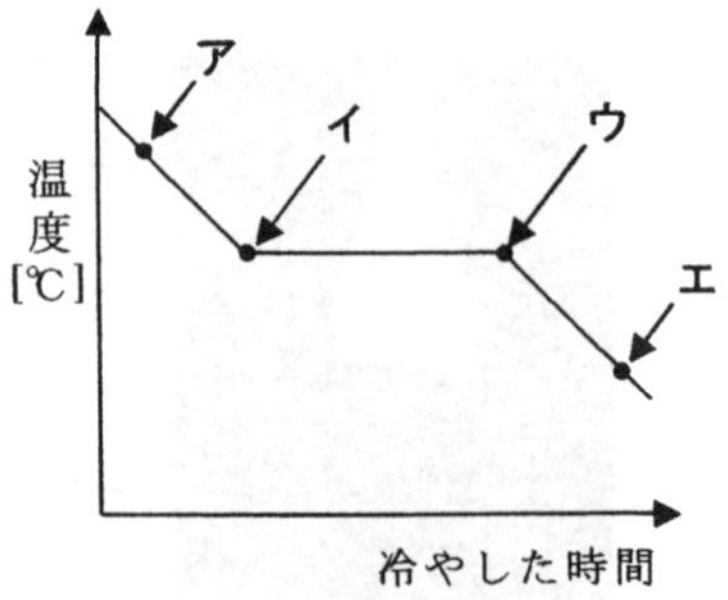

図３

問５．水がこおりはじめるのは，グラフのどの点になりますか。最もあてはまるものを，**図３**の**ア**～**エ**から一つ選び，記号で答えなさい。

問６．日常の身近なできごとにおいて，気体が液体になる変化を，次の**ア**～**エ**から一つ選び，記号で答えなさい。

ア　暑い日にアイスクリームがとける。

イ　晴れた日に干した洗たくものがかわく。

ウ　寒い外から暖かい部屋に入ると，メガネがくもる。

エ　寒い日の朝，畑に霜《しも》が降りる。

３　ヒトはA<u>背骨</u>をもつセキツイ動物です。一方で，自然界には背骨をもたない数多くの無セキツイ動物がいます。

無セキツイ動物を分類すると，外骨格をもつなかまとB<u>もたないなかま</u>に大きく分けられます。外骨格をもち，足に節があるものを節足動物といいます。節足動物は昆《こん》虫類，クモ類，甲殻《こうかく》類，多足類に分類され，それぞれの一般的な特ちょうを下の表にまとめました。後の問いに答えなさい。

分類と例	からだのつくり	足の数	目のつくり
昆虫類 アリ・ハチ	頭部・胸部・腹部の三つに分かれている	②	複眼 （単眼をもつものもいる）
クモ類 クモ・【Ⅰ】	頭胸部・腹部の二つに分かれている	８本	③
甲殻類 エビ・カニ	①	10本	複眼
多足類 ムカデ・【Ⅱ】	頭部・胴《どう》部の二つに分かれている	多数	単眼

問１．下線部**A**の役割を10字以内で答えなさい。

問2．表中の①のうち，エビのからだのつくりとしてあてはまるものを，次の**ア**～**ウ**から一つ選び，記号で答えなさい。

ア　頭部・胸部・腹部の三つに分かれている

イ　頭胸部・腹部の二つに分かれている

ウ　頭部・胴《どう》部の二つに分かれている

問3．表中の②と③にあてはまる組み合わせを，次の**ア**～**カ**から一つ選び，記号で答えなさい。

	②足の数	③目のつくり
ア	4本	単眼
イ	4本	複眼
ウ	6本	単眼
エ	6本	複眼
オ	8本	単眼
カ	8本	複眼

問4．昆虫類の腹部から胸部の端《はし》には小さな穴が見られます。これは，呼吸のための空気の出入り口となっています。この穴の名しょうを答えなさい。

問5．表中のⅠ，Ⅱに入る節足動物の組み合わせを，次の**ア**～**カ**から一つ選び，記号で答えなさい。

	Ⅰ	Ⅱ
ア	サソリ	ヤスデ
イ	サソリ	ミジンコ
ウ	セミ	ヤスデ
エ	セミ	ミジンコ
オ	カニ	ヤスデ
カ	カニ	ミジンコ

問6．下線部Bには，ナメクジやイカなどがいます。これらは何動物に分類されますか。

4　東京都のある場所で，**図１**のような星座早見盤《ばん》を使い，**図２**のように月日と時刻を合わせると，その時刻にどのような星空が見えるかを簡単に知ることができます。後の問いに答えなさい。

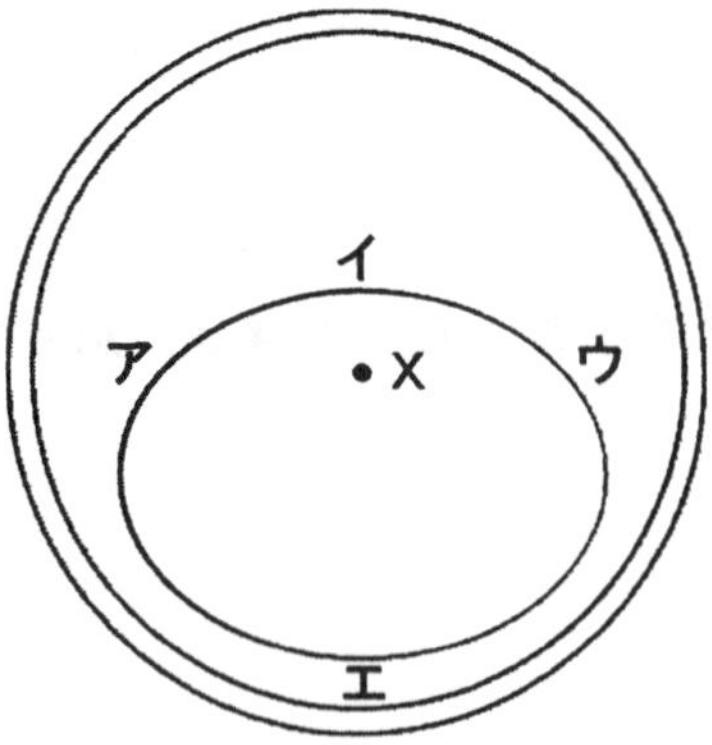

図１

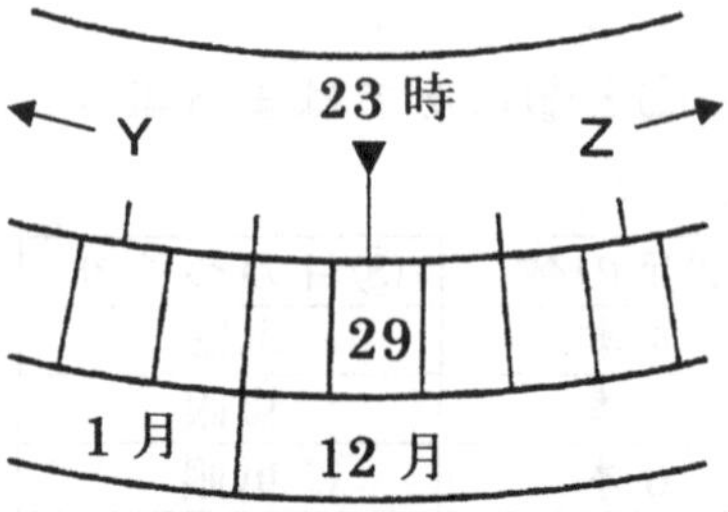

図２

問１．**図１**のＸは，星座早見盤の中心であり，盤を回転させても移動しませんでした。**図１**のＸの位置にある星の名しょうを答えなさい。

問２．**図１**のＸは，何座の一部ですか。次の**ア**～**エ**から一つ選び，記号で答えなさい。

ア　こいぬ座
イ　こぐま座
ウ　おおいぬ座
エ　おおぐま座

問３．星座早見盤は，月日と時刻を合わせてから，見たい方角を下にして持ちます。その日時の東の空を見たいとき，星座早見盤のどの部分を下にして持てばよいですか。**図１**の**ア**～**エ**から一つ選び，記号で答えなさい。

問４．**図２**の日時に，南の空に見える星座として最もあてはまるものを，次の**ア**～**エ**から一つ選び，記号で答えなさい。

ア
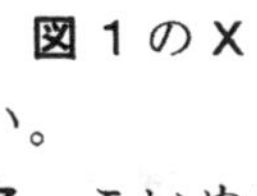

イ
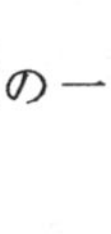

ウ
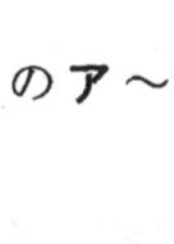

エ
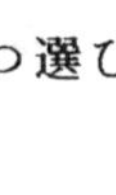

問５．翌年の１月29日の23時の星空の様子を確認するためには，星座早見盤を**図２**のＹの方向に何度回転させればよいですか。整数の値で答えなさい。

問６．星座は１日におよそ一回りするように動いて見えます。このように動いて見える理由を15字以内で説明しなさい。

問八　――線部７「世界的な森林問題と日本の森林問題」とありますが、「世界的な森林問題」について述べたものを次の中から二つ選び、記号で答えなさい。

ア　同じ種類の樹木ばかりが増え続けている。
イ　開発によって森林面積が少なくなっている。
ウ　生えている木の多くが同じ年齢である。
エ　共通認識を持って森林破壊への対策を講じている。
オ　伐採をしないことが問題の解決へとつながる。

問九　――線部８『緑の砂漠』とありますが、その説明としてもっともふさわしいものを次の中から選び、記号で答えなさい。

ア　下草を刈る手間を省くための薬剤《ざい》散布により、生態系が崩れて生物が死に絶えた状態の森林。
イ　大きく育った木々が一面を覆っているが、林業としては収入が得られないでいる状態の森林。
ウ　木を密に植えすぎたために、川に流れこむべき水がすべて木に吸収されてしまう状態の森林。
エ　木は青々と茂《しげ》っているものの、水を蓄《たくわ》えることも生き物が生きることもできない状態の森林。

問二　——線部２「林業の本質」とありますが、どのような考え方が土台となっていますか。本文中より十五字以内でぬき出し、最初の五字を書きなさい。

問三　——線部３「農業と林業が違う」とありますが、その違いを述べたものとしてもっともふさわしいものを次の中から選び、記号で答えなさい。

ア　比較《かく》的安価な経費で行える農業に対し、林業は莫《ばく》大な資金が必要となる。

イ　何種類もの作物を育てる農業に対し、林業は一種類の木のみの育成に関わる。

ウ　技術が進歩し収穫量の安定した農業に比べ、林業は技術開発が遅《おく》れている。

エ　育てた作物を収穫するまでの時間が短めの農業に比べ、林業は非常に長い。

問四　——線部４「間伐」とありますが、「間伐」が木に与える利点を説明した一文を本文中からぬき出し、最初の五字を書きなさい。

問五　——線部５「植えた苗の数の八〇分の一以下しか収益につながらない」とどのような影響《えいきょう》があるかを述べた次の文の（　Ⅰ　）・（　Ⅱ　）に当てはまることばを本文中からぬき出して答えなさい。

収穫するためにかけた（　Ⅰ　）を賄い、林業を営む他人の生活を（　Ⅱ　）することができなくなる。

問六　［①］・［②］に当てはまることばとしてふさわしいものをそれぞれ次の中から選び、記号で答えなさい。

ア　つまり　**イ**　すると　**ウ**　むしろ　**エ**　けれども　**オ**　ところで

問七　——線部６「初めて林業が産業となれる」とありますが、「林業が産業」になるために必要なことを本文中のことばを用いて三十字以内で書きなさい。

人工林は、主にスギやヒノキが植えられているが、造林技術としては最初は密植して、生長する過程で間伐を施《ほどこ》す。ある程度育ったところで間伐すると、密な森林は空かされて光が差し込《こ》むことで残った木の生長がうながされた。一方で間伐材を利用することで利益をもたらす効果もあった。

ところが戦後の急速な経済発展を支えるには、まだ十分に育っていない国内の人工林では間に合わず、外材の解禁を招いた。加えて国産材の複雑な流通や加工能力の衰《おとろ》えが、外材に＊シェアを奪《うば》われる原因となった。今や木材需《じゅ》要の八割が外材に取って代わられてしまったのである。

しかも為替《かわせ》の変動によって下がった外材の値に合わせて国産材も安値に落ちこんだ。そのため日本の林業は採算が合わなくなり、人工林の経営放棄《き》が進んでいる。多くの山主は、森林から利益を得ることをあきらめてしまった。結果的に間伐などの育林作業も行われなくなった。そのため植えられたままの本数が生えている。しかし同年齢で、おそらく同じ母樹から育てた苗を一斉《せい》に植えたのだから、育ち方にあまり差がつかず、どの木も大きく育たない状況になりがちだ。

そんな混んだ状態が続く人工林内は、光が差し込まず下草も生えない。草がなければ虫や鳥獣《じゅう》は生息できず生物多様性は落ちるうえ、樹冠から落ちる雫《しずく》が直接地面をたたき、土壌《じょう》の流出を招く。それは山崩《くず》れを引き起こし、河川《せん》の氾濫《はんらん》につながるかもしれない状態になっているのである。こうした山も、遠目には緑に覆われているが、実は非常に危険な状態だ。8「緑の砂漠《ばく》」と呼ぶ人さえいる。

人の手によって作られた森林は、基本的に人の手を入れて維持するべきなのである。さもないと生物多様性も保水力も劣《おと》った森林になってしまう。この状態の森林を救うには、早く人の手を入れる必要がある。〔田中淳夫『割り箸はもったいない？ 食卓からみた森林問題』（筑摩書房）による〕

（注）＊干架……稲作の工程の一部。刈り取った稲の束を「はざ木」という棚《たな》にかけ、天日干しする作業のこと。
＊経木……薄い木の板。
＊シェア……「マーケットシェア」の略。市場占《せん》有率。

問一 ――線部1「割り箸こそ日本の林業の真髄であり象徴とも言えるのだ」とありますが、その理由としてもっともふさわしいものを次の中から選び、記号で答えなさい。

ア 割り箸の製造工程は日本のものづくりの集大成であるから。
イ 割り箸を減らすことが環境保護活動の要となるから。
ウ 割り箸は廃材を極限まで利用した末の商品であるから。
エ 割り箸が林業の知名度を高めることに貢献《こうけん》したから。

品を開発できなかったことも重大要因なのである。

その中で割り箸は、端材商品の最後の砦《とりで》と言えるかもしれない。それも失うようだったら、本当に日本の林業は壊滅《めつ》しかねない。

少し割り箸を離《はな》れて、日本の林業と世界の森林に目を向けてみよう。

森林保全は、世界的な課題だ。森林の存在が、地球環《かん》境に重要な役割を果たしていることが知られてきたからである。

一九九二年に開かれた「環境と開発に関する国際連合会議」(地球サミット)の主なテーマは森林問題だったし、地球温暖化を論じる際も森林抜きには話が進まない。

日本が京都議定書で宣言した「二〇一二年までに、二酸化炭素排《はい》出量を一九九〇年度時の量より六%削《さく》減する」という公約も、そのうち三・八%(当初は三・九%とされていたが、その後計算をやり直した結果、現在では三・八%になっている)を森林が吸収する量としてカウントできることになっている。

ただ「森林問題」という言葉を安易に使うと、大きな誤解を生みがちだ。それは7世界的な森林問題と日本の森林問題を混同してしまうからである。実は両者の問題は、内容がまったく違う。はっきり言えば正反対なのである。それを一緒《しょ》くたにして論じると、大変な間違いをしてしまう。

地球全体から見ると、森林は面積を急速に減少させている。とくにアジア、アフリカ、そして中南米の熱帯地域やロシアなどの亜寒帯地域は、過剰《じょう》伐採が進んで危機的な状況《きょう》だ。伐採は用材を得るためのほか、農園開発のためや、炊《すい》事や暖房《ぼう》用の薪《たきぎ》の採取のために進んでいる。そのため森林面積が減少するだけでなく、残された森も劣《れっ》化している。だから森林問題とは、即《そく》伐採反対であった。

だが、日本では事態が逆なのである。木があまり伐採されないことが森林環境を悪くしているのだ。

それを説明するには、日本の森林の歴史からたどらなくてはならない。日本列島は、湿《しつ》潤温暖で、森林の生育には非常に恵《めぐ》まれた気候と地域である。しかし、過密な人口を抱《かか》える中で農地開発やエネルギー源としての森林の過剰利用が進み、江戸時代までは決して良好な状態ではなかった。早くから都市の周辺には、禿《はげ》山が広がっていたのである。

明治時代の森林率《りつ》は、おそらく四五%程度だっただろうと推定されている。しかし、明治の後半から、緑化が進められ、徐々に回復していたようだ。ところが太平洋戦争時には、また乱伐が進んでしまった。そこで戦後は、大規模な国民的造林運動が行われた。毎年数十万ヘクタールもの山に植林が行われたのである。禿山はもちろん、草地や岩山まで木を植えた。燃料革命で用途の減った雑木林などをスギやヒノキの人工林に換える拡大造林策《さく》も取られた。

その結果、現在は国土の六七%が森林に覆《おお》われた、世界に冠《かん》たる森林大国になったと言えるだろう。しかも全森林面積の四割に当たる一〇〇〇万ヘクタールが人工林だ。この人が作った森林の多くはまだ若くて、年々太り続けている。

ある。

植栽後一〇年目の細い間伐材もちゃんと利用した。たとえば足場丸太や稲穂の＊干架《か》用に販《はん》売していた。もう少し太くなると、薄《うす》い板や小角材に製材した。樹齢三〇年〜四〇年の間伐材は、磨《みが》き丸太にした。床《とこ》柱にすると、非常に高価格商品となった。いや、間伐材だけではない。スギ皮は屋根葺《ふ》き材になったし、スギの葉を乾燥《かんそう》して粉にしたものが線香《こう》の材料に回された。森の産物を徹《てつ》底的に利用し尽《つ》くすことで収入を上げるのが、林業だったのである。

植えてから一〇〇年間収入がないわけではない。［①］一〇年後から始まる間伐材収入で、最初の植え付けや下刈り経費などは全部賄《まかな》える。当然、山村の人々の雇《こ》用も途《と》切れることなく続く。最後に残された大径木の主伐はボーナスのようなもので、山里に大きな収入をもたらした。

大径木が、建築材のほか樽《たる》丸に加工されたことは、すでに記したとおりである。製材したら出る端《は》材・廃《はい》材も重要な商品だった。大きな板や柱はとれなくても、＊経《きょう》木や菓《か》子箱、野菜箱、かまぼこ板、神具の三宝などになる。割り箸産地の下市は、実は三宝の産地でもある。そうした端材・廃材利用の中でも小さな端材から作られたのが割り箸だ。最後の最後まで木材を利用した最終商品なのである。しかも木材の量に比して高価格で売れた。

［②］吉野林業は、廃材の利用技術で成り立っていたといっても過言ではない。だからこそ、割り箸は吉野林業の象徴的な存在であり、林業の真髄と言えるではないか。

このような多岐《き》にわたる商品開発が行われた理由はいろいろ考えられる。しかし、やはり山のものは一切《さい》無駄《だ》にせずに利用しなければ「もったいない」と思う精神風土があったからだと思う。割り箸はその精神を代表している。

一般の林業地でも同じだ。森林から伐りだす木を、建築材、それも柱材だけといった単体の商品にしていると、森林経営としては片翼《よく》飛行であり収益は上がらない。捨てるところなく商品化して、６初めて林業が産業となれるのだ。

ところが現在は、従来の間伐材や端材から作った商品が売れなくなってしまった。かつては木製品だった身の回りの建築物や家具、道具類が、金属やコンクリート、ガラス、プラスチックなどの素材に置き換《か》わってしまったからだ。そのため大径木の太くてまっすぐな部分だけを抜き取って商品にしている。

大雑把《ぱ》な計算だが、根株や梢《こずえ》、枝を伐り捨て、太い根元の丸太だけを伐出して、製材加工の際には端材を捨て、柱も建築の際に寸法に合わせて切り……としていると、結果的に一本の樹木のうち、本当に使われるのは一割程度だったことがある。

たとえるならば、大きなホンマグロを釣《つ》り上げたのに、食べるのはトロの部分だけ。赤身は捨てているに等しい。いくらトロの身が高くても、それでは漁獲《かく》するためにかけた経費を賄い、漁師の生活を維《い》持することはできない。

現在、日本の林業は不振《しん》を極《きわ》めている。その理由は、すぐに「安い輸入材」のせいにされがちだが、それは大きな勘《かん》違いだ。時代に合った木材商

四 **次の文章を読んで、後の問いに答えなさい。なお、問いに字数指定がある場合は、句読点なども一字分に数えること。（本文を一部改変した箇所《か》がある。）**

割り箸《ばし》は林業と切っても切れない関係にある。割り箸が吉野林業から誕生したことはすでに紹介《しょうかい》したが、ことの本質はそれだけではない。実は、1割り箸こそ日本の林業の真髄《ずい》であり象徴《ちょう》とも言えるのだ。決して屁《へ》理屈《くつ》をこねているわけではない。2林業の本質を考えると、割り箸の存在は非常に重要な位置づけがされているのだ。

林業といえば、チェーンソーで木を伐《き》っている映像ばかり思い浮《う》かべがちだ。そして自然破壊《かい》だと連想する。

たしかに木材を得るためには、生えている木を伐らねばならない。生きた木を倒《たお》すということは木の生命を奪《うば》うということだ。しかし、日本の林業は大半が育成林業であり、伐《ばっ》採の前に長い時間をかけて木を育ててきたことを忘れている。伐採は、そうして育てた木の最後の収穫《かく》行為《い》なのである。畑を耕して、種をまき、草取りもして、病害虫から守り、ようやく育てた米や野菜を収穫するのと同じだ。稔《みの》った稲穂《いなほ》を刈《か》り取ったら、あるいは畑でダイコンを引き抜《ぬ》いたら「自然破壊だ」と叫《さけ》ぶだろうか。

ただ3農業と林業が違《ちが》うのは、その育成期間の長さである。農作物なら種子を播《ま》いてから収穫まで数カ月、長いものでも数年だ。果樹の場合は多少延びるが、それでも十数年。実がなるまで育てば、その後はほぼ毎年収穫できる。しかし木材が収穫できるまで植林してから短くても四〇年、長いところでは一〇〇年を超《こ》える。若いころに植えた木を老齢《れい》の域に達してようやく収穫できる、もしかしたら収穫は子供か孫の代になるかもしれないのが林業だ。植林を投資とすると、伐採は資金の回収と利潤《じゅん》を得る行為に当たるが、その期間が非常に長い。だから現代社会の経済に馴染《なじ》まないという意見もある。

しかし、本来の林業はそうではなかった。

割り箸の故郷でもある吉野林業を例にとってみよう。特徴的なのは、植える本数だ。一ヘクタール当たり八〇〇〇本から一万二〇〇〇本もあるのだ。現在の一般《ぱん》的な植栽《さい》本数が、三〇〇〇本を基準としていることを考えれば、非常に多いと言えるだろう。密植すると、幹が通直になって枝も出づらく節を作らない効果があるから行うのである。

もちろん高密度のまま植えっぱなしにしては、苗《なえ》は育たない。そこで頻繁《ひんぱん》な4間伐《ばつ》が行われた。植えつけ後一〇年くらいから弱度の間伐を繰《く》り返し、徐々《じょじょ》に本数を減らしていく。だいたい八〜一〇回以上の間伐を経て、最後は大径木になった一〇〇本くらいを残す。この時点で一〇〇年以上たっているのである。最後の木を伐るのが主伐だ。もし主伐しか収入にならないのなら、5植えた苗の数の八〇分の一以下しか収益につながらないことになる。

だが、そうではなかった。吉野林業というのは、主伐だけでなく、間伐も大きな収入源だったのだ。なぜなら間伐材をちゃんと商品化したからで

問六 ——線部６「男の子が来るのを待ち遠しく思うのは、よくないことかもな」とありますが、その理由としてもっともふさわしいものを次の中から選び、記号で答えなさい。

ア 病気で安静にする必要があるのに、遊ぶことばかりを考えているから。
イ 検査のためとはいえ、他人の入院を望んでしまうことになるから。
ウ すでにいる病院での友人に対し、不満を持つことにつながるから。
エ 性別に関わりなく、男子でも女子でも同じように親しく過ごすべきだから。

問七 □に当てはまることばを本文中から五字以内でぬき出して答えなさい。

問八 ——線部７「プレイルームの窓は大きいけど、外の温度を少しも伝えない」とありますが、この部分が表現しているものとしてふさわしくないものを次の中から一つ選び、記号で答えなさい。

ア はがゆさ　**イ** もどかしさ　**ウ** まぶしさ　**エ** もの足りなさ

問九 ——線部８「ぼくの夏休みがようやく始まる」とありますが、この表現から読み取れるぼくの気持ちの説明としてもっともふさわしいものを次の中から選び、記号で答えなさい。

ア 現実の夏の暑さを知っている相手から直接話を聞く機会が持てることへの喜び。
イ 等身大の自分のままでいられる相手と過ごす時間が持てることへの期待。
ウ やっとのことで長い入院生活を終えることができそうなことへの満足。
エ 気の合わない人たちと過ごす時間を減らすことができることへの安心。

問二　――線部２「そう思うのは当然だ」とありますが、その理由としてもっともふさわしいものを次の中から選び、記号で答えなさい。

ア　体自体は元気であることが外に出られない状態をいっそう苦しいものと意識させるから。
イ　いつ完治するかも分からない日々から一刻も早く逃《に》げ出したいと思っているから。
ウ　お母さんと二人きりの空間で無言の時間を過ごすことは気まずさを覚えさせるから。
エ　健康な人に対して不満をいだくのはあまり良くないことであると感じているから。

問三　――線部３「先が見えなくて途方に暮れてしまっている」とありますが、その説明としてもっともふさわしいものを次の中から選び、記号で答えなさい。

ア　検査の恐怖《きょうふ》にすっかり慣れてしまった自分に戸惑《まど》っている。
イ　持て余す時間の使い方を相談できる相手が見つからず落ち込んでいる。
ウ　どうやって時間をつぶせばいいのか分からなくて困っている。
エ　自分たちの適応力を理解せず心配してくる大人たちにあきれている。

問四　――線部４「これほど便利な話題はない」とありますが、その理由が書かれた一文を本文中から探し、最初の五字をぬき出して答えなさい。

問五　――線部５「許されることが増えることは、本当は悲しいことなのかもしれない」とありますが、その理由としてもっともふさわしいものを次の中から選び、記号で答えなさい。

ア　自分の願いが受け入れられないことは不幸せなように見えるが、その分願いがかなえられたときの喜びが増すから。
イ　自分の願いが受け入れられないことは不幸せなように見えるが、自分自身の成長をうながすことになるから。
ウ　自分の願いがすべて受け入れられることは一見幸せに思えるが、それは本来あるべき自分に対する扱《あつか》われ方と異なるから。
エ　自分の願いがすべて受け入れられることは一見幸せに思えるが、次々と新しい願いを考え続けなくてはいけなくなるから。

そのままの思いを口にして通じる心地よさ。底抜《ぬ》けに楽しい笑える時間。もしかしたら、それが味わえるかもしれない。小学校の休み時間や放課後がよみがえってくる。あの最高の時間をここでも過ごせたらどんなにいいだろう。

「それは大ニュースだね。でも、夕方？」

だいたい検査入院の子たちは午前中にやってくる。早く会いたいのに、夕方まで待たないといけないなんて。

「そう。何回目かの検査で、＊ＭＲＩは終わってるとかで、今日の夜からで間に合うらしいよ」

「そうなんだ。ま、来てくれるだけいいかな」

病院で過ごす時間は一時間でも短いほうがいい。６男の子が来るのを待ち遠しく思うのは、よくないことかもな。

「瑛介君、仲良くなれるといいねー」

「たぶんなれる。じゃあ、今日は夕方からずっとプレイルームで過ごそうっと」

「あはは。いいね。あ、背は小学一年生くらいだろうけど……」

興奮したぼくが失礼なことを言わないようにか、三園さんが付け加えた。

「うんうん、だろうね。見た目が赤ちゃんだろうと、じいさんだろうと、中身が［　　］なら、大歓迎《かんげい》」

ぼくはそう言いながら、自分の病室に戻《もど》るため、プレイルームを片付けた。部屋に戻って、その子と遊ぶためのおもちゃを用意しなくては。

テレビでは、さっきまで「命に危険のある暑さだ」「対処するように」と深刻な顔で告げていたくせに、今は最高気温を達成したのはどこの地点だろうかと盛り上がっている。映し出された中継《けい》では、もぐらのような着ぐるみのゆるキャラが、大きな温度計の前で踊《おど》っている。危険な暑さなのに、着ぐるみの中に入るのは大丈夫なのだろうか。「今日は四〇・六度を達成です！」と女の人が声を上げると、もぐらゆるキャラは万歳《ざい》をし始めた。四〇・六度。ここにいると、それがどれくらいのものかわからない。倒《たお》れそうな暑さだけど、着ぐるみではしゃげる暑さ。この部屋の設定温度は入院した六月末と同じ二十六度。７プレイルームの窓は大きいけど、外の温度を少しも伝えない。命に危険を及《およ》ぼすほどの暑さを、ぼくも感じてみたい。入院してくる男の子は、この夏を知っているだろうか。ああ、その子と何を話そう。何をして遊ぼう。

少ししか一緒にいられないんだ。相手に緊張されている暇《ひま》はない。早いところ、打ち解けてしまわないと。二泊《はく》三日。あまりにも短い。８ぼくの夏休みがようやく始まる。

〔瀬尾まいこ『夏の体温』（双葉社）による〕

（注）＊ＭＲＩ……強い磁石と電波によって、身体の内部情報を画像化する検査。

問一　――線部１「これは大正解だった」とありますが、そのように思った理由を二つ、本文中のことばを用いてそれぞれ一文で答えなさい。

「わたしたたく！」

「わたし先だよー」

さっきまでピアノを弾《ひ》きたがっていたくせに、今度は二人とも太鼓のおもちゃを奪《うば》い合っている。

「じゃあ、こっちは？」

ドレッサーのおもちゃを出してくると、二人とも「わたしが先に使う」と主張する。女の子っていうのは、どうしようもない。

「ごめんねー。わがままで」

「自己主張が強くって、うちの子」

母親たちはそう言いながら、子どもたちに「ほら順番しないと」と注意をし、

「お兄ちゃんは優《やさ》しいね」

とついでにぼくを褒《ほ》めてくれた。

ぼくは優しくはないし、それこそわがままだ。ベイブレード、ゲーム、アニメのカード。欲《ほ》しいと言えば、その週のうちに手に入った。

帰りたい、しんどい、もう嫌《いや》だ。そう言えば、「そうだね、しんどいよね」「もう少しがんばろう」とお母さんが穏《おだ》やかな声で慰《なぐさ》め、願いを聞いてくれる。

入院前は欲しいものなんてクリスマスか誕生日にしかもらえなかったし、しんどいと言ったって「ぐずぐず言わないの」と怒《おこ》られていた。

なんでもＯＫになると、わがままは成り立たない。それに、どれだけ買ってもらっても、欲しいものを手に入れた気分にはなれなかった。５許されることが増えることは、本当は悲しいことなのかもしれない。

「そうそう、大ニュースがあるよ」

女の子たちが採血の時間になり、三園さんはぼくに近づいてそう言った。

「何？」

「今日の夕方から小学三年生の男の子が検査入院するんだって。瑛介君と同じ学年だよね」

小学三年生。しかも男子。三園さんの報告に、ぼくは体全部を使って「やったー」と叫《さけ》びそうになった。これはビッグプレゼントだ。

低身長は三歳《さい》半検診《しん》で指摘《てき》されることが多いらしく、検査入院してくるのは幼稚《ち》園児がほとんどだ。残念ながら、幼稚園の子どもとは、まるで話が合わない。お店屋さんごっこも「おかあさんといっしょ」もアンパンマンも、ぼくには何の興味もないものだ。

看護師さんも三園さんもいい人だし、検査を受けにくる子どもの親たちも、ぼくに気を遣《つか》ってくれている。でも、それは合わせてくれているだけで、一緒にいることが楽しいわけではない。

ない空気しかない。外の空気に触《ふ》れたい。歩ける足が、伸《の》ばせる手があるのだから、今吹《ふ》いている風に触れてみたい。2そう思うのは当然だ。

「あ、れいかちゃんおはようー。今日で検査終わりだね」

低身長検査の親子がプレイルームに入ってきて、三園さんが声をかけた。月曜に入院した低身長の子どもたちは、水曜日の今日が退院だ。

「ええ。もうあと三時間の辛抱《しんぼう》です」

母親はほっとした顔でそう言ってから、退院を喜ぶのはぼくに悪いと思ったのか、「あ、えっと、どうやら外はずいぶん暑いみたいですね」と慌《あわ》てて話を変えた。

「そうそう。昨日は熱中症《しょう》で運ばれた患《かん》者が過去最高だったって」

三園さんはプレイルームのテレビをつけた。

テレビから流れるニュースは、記録的な猛《もう》暑だ、命の危険がある暑さだから不要な外出を控《ひか》えるように、などと緊迫《きんぱく》感のある声で伝えている。

「異常気象ですよね。昨日は突《とっ》然、大雨降ったし」

「ああ、すごい雨でしたね」

プレイルームにやってきたもう一組の親子も、会話に加わった。

検査入院も午前中で終わりとなる子どもたちは、採血用の管を左腕《うで》に刺《さ》したままでおもちゃを自由に取り出し遊んでいる。管を刺された直後は腕を動かしにくそうにしていたり、外したいと訴《うった》えていたりしたのに、二日目には違《い》和感なく腕を使っている。子どもって本当にすぐに慣れるんだよな。ぼくも同じ、ここでの生活が日常となった。そして、慣れた分、退屈で3先が見えなくて途《と》方に暮れてしまっている。

「去年涼《すず》しかった分、こたえますよね」

「本当に」

「エアコン代もばかにならないなあ」

「外では遊べないし、休み中は子どもとショッピングモールをうろうろすることになりそうですよね」

二人の母親はずっと天気について話している。ぼくたち子どもは、天気の話なんてしないけれど、4これほど便利な話題はないと、ここで知った。

病院で出会ったとなると、どこまで相手のことに踏《ふ》み込んでいいかわからない。暗くなる会話もタブーだし、ぼくがここにいる手前か、外の話は避《さ》けたほうがいいと思うようだ。誰《だれ》も傷つけずに誰でもわかる天気は、ちょうどいいテーマみたいだ。今年のこの暑さは、みんなに話題をせっせと提供してくれている。

「こっちに、太鼓《こ》もあるよ」

女の子たちがピアノのおもちゃを取り合っていたから、ぼくは棚《たな》の奥《おく》から太鼓のおもちゃを出してきた。

問三　次の⑴～⑶の成り立ちの熟語をそれぞれ後のア～カの中から選び、記号で答えなさい。

⑴　上の漢字と下の漢字が主語と述語の関係にある組み合わせ
⑵　似た意味の漢字の組み合わせ
⑶　上の漢字が下の漢字を修飾《しょく》する関係にある組み合わせ

ア　育児　　イ　偉《い》人　　ウ　放送　　エ　否定　　オ　雷鳴　　カ　公私

三　**次の文章を読んで、後の問いに答えなさい。なお、問いに字数指定がある場合は、句読点なども一字分に数えること。（本文を一部改変した箇《か》所がある。）**

いつもお母さんは九時過ぎに三園《みその》さんに挨拶《あいさつ》してから家に戻《もど》り、昼食の時に病院に来て、そのままぼくの病室に泊《と》まる。前までは土日にお父さんと交代するまで、病院から一歩も外に出なかったけれど、今では午前中は家に帰るようになった。日中は三園さんもいるし、いざという時には看護師さんもいる。検査がある日以外は、お母さんがいる必要はない。

最初はお母さんが帰ることをずるいと思った。ここでぼくが死ぬほどの退屈《くつ》を味わっている時に、外に出られるなんて不公平だって。病気でしんどいのはぼくなのに、お母さんだけ自由だなんてありえないって。

でも、三園さんは、

「じっとそばにいられるより、外に出てもらったほうが瑛介《えいすけ》君も気楽じゃない？　たぶん、大丈夫《じょうぶ》だよ、ね。うん、五時まで私がいるし、どうぞ行って行ってー」

とお母さんに外出を勧《すす》めてしまった。

1これは大正解だった。

ここに閉《こ》じ込められて同じ時間を共に送っているのだ。お母さんと話すことはもうほとんどなかった。みっちり一緒《しょ》にいるのは相当の息苦しさだったと、離《はな》れてみてわかった。それに、お母さんが外に出れば、病院の売店では売っていないお菓《か》子やおもちゃも買ってもらえる。未《いま》だにお母さんは申し訳なさそうに出て行くけど、ぼくはお母さんの外出には大賛成だった。

病気もつらい。検査も治療《りょう》もしんどい。でも、元気な体でここに閉じ込められる苦しさもある。適温できれいな病室。それなのに、ここには動か

二 次の各問いに答えなさい。

問一 次の(1)～(5)のことばの意味としてふさわしいものをそれぞれ後の**ア**～**キ**の中から選び、記号で答えなさい。

(1) えびで鯛《たい》を釣《つ》る
(2) 花より団子
(3) 木に竹をつぐ
(4) 月とすっぽん
(5) 枯《か》れ木も山のにぎわい

ア 二つのものがかけ離《はな》れていること。
イ つまらないものでも、ないよりはあったほうがよい。
ウ 不自然でつりあいがとれないこと。
エ 少し先には何が起こるかわからない。
オ 風流がわからないこと。
カ 時期遅《おく》れで役に立たない。
キ わずかな元手で大もうけすること。

問二 次の〔 〕の意味を参考にして、(1)・(2)の□に当てはまる漢字をそれぞれ後の**ア**～**オ**の中から選び、記号で答えなさい。

(1) 威《い》□堂々 〔勢いがよく得意そうなさま〕
(2) □和雷《らい》同 〔むやみに人の意見に同調すること〕

ア 風 **イ** 不 **ウ** 福 **エ** 分 **オ** 付

2024年度 横浜翠陵中学校

【国　語】〈第一回試験〉（五〇分）〈満点：一〇〇点〉

一　次の各問いに答えなさい。

問一　次の(1)～(5)の――線部の漢字の読みをひらがなで書きなさい。

(1) 彼《かれ》は仁愛の心が深い。
(2) 圧巻の演技を見せた。
(3) 店員が商品を包装する。
(4) 布を縦に割《さ》く。
(5) 宿敵に敗れる。

問二　次の(1)～(5)の――線部のカタカナを漢字に直しなさい。

(1) ストーブのショウカを確認する。
(2) 人工エイセイを打ち上げる。
(3) ホケツ選挙で当選する。
(4) 山にカコまれた村里。
(5) フタタび会える日を待つ。

2024年度

横浜翠陵中学校 ▶解説と解答

算 数 ＜第１回試験＞（50分）＜満点：100点＞

解 答

1 (1) 89 (2) $\frac{1}{2}$ (3) 5 (4) 100.5 (5) 23 **2** **問１** 10個 **問２** 20歳 **問３** 13点 **問４** 25度 **問５** （例） 直方体のすべての面積を合計した値（表面積）を表した式である。 **3** **問１** 分速45m **問２** （例） 太郎さんは，ＡからＥに向かって40m進んだ（ＥからＡに向かって80mの）地点にいる。 **問３** 20分後，エ **4** **問１** $14.13cm^2$ **問２** $23.13cm^2$ **5** **問１** （例）『入れた数に３を足した数が出てくる』という規則である。 **問２** 3 **問３** ① Ｘ ② Ｙ ③ Ｙ ④ Ｙ **6** **問１** 5000円 **問２** （例） 親子パスを１セットと時間制チケットを１枚購入する。料金の合計は5750円である。

解 説

1 四則計算，計算のくふう，逆算

(1) $137-(6\times83+30)\div11=137-(498+30)\div11=137-528\div11=137-48=89$

(2) $\left(2\frac{1}{3}+1\frac{1}{8}\right)\div6\frac{11}{12}=\left(2\frac{8}{24}+1\frac{3}{24}\right)\div\frac{83}{12}=3\frac{11}{24}\times\frac{12}{83}=\frac{83}{24}\times\frac{12}{83}=\frac{12}{24}=\frac{1}{2}$

(3) $(7.3\times2.8+6.06)\div5.3=(20.44+6.06)\div5.3=26.5\div5.3=5$

(4) $A\times C+B\times C=(A+B)\times C$となることを利用すると，$72\times2.01-27\times2.01+5\times2.01=(72-27+5)\times2.01=(45+5)\times2.01=50\times2.01=100.5$

(5) $(179+\square\times23)\div12=59$より，$179+\square\times23=59\times12=708$，$\square\times23=708-179=529$ よって，$\square=529\div23=23$

2 約数と倍数，比の性質，平均とのべ，角度，表面積

問１ ３でわりきれる数は３の倍数，４でわりきれる数は４の倍数である。１から20までに，３の倍数は，20÷３＝６余り２より６個あり，４の倍数は，20÷４＝５(個)ある。下の図１で，イの部分(３と４の最小公倍数12の倍数)は，20÷12＝１余り８より，１個なので，アの部分は，６－１＝５(個)，ウの部分は，５－１＝４(個)である。よって，３か４でわりきれる数は，５＋１＋４＝10(個)と求められる。

図１

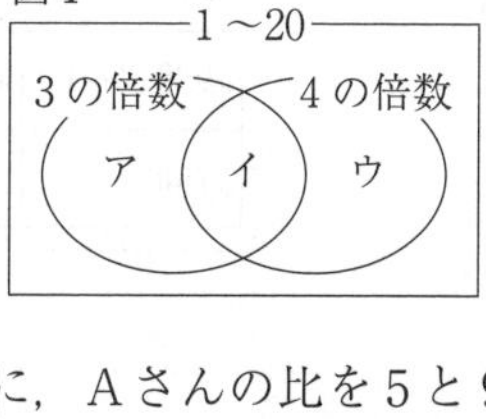

図２

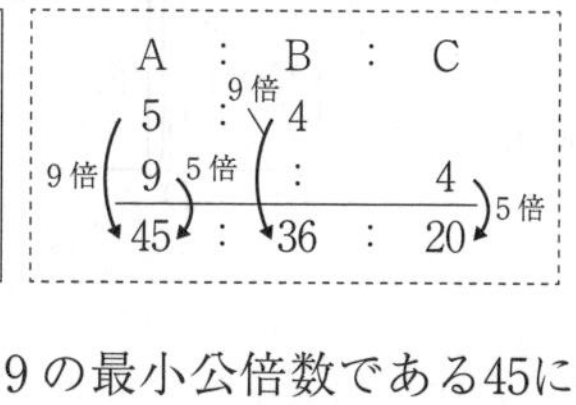

問２ 上の図２のように，Ａさんの比を５と９の最小公倍数である45にそろえると，Ａ：Ｂ：Ｃ＝45：36：20となる。よって，Ｂさんは36歳《さい》なので，Ｃさんは，$36\times\frac{20}{36}=20$(歳)とわかる。

問3　(合計)＝(平均)×(個数)より，３つすべての合計点は，14×３＝42(点)である。「計算」は16点なので，「文章題」と「図形」の合計点は，42－16＝26(点)であり，「文章題」と「図形」は同じ点数なので，「文章題」の点数は，26÷２＝13(点)とわかる。

問4　下の図３で，角BDCの角度は，180－(40＋90)＝50(度)である。紙を折り返したので，角ABDの角度は角AEDと等しく90度で，角ADBと角ADEの角度も等しい。これより，角ADBの角度は，(180－50)÷２＝65(度)である。よって，アの角度は，180－(65＋90)＝25(度)と求められる。

図３

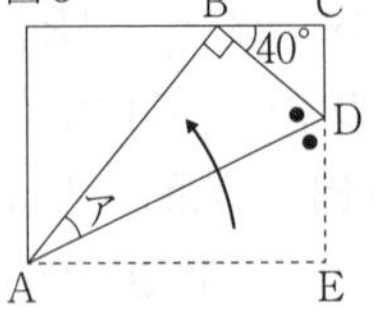

図４

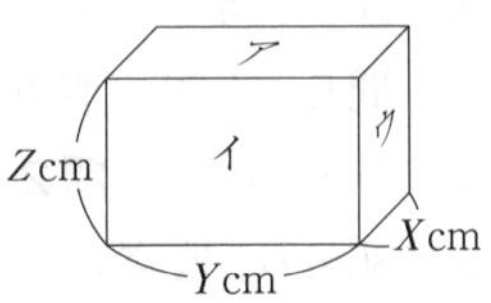

問5　上の図４のような直方体で，面ア，イ，ウの面積はそれぞれ，$X\times Y$(cm²)，$Y\times Z$(cm²)，$Z\times X$(cm²)であり，直方体のすべての面積の合計は，$X\times Y\times 2+Y\times Z\times 2+Z\times X\times 2=(X\times Y+Y\times Z+Z\times X)\times 2$ (cm²)となる。よって，$(X\times Y+Y\times Z+Z\times X)\times 2$ は直方体のすべての面積の合計(表面積)を表す式であるとわかる。

3 速さ，点の移動

問1　下の図１で，AE＝EB＝240÷２＝120(m)，CE＝ED＝300÷２＝150(m)で，太郎さんが初めてEにもどってくるまでの時間は，120×２÷60＝４(分)である。この４分間で花子さんは，150＋30＝180(m)進むので，花子さんの速さは分速，180÷４＝45(m)となる。

問2　問１より，花子さんが初めてEにもどるまでの時間は，150×２÷45＝$6\frac{2}{3}$(分)となる。この$6\frac{2}{3}$分間で太郎さんが進む道のりは，60×$6\frac{2}{3}$＝400(m)である。よって，下の図２より，太郎さんは，AからEに向かって，400－(120＋240)＝40(m)進んだ地点(EからAに向かって80mの地点)にいるとわかる。

問3　問１より，太郎さんは４分ごとにEにもどってきて，問２より，花子さんは$6\frac{2}{3}$分ごとにEにもどってくる。そこで，太郎さんと花子さんがEにもどってくるときに，どちらからEに近づくかを表すと，下の図３のようになる。よって，２人が初めてEで出会うのは，出発してから20分後であり，エが正しいとわかる。

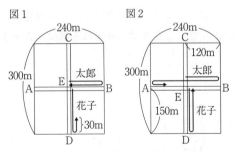

図１

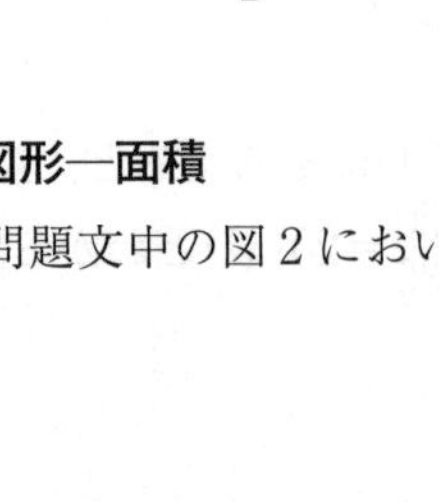

図２

図３

太郎

時間(分後)	4	8	12	16	20
方向	←	→	←	→	←

花子

時間(分後)	$6\frac{2}{3}$	$13\frac{1}{3}$	20
方向	↑	↓	↑

4 平面図形―面積

問1　問題文中の図２において太線で囲んだ図形は，半径が６cm，中心角が，90－45＝45(度)のおうぎ形である。よって，太線で囲んだ図形の面積は，$6\times6\times3.14\times\frac{45}{360}=14.13$(cm^2)となる。

問２　右の図で，同じおうぎ形から白い部分を除《のぞ》いた部分だから，斜線《しゃせん》部分の面積とかげをつけた部分の面積は等しい。また，かげをつけた部分の面積は，問１の太線で囲んだ図形と直角二等辺三角形の面積の和である。太線で囲んだ図形の面積は14.13cm^{2}で，直角二等辺三角形の面積は，図で★の部分の長さが，６÷２＝３(cm)なので，６×３÷２＝９(cm^2)となる。よって，斜線部分の面積は，14.13＋９＝23.13(cm^2)とわかる。

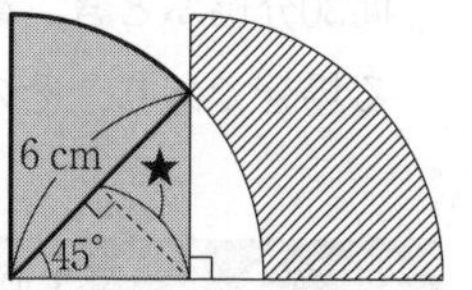

5 約束記号，整数の性質

問１　５－２＝３，８－５＝３，14－11＝３より，入れた数より３大きい数が出てくる。

問２　下の図１より，18の１つ前の数は，18÷２＝９，その前の数は，９－３＝６，その前の数は，６÷２＝３となる。よって，*N*は３である。

図１

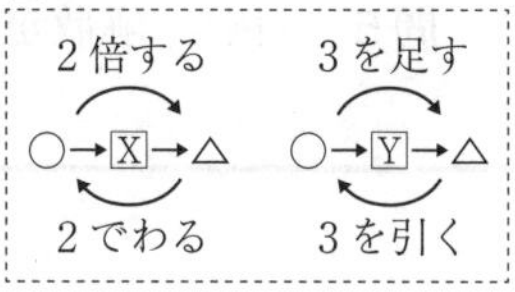

図２

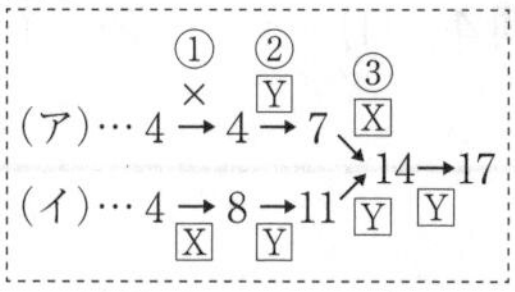

問３　箱Xに，偶数《ぐうすう》と奇数《きすう》のどちらを入れても偶数が出てくる。一方，箱Yに，偶数を入れると奇数が出てきて，奇数を入れると偶数が出てくる。最後に出てきた数は奇数の17なので，最後の箱④はYであり，17の前の数は，17－３＝14とわかる。また，上の図２のように，14の前の数は，箱③がXならば，14÷２＝７，Yならば，14－３＝11である。７，11はどちらも奇数なので，７か11が出てきた箱②は，どちらの場合もYであり，７の場合に前の数は，７－３＝４，11の場合に前の数は，11－３＝８とわかる。箱がXとYのどちらであっても，４を入れて４が出てくることはないので，図２で(ア)は正しくない。よって，正しいのは(イ)であり，４を入れて８が出てきたので，はじめの箱①はXとわかる。したがって，①はX，②はY，③はY，④はYとなる。

6 条件の整理

問１　大人１人の１日フリーパスの料金は3500円である。子ども１人の時間制チケット80分間の料金は，最初の60分間が550円で，残り，80－60＝20(分間)が，100×(20÷10)＝200(円)なので，550＋200＝750(円)となる。よって，子ども２人分の料金は，750×２＝1500(円)であり，料金の合計は，3500＋1500＝5000(円)と求められる。

問２　まず，大人１人と子ども１人の料金を考える。大人１人と子ども１人の料金は，２人とも１日フリーパスを購入する場合，3500＋1700＝5200(円)である。大人１人が１日フリーパス，子ども１人が時間制チケットを購入する場合，子ども１人の時間制チケット150分間の料金は，最初の60分間が550円，残り，150－60＝90(分間)が，100×(90÷10)＝900(円)なので，550＋900＝1450(円)であり，２人の合計料金は，3500＋1450＝4950(円)となる。また，大人１人と子ども１人が親子パスを購入する場合，最初の２時間が２人で4000円，残り，２時間30分－２時間＝30分間の料金が，100×(30÷10)＝300(円)なので，２人の合計料金は，4000＋300＝4300(円)となる。よって，大人１人と子ども１人の合計料金で最も安くなるのは，親子パスを購入する場合で4300円とわかる。また，残る子ども１人分の料金は，１日フリーパスが1700円，時間制チケットが1450円だから，最も安くなるのは，時間制チケットを購入した場合である。したがって，大人１人と子ども２人で２時間30分遊ぶとき，最も料金が安くなるのは，親子パスを１セットと，時間制チケットを１枚購入する場合であり，その料金の合計は，4300＋1450＝5750(円)と求められる。

社　会　＜第１回試験＞（理科と合わせて50分）＜満点：50点＞

解　答

1 **問１**　あ，お　**問２**　イ　**問３**　(1)　かな文字　(2)　ウ　(3)　エ　**問４**　(例)　現在のような皇位継承の制度が整っていなかったため。　**問５**　ア　**問６**　エ　**問７**　イ

2 **問１**　青森県　**問２**　イ　**問３**　ウ　**問４**　エ　**問５**　高知県　**問６**　(例)　通常の収穫・出荷時期よりも早めに収穫・出荷する栽培方法。　**問７**　イ　**問８**　イ

3 **問１**　(1)　イ　(2)　立法　**問２**　参議院　**問３**　(例)　二院制の方が一院制よりも慎重に審議できる。　**問４**　(1)　イ　(2)　イ　**問５**　(例)　解散があるから。(任期が短いから。)

解　説

1 **各時代の歴史的なことがらについての問題**

問１　「あ」の752年は奈良時代半ば，「お」の1203年は鎌倉時代初めに当たる。なお，平安時代とは一般《いっぱん》に，京都の平安京に都が移された794年から鎌倉幕府が成立する12世紀末までの期間をいい，「い」～「え」はこの時期に当てはまる。

問２　894年，朝廷の有力貴族であった菅原道真《すがわらのみちざね》は，内乱が続くなどして唐《とう》(中国)の国力がおとろえてきていることや，航海上の危険が大きいことを理由として遣唐使の停止を朝廷に進言し，これが受け入れられた(イ…○)。なお，聖徳太子が隋《ずい》の煬帝《ようだい》に国書を送ったのは飛鳥時代の607年のことで，国書の内容に煬帝は腹を立てたが，交流はその後も続いた(ア…×)。鎌倉時代の1274年(文永の役)と1281年(弘安の役)の２回にわたり，モンゴル民族を中心とする元(中国)の軍が日本に襲《しゅう》来《らい》した。この出来事を，元寇《げんこう》という(ウ…×)。朝鮮出兵は安土桃山時代の1592～93年と1597～98年の２回，豊臣秀吉によって行われ，その後，朝鮮との国交が一時断絶した(エ…×)。

問３　(1)　平安時代になると，漢字をくずした形からつくられたひらがなや，漢字の一部をもとにしてつくられたカタカナといったかな文字が使われるようになった。これによって日本人の微妙《びみょう》な感情などがより細かく表現できるようになり，紫式部《むらさきしきぶ》の『源氏物語』のようなすぐれた女流文学が数多く書かれた。　(2)　『日本書紀』は舎人《とねり》親王らの手によって編さんされた国の正式な歴史書で，奈良時代の720年に完成した。なお，アの『土佐日記』やイの『竹取物語』，エの『古今《こきん》和歌集』は，いずれも国風文化が花開いた９世紀末から10世紀前半にかけて成立した作品である。

(3)　藤原頼通《よりみち》は1053年，阿弥陀如来《あみだにょらい》像をまつるための阿弥陀堂として，宇治(京都府)に平等院鳳凰《ほうおう》堂を建てた。平等院鳳凰堂は，阿弥陀如来像のある中堂を中心として，翼《つばさ》が広がるように両側に廊下《ろうか》が伸《の》びている形が特徴《とくちょう》といえる。なお，アの中尊寺金色堂は，奥州《おうしゅう》藤原氏によって平泉(岩手県)に建てられた。イの東大寺南大門は奈良にあり，鎌倉時代に再建されたものが現存している。ウの円覚《えんがく》寺舎利殿《でん》は鎌倉(神奈川県)にある建物で，現在のものは室町時代につくられたと考えられ

ている。

問４　飛鳥時代や奈良時代には貴族どうしの権力争いがたびたび起こり，そのときの有力者との関係などによって天皇が選ばれることがあった。飛鳥時代に最初の女性天皇として即位《そくい》した推古天皇は，その一例といえる。こうしたことが起こるのは，皇位継承《けいしょう》（誰《だれ》が次の天皇になるか）についてのルールや制度がきちんと定められていなかったためと考えることができる。

問５　『枕草子《まくらのそうし》』は清少納言が著《あらわ》した随筆《ずいひつ》で，四季の移り変わりや宮廷生活の様子などがするどい感性でつづられている。なお，イの『徒然《つれづれ》草』は鎌倉時代に兼好《けんこう》法師（吉田兼好）が書いた随筆，ウの『奥の細道』は江戸時代に松尾芭蕉《ばしょう》が書いた俳諧《はいかい》紀行文，エの『たけくらべ』は明治時代に樋口一葉《ひぐちいちよう》が書いた小説。

問６　『万葉集』は，奈良時代末～平安時代初めごろに成立したと考えられている現存する最古の和歌集で，天皇，皇族や貴族，農民，兵士など，さまざまな身分の人が詠《よ》んだ約4500首の歌が収録されている。防人《さきもり》は九州の防衛にあたる兵士のことで，奈良時代には東国の農民から多く集められた。なお，松尾芭蕉は江戸時代，源実朝《さねとも》は鎌倉時代に活躍《かつやく》した人物で，『万葉集』の成立とは大きく時代が異なる（ア，イ…×）。また，ウは奈良時代に成立した『古事記』のような歴史書に当てはまる。

問７　『平家物語』は源氏と平氏の戦いを中心に書かれた軍記物語で，鎌倉時代に成立した。「すべてのものは変化して移り変わる」という無常観が作品に反映されており，冒頭《ぼうとう》の文にある「諸行無常」という言葉はこの考え方をよく表している。なお，アは藤原道長が平安時代に，ウは小野老《おののおゆ》が奈良時代に詠んだ和歌。エは福沢諭吉が明治時代に著した代表作『学問のすゝ《(す)》め』の冒頭の部分である。

２　２つの都道府県の地形や気候，特徴などについての問題

問１　青森県は本州の北端《ほくたん》に位置する県で，県北西部に伸びる津軽半島と県北東部に伸びる下北半島が陸奥湾《むつわん》を囲んでいる。また，青森県は南西で秋田県，南東で岩手県と接している。

問２　青森県では，県西部に広がる津軽平野などでりんごがさかんにつくられており，青森県の生産量は全国のおよそ６割を占《し》めて全国第１位となっている（2022年産）。なお，アの越後《えちご》平野は新潟県，ウの讃岐《さぬき》平野は香川県にある。エの筑紫《つくし》平野は九州北西部にあり，福岡県と佐賀県にまたがっている。

問３　青森県北部に広がる陸奥湾ではほたて貝の養殖《ようしょく》がさかんに行われており，青森県のほたて貝の養殖収獲《しゅうかく》量は全国の約48％を占めて全国第１位（2021年産，以下同じ）。なお，アのアコヤ貝は真珠《しんじゅ》の養殖に用いられる貝で，真珠の養殖収獲量は長崎県が全国で最も多い（2021年産）。イのまぐろについて，主に養殖されているくろまぐろの養殖収獲量も，長崎県が全国第１位となっている（2021年産）。エのうなぎは，鹿児島県が養殖収獲量全国第１位である（2019年産）。

問４　青森県と秋田県にまたがる白神山地には世界最大級のぶなの原生林が広がり，多種多様な動植物が豊かな生態系を育む貴重な地域であることから，1993年にユネスコ（国連教育科学文化機関）の世界自然遺産に登録された。なお，アの知床《しれとこ》は北海道，イの屋久島は鹿児島県，ウの小笠原《おがさわら》諸島は東京都に属し，いずれも世界自然遺産に登録されている。

問５　高知県は四国地方南部にあり，南で太平洋に面している。弓なりの形をしており，南東の室《むろ》戸《と》岬《みさき》と南西の足摺《あしずり》岬の間に土佐湾が広がる。

問６　ビニールハウスなどを利用して農作物の収穫，出荷の時期を早める栽培《さいばい》方法を，促成《そくせい》栽培という。ほかの地域よりも早い時期に出荷することで，利益を大きくできるという利点がある。

問７　高知県南部は，沖合を流れる暖流の黒潮（日本海流）の影響《えいきょう》で，冬でも比較《ひかく》的温暖な気候となっている。高知県では，この温暖な気候を生かしたなすやピーマンなどの促成栽培がさかんに行われており，高知県のなすの生産量は全国第１位，ピーマンの生産量は茨城県，宮崎県に次いで全国第３位となっている（いずれも2022年産，以下同じ）。なお，アの茶は静岡県，ウのりんごは青森県，エのみかんは和歌山県の生産量が全国第１位である。

問８　高知県は，夏の降水量が多く，冬は降水量が少なくなる太平洋側の気候に属している。また，暖流の黒潮の影響を受けるため，県南部は冬でも比較的温暖である。イは高知県の県庁所在地である高知市の雨温図で，こうした特徴を表している。なお，アは日本海側の気候に属する金沢市（石川県），ウは北海道の気候に属する根室市（北海道），エは内陸の気候に属する松本市（長野県）の雨温図。

3　国会と国会議員についての問題

問１　(1)　予算は，内閣が作成して国会に提出したものを国会で審議《しんぎ》し，議決することで成立する。　(2)　日本国憲法第41条は国会の地位についての条文で，国会を「国権の最高機関であって，国の唯一《ゆいいつ》の立法機関」と位置づけている。立法とは，法律を定めることである。

問２，問３　日本の国会は，衆議院と参議院からなる二院制を採用している。二院制には，審議を慎重《しんちょう》に進めたり，一方の院の行き過ぎをもう一方の院がおさえたりできるといった長所が考えられる。一方で，審議や議決に時間がかかるという点は，短所といえる。

問４　(1)　衆議院議員の任期は４年，参議院議員の任期は６年となっている。　(2)　衆議院議員の被選挙権は満25歳以上の国民に，参議院議員の被選挙権は満30歳以上の国民に与《あた》えられる。

問５　衆議院議員の任期は４年で，参議院議員の６年に比べて短い。また，衆議院には解散があるが，参議院に解散はない。こうしたことから，衆議院は民意をより反映しやすいと考えられているため，いくつかの議決において参議院よりも強い権限が与えられている。これを衆議院の優越《ゆうえつ》という。

理　科　＜第１回試験＞（社会と合わせて50分）＜満点：50点＞

解　答

1　**問１**　**図２**　イ　**図３**　ウ　**問２**　直列つなぎ　**問３**　エ　**問４**　（例）　消費電力が小さくなるため。　**問５**　ウ　**問６**　半導体　2　**問１**　イ　**問２**　水蒸気　**問３**　ア　**問４**　（例）　フラスコの中に引きこまれる。　**問５**　イ　**問６**　ウ　3　**問１**　（例）　からだを支える。　**問２**　イ　**問３**　ウ　**問４**　気門　**問５**　ア　**問６**　なん体動物　4　**問１**　北極星　**問２**　イ　**問３**　ア　**問４**　ウ　**問５**　30度　**問６**　（例）　地球は自転をしているため。

解　説

1　電気のはたらきについての問題

問１　豆電球を２個直列につないだ回路では，豆電球１個あたりに流れる電流の大きさが回路に豆電球が１個だけのときに比べて半分になるので，豆電球の明るさは暗くなる。一方，豆電球２個を並列につないだ回路では，回路１つあたりの豆電球の数が１個のときと変わらないので，豆電球に流れる電流の大きさは変わらず，明るさも同じである。

問２　電池の＋極から豆電球などを通って－極にもどるような電気の通り道のことを回路といい，この回路が１つだけ（１列）になる豆電球のつなぎ方を直列つなぎという。

問３　電池の＋極から何も通らずに－極にもどることのできる回路のことをショート回路といい，この回路ができるときは電池から流れる電流はすべてこのショート回路に流れるため豆電球に電気が流れず，豆電球は点灯しない。

問４　豆電球は，中にあるフィラメントに電流が流れて発熱しながら光を出すため，熱の分むだな消費電力が大きく，高温になるので，フィラメントが比かく的早く劣化して最後には切れてしまう。一方，発光ダイオードでは，電流がほぼ直接光に変わるため，豆電球に比べて消費電力が小さくなり，寿命《じゅみょう》も長い。

問５　発光ダイオードの記号の矢印のように見える形の向きに電流が流れないと，発光ダイオードは点灯しない。よって，図５と同じく，Ａは矢印の向きに電流が流れて点灯するが，図６のように，Ｂは矢印と逆の向きに電流が流れるので点灯しない。

問６　電気をよく通す導体と電気を通さない不導体の中間の性質で，電圧をかけることで電気を通したり通さなくしたりして，回路に流れる電流を制御《せいぎょ》できるものを半導体という。

2　状態変化についての問題

問１　加熱をすることで，氷のような固体がとけて，水のような液体に変化するときの状態変化を融解《ゆうかい》という。

問２　液体の水を加熱し続けると，気体の水蒸気《すいじょうき》に状態変化する。なお，このときのような液体から気体への状態変化を気化という。

問３　液体の水から気体の水蒸気に状態変化すると，体積は1700倍に増加《ぞうか》する。

問４　水の入ったフラスコを加熱しているときにフラスコの口にゴム風船をかぶせると，風船の中に水蒸気が入って風船がふくらむが，加熱をやめて空気中で冷やすと，風船やフラスコの中の水蒸気が冷えて水にもどる。すると，フラスコ内の気体の体積が減少し，気圧が下がるので，ゴム風船がフラスコの中に引きこまれる。

問５　物質が状態変化をしているときは，そのために熱エネルギーが利用されるので，温度変化は起こらなくなる。水を冷やして氷に変化する場合，０℃になったとき（図３のイ）にこおりはじめ，すべてが氷になったとき（図３のウ）に温度が０℃以下に下がりはじめる。

問６　アイスクリームがとけるのは固体から液体への状態変化，干した洗たくものがかわくのは液体から気体への状態変化，メガネのくもりは空気中の水蒸気が冷やされて水てきとなってレンズに付いたもので気体から液体への状態変化，霜《しも》は空気中の水蒸気が氷へと変化する気体から固体への状態変化である。

3　無セキツイ動物についての問題

問１　背骨は重力に対して，からだを内側から支えるはたらきをもった骨である。

問２　エビやカニのような甲殻《こうかく》類のなかまは，からだが頭胸部と腹部の２つの部分に分かれている。

問３　節足動物のうち，昆虫《こんちゅう》類は足の数が６本で，クモ類は頭胸部に単眼のみをもったなかまである。

問４　昆虫類の腹部から胸部にかけて，側面に１対ずつ開いた，空気の出入り口となっている穴のことを気門という。

問５　クモ類には，クモのほかにサソリやダニなどが分類される。また，多足類のなかまには，ムカデやヤスデ，ゲジなどがいる。

問６　ナメクジやイカのように骨格をもたず，筋肉でできた外とう膜《まく》というつくりで内臓を保護している生き物をなん体動物という。

4　星についての問題

問１　星座早見盤《ばん》の中心にあって盤を回転させても動かない星は，地球の地軸《じく》の北側の延長線上にあって，いつも同じ位置に見える北極星である。

問２　北極星はこぐま座の２等星で，黄色く見える恒《こう》星である。

問３　北極星を示したXにもっとも近いイの地平線が真北の方角を示しているので，東の方角はイを正面にしたときに右側に来るアの方角である。よって，東の空の星を観察するときはアの方角を下にして星座早見盤をもつ。

問４　図２は，12月29日の23時の夜空を観察するようになっており，このとき南の空に見えるのは代表的な冬の星座である，ウのオリオン座である。

問５　１月29日の23時は，12月29日の23時から１か月後の夜空を観察することになる。また，同じ時刻に観察すると星座は１か月で，360÷12＝30度西に移動している。よって，星座早見盤も１月とかかれたYの方向に，30度回転させる必要がある。

問６　星座が東から西へ，１日に一回りするように動いて見えるのは，地球が地軸を中心にして西から東に１日に一回転しているためである。この回転を自転という。

国　語　＜第１回試験＞（50分）＜満点：100点＞

解　答

一　**問１**　(1)　じんあい　(2)　あっかん　(3)　ほうそう　(4)　たて　(5)　やぶ(れる)　**問２**　下記を参照のこと。　**二**　**問１**　(1)　キ　(2)　オ　(3)　ウ　(4)　ア　(5)　イ　**問２**　(1)　ア　(2)　オ　**問３**　(1)　オ　(2)　ウ　(3)　イ　**三**　**問１**　(例)　お母さんと一緒にいる息苦しさがなくなるから。／病院の売店には売っていないものを買ってもらえるから。　**問２**　ア　**問３**　ウ　**問４**　誰も傷つけ　**問５**　ウ　**問６**　イ　**問７**　小学三年生　**問８**　ウ　**問９**　イ　**四**　**問１**　ウ　**問２**　「もったい　**問３**　エ　**問４**　ある程度育　**問５**　Ⅰ　経費　Ⅱ　維持　**問６**　①　ウ　②　ア　**問７**　(例)　木材を捨てることなく商品化して，収益を上げること。　**問８**　イ，オ　**問９**　エ

●漢字の書き取り

一　**問２**　(1)　消火　(2)　衛星　(3)　補欠　(4)　囲(まれた)　(5)　再(び)

解　説

一　漢字の読みと書き取り

問１　(1)　やさしい心で思いやること。　(2)　ほかと比べて圧倒《あっとう》的にすぐれていること。　(3)　商品などを包むこと。　(4)　音読みは「ジュウ」で，「縦断」などの熟語がある。　(5)　音読みは「ハイ」で，「敗北」などの熟語がある。

問２　(1)　火を消すこと。　(2)　地球の周りをまわる，観測や通信のための人工物。　(3)　欠けた人員などのあなうめをすること。　(4)　音読みは「イ」で，「周囲」などの熟語がある。　(5)　音読みは「サイ」で，「再会」などの熟語がある。

二　ことわざの意味，四字熟語の完成，熟語の組み立て

問１　(1)　小さな元手で大きな利益を得ること。　(2)　見た目よりも実質を重視すること。　(3)　ものごとの前後がうまくつながっていないこと。　(4)　大きなちがいがあること。　(5)　価値のないものでも，ないよりはよいということ。

問２　(1)「威風堂々《いふうどうどう》」は，態度などが立派で自信にあふれていること。　(2)「付和雷同《ふわらいどう》」は，他人の意見にやみくもに従うこと。

問３　(1)「雷鳴《らいめい》」は，「雷《かみなり》が鳴る」と，上の字が主語，下の字が述語になっている。　(2)「放」も「送」も，こちらから向こうへ人や物を届けることを意味する字である。　(3)「偉《い》人」は，「偉《えら》い人」と，上の字が下の字を修飾《しゅうしょく》している。

三　出典：瀬尾《せお》まいこ『夏の体温』。長い入院生活で，病室に閉じこめられ退屈《たいくつ》と息苦しさを感じている「ぼく」は，検査入院にやって来る同学年の男の子との出会いを待ち遠しく思う。

問１　お母さんと「みっちり一緒《いっしょ》にいるのは相当の息苦しさだったと，離《はな》れてみてわかった」うえに，「病院の売店では売っていないお菓子《かし》やおもちゃも買ってもらえる」ので，「お母さんに外出を勧《すす》め」たのは「大正解だった」といえるのである。

問２　「そう」が指し示すのは，「歩ける足が，伸《の》ばせる手があるのだから，今吹《ふ》いている風に触《ふ》れてみたい」ということ。元気な体なのだから，病院の外に出られないことを苦しいと感じるのは「当然だ」と「ぼく」は考えているのである。

問３　「途方《とほう》に暮れ」るとは，どうすればよいかわからなくなること。「ぼく」は，病院での「生活が日常」となってしまったことで，「退屈」を感じている。

問４　天気の話題が便利なのは，「誰《だれ》も傷つけずに誰でもわかる」からである。

問５　「入院前は欲しいものなんてクリスマスか誕生日にしかもらえなかった」のに，今は何かを「欲しいと言えば，その週のうちに手に入っ」てしまう。自分に対する扱《あつか》いが変化したため，「悲しい」とも感じているのである。

問６　同学年の男の子が入院してくることは，退屈な日常を送っている「ぼく」にとって「ビッグプレゼント」だが，相手の立場で考えるなら，「病院で過ごす時間は一時間でも短いほうがいい」のだから，それを「待ち遠しく思う」のはよくないことだと感じたのである。

問７　「ぼく」が，男の子を「大歓迎《かんげい》」しようとしているのは，男の子が話の合わない幼稚園児《ようちえんじ》ではなく，自分と同じ「小学三年生」だからである。

問８　外の「暑さを，ぼくも感じてみたい」と思っているものの，プレイルームの窓は「外の温度を少しも伝えない」のだから，「ぼく」は「はがゆさ」や「もどかしさ」，「もの足りなさ」を感じていると読み取れる。

問９　問７でみたように，「ぼく」は自分と同じ小学三年生の男の子と出会えることを楽しみにしている。これまでは幼稚園児や大人しかいなかったが，その男の子が来ることで，「そのままの思いを口にして通じる心地よさ」や「底抜《ぬ》けに楽しい笑える時間」を得られるだろうと期待しているのである。

四 **出典：田中淳夫《たなかあつお》『割り箸《ばし》はもったいない？ 食卓からみた森林問題』**。割り箸は，山のものを無駄《むだ》にせず利用するために生み出された商品であることや，林業の特徴《とくちょう》などを説明している。

問１　割り箸は「小さな端材から作られた」ものであり，「最後の最後まで木材を利用した最終商品」であると説明されている。

問２　「林業の本質を考えると，割り箸の存在は非常に重要な位置づけがされている」といえるのは，割り箸などの商品開発が行われた理由として，「山のものは一切無駄にせずに利用しなければ『もったいない』と思う精神風土があった」ことを筆者は挙げている。

問３　農業が，数カ月から数年で収穫《しゅうかく》できるのに対して，林業は収穫まで「短くても四〇年，長いところでは一〇〇年を超《こ》える」のである。

問４　文章後半の「日本の森林の歴史」をたどっている部分で，人工林を「ある程度育ったところで間伐《かんばつ》すると，密な森林は空かされて光が差し込むことで残った木の生長がうながされ」ると説明されている。

問５　主伐のみで収入を得るのではなく，実際は「間伐材収入」で「経費などは全部賄《まかな》え」ている。そのことによって，林業を営む人々の生活を「維持《いじ》」できているのである。

問６　①　前の「一〇〇年間収入がないわけではない」という内容を受けて，後で，植えた「一〇年後から」経費を賄えるという内容が述べられているので，２つのことがらを並べて，前のことがらより後のことがらのほうがよいということを表す「むしろ」があてはまる。　②　前の段落までで，吉野林業が「間伐材をちゃんと商品化」し，「間伐も大きな収入源」にしていたことを具体的に説明している。後で，その内容を「吉野林業は，廃材《はいざい》の利用技術で成り立っていた」とまとめているので，前に述べている内容を“要するに”とまとめて言い換えるときに用いる「つまり」が入る。

問７　木を単体の商品にしていては，「収益は上がらない」。つまり「捨てるところなく商品化して」，収益を上げることで「産業」となるのである。

問８　世界的な森林問題とは，「過剰《かじょう》伐採が進んで危機的な状況《じょうきょう》」におちいっていることなので，「伐採をしないことが問題の解決へとつながる」のである。

問９　混んだ状態が続く人工林は，「緑に覆《おお》われている」ものの，生物多様性も保水力も劣《おと》った森林となるため，「非常に危険な状態」であり，「緑の砂漠《さばく》」と呼ばれるのである。

2024年度 横浜翠陵中学校

【算　数】〈第２回試験〉（50分）〈満点：100点〉

1 次の $\boxed{}$ にあてはまる数を求めなさい。

(1) $203-(19\times39-52)\div13=\boxed{}$

(2) $\left(1\frac{4}{5}+2\frac{3}{11}\right)\div5\frac{1}{11}=\boxed{}$

(3) $(9.3\times2.9+1.55)\div4.6=\boxed{}$

(4) $82\times2.02-69\times2.02+17\times2.02=\boxed{}$

(5) $(124+\boxed{}\div8)\div13=29$

2 次の各問いに答えなさい。

問１．1から50までの整数の中で，3でわっても5でわってもあまりが1になる最大の数はいくつですか。

問２．兄と弟は，2人合わせて1400円持っており，その比が4：3です。兄がいくらか使ったため，兄と弟の持っているお金の比は1：2になりました。兄は何円使いましたか。

問３．ある飲食店では，1週間のうち月曜日から金曜日の平日は1日当たり平均して120人のお客さんが来ました。土曜日と日曜日は1日当たり平均して162人でした。1週間全体で考えると，1日当たりのお客さんの数は平均して何人ですか。

問４．右の図で，斜線《しゃせん》部の面積は何cm^{2}ですか。

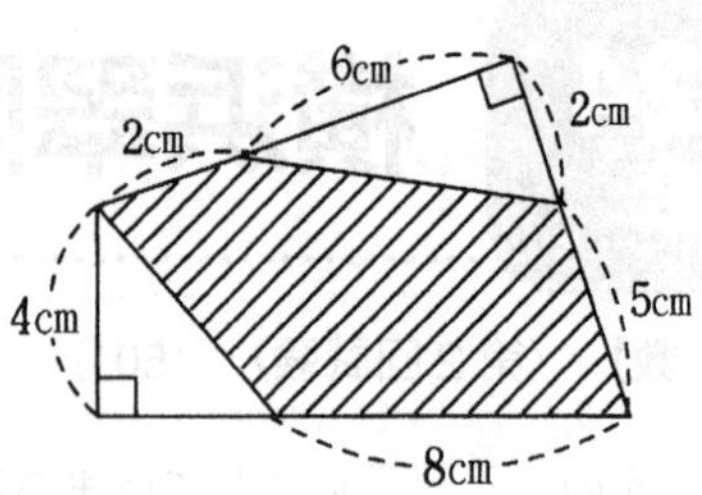

問５．右の図のような円柱について，次の①と②の式は『円柱の何』を表した式ですか。空欄《くうらん》に当てはまる言葉を埋《う》め，文章を完成させなさい。ただし，円周率は3.14とします。

① 7×7×3.14×7　　② 7×2×3.14×7

①は円柱の ア を表し，②は円柱の イ を表す。

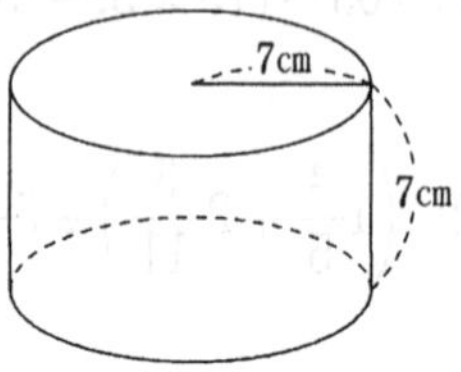

3　山のふもとと山頂を往復するリフトとケーブルカーがあり，この２つは同じ道のりをとなりあって平行に移動しています。リフトは，毎秒 2mの速さで進み，ふもとから山頂まで乗ると18 分かかります。また，常に運転しているため乗り場に行くといつでも乗ることができます。ケーブルカーは毎秒 6mの速さで進み，15 分間隔《かんかく》で出発します。発車時刻は毎時 00 分，15 分，30 分，45 分です。このとき，次の各問いに答えなさい。ただし，リフトとケーブルカーの進む速さは常に一定であるとします。

問１．ふもとから山頂までの道のりは何mですか。

問２．9 時 10 分にふもとからリフトに乗ったＡさんを，9 時 15 分発のケーブルカーでＢさんが追いかけました。ＢさんがＡさんに追いつくのは，何時何分何秒ですか。

問３．ＡさんとＢさんは 9 時 30 分から 10 時 00 分の間で同時にふもとの乗り場に着き，Ａさんはリフトで，Ｂさんはケーブルカーで山頂を目指します。ＡさんがＢさんよりも早く山頂に到着《とうちゃく》するのは，２人が何時何分に乗り場に着いたときですか。１行程度の文章にして，考えられるものをすべて答えなさい。ただし，答えは分単位で考えるものとし，２人が山頂に到着するのが同時である場合は考えないものとします。

4 下の図は半径 4 cmの半円を，点 A を中心として反時計回りに45° 回転させたようすを表しています。このとき，次の各問いに答えなさい。ただし，円周率は3.14 とします。**問１**，**問２**とも考え方や式も書きなさい。

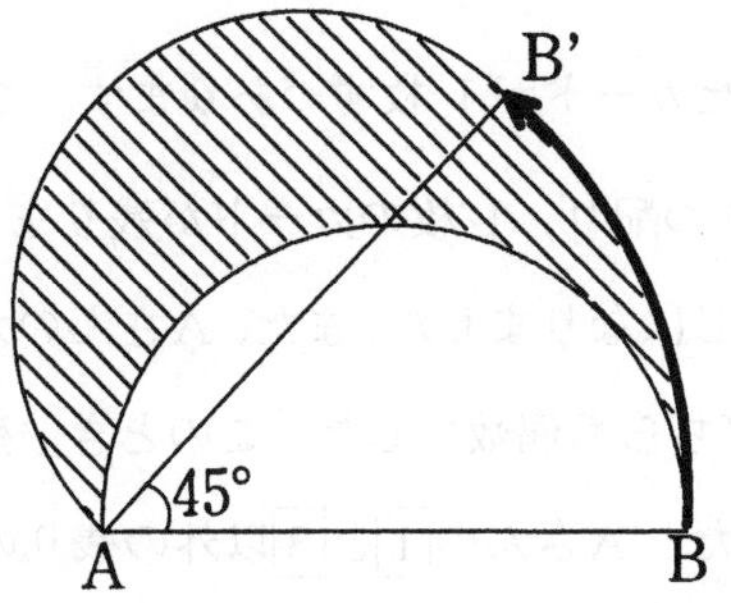

問１．点Ｂが点Ｂ’まで動いた道のり（図の太線の矢印）は何cmですか。

問２．図の斜線《しゃせん》部の面積は何cm^{2}ですか。

5 １辺が 6 cmの正方形の画用紙を 1 cmずつ重ねながら全体が長方形（または正方形）になるように画びょうでとめていきます。下の図は，画用紙をたてに２枚，横に３枚並べたときのようすを表しています。また，画びょうは，画用紙が１枚の部分は○，２枚以上重なっている部分は●で表しています。このとき，次の各問いに答えなさい。

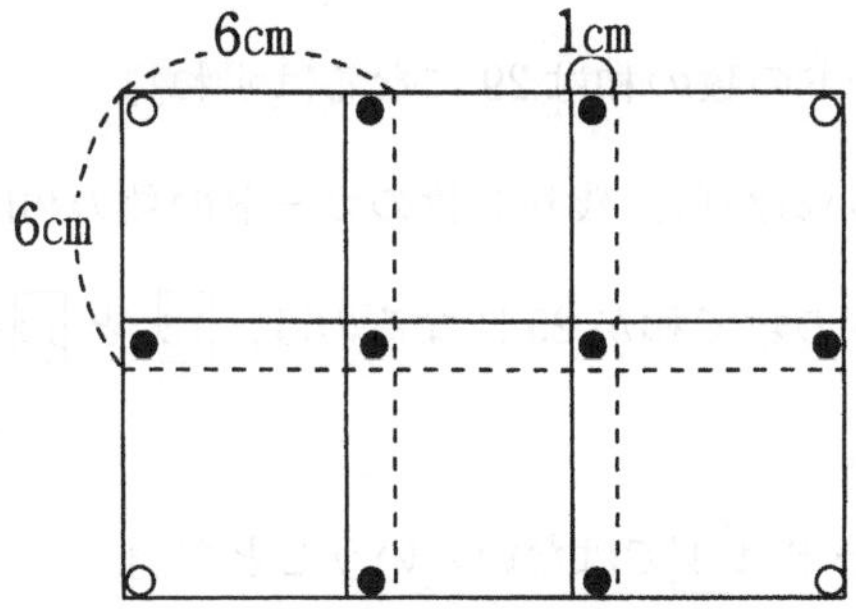

問１．画用紙をたてに３枚，横に４枚並べるとき，●の画びょうは何個必要ですか。

問２．全体がたて 36 cm，横 46 cmの長方形になるように画用紙を並べました。画用紙は全部で何枚必要ですか。また，○と●の画びょうはそれぞれ何個必要ですか。１行程度の文章で答えなさい。

6 先生が出した次のような問題について，太郎さんと花子さんが考えています。下の会話文は，そのとき2人が話しているやりとりです。これを読んで，次の各問いに答えなさい。

> **【問題】**
>
> [1]から[13]までの数が書かれたカードが1枚ずつあります。これらのカードをAさん，Bさん，Cさんの3人に4枚ずつ配り，1枚のカードが残りました。3人に配られた4枚のカードに書かれた数の和は同じになりました。また，Aさんのカードのうち2枚は[1]と[3]で，残り2枚のカードの数はどちらも偶数でした。このとき，残った1枚のカードに書かれている数は何でしょうか。また，Aさんの[1]と[3]以外の残りの2枚のカードは何と何ですか。

花子：「3人のカードの数の和が同じということが手がかりにならないかしら。」

太郎：「13枚のカードの数を全部たすと91になるね。残った1枚以外のカードを3人に分けたとき数の和が同じになるということは，残った1枚以外の12枚のカードの数の和は[①]の倍数にならないといけないね。」

花子：「ということは，残ったカードは，[1]，[4]，[②]，[③]，[④]のどれかになるわ。」

太郎：「でも，[1]はすでにAさんのところにあるから，それ以外の場合で考えればいいね。残ったカードの数が[4]だったときを考えてみよう。」

花子：「残ったカードの数が[4]だとしたら，配られた12枚のカードの数の和は87になるわ。だから，3人の持っているカードの数の和は29になるはずね。」

太郎：「Aさんは[1]と[3]を持っているから，残り2枚のカードの数の和は25になればいいよ。」

花子：「[1]，[3]，[4]以外のカードの数で和が25になるのは，[12]と[13]だけだからア<u>条件に当てはまらないわ</u>。」

太郎：「ということは，残ったカードは[4]ではないということだ。」

問1．空欄《くうらん》[①]，[②]，[③]，[④]に当てはまる数はそれぞれ何ですか。

問2．<u>下線部ア</u>について，花子さんが当てはまらないと考えた条件は何ですか。1行程度の文章で答えなさい。

問3．残った1枚のカードの数は何ですか。また，Aさんの残り2枚のカードは何と何ですか。

【社　会】〈第２回試験〉（理科と合わせて50分）〈満点：50点〉

１　**今年のＮＨＫ大河ドラマは「光る君へ」です。次の文章を読んで，後の問いに答えなさい。**

今年の大河ドラマ「光る君へ」は，**①平安時代**の歌人・作家で朝廷《ちょうてい》に仕《つか》えた女官《にょかん》でもあった紫式部《むらさきしきぶ》の生涯《しょうがい》を描《えが》いた作品です。

894年に（　②　）の献策《けんさく》により遣唐使が廃止《はいし》され，中国の文化が入ってこなくなったことで，日本独《どく》特の **③国風文化**が生まれます。女性が文学の才能を発揮《はっき》するようになり，紫式部も **④女流文学者**の１人として，**⑤平安中期の貴族社会**を描いた『源氏物語』を書き上げました。

紫式部の『源氏物語』は，その後も与謝野晶《よさのあき》子や瀬戸内寂聴《じゃくちょう》によって現代語訳されるなど，時代をまたいで愛されています。

問１．下線部①について，

⑴ 平安時代の出来事を，下の**あ～お**から**２つ**選び，記号で答えなさい。

あ　東大寺で大仏の開眼供養《かいげんくよう》が行われる
い　空海《くうかい》が真言《しんごん》宗を開く
う　平将門《たいらのまさかど》が関東地方で反乱を起こす
え　源頼朝《みなもとのよりとも》が征夷《せいい》大将軍になる
お　東大寺南大《なんだい》門の金剛力士《こんごうりきし》像が完成する

⑵ 平安時代は，桓武《かんむ》天皇が奈良から京都に都を遷都《せんと》したことにより始まりました。桓武天皇は，なぜ都を京都に移《うつ》したのですか。理由を書きなさい。

⑶ 平安時代の仏教とその中心人物の組み合わせとして正しいものを，次の中から選び，記号で答えなさい。

ア　浄土《じょうど》宗　—　法然《ほうねん》　　**イ**　曹洞《そうとう》宗　—　道元《どうげん》
ウ　律《りつ》宗　—　鑑真《がんじん》　　**エ**　天台《てんだい》宗　—　最澄《さいちょう》

問２．空欄《くうらん》②に当てはまる人物を，次の中から選び，記号で答えなさい。

ア　長屋《ながや》王　　**イ**　阿倍仲麻呂《あべのなかまろ》　　**ウ**　菅原道真《すがわらのみちざね》　　**エ**　藤原道長

問3．下線部③の国風文化について，

⑴ 国風文化の頃から「かな文字」が使われるようになりました。「かな文字」を説明した文を，次の中から選び，記号で答えなさい。

ア　西洋からもたらされたアルファベットから作られた文字である
イ　インドからもたらされた漢字から作られた文字である
ウ　この文字を使うことで，日本人の微妙《びみょう》な感情を表現できるようになった
エ　この文字を使うのは，主《おも》に男性だった

⑵ 国風文化の時期に貴族の住まいに用いられた建築《けんちく》様式を，次の中から選び，記号で答えなさい。

ア　書院造《しょいんづくり》　　**イ**　校倉《あぜくら》造　　**ウ**　数寄屋《すきや》造　　**エ**　寝殿《しんでん》造

問4．下線部④について，女流文学者の作品として有名な『枕草子《まくらのそうし》』の作者を，次の中から選び，記号で答えなさい。

ア　額田王《ぬかたのおおきみ》　　**イ**　小野妹《いも》子　　**ウ**　小野小町《こまち》　　**エ**　清少納言《せいしょうなごん》

問5．下線部⑤について，次の文の空欄**あ・い**に当てはまる語句を，次の中から選び，それぞれ記号で答えなさい。

「藤原氏は天皇家と婚姻《こんいん》関係を結び，天皇が幼《おさな》い時は（　**あ**　）として，天皇が成人すると（　**い**　）として政治の実権《じっけん》を握《にぎ》りました。」

ア　執権《しっけん》　　**イ**　関白《かんぱく》　　**ウ**　摂政《せっしょう》　　**エ**　征夷《せいい》大将軍

2　次の文章を読んで，後の問いに答えなさい。

【A】　この都道府県には越後《えちご》平野があり，日本一長い（　①　）川が流れています。この都道府県は，米の生産量が全国第一位です。また，**②四大公害病**の１つが発生しました。

問1．**【A】**の都道府県名を書きなさい。

問2．空欄①にあてはまる川の名前を書きなさい。

問3．下線部②について，**【A】**の都道府県で発生した公害病を，次の中から選び，記号で答えなさい。

ア　イタイイタイ病　　**イ**　水俣《みなまた》病　　**ウ**　第二水俣病　　**エ**　四日市ぜんそく

【B】　この都道府県は工業が盛《さか》んで，③**駿河湾《するがわん》沿岸**の（　④　）市ではオートバイや楽器の生産が，富士市や富士宮《ふじのみや》市では製紙業が行われています。農業では茶の生産量が全国第一位，⑤**みかん**の生産量が全国第三位です。また，かつお・まぐろの遠洋漁業が盛んで，水揚《みずあ》げ量全国第三位の（　⑥　）港があります。

問４．【B】の都道府県名を**漢字**で書きなさい。

問５．下線部③について，駿河湾沿岸が含《ふく》まれる工業地域を何と言いますか。**漢字**で書きなさい。

問６．空欄④にあてはまる地名を，次の中から選び，記号で答えなさい。

ア　浜松　　**イ**　豊田《とよだ》　　**ウ**　瀬戸　　**エ**　四日市

問７．下線部⑤について，みかん農家は，2005 年と 2020 年を比べると，4 割以上減少しています。なぜそのように減少したのですか。下の日本の人口構成の変化を参考にして説明しなさい。

2005 年日本の人口構成　　　　**2020 年日本の人口構成**

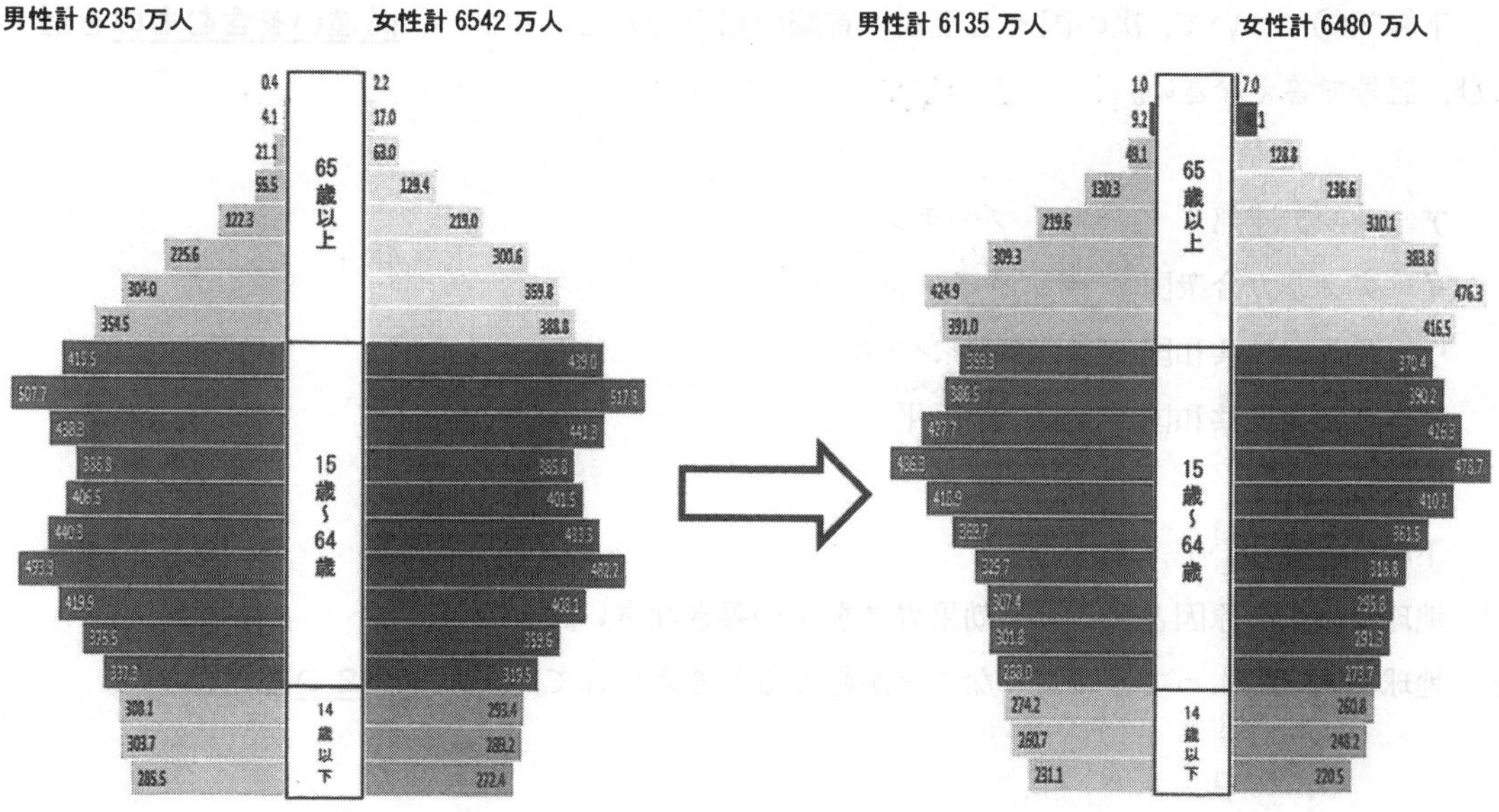

単位：万人

問８．空欄⑥にあてはまる語句を，次の中から選び，記号で答えなさい。

ア　銚子《ちょうし》　　**イ**　釧路《くしろ》　　**ウ**　焼津《やいづ》　　**エ**　境《さかい》

3　地球の環境問題に関する次の文章を読んで，後の問いに答えなさい。

1972年，スウェーデンの（　①　）で国連人間環境会議が開かれ，「（　②　）地球」をスローガンに人間環境宣言が発表されました。

1992年には，ブラジルのリオデジャネイロで，「持続可能な開発」をテーマにした国連環境開発会議が開かれました。**③世界各国の首脳《しゅのう》**が出席したこの会議は，「地球サミット」と呼ばれました。

1997年には，日本の京都で，先進国が中心となって**④地球温暖化**への対策を決める会議が開かれました。

2015年には，フランスの（　⑤　）で，発展途上国も含《ふく》めた地球温暖化対策の国際的な枠組《わくぐ》みとして（⑤）協定が採択《さいたく》されました。

問１．文中の空欄①②⑤にあてはまる語句を書きなさい。ただし，①⑤には首都名がはいります。

問２．下線部③について，次の国々と現在の首脳の組み合わせの中から，**間違いを含むもの**を選び，記号で答えなさい。

ア　ロシア連邦　＝　プーチン
イ　アメリカ合衆国　＝　バイデン
ウ　フランス共和国　＝　ゼレンスキー
エ　中華人民共和国　＝　習近平《しゅうきんぺい》

問３．下線部④について，
⑴　地球温暖化の原因となる温室効果ガスを１つ書きなさい。
⑵　地球温暖化によってどのようなことが起こると考えられていますか。**２つ**書きなさい。

【理　科】〈第２回試験〉（社会と合わせて50分）〈満点：50点〉

《注意事項》 字数制限のあるものは，原則として句読点も一字に数えます。

1　図１のグラフは気温と音が１秒間に進む距離《きょり》との関係を表したものです。後の問いに答えなさい。

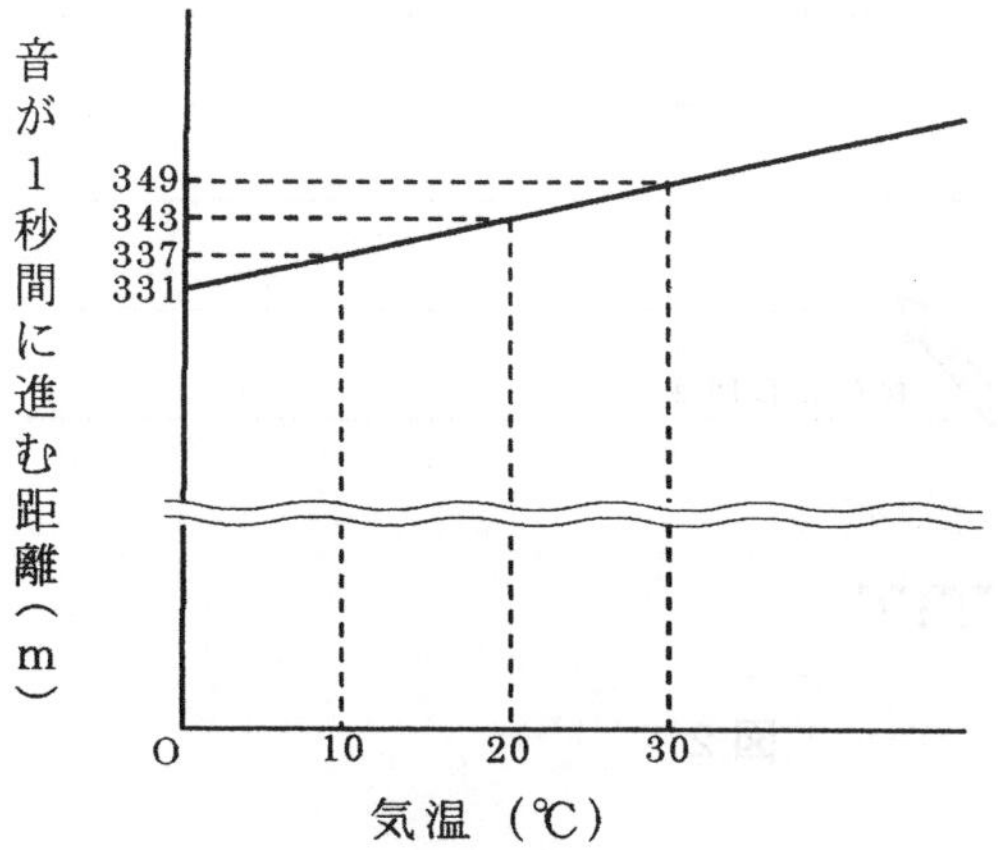

図１

問１．音が１秒間に進む距離は，気温が１℃上がるごとに何ｍ大きくなりますか。

問２．気温が18℃のとき，音が１秒間に進む距離は何ｍですか。小数第一位まで答えなさい。

問３．音が１秒間に346ｍ進むときの気温は何℃ですか。

問４．音が伝わらないのは，どのような場所ですか。次の**ア**～**エ**から一つ選び，記号で答えなさい。

ア　エベレストの山頂

イ　水の中

ウ　気温が－10℃の平地

エ　真空の宇宙空間

問５．音が１秒間に進む距離は気温によって変化するため，音の進む方向が変わります。音の進む方向が折れ曲がる現象を何といいますか。次の**ア**～**エ**から一つ選び，記号で答えなさい。

ア　反射

イ　直進

ウ　くっ折

エ　共鳴

問6．風も雲もない夜は上空にいくほど気温が高くなります。このとき，地表面に冷たい空気がたまり，上空に暖かい空気が層をつくります。**図2**の踏切《ふみきり》から出ている音はどのように進みますか。20字以内で説明しなさい。

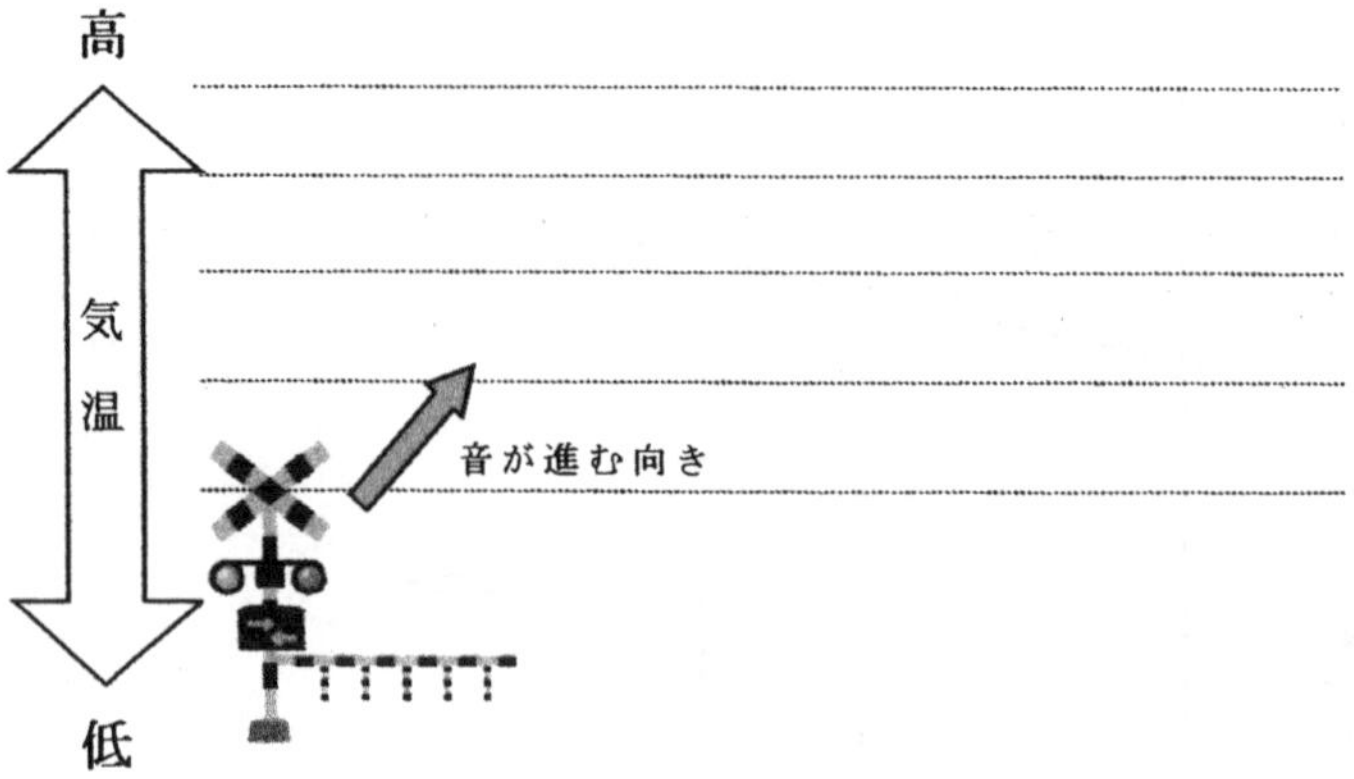

図2

2 ものの燃焼について，後の問いに答えなさい。

問1．次の文の空らんにあてはまることばを入れなさい。

『ものが熱や光を出しながら，激しく（　　）と結びつくことを燃焼という。』

問2．**図1**は，ろうそくのほのおの様子を表したものです。ほのおの中で一番明るいところと一番温度が高いところの組み合わせが正しいものを，次の**ア**～**カ**から一つ選び，記号で答えなさい。

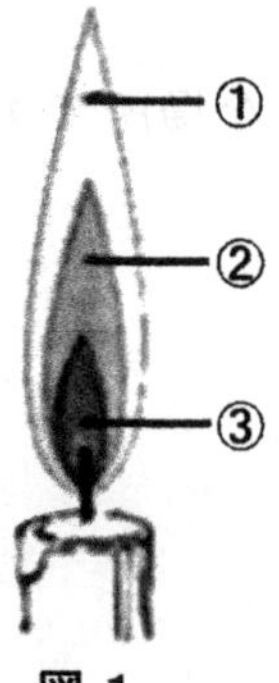

図1

	一番明るいところ	一番温度が高いところ
ア	③	①
イ	②	①
ウ	①	②
エ	③	②
オ	②	③
カ	①	③

問3．図1の①の部分を何といいますか。

問4．図2のように，ろうそくのほのおの上に冷水の入った試験管をかざすと，始めにどのような変化が見られますか。次のア～ウから一つ選び，記号で答えなさい。

ア　試験管の冷水の量が減った
イ　試験管の外側が白くくもった
ウ　冷水の中から大きな泡《あわ》が出た

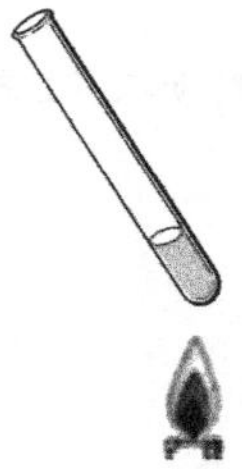

図2

問5．スチールウールを燃やした後，残ったものの性質や様子はどのようになりますか。正しいものを次のア～エから一つ選び，記号で答えなさい。

ア　重さは変化しなかった
イ　磁石についた
ウ　完全に燃やすと電気を通さなかった
エ　手ざわりや色は変化しなかった

問6．燃焼してすすが出るものを，次のア～エからすべて選び，記号で答えなさい。

ア　ろう
イ　銅粉
ウ　ガラス
エ　新聞紙

問7．集気びんにふたをして，その中でろうそくを燃やしました。しばらくろうそくは燃えていましたが，やがて火は消えました。燃えた後に残った気体が何かを確認する方法を，15字以内で説明しなさい。

3　横浜翠陵《すいりょう》中学校には数多くの植物が生息しています。春から夏にかけては鮮《あざ》やかな色の花を咲《さ》かせたり，秋には紅葉したり，落葉する植物もあります。下の表は植物の冬ごしについてまとめたものです。後の問いに答えなさい。

冬の過ごし方	植物の例
球根	①
種子	②
A地面に葉を広げる	③
冬芽	④

問1．植物が冬ごしするのはなぜですか。最もあてはまるものを，次の**ア**～**ウ**から一つ選び，記号で答えなさい。

ア　空気がかんそうしているから

イ　雨の日が多くなるから

ウ　気温が低くなるから

問2．上の表の①～④の植物の例の組み合わせとして，最もあてはまるものを，次の**ア**～**エ**から一つ選び，記号で答えなさい。

	①	②	③	④
ア	アサガオ	サクラ	チューリップ	タンポポ
イ	タンポポ	チューリップ	サクラ	アサガオ
ウ	サクラ	タンポポ	アサガオ	チューリップ
エ	チューリップ	アサガオ	タンポポ	サクラ

問3．植物は動物とちがい，自分で動くことができません。植物が広い範囲《はんい》で子孫を残すために，どのような特ちょうをもった種子がありますか。20字以内で説明しなさい。

問4．表中の下線部**A**の状態の葉を特に何といいますか。カタカナで答えなさい。

問5．植物の中には冬（12月～2月頃）に花を咲かせるものもあります。冬に花を咲かせる植物を，次の**ア**～**エ**から一つ選び，記号で答えなさい。

ア　ロウバイ

イ　サツキ

ウ　オシロイバナ

エ　コスモス

問6．動物の冬ごしでは，寒さやえさ不足のために，土の中や大きな木にできた穴の中でじっとして過ごすものもいます。このように活動をほとんど停止して冬をこすことを何といいますか。

4 次の文章を読んで，後の問いに答えなさい。

2023 年の夏（6 月～8 月）は，全国の平均気温が平年より 1.76℃高く，気象庁が統計を取り始めた 1898 年から 125 年の間で，最も暑い夏となりました。東京においても，暑さを示す猛暑《もうしょ》日・A真夏日・夏日・熱帯夜のいずれもが過去最多の日数となりました。

表　東京の猛暑日・真夏日・夏日・熱帯夜の年間観測日数

順位	猛暑日		真夏日		夏日		熱帯夜	
1位	2023年	22日	2023年	90日	2023年	141日	2023年	57日
2位	2022年	16日	2010年	71日	2022年	140日	2010年	56日
3位	2010年	13日	2004年	70日	2013年	137日	2012年	49日

2023 年の夏の気温が高くなった原因はいくつか考えられます。

1 つめは，B夏の特ちょう的な気圧配置が続いたことで，広い範囲《はんい》が熱い空気におおわれたためです。

2 つめは，C日本付近の上空を西から東に常にふいている強い風がえいきょうしたためです。2023 年の夏は，日本付近でこの風が北側にだ行し続けていたため，南にある暖気が北日本まで流れこみやすくなっていました。

3 つめに，8 月前半はD台風 6 号と 7 号によって熱い空気が流れこんだこともえいきょうしたためです。

2023 年 8 月 5 日に福島県伊達《だて》市梁川《やながわ》，8 月 10 日に石川県小松市でともに，この年の国内最高気温である 40.0℃を観測しました。これは台風のえいきょうに加えて，E山を越《こ》えた空気がしゃ面にそって下降気流となり，その付近の気温が上がる現象が発生したためと考えられています。

記録的な暑さとなった 2023 年でしたが，今後も熱中症《しょう》などにならないために，F暑さ対策を工夫していく必要があります。

問１．下線部Aの真夏日とは最高気温が何℃以上の日のことですか。

問２．下線部Bの気圧配置として，最もあてはまるものを，次の**ア**～**ウ**から一つ選び，記号で答えなさい。

ア　西高東低の気圧配置になる

イ　南高北低の気圧配置になる

ウ　移動性の高気圧と低気圧が交互に通過する

問３．下線部Cの風の名しょうを答えなさい。

問4．下線部**D**の台風の風向きはどのようになっていますか。次の**ア**～**エ**から一つ選び，記号で答えなさい。

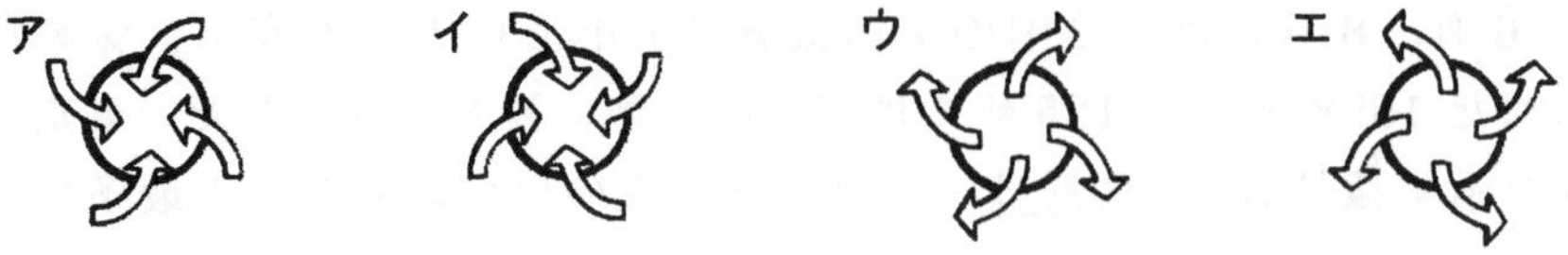

問5．下線部**E**の名しょうとして，最もあてはまるものを，次の**ア**～**エ**から一つ選び，記号で答えなさい。

ア　ハロ現象
イ　ボーラ現象
ウ　フェーン現象
エ　ヒートアイランド現象

問6．下線部**F**の暑さ対策の一つとして，水でぬらして振《ふ》ると冷える冷却《れいきゃく》タオルを首に巻く方法があります。これは冷たい水でタオルを直接冷やす以外に，水のどのような性質を利用して冷やしていますか。20字以内で説明しなさい。

問六　――線部５「日本に来て数年しかたっていない彼女に、日本の世間について説明することはなかなか難しい」とありますが、その理由を説明した次の文の［　　］に当てはまることばを、本文中の語句を用いて二十字以内で答えなさい。

日本語の世間という言葉に［　　　　　　　　　　］から。

問七　――線部６「無意識のうちに発する側にもいる一人なのだ」とありますが、その説明としてもっともふさわしいものを次の中から選び、記号で答えなさい。

ア　国家に所属するということは、集団の一員としての役割を果たす意味を持っていること。
イ　自分の成功の裏側には、それを支えてくれた見知らぬ人々の多数の協力や犠牲があること。
ウ　気づかぬうちに、周囲とちがう行動をしないように求める雰《ふん》囲気を自分もつくっていること。
エ　コミュニケーションをとる中で、意図しなくても知らぬ間に人を傷つける可能性があること。

問八　――線部７「学ぼう。歴史を知ろう。理由を考えよう」とありますが、ここから読み取れる筆者の主張としてもっともふさわしいものを次の中から選び、記号で答えなさい。

ア　過去のことをよく調べ研究したことを、今後の生き方へと反映させていった方がよい。
イ　示された考えや行動の理由を知り、納《なっ》得できないときは疑問や不満を口にした方がよい。
ウ　多数決での決定はみんなの意見が反映されている公平なものなので、従った方がよい。
エ　つねに課題意識を持ち、自分の力でよりよい社会へと変化させていこうとした方がよい。

問二　――線部２「集団には大きな副作用がある」とありますが、一方では「効果」もあります。本文から読み取れる「集団の効果」としてもっともふさわしいものを次の中から選び、記号で答えなさい。

ア　調和のとれた行動は、それまで個別行動をしていた人をも巻き込《こ》む力を生み出すことができる。
イ　一人の力では解決できないような困難な状況も、力を合わせれば乗り越《こ》えることができる。
ウ　個の力を結集させることができれば、遺伝子に刻まれた過去の記憶《おく》を消し去ることができる。
エ　規律正しい集団での演技は、国の違いを越えて観《み》た人すべてを感動させることができる。

問三　［①］・［②］に当てはまることばとしてふさわしいものをそれぞれ次の中から選び、記号で答えなさい。

ア　さて　イ　そして　ウ　つまり　エ　あるいは　オ　でも

問四　――線部３「村落共同体的メンタリティ」とありますが、その説明としてもっともふさわしいものを次の中から選び、記号で答えなさい。

ア　田畑の手入れこそが重要だと考えること。
イ　周囲の自然を大切に守っていこうと考えること。
ウ　協力して大きな利益を得ようと考えること。
エ　みんなに迷惑をかけてはいけないと考えること。

問五　――線部４『ねえトイレに行かない？』とありますが、日本の大学生と留学生の彼女がその言葉から受ける印象の組み合わせとしてもっともふさわしいものを次の中から選び、記号で答えなさい。

ア　［日本の大学生］親切　―　［留学生の彼女］迷惑
イ　［日本の大学生］配慮《りょ》　―　［留学生の彼女］感謝
ウ　［日本の大学生］好意　―　［留学生の彼女］強制
エ　［日本の大学生］勧誘《かんゆう》　―　［留学生の彼女］命令

づくこと。そして自分もその同調圧力を受ける一人であると同時に、6無意識のうちに発する側にもいる一人なのだと自覚すること。

集団で生きることを選択《たく》したから、僕たちホモサピエンスは言葉を駆《く》使する高度なコミュニケーションが必要となり、文字によって文化を継《けい》承することが可能になり、今の地球でここまで繁《はん》栄することができた。それは事実。弊《へい》害ばかりではない。群れることの恩恵《けい》も大きい。

戦争で核《かく》兵器を二つも落とされて広島と長崎は壊滅《かいめつ》し、空襲《しゅう》で東京や大阪など主要都市のほとんどは焼け野原となって多くの犠牲《ぎせい》者を出しながら、勤勉で集団力が強いからこそ、日本は戦後に驚《きょう》異的な高度経済成長を成し遂《と》げることができた。国土は小さくて資源もほとんどない国なのに、アメリカに次いでＧＮＰ世界第二位を達成した。まさしくミラクルだ。

②同時に知ってほしいこと。この時代のサラリーマンは企《き》業戦士と呼ばれた。そして戦争の時代には皇国兵士。二つの四文字熟語に共通することは滅《めっ》私奉《ほう》公。私(個)を滅して奉公する。奉公とは何か。辞書には「身をささげて公(天皇・国・主君)のために尽《つ》くすこと」とある。戦争の時代には皇国である日本と最高元首だった天皇に。そして高度経済成長期には自分が所属する企業や組織に。身をささげて尽くす。奉公する。

私を滅するとは、個の感情や意見を抑《おさ》えこむこと。その日は気分が悪くても、マスゲームが始まったら全員と同じように動かなくてはならない。試合が終わったら早く帰りたいけれど、周囲でみんながゴミを拾っているから帰れない。不満があってもみんなが黙《だま》っているから、自分も沈黙《ちんもく》しなくてはならない。

それは奉公される側の国や会社にとって都合がいい。でも個人の生きかたに視点を置けば、絶対に良いことではないはずだ。

だから考えよう。一概《がい》に組織を否定するつもりはない。人は組織や共同体に帰属しなければ生きていけない生きものだ。でも帰属の度合いが強すぎると個が不幸になる。何よりも、かつてのこの国の戦争のように、個が従属しすぎる組織は大きな過ちを起こす。多くの人が不幸になる。人類の歴史はそのくりかえし。だから7学ぼう。歴史を知ろう。理由を考えよう。

〔森達也『集団に流されず個人として生きるには』(筑摩書房)による〕

(注)＊メンタリティ……ものの考え方・感じ方の傾向。

問一 ――線部1「何か引っかかる」とありますが、どのような点が「引っかかる」のですか。その説明としてもっともふさわしいものを次の中から選び、記号で答えなさい。

ア 日本人だけではなく他の国の人たちもゴミ拾いをしているのに、いつも自分たちばかりが称賛されている点。

イ もっと効率《りつ》良くきれいにする方法があるはずなのに、みんなと同じようにゴミを一つずつ拾わなければならない点。

ウ 試合を戦った選手たちの方がたたえられるべきなのに、ゴミ拾いをする観客たちばかりが記者から注目される点。

エ 本当は早く帰りたいと思っている人もいるのに、ゴミ拾いをする人たちと同じように行動することが優先される点。

でも稲作は日本だけではなく韓《かん》国や中国などにも共通しているけれど、場や空気を重んじる傾向は、日本が突《とっ》出して強い(と僕は思う)。だからこそ「タイタニック号」のジョークでも日本人がとりあげられる。あなたがもしも韓国や中国の街を歩いたことがあるならば、日本人よりは自己主張が強い人が多いと感じるはずだ。場の空気を日本ほどは読まない。調和や規律正しさを日本人ほどに求めない。中国や韓国のサポーターたちが、試合後にゴミを拾って帰るイメージを僕は思い浮《う》かべられない(これは決して悪い意味ではない)。

かつてテレビ・ディレクターの仕事をしていたころ、韓国から日本の大学に学びに来た留学生を被写体にしたドキュメンタリーを撮《と》ったことがある。ロケが始まって数日が過ぎたころ、大学の教室で待ち合せていた彼《かの》女は、なぜだかとても怒《おこ》っていた。「どうしたの?」と訊《たず》ねたら、「日本の大学生はなぜ一人でトイレに行けないのですか」と彼女は言った。意味がよくわからない。首をかしげる僕に彼女は説明してくれた。授業が終わって休み時間になるたびにクラスメートたちが寄ってきて、4「ねえトイレに行かない?」と言ってくるという。

それはある意味で社交辞令。でも彼女にはそれがわからない。フィンランドから来て日本に三年ほど滞《たい》在していた女性から、「日本では芸能人が不倫《りん》などのスキャンダルを起こしたとき、なぜ記者会見で謝罪するのですか」と質問されたこともある。

「私も含めてほとんどの人は、この人が起こしたスキャンダルで迷惑《わく》など受けていません。謝罪される理由がわかりません」

少し考えてから、「世間を騒《さわ》がせたから、という理由かな」と僕は答えた。

「世間って私たちですか。でも騒いだのはメディアです」と彼女は言った。

僕はうなずいた。まったくその通り。まだ5日本に来て数年しかたっていない彼女に、日本の世間について説明することはなかなか難しい。

そもそも世間という言葉は外国語に訳しづらい。当てはまる言葉がないのだ。例えば英語ならば Society(社会)か World(世界)。でも僕たちが使う世間のニュアンスとは微妙《びみょう》に違《ちが》う。People(人々)か Public(公共の)などを訳語として並べている辞書もあるけれど、やっぱり日本語の世間の意味に、ぴたりとは嵌《はま》らない。

僕は彼女に説明した。世間をわかりやすく言えば多くの人の目。あるいは空気。日本ではこの圧力がとても強い。これに逆らうことは難しい。だからスキャンダルを起こした芸能人は、具体的な誰かではなく、カメラの向こうにある世間や空気に謝《あやま》っているのだと思う。僕のこの説明に対して彼女は、まったく意味不明ですという顔をしていた。説明しながら僕もそう思う。まったく意味不明だ。でもこれが日本なのだ。

いずれにせよ、日本人の集団性が強い理由は、稲作だけではないと僕は思う。島国であることも理由のひとつかもしれない。世界で最も旧《ふる》い王朝と言われる天皇《のう》制が、日本人のメンタリティに大きな影響《えいきょう》を与えているとの説もある。

理由はきっとひとつではない。他にもあるはずだ。僕も考えている。なぜ日本人は集団と相性《しょう》がいいのか。規律正しいのか。マスゲームなど団体行動が得意なのか。世間とは何なのか。試合終了後にみんなでゴミを拾うのか。こうした考察は、日本人とは何かを考えることときっと重複する。

理由を考えることはもちろん大切だけど、その前にもっと大切なことは、僕たち日本人はとても強い同調圧力のなかで日々を送っていることに気

四　**次の文章を読んで、後の問いに答えなさい。なお、問いに字数指定がある場合は、句読点なども一字分に数えること。（本文に一部改変した箇《か》所がある。）**

オリンピックやサッカーのワールドカップなど国際的なスポーツの試合が行われるたびに、日本人観客が試合終了《りょう》後に周囲のゴミを拾って持ち帰ったなどと報道される。世界が称《しょう》賛する日本の美徳。確かに決して悪いことではない。でも1何か引っかかる。

北朝鮮《せん》で式典が行われるたび、国民たちの壮《そう》大なマスゲームが披露《ひろう》される。多人数が集まって体操やダンスなどを一斉《せい》に行う集団演技。全員が同じように動く。全員で調和する。圧巻だ。でも実はこのマスゲーム、かつては日本のお家芸であり、北朝鮮は日本から学んだと言われている。独裁政権として知られたチャウシェスク政権下のルーマニアでも盛《さか》んにおこなわれた。そしてマスゲームの「マス」の語源である「Masse」はドイツ語だ。これとゲームを合わせたマスゲームという呼称は日本発祥《しょう》だが、今では世界共通の名称になっている。

何度も書くけれど、2集団には大きな副作用がある。大きな被《ひ》害を生むことが少なくない。歴史の縦軸《じく》を見ても今の世界情勢である横軸を見ても、そんな事例はいくらでもある。戦争や虐《ぎゃく》殺も含《ふく》めて、大きな悲劇のほとんどは集団化が暴走した帰結として起きる。

だからこそ僕《ぼく》たちは、集団の過《あやま》ちとそのメカニズムを知るべきだ。歴史を学ぶべきだ。教訓をしっかりと身に刻むべきだ。

人はなぜ闇《やみ》を恐《おそ》れるのか。例えば夜の森。あなたは一人で歩けるだろうか。あるいは夜の海。あなたは一人で泳げるだろうか。僕には無理だ。特に夜の海は怖《こわ》い。あるいは子供のころ、押《お》し入れの中やベッドの下に何かが潜《ひそ》んでいるような気がして、夜中にふと目を覚まして怖くなったことはないだろうか。

夜は怖い。なぜならばかつて僕たちの先祖は、闇に紛《まぎ》れて襲《おそ》ってくる天敵の存在におびえていたからだ。その記憶《おく》は遺《い》伝子に刻まれている。だからこそ集団化は人類の本能に近い。夜の森だとしても、もしも団体で行動しているならば、怖さは半減するはずだ。このときに大切なのは規律正しさだ。みんなで同じように動けば、怖さはもっと軽減する。

遺伝子に刻まれた本能に近いということは、世界中のどの民族にも共通しているということでもある。ただし僕たち日本人は、この傾《けい》向がちょっと強い（と僕は思う）。［　①　］団体行動が得意なのだ。

日本人の集団性が強い理由として、稲《いな》作を挙げる人がいる。なぜなら米は日本人の主食だ。そして稲作にとって水利は重要だ。もしも自分の田んぼだけで水の流れを塞《せ》き止めたら、他の田んぼが大きな損害を被《こうむ》ることになる。誰《だれ》かが水を汚《よご》したら、村全体が損害を受ける。稲刈《いねか》りなども村全体でなるべく同じタイミングでやらないと、残された田んぼが害虫などの被《ひ》害を受ける。

こうして3村落共同体的メンタリティ*が形成される。強い絆《きずな》と同調圧力。これを破ると村八分という処罰《ばつ》を受ける。つまり仲間外れ。その家や家族を村全体でシカトする。これはつらい。だから全体で同じ動きをしようとする傾向が強くなる。調和と規律正しさが美徳とされる。

問七 ——線部６「百円玉を何枚も渡された」とありますが、この「百円玉」にこめられた春帆からのメッセージを、本文中のことばを用いて二十字以内で答えなさい。

問八 ——線部７「大人絶望クラブを解散した」とありますが、その理由としてもっともふさわしいものを次の中から選び、記号で答えなさい。

ア 尊敬できる年上の存在との出会いや交流を通して、大人も信じるに足る存在だと思えるようになったから。

イ あたたかく親のように接してもらった体験が自信を与え、自分たちも大人として生きていこうと決意したから。

ウ 自分らしさを貫《つらぬ》いて生きる姿を見ることで、どんな時でも自分の可能性を信じることが大切だと気づいたから。

エ 春帆というリーダーの存在がなければ、子どもたち二人だけでクラブを存続させることに意味がないから。

問九 次の「春帆」の人柄《がら》について話し合いをしている四人の発言の中で、本文の表現から読み取れないものを一つ選び、記号で答えなさい。

ア Ａさん　「私は『手をひらひらとさせて帰っていった』という表現から、さりげなく眠人たちを気づかうことができる人物だと読み取りました。」

イ Ｂさん　「『気持ちのいい風』にたとえられていることからも、気負わず自然体で、手を差しのべていることがわかると思います。」

ウ Ｃさん　「その行動は、困っている人を放っておけない情熱的な春帆の性格が影響《えいきょう》していると考えます。春帆と眠人たちのやりとりの直後に、『太陽』にまつわる表現が書かれていることから読み取りました。」

エ Ｄさん　「私はＣさんとは少しちがう意見です。『夕日』そのものの描《びょう》写ではなく、『夕日』が空や湖をオレンジ色や赤色に染めているという表現になっていることから、春帆は眠人たちを明るくあたたかい気持ちにしてくれる存在として描《えが》かれていると思います。」

問一 ――線部1「沖縄っぽい」とありますが、「沖縄っぽい」ものに当てはまらないものを次の中から一つ選び、記号で答えなさい。

ア 心を許したらめちゃめちゃやさしくなる　**イ** 仲間意識が強い　**ウ** 外の人には厳しい　**エ** けっこう適当

問二 ――線部2「驚きのあまりまじまじと春帆を見てしまった」とありますが、このときの眠人の気持ちとしてもっともふさわしいものを次の中から選び、記号で答えなさい。

ア 自分たちとは接点のないはずの春帆に、苦しい生活を見抜かれてしまったことへの恥ずかしい気持ち。

イ 自分たちとかかわりのない春帆に、初めて触《ふ》れるような大きなやさしさを示されたことが信じられない気持ち。

ウ 自分たちと関係のない春帆に、同情されお金まで渡されてしまったことがくやしくてたまらない気持ち。

エ 自分たちのことを嫌《きら》っているはずの春帆に、生まれて初めてやさしいことばをかけられたことにとまどう気持ち。

問三 ――線部3「心の入れ物である自分の体ごと捨てたい衝動に襲われるときもあった」とありますが、その説明としてもっともふさわしいものを次の中から選び、記号で答えなさい。

ア 自分のことを心配する人たちのことばはありがたいが面倒《どう》でもあり、その本音をぶつけてしまいたいということ。

イ 自分の本心をだれにも伝えることのできない状況《きょう》がつらすぎて、自分の気持ちごと他人と交換《かん》してしまいたいということ。

ウ 自分の力ではどうすることもできない悩《なや》みや不安を抱《かか》えきれず、自分でいることを投げ出してしまいたいということ。

エ 自分の意思で自由になることがあまりにも少なく、そんな無力な自分に生きる価値はないと落ちこんでいるということ。

問四 □に当てはまることばとしてもっともふさわしいものを次の中から選び、記号で答えなさい。

ア 対立　**イ** 孤《こ》立　**ウ** 自立　**エ** 独立

問五 ――線部4「眠人みたいな見方」とありますが、眠人が考える「線」に当てはまらないものを次の中からすべて選び、記号で答えなさい。

ア 先入観　**イ** 規則　**ウ** 差別意識　**エ** 秩《ちつ》序　**オ** 偏《へん》見

問六 ――線部5「音楽というその言葉が特別に聞こえた」とありますが、「音楽」にどのような点があるから「特別に聞こえた」のですか。本文中から「から。」に続く形で二十五字以内でぬき出して答えなさい。

「それでね、誰《だれ》の心にも届く音楽を、わたしも眠人も奏《かな》でることができるわけでしょう」

春帆は微笑《ほほえ》みつつ、手にしていた自らの三線に視線を落とした。

「音楽」

いままで何度も耳にし、口にしてきた言葉だ。でも特別な意味を帯びて聞こえ、胸に響いた。音楽はこれからの自分の行き先を照らす光にもなる。そんなふうにも感じられた。

5音楽というその言葉が特別に聞こえた日から、さらに熱心にレッスンを受けるようになった。いまにして思えば夢のような日々だったと言える。家や学校に居場所がなくても、公園に行けば尊敬できる春帆がいた。親しい竜征がいた。夢中になれる三線があった。年上の人が苦手だったのに、春帆と軽口を叩《たた》けるまでになった。気づけばクラスメイトに自らの考えを述べたり、弱音を吐いたりもできるようになっていた。

「眠人は変わったね」

十二月にやってきた春帆との別れの日、彼女はそう言って頭を撫《な》でてくれた。春帆は沖縄に帰り、地元の高校に転入するのだという。すでに何回か沖縄に戻《もど》っていて、転入試験も受けていた。

「わたしさ、おばあみたいな三線の先生になりたいんだよ」

沖縄に戻ることを初めて報告してきたときの春帆は晴れ晴れとしていた。出会ってから見たなかで一番いい笑顔をしていた。引き止めるような言葉は口にできなかった。

春帆とは公園の正門で別れた。そのとき6百円玉を何枚も渡された。逃げてくるんだよ、なんて言っておきながらごめんね、と申し訳なさそうに頭を下げつつ。

「もうぼくたちは大丈夫《じょうぶ》だよ」

にっと笑って眠人は百円玉を受け取った。竜征は強くうなずいていた。本当にもう大丈夫だと思ったのだ。春帆と三線に出会えたいまの自分ならば。

そして春帆と別れた日をもって、7大人絶望クラブを解散した。竜征とダム湖の堤防の上に延びる遊歩道を歩いていて、解散しようと意見が一致《ち》した。竜征が夕日で赤く染まるダム湖に向かって解散宣言を叫《さけ》んだ。

「本日、十二月二十三日をもちまして大人絶望クラブは解散いたします！　いままでありがとうございました！」

解散の理由はこうだ。

春帆はきっとかっこいい大人になる。大人に期待してもいいはずだ。まだまだ大人に希望は抱《いだ》ける。

〔関口尚『虹の音色が聞こえたら』（集英社）による〕

そう眠人が訴《うった》えたら、春帆は小首をかしげた。

「線を引く場所？」

「男子と女子のあいだとか、仲のいい人とそうじゃない人のあいだとか、イケてるやつとイケてないやつのあいだとか」

「それはあるね」

「線ってどんどん引かれてって、毎日のように新しくなって、そういうのに敏《びん》感じゃないと駄《だ》目って感じもいやなんだ」

「学校って線を引いてグループ分けしたがるところだからね。わたしなんて沖縄出身で言葉もイントネーションも違うし、見た目もみんなとちょっと違うから、しょっちゅう線を引かれる側だよ」

「ぼくも引かれる側。引かれて外側に出されちゃう。あいつはお母さんがいないやつ、家にお金がなくてゲームもケータイも持ってないやつ、勉強のできないやつって。でもさ、そういう線引きをするから、揉《も》めたりけんかしたりするんじゃないかな。たぶん線を引くから戦争って起きるんだよ。国と国のあいだに線を引いたり、お金のある人とない人のあいだで線を引いたりするから」

「なるほどね」と春帆は真面目な顔でうなずいた。「眠人の言う通りかもしれないね。国が違うからって線を引いて、人種が違うからって線を引いて、信じてる神様が違うからって線を引いて、みんな分かれて争ってるわけだもんね」

「線は毎日増えてって、この世界を小刻みに分けてって、身の回りのどんなことにも引かれて、みんなをどんどんひとりにしていくんだよ。□ってやつ。で、みんな自分で引いた線で苦しんでる。それって悲しくて寂《さび》しいことだよ」

いままでぼんやりと考えていたことだけれど、春帆を相手に話してみると不思議とうまく言葉にできた。

「悲しくて寂しい、か。わたしは4眠人みたいな見方でこの世界を見たことがなかったな。眠人って繊《せん》細だね。それでやさしい」

「やさしい？」

「わたしだったら線を引かれたその時点で憎《にく》んじゃう。ばか野郎《ろう》って。でも眠人は違うわけでしょう。やさしいよ」

褒《ほ》められ慣《な》れていなくて、恥《は》ずかしくなってうつむいた。

「でもね、眠人。世界がどんなに細かく線引きされても、たとえみんながばらばらに分断されても、わたしたちには音楽があるじゃないの」

「音楽？」

「わたしのおばあが言ってたよ。音楽には立場の違いを超《こ》えてどんな人にも届く力があるって。沖縄の歴史はね、線を引かれて外側に置かれることが多かったんだよ。おばあはそういう歴史を踏《ふ》まえて言ったんだと思う」

「どんな人にも届く力」

小声で春帆の言葉を復唱してみた。心に響《ひび》いた言葉だったから。

これまで心の中はざわざわしたものでいっぱいだった。３心の入れ物である自分の体ごと捨てたい衝《しょう》動に襲《おそ》われるときもあった。でも春帆のひと言で胸に巣食っていたざわざわが吹き飛ばされていた。

きっとこれは春帆という気持ちのいい風に出会えたからだ。竜征みたいに大袈裟《げさ》で気取った言い方をするならば、人との出会いは風なんだ。出会って風が吹き、心持ちが変わる。

出会いは風。

無性《しょう》に駆《か》け出したくなって、竜征に向かって言った。

「競争な」

出し抜《ぬ》く形で眠人から走り出す。

「お、ずるいぞ」

慌《あわ》てて追いかけてくる竜征を背中で感じながら、気づけば満面の笑《え》みで走っていた。

三線のレッスンが再開された。以前と同じく春帆と会えたときに限ってのレッスンだ。しかしレッスンの時間は長くなった。最低でも一時間、長いときは二時間にも及《およ》び、春帆は真剣《けん》に教えてくれた。

うれしいこともあった。春帆が沖縄から三線をもう一丁宅配便で送ってもらい、それを譲《ゆず》ってくれたのだ。練習用に使っていたものらしく、だいぶ使いこまれていたけれど大感激でいただいた。実を言えばうれしくて少し泣いたし、夜眠るときでさえ手の届《とど》くところに置いておきたいくらいだった。

でも家に持って帰れば直彦に売られる可能性があった。春帆に事情を説明して、申し訳なかったけれどレッスンのたびに持ってきてもらった。

【　中　略　】

レッスンが行われた日に春帆が宿題を見てくれることもあった。眠人と竜征のテストの点数の悪さに驚いた春帆が、勉強を見てやると言い出したのだ。またときどきは家に招いてくれて、昼ごはんをご馳《ち》走してくれた。春帆の伯父《おじ》さんと伯母《おば》さんがいないときに限ってだけれど。サーターアンダギーを作って公園に持ってきてくれることもあった。揚《あ》げたては特においしくて、きな粉をまぶしたり、チョコレートをかけたりしたアレンジも大好きだった。

竜征が公園に来ない日は春帆とふたりきり。いろんなことを話した。たとえばパチンコばかりしている父について。母が亡《な》くなっていることについて。やさしかった祖母について。竜征以外の友達がいないことについて。学校の図書室で本を借りるのが好きなことについて。自分よりも年齢《れい》の上の人とゆっくりと話し、親身になって聞いてもらう。こうした体験は初めてだった。

「学校は線を引く場所だからいやなんだ」

よ。ていうかなんかあったら、必ず逃《に》げてくるんだよ」

最初、聞き間違《ちが》いかと思った。よく耳にする「逃げていいんだよ」かと。あの無責任な言葉を吐《は》いたのかと。けれど春帆はたしかに口にした。

――逃げてくるんだよ。

2驚《おどろ》きのあまりまじまじと春帆を見てしまった。この人、すごいかも。関わろうとしてくれるのか。引き受けようとしてくれるのか。竜征も呆《あっ》気に取られたような表情で春帆を眺《なが》めていた。

「じゃあ、またね」

春帆は手をひらひらとさせて帰っていった。その背中を見送ったあと公園の小道を竜征と並んでとぼとぼと歩いた。道は花壇《だん》のあいだを縫《ぬ》うように続いている。太陽がずるずると西の空へ落ちていく。もう少しでダム湖の堤《てい》防に差しかかる。

「この百円って電話ボックスからかけてこいって意味かな。おれ、公衆電話のかけ方なんてわからねえぞ」

半笑いで竜征が言ってくる。

「ぼくもわからないよ」

「そういうことちゃんと確認《にん》してから百円を渡してほしいよな」

竜征は小ばかにしたように言い、百円玉を親指で空へと弾《はじ》いた。落ちてきた百円玉をキャッチし、「百円じゃ自販《はん》機でジュースも買えねえよ」と鼻で笑う。その言葉に返事をしないでうつむいて歩いた。すると竜征も黙《だま》った。いまふたりで話すべきことはそれではないと竜征もわかっているのだろう。ただ照れ隠《かく》しで文句を言っているだけで。

「春帆さんってすごいね」

ためらいつつ眠人から切り出した。竜征はよくぞ言ってくれたとばかりに猛烈《もうれつ》にうなずく。

「うん、すげえよ。春帆ってすげえ」

親でもなく、先生でもなく、近所の大人やテレビでやさしげな言葉を並べている人たちでもなく、たまたま出会った高校生が逃げてこいと言ってくれた。それって奇跡《きせき》的なことじゃないか。もちろん勢いで言った可能性もある。かっこつけただけかもしれない。たとえそうだったとしても、「逃げてくるんだよ」のひと言をくれたそのこと自体がうれしかった。

百円では缶《かん》ジュース一本も買えない。でもこの百円さえあれば人とつながれる。そのありがたさにひたりながら、ズボンのポケットの中で百円玉を握《にぎ》りしめた。ダム湖のほうからは涼《すず》やかな風が吹《ふ》いてきていて、その心地《ここ》よさに空を見上げたら濃《こ》いオレンジ色に染まりつつあった。

気持ちのいい今日の風をずっと覚えておこう。ふとそう思った。春帆が大きなやさしさを示してくれた今日という日に吹いていた風を覚えておこう。

問三　次の⑴～⑶のことばの対義語をそれぞれ後の**ア**～**カ**の中から選び、記号で答えなさい。

⑴　革新　⑵　乾燥《かんそう》　⑶　華《か》美

ア　質素　**イ**　梅雨《つゆ》　**ウ**　湿潤《しつじゅん》　**エ**　特殊《しゅ》　**オ**　保守　**カ**　悪質

三　**次の文章を読んで、後の問いに答えなさい。なお、問いに字数指定がある場合は、句読点なども一字分に数えること。（本文を一部改変した箇《か》所がある。）**

> 小学校五年生の眠人《みんと》は、昼間から酒を飲む父（直彦《なおひこ》）を避《さ》け、夜まで公園で過ごす毎日を送っていた。家庭に事情がありながら元気に過ごす同級生の竜征《りゅうせい》が唯《ゆい》一の理解者である。ある日その公園で二人は、三線《さんしん》という沖縄の楽器を弾《ひ》く高校生の春帆《はるほ》と出会った。

「お、呼び捨ていいねえ。なんか1沖縄っぽいよ」

「話をそらすなよ」

「うーん、たぶんだけど沖縄の人ってそういうところあるんだよ。心を許したらめちゃめちゃやさしくなる。仲間意識が強いっていうか。外の人には厳しいんだけどね。客観的に考えたことなかったけど、わたしにもあるのかもねえ。まあ、いいでしょう。せっかく仲良くなったんだから細かいこと言わないで」

「調子いいことばっかり言ってる気がするなあ」

「そういうところも沖縄の人にはあるって言われるね。でもこれはわたしの性格かな。実はけっこう適当なんだよね」

「とにかく、行くか行かないかはおれと眠人で決めるから。それだけだよ」

のどやかな調子で会話を続ける春帆に根負けしたのか、竜征は無理やり会話を切り上げた。

「オーケー。君たちの気が向いたときでいいからおいで。で、これを渡《わた》しておくね」

春帆は制服のポケットからふたつ折のメモ紙を取り出した。ひとり一枚ずつ用意されていて、なぜか百円玉といっしょに渡された。メモ紙を開くと電話番号が書いてある。

「君たち携《けい》帯電話を持ってないから、メールとかメッセージを送れないわけでしょう。だから電話番号を教えておくから。いつでもかけてきていい

二 次の各問いに答えなさい。

問一 次の(1)～(5)のことばの意味としてふさわしいものをそれぞれ後のア～キの中から選び、記号で答えなさい。

(1) 顔が利《き》く
(2) 歯が浮《う》く
(3) へそを曲げる
(4) まゆをひそめる
(5) 肩《かた》を入れる

ア 心配や不快感で、顔をしかめる。
イ 機嫌《げん》をそこねて意地になる。
ウ 味方する。
エ 非常に驚《おどろ》いたり感心したりする。
オ 落ち着いてそのことに集中できない。
カ 無理なことでも通せるような力をもっている。
キ 軽薄《はく》な言葉などを聞いて、不快になる。

問二 次の〔 〕の意味を参考にして、(1)・(2)のことわざの□に当てはまる漢字をそれぞれ後のア～エの中から選び、記号で答えなさい。

(1) 立つ□あとを濁《にご》さず 〔立ち去る者は、あとが見苦しくないようにすべきであるということ。〕
ア 鳥　イ 魚　ウ 人　エ 牛

(2) 弘法にも□の誤《あやま》り 〔その道の名人もときには失敗する。〕
ア 腕《うで》　イ 手　ウ 筆　エ 杖《つえ》

2024年度 横浜翠陵中学校

【国　語】〈第二回試験〉（五〇分）〈満点：一〇〇点〉

一　次の各問いに答えなさい。

問一　次の(1)～(5)の――線部の漢字の読みをひらがなで書きなさい。

(1) **純白**のシャツを着る。
(2) 景気回復の**兆候**がみえる。
(3) 国際連合に**加盟**する。
(4) 太い木の**幹**を切る。
(5) 不良品を**除**く。

問二　次の(1)～(5)の――線部のカタカナを漢字に直しなさい。

(1) 飛行機の**ザセキ**を指定する。
(2) **トウキ**オリンピックが開かれる。
(3) 知り得た**ヒミツ**を守る。
(4) 事件を警察の手に**ユダ**ねる。
(5) 誰《だれ》にでもできる**ヤサ**しい作業。

2024年度

横浜翠陵中学校 ▶解　答

算　数　＜第２回試験＞（50分）＜満点：100点＞

解　答

[1] (1)　150　(2)　$\frac{4}{5}$　(3)　6.2　(4)　60.6　(5)　2024　[2] **問１**　46　**問２**　500円　**問３**　132人　**問４**　38cm^2　**問５**　**ア**　体積　**イ**　側面の面積(底面積２つ分)　[3] **問１**　2160m　**問２**　９時17分30秒　**問３**　(例)　９時31分，９時32分，９時46分，９時47分に２人が乗り場に着いたときである。　[4] **問１**　6.28cm　**問２**　25.12cm^2　[5] **問１**　16個　**問２**　(例)　画用紙は全部で63枚必要で，画びょうは○が４個，●が76個必要である。　[6] **問１**　①　3　②，③，④　7，10，13　**問２**　(例)　残った２枚のカードはどちらも偶数でなければならないこと。　**問３**　**残った１枚のカード**…13／**Aさんの残り２枚のカード**…10と12

社　会　＜第２回試験＞（理科と合わせて50分）＜満点：50点＞

解　答

[1] **問１**　(1)　い，う　(2)　(例)　政治と仏教を切り離すため　(3)　エ　**問２**　ウ　**問３**　(1)　ウ　(2)　エ　**問４**　エ　**問５**　(あ)　ウ　(い)　イ　[2] **問１**　新潟県　**問２**　信濃　**問３**　ウ　**問４**　静岡県　**問５**　東海　**問６**　ア　**問７**　(例)　生産者が高齢化したから。　**問８**　ウ　[3] **問１**　①　ストックホルム　②　かけがえのない　⑤　パリ　**問２**　ウ　**問３**　(1)　二酸化炭素　(2)　(例)　海面の上昇，干ばつ，大雨など

理　科　＜第２回試験＞（社会と合わせて50分）＜満点：50点＞

解　答

[1] **問１**　0.6m　**問２**　341.8m　**問３**　25℃　**問４**　エ　**問５**　ウ　**問６**　(例)　音が横に広がるように進む。　[2] **問１**　酸素　**問２**　イ　**問３**　外えん　**問４**　イ　**問５**　ウ　**問６**　ア，エ　**問７**　(例)　石灰水に通すと，白くにごる。　[3] **問１**　ウ　**問２**　エ　**問３**　(例)　綿毛をつけて風で遠くに運ばれる。　**問４**　ロゼット　**問５**　ア　**問６**　冬みん　[4] **問１**　30℃　**問２**　イ　**問３**　へん西風　**問４**　ア　**問５**　ウ　**問６**　(例)　蒸発するときに熱をうばう。

国語 ＜第２回試験＞（50分）＜満点：100点＞

解答

一 **問１** ⑴ じゅんぱく ⑵ ちょうこう ⑶ かめい ⑷ みき ⑸ のぞ(く) **問２** 下記を参照のこと。 二 **問１** ⑴ カ ⑵ キ ⑶ イ ⑷ ア ⑸ ウ **問２** ⑴ ア ⑵ ウ **問３** ⑴ オ ⑵ ウ ⑶ ア 三 **問１** エ **問２** イ **問３** ウ **問４** イ **問５** イ，エ **問６** 音楽には立場の違いを超えてどんな人にも届く力がある(から。) **問７** (例) 困ったことがあったら連絡をしてきて。 **問８** ア **問９** ウ 四 **問１** エ **問２** イ **問３** ① ウ ② オ **問４** エ **問５** ア **問６** (例) 当てはまる彼女の国の言葉がなく訳しづらい **問７** ウ **問８** イ

●漢字の書き取り

一 **問２** ⑴ 座席 ⑵ 冬季 ⑶ 秘密 ⑷ 委(ねる) ⑸ 易(しい)

Memo

Memo

2023年度 横浜翠陵中学校

【算　数】〈第１回試験〉（50分）〈満点：100点〉

1　次の $\boxed{\quad\quad}$ にあてはまる数を求めなさい。

(1) $19\times5-(27\times9-13)\div23=\boxed{\quad\quad}$

(2) $\left(3\frac{1}{8}\div3\frac{3}{4}+\frac{3}{4}\right)\div4\frac{3}{4}=\boxed{\quad\quad}$

(3) $(4.2\times3.1+3.08)\div2.3=\boxed{\quad\quad}$

(4) $68\times3.14-34\times3.14+16\times3.14=\boxed{\quad\quad}$

(5) $(253+\boxed{\quad\quad}\times11)\div22=20$

2　次の各問いに答えなさい。

問１．5÷37 の計算の答えを小数で表し，わり切れないときはわり続けるものとします。小数第 100 位にくる数字は何ですか。

問２．りょうさんはお年玉としてもらったお金の$\frac{3}{5}$を貯金し，残りのうち 1500 円で本を買いました。次の日に，手元に残ったお金の$\frac{1}{3}$で文房具《ぶんぼうぐ》を買ったところ，3000 円残りました。りょうさんがもらったお年玉はいくらですか。

問３．ある中学校の昨年の全生徒数は 400 人で，男子と女子の人数比は 3：1 でしたが，今年は男子が昨年と比べて 12%減り，女子は 20%増えました。今年の男子と女子の人数の比を，最も簡単な整数の比で答えなさい。

問４．国語，社会，算数，理科のテストがあり，国語は 74 点，社会は 80 点，算数は 83 点でした。4 教科の平均点を 80 点以上にするためには，理科は何点以上とればよいですか。

問５．【6，4】＝10÷2＝5，【8，6】＝14÷2＝7，【12，4】＝16÷8＝2　のように，【A，B】は『ある規則』によって計算されています。『ある規則』を１行程度の文章で答えなさい。

3　1 周 3600m のマラソンコースをＡさん，Ｂさん，Ｃさんの３人が走ります。３人は同じ地点を同時に出発し，Ａさん，Ｂさんは時計回りに，Ｃさんは反時計回りに走り続けます。進む速さはＡさんが分速 100m，Ｃさんが分速 80m で，３人とも常に一定であるとします。このとき，次の各問いに答えなさい。

問１．ＡさんとＣさんが最初に出会うのは走り始めてから何分後ですか。

問２．ＣさんがＡさんに出会ってから次にＢさんに出会うまでさらに 4 分かかりました。Ｂさんの進む速さは分速何 m ですか。

問３．Ｂさんは**問２**で求めた速さで進むものとします。ＡさんがＢさんに最初に追いつくのは走り始めてから何分後ですか。また，そのときＣさんはどの場所にいますか。１行程度の文章で答えなさい。

4 中心角が 90°，半径が 6 ㎝であるおうぎ形があります。**図１**のように弧《こ》（円周の一部分）の長さを３等分した点 B，点 C から OD と垂直に交わるように直線を引きます。**図２**は，**図１**の図形をアからカまで６個の図形に分割した様子を表しています。このとき，次の各問いに答えなさい。ただし，円周率は 3.14 とします。**問２**は考え方や式も書きなさい。

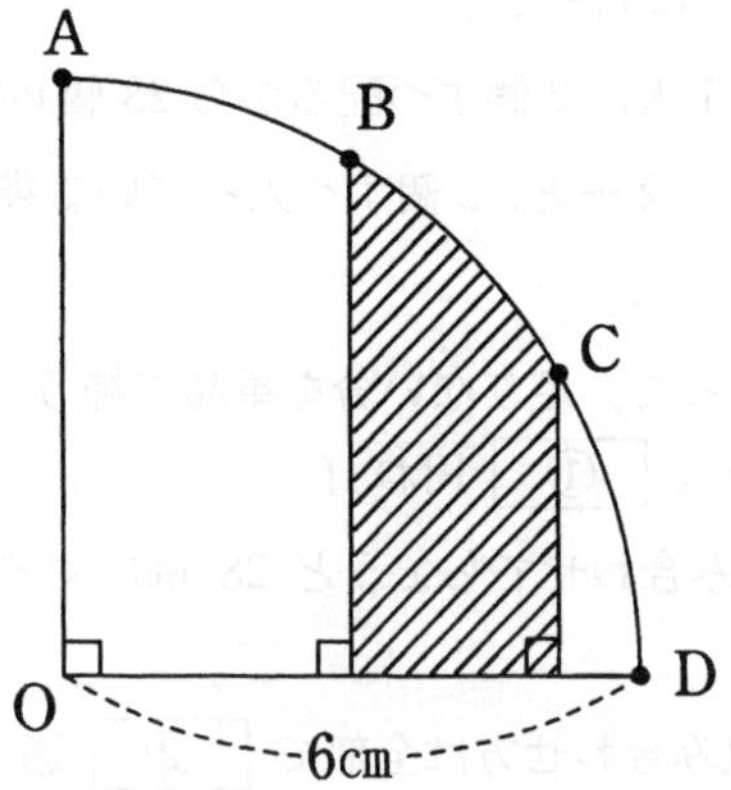

図１

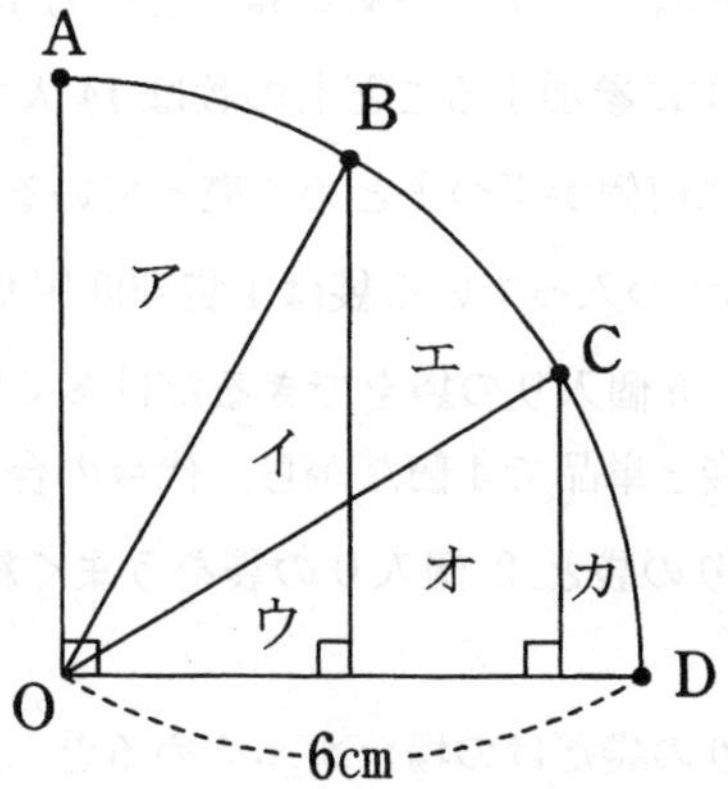

図２

問１．**図２**でアのおうぎ形の中心角は何度ですか。また，アからカのうち面積が等しい図形は何と何ですか。記号で答えなさい。

問２．**図１**で斜線《しゃせん》部分の面積は何㎝^{2}ですか。

5 下の**数列①**は１から始めて『ある規則』にしたがって数が並んでいます。**数列②**は，**数列①**から順番に２つの数を取り出し，それぞれ１組にして表したものです。このとき，次の各問いに答えなさい。**問３**は考え方や式も書きなさい。

数列①　1，2，4，5，7，8，10，11，……

	１組目	２組目	３組目	４組目	
数列②	（1 ，2），	（4 ，5），	（7 ，8），	（10 ，11），	……

問１．**数列②**で，20 が現れるのは何組目ですか。

問２．**数列①**の『ある規則』を１行程度の文章で説明しなさい。

問３．**数列②**で，2023 組目の数は何と何ですか。

6 みどりさんとたろうさんは，週末のこども会のイベントで配るドーナツを買いに来ました。次の会話文は，そのとき２人が話しているやりとりです。これを読んで，次の各問いに答えなさい。

たろう：「いろいろなドーナツがあるね。どれも１個120円だ。」

みどり：「イベントに参加するこどもの数は14人で１人に２個ずつ配るから28個必要ね。」

たろう：「こっちに何個かずつまとめて売っているよ。えーと，２個ずつ入っている袋は１袋220円で，６個ずつ入っている袋は１袋600円だって。」

みどり：「じゃあ，６個入りの袋をできるだけ多く買って，足りない分を単品で補うと，６個入りの袋が４袋と単品で４個だから，代金の合計は ① 円ね。」

たろう：「6個入りの袋と２個入りの袋をうまく組み合わせてちょうど28個にすることもできるよ。」

みどり：「2個入りの袋だけの場合もふくめると，組み合わせ方は全部で ② 通りね。」

たろう：「こんなことが書いてある。『6個入りの袋と２個入りの袋を，どんな組み合わせでも全部で７袋以上お買い上げの場合は，代金の合計から200円を割引します。』だって。」

みどり：「ということは，組み合わせ方を考えればもっと安く買うこともできるかもしれないわ。」

問１．空欄《くうらん》 ① ， ② にあてはまる数をそれぞれ答えなさい。

問２．代金の合計が最も安くなるのは，６個入りの袋と２個入りの袋をそれぞれ何袋ずつ組み合わせたときですか。また，そのときの代金の合計はいくらですか。１行程度の文章で答えなさい。

【社　会】〈第１回試験〉（理科と合わせて50分）〈満点：50点〉

1　今年のＮＨＫ大河ドラマは「どうする家康《いえやす》」です。次の文章を読んで，後の問いに答えなさい。

今年の大河ドラマ「どうする家康」は，徳川《とくがわ》家康の生涯《しょうがい》が描《えが》かれています。

家康は ①**室町時代**の末期，1543 年に三河《みかわ》の小大名の息子として生まれました。幼い頃より苦労を重ね，1560 年に織田信長《のぶなが》が今川義元《よしもと》を破《やぶ》った（　②　）の戦いの後，大名として独立します。

その後は織田氏と手を結び，本能寺の変の後は ③**豊臣秀吉**《とよとみひでよし》に従《したが》います。

1600 年には，（　④　）の戦いで西軍を破り，1603 年に（　⑤　）に任命されて ⑥**江戸**に幕府を開きました。晩年には豊臣氏を滅《ほろ》ぼし，⑦**徳川幕府**による全国支配の強化に努《つと》めました。

問１．下線部①について，下の年表の **あ～お**から室町時代の出来事を**２つ**選び，記号で答えなさい。

1221 年	北条義時《ほうじょうよしとき》が承久《じょうきゅう》の乱に勝利する	…**あ**
1334 年	後醍醐《ごだいご》天皇が建武《けんむ》の新政を始める	…**い**
1482 年	足利義政《あしかがよしまさ》が東山に銀閣をつくる	…**う**
1549 年	ザビエルが日本にキリスト教を伝える	…**え**
1637 年	天草《あまくさ》四郎時貞《ときさだ》が島原・天草一揆《いっき》を起こす	…**お**

問２．空欄《くうらん》②・④に当てはまる語句を，次の中からそれぞれ選び，記号で答えなさい。

ア　壇《だん》ノ浦　　**イ**　川中島　　**ウ**　関ヶ原
エ　長篠《しの》　　**オ**　桶狭間《おけはざま》　　**カ**　姉川

問３．下線部③の豊臣秀吉は，刀狩令《かたながりれい》を出しました。秀吉はなぜ刀狩令を出したのですか。理由を説明しなさい。

問４．空欄⑤には，家康が天皇に任命された役職《やくしょく》が入ります。その役職名を**漢字**で書きなさい。

問５．下線部⑥の江戸を説明した文として最もふさわしいものを，次の中から選び記号で答えなさい。

ア　江戸は，鎖国《さこく》中に貿易を行った場所と京都との間に位置しています。
イ　江戸は，坂上田村麻呂《さかのうえのたむらまろ》が蝦夷征伐《えぞせいばつ》を行った場所と京都との間に位置しています。
ウ　江戸は，菅原道真《すがわらのみちざね》が左遷《させん》された大宰府《だざいふ》があった場所です。
エ　江戸は，「天下の台所」と呼ばれ，全国から物産が集まる場所でした。

問６．下線部⑦について，

⑴ 徳川幕府において，将軍を助けて政務を行った役職を，次の中から選び記号で答えなさい。

ア 執権《しっけん**》　**イ** 管領《かんれい》　**ウ** 摂政《せっしょう》　**エ** 老中《ろうじゅう》

⑵ 徳川幕府は大名を厳《きび》しく統制《とうせい》しました。徳川幕府の大名への統制を説明した文として最もふさわしいものを，次の中から選び記号で答えなさい。正しい文が**ない場合**は，**オ**を解答欄に書きなさい。

ア 徳川一門の田安《たやす》，一橋《ひとつばし》，清水は，御三家と呼ばれて将軍を支えました。
イ 徳川一門の水戸，尾張《おわり》，紀伊《きい》は，御三卿《きょう》と呼ばれました。
ウ 外様《とざま》大名は，三河の小大名時代から徳川家に従った大名でした。
エ 譜代《ふだい》大名は幕府から警戒《けいかい》されて，九州や四国・東北などの遠いところに配置されました。

⑶ 次の文は徳川幕府の３代将軍家光《いえみつ》によって定められた決まりの一部分です。この文で定められた制度を何といいますか。**漢字四文字**で書きなさい。

「大名や小名は自分の領地と江戸との交代勤務《きんむ》を定める。」

⑷ 徳川幕府は朝廷に対しても厳しい統制をしました。徳川幕府が行った朝廷に対する統制に関するものとして最もふさわしいものを，次の中から選び記号で答えなさい。

ア 六波羅探題《ろくはらたんだい》　**イ** 武家諸法度《はっと》　**ウ** 御成敗《ごせいばい》式目　**エ** 禁中《きんちゅう》並《ならびに》公家《くげ》諸法度

2 次の各文章を読んで，後の問いに答えなさい。

【A】 この **①都道府県**の県庁所在地は神戸《こうべ》です。神戸港を通して，たばこや衣類が多く輸入されています。この都道府県には世界遺産《いさん》の姫路城《ひめじじょう》があります。また，**②1995年には大地震が発生**しました。

問1．下線部①について，日本の都道府県の数は全部でいくつありますか。書きなさい。

問2．【A】の都道府県名を**漢字**で書きなさい。

問3．下線部②について，【A】の都道府県で1995年に発生した震災《しんさい》を次の中から選び，記号で答えなさい。

ア 関東大震災　　**イ** 東日本大震災　　**ウ** 阪神淡路《あわじ》大震災　　**エ** 東海大地震

【B】 この都道府県には **③リアス（式）海岸**として知られている志摩《しま》半島があり，日本で初めて（ ④ ）の養殖《ようしょく》が始められました。また， **⑤四大公害病**の1つが発生しました。

問4．【B】の都道府県名と県庁所在地名を，それぞれ**漢字**で書きなさい。

問5．下線部③について，リアス(式)海岸とはどのような海岸ですか。説明しなさい。

問6．空欄④に当てはまる語句を次の中から選び，記号で答えなさい。

ア サケ　　**イ** 真珠《しんじゅ》　　**ウ** 昆布《こんぶ》　　**エ** ウニ

問7．下線部⑤について，【B】の都道府県で発生した公害病を次の中から1つ選び，記号で答えなさい。

ア イタイイタイ病　　**イ** 水俣《みなまた》病　　**ウ** 第二水俣病　　**エ** 四日市ぜんそく

3 次の各文章を読んで，後の問いに答えなさい。

【Ａ】 地方自治体の議会議員や首長の ①**選挙**は，各自治体がそれぞれ日程を決めて行うのが通常です。しかし，４ 年に一度全国的に選挙期日を統一して「統一地方選挙」が行われます。今年2023 年の４月にはその統一地方選挙が行われます。

問１．下線部①について，選挙権は何歳《さい》以上の人が持っていますか。書きなさい。

問２．地方自治においては，住民が議員や首長の解職請求《かいしょくせいきゅう》をする権利が認《みと》められていますが，このことを何といいますか。**カタカナ**で書きなさい。

【Ｂ】 昨年，②**北朝鮮がミサイルを発射した**回数が急増しました。このことや日本周辺の脅威《きょうい》が高まったことを理由に，日本の政府は，③**防衛費《ぼうえいひ》を今後５年間で国内総生産比約２％へと増額《ぞうがく》していく方針**を発表しました。

問３．下線部②について，北朝鮮のミサイル発射は，日本だけではなく南朝鮮にも脅威となっています。この朝鮮半島の南半分に位置する国の正式名称を**漢字**で書きなさい。

問４．下線部③のように防衛費などを増額するためには，財源の確保が必要です。財源を増やすために政府はどのようなことを行いますか。書きなさい。

【Ｃ】 昨年ドイツで開かれたサミット（Ｇ７首脳《しゅのう》会議）では，④**ジェンダーの平等**や ⑤**世界の食糧《しょくりょう》危機やエネルギー不足**について話し合われました。今年 2023 年は，日本がＧ７ の議長国となり，５月には広島でサミットが開かれます。

問５．下線部④に関して，就職《しゅうしょく》や仕事における男女平等を進めるために，日本で 1985 年に制定された法律は何ですか。書きなさい。

問６．下線部⑤の食糧危機やエネルギー不足の原因は，ロシアの侵攻《しんこう》が原因であるとされています。

⑴ 2022 年にロシアが軍事侵攻した相手の国はどこですか。書きなさい。

⑵ ⑴の軍事侵攻を指導したロシアの大統領は誰ですか。書きなさい。

【理　科】〈第１回試験〉（社会と合わせて50分）〈満点：50点〉

《注意事項》 字数制限のあるものは，原則として句読点も一字に数えます。

1　**図１**のように，ものさしを重ねた本の間にはさみました。ものを**Ｐ**点から静かにはなし，ものさしにしょうとつさせ，ものさしが動いた距離《きょり》を調べる実験を行いました。台や床《ゆか》には摩擦《まさつ》力がはたらかないものとして，後の問いに答えなさい。

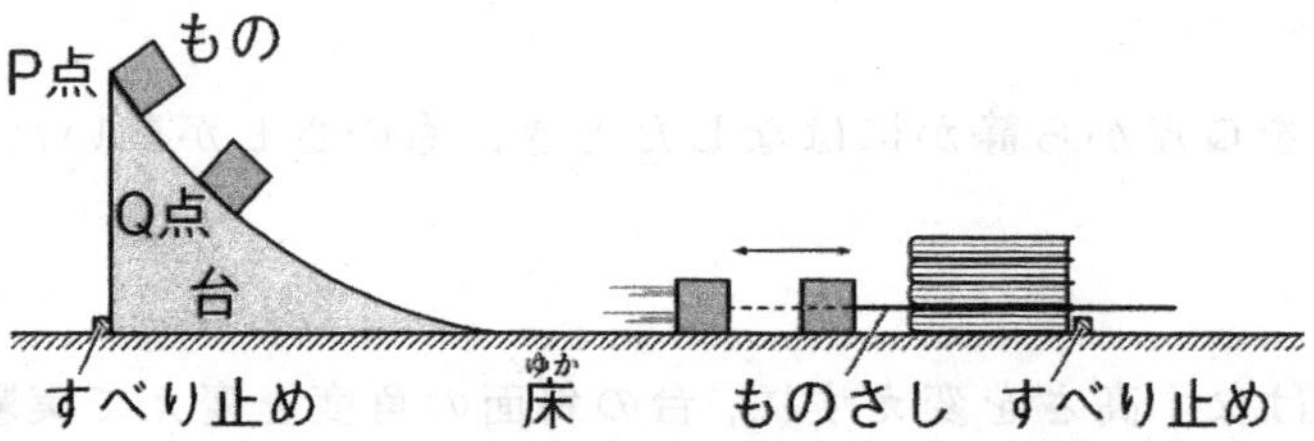

図１

〔実験１〕

400g のものをＰ点，Ｑ点の高さから静かにはなすと，**表１**のようになりました。

表１

ものをはなした高さ	Ｐ点	Ｑ点
ものさしが動いた距離〔cm〕	2	1.5

〔実験２〕

いろいろな重さのものをＰ点から静かにはなすと，**表２**のようになりました。

表２

ものの重さ〔g〕	400	600	800	1000
ものさしが動いた距離〔cm〕	2	3	4	5

問１．〔実験１〕の結果からどのようなことがわかりますか。次の**ア**～**ウ**から一つ選び，記号で答えなさい。

ア　ものの重さを重くすると，ものさしが動いた距離が長くなる。

イ　ものをはなす高さを低くすると，ものさしが動いた距離が長くなる。

ウ　ものをはなす高さを高くすると，ものさしが動いた距離が長くなる。

問２．〔実験２〕の結果から，ものの重さとものさしが動いた距離にはどのような関係があることがわかりますか。

問３．500g のものを**Ｐ**点から静かにはなしたとき，ものさしが動いた距離は何 cm になりますか。

問４．1.2kg のものを**Ｑ**点から静かにはなしたとき，ものさしが動いた距離は何 cm になりますか。

問５．ものを静かにはなす高さを変えずに，台の斜面《しゃめん》の角度を変えて実験をすると，ものさしが動いた距離はどのようになりますか。次の**ア**～**ウ**から一つ選び，記号で答えなさい。

ア　斜面の角度を大きくすると，ものさしが動いた距離が長くなる。

イ　斜面の角度を小さくすると，ものさしが動いた距離が長くなる。

ウ　斜面の角度を変化させても，ものさしが動いた距離は変わらない。

問６．この実験では，**図１**のように台の左側にすべり止めをつけました。すべり止めをつけた理由を「力」ということばを用いて，25 字以内で説明しなさい。

2　食塩水について，後の問いに答えなさい。

問１．ものを水にとかしてできたよう液を水よう液といいます。次の文章の空らんにあてはまることばを答えなさい。

『　水よう液は，【　　　】でにごっていないが，色がついているものもある。』

問２．3%のこさの食塩水が 350g あります。この食塩水の中には食塩が何 g とけていますか。

問３．40℃の水 100g に食塩は 36.4ｇまでとけます。40℃の水 250ｇには食塩は最大で何ｇとけますか。

問４．食塩水から食塩だけを取り出すには，どのような方法がよいですか。20 字以内で説明しなさい。

問５．**問２**の食塩水に，食塩をとけるだけとかしました。この水よう液に食塩の粒《つぶ》を結んだ糸を入れ，長い時間静かに置いておくと，結しょうができました。食塩の結しょうを表した図を，次の**ア**～**ウ**から一つ選び，記号で答えなさい。

ア

イ

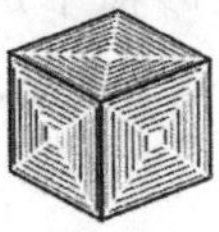

ウ

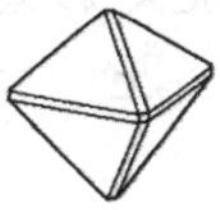

問６．海水は，食塩がおよそ3%とけているためしょっぱく感じます。湖水（真水）と海水をそれぞれビーカーに取り，何℃でこおり始めるかを観察しました。湖水は0℃のときにこおり始めましたが，海水がこおり始める温度はどのようになりましたか。次の**ア**～**ウ**から一つ選び，記号で答えなさい。

ア　海水は，湖水よりも少し高い温度でこおり始めた。

イ　海水は，湖水と同じ温度でこおり始めた。

ウ　海水は，湖水よりも少し低い温度でこおり始めた。

3　植物の呼吸のしくみを調べるために，**図１**のような装置をつくり実験を行いました。後の問いに答えなさい。

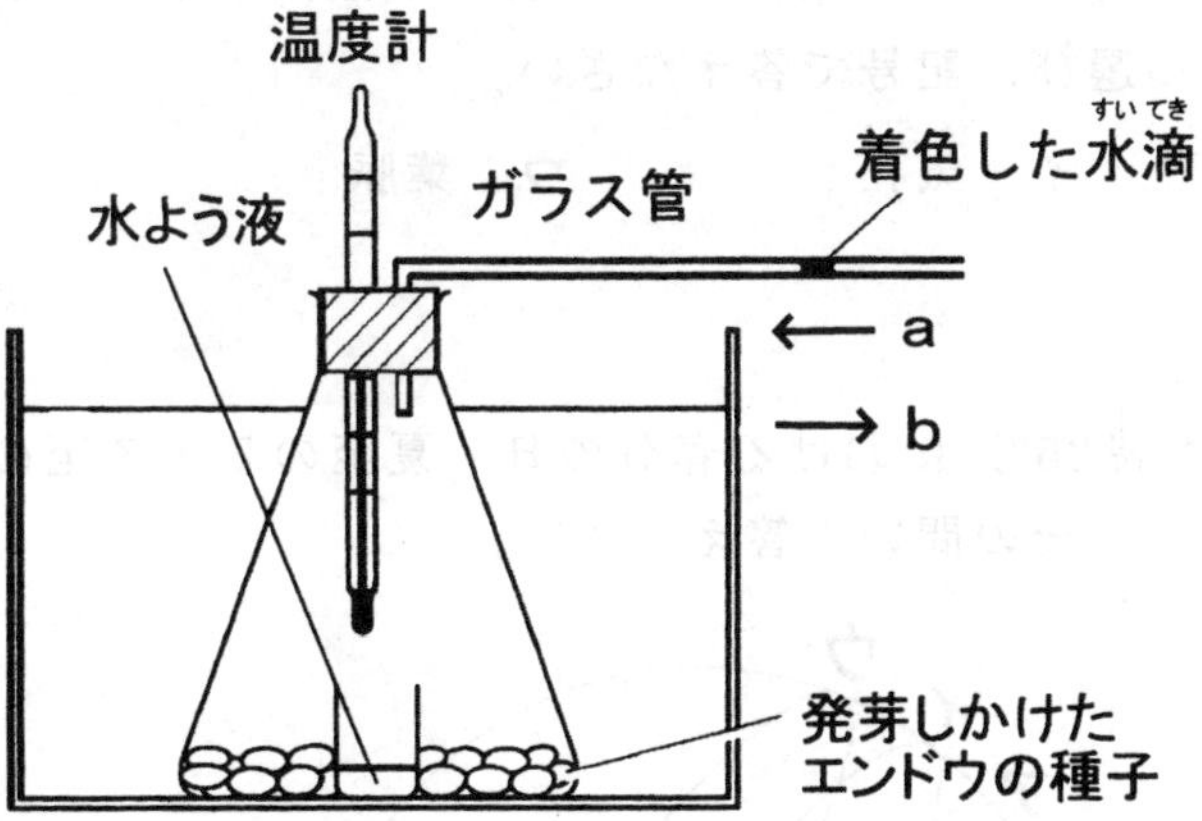

図１

〔手順１〕フラスコの中に発芽しかけたエンドウの種子とある水よう液を入れる。

〔手順２〕ゴム栓《せん》に温度計とガラス管を通し，そのガラス管の中に着色した水滴《すいてき》を入れ，フラスコにゴム栓をする。

〔手順３〕25℃に保った水そうの中にフラスコを一昼夜置き，着色した水滴の位置の変化を見る。

問１．実験に用いたエンドウについて説明する文章の（　）内にあてはまるものをそれぞれ一つずつ選び，記号で答えなさい。

『　エンドウはマメ科植物で，自らつくり出した養分を種子の①（**ア**．子葉　**イ**．胚乳《はいにゅう》）の中にたくわえます。また，その種子から出てくる子葉は②（**ウ**．一枚で単子葉類　　**エ**．二枚で双《そう》子葉類）に分類されます。　』

問２．**図１**の水よう液は，二酸化炭素を吸収すると白くにごります。この水よう液の名しょうを答えなさい。

問３．着色した水滴は**図１**の**a**，**b**のどちらに移動しますか。記号で答えなさい。

問４．**問３**のように水滴が移動した理由を，20字以内で説明しなさい。

問５．この実験の結果からどのようなことがわかりますか。最もあてはまるものを，次の**ア**～**ウ**から一つ選び，記号で答えなさい。

ア　発芽しかけたエンドウの種子は呼吸をしている。

イ　発芽しかけたエンドウの種子は呼吸と光合成をしている。

ウ　発芽しかけたエンドウの種子は光合成をしている。

問６．成長した植物は，呼吸のために葉のどの部分から酸素を取り入れていますか。次の**ア**～**ウ**から一つ選び，記号で答えなさい。

ア　葉緑体　　　　**イ**　気孔《きこう》　　　　**ウ**　葉脈

4　**図１**は，横浜市（北緯《ほくい》35°）における春分の日・夏至の日・冬至の日の太陽の通り道を表したものです。後の問いに答えなさい。

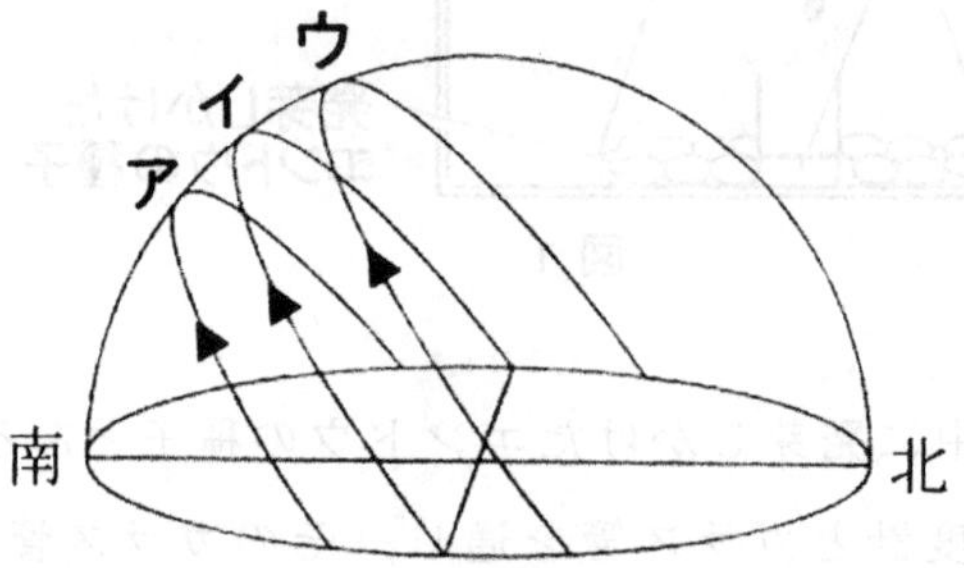

図１

問１．夏至の日の太陽の通り道はどれですか。**図１**の**ア**～**ウ**から一つ選び，記号で答えなさい。

問2．**表1**は，春分の日・夏至の日・冬至の日の横浜市における，日の出時刻・日の入り時刻・南中高度を示したものです。冬至の日の南中時刻は何時何分ですか。

表1

	日の出時刻	日の入り時刻	南中高度
3月21日	5時44分	17時54分	55°
6月21日	4時27分	19時00分	78°
12月22日	6時47分	16時33分	32°

問3．**図1**のように，季節によって太陽の通り道が異なるのはなぜですか。「地軸《ちじく》」ということばを用いて，30字以内で説明しなさい。

問4．春分の日に太陽が南中しているとき，地面に垂直に立てた棒のかげが**図2**のようにできていました。**図2**の**A**の方角は何ですか。漢字一文字で答えなさい。

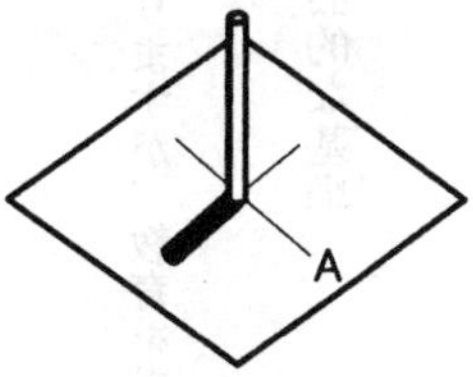

図2

問5．**図2**の時刻から3時間前にも，かげの確認をしました。3時間前のかげとして最もあてはまるものを，次の**ア**～**エ**から一つ選び，記号で答えなさい。

ア

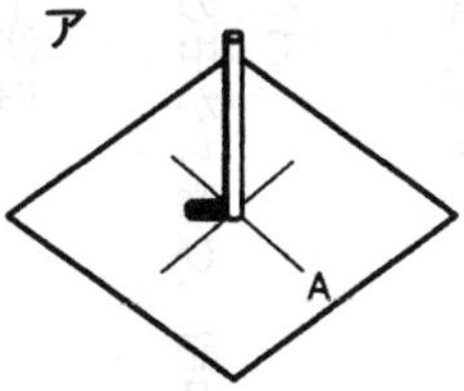

イ

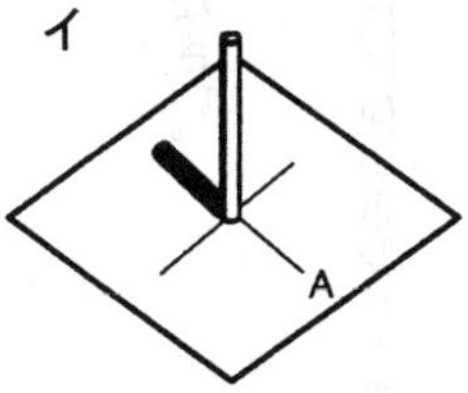

ウ

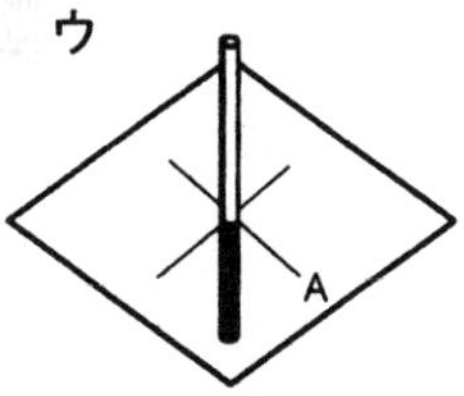

エ

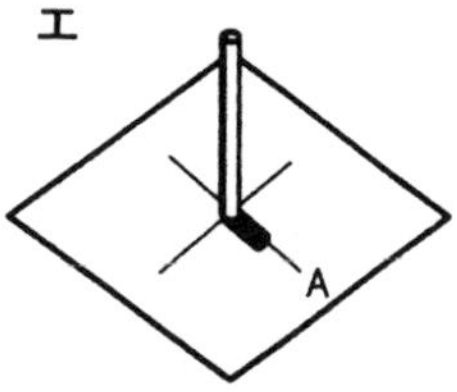

問6．秋分の日である9月23日に，南半球の都市であるシドニー（南緯《なんい》34°）では太陽の通り道はどのように観察されますか。**図1**を参考に，太陽の通り道および太陽が進む方向がわかるように解答用紙に記入しなさい。

問五　［①］・［②］に当てはまることばの組み合わせとしてもっともふさわしいものを次の中から選び、記号で答えなさい。

ア　①内――②内　**イ**　①内――②外　**ウ**　①外――②外　**エ**　①外――②内

問六　本文中の［Ⅰ］・［Ⅱ］に当てはまることばとしてふさわしいものをそれぞれ次の中から選び、記号で答えなさい。

ア　まったく　**イ**　ほとんど　**ウ**　かりに　**エ**　まるで　**オ**　あえて

問七　［Ａ］に当てはまることばとしてもっともふさわしいものを次の中から選び、記号で答えなさい。

ア　公共性　**イ**　合理性　**ウ**　自発性　**エ**　協調性

問八　――線部５「手荒な価値づけ」とは何ですか。本文中のことばを用いて三十字以内で答えなさい。

問九　――線部６「教育の崩壊のいちばん根本にあること」とありますが、教育を崩壊させないためには何が重要だと筆者は考えていますか。もっともふさわしいものを次の中から選び、記号で答えなさい。

ア　内発的動機　**イ**　個性の尊重　**ウ**　社会的な基準　**エ**　有用性の確保

問一 ――線部１「自分探し」とありますが、筆者は自分探しをする人の目的をどのようなことだと考えていますか。本文中から二十五字以内でぬき出し、最初と最後の三字を答えなさい。

問二 ――線部２「人格的に成長する可能性はあまり高くありません」とありますが、筆者は成長するためにはどのようなことが必要だと考えていますか。もっともふさわしいものを次の中から選び、記号で答えなさい。

ア 他己評価に惑《まど》わされないように強い精神力を持つこと。
イ 外部評価が自己評価に追いつくように努力をすること。
ウ 異文化理解を深め、国際的な基準の外部評価を得ること。
エ 他己評価を受け入れる謙虚《けんきょ》さを持つようにすること。

問三 ――線部３「奇妙な発想法」とありますが、筆者が「奇妙」と言う理由としてもっともふさわしいものを次の中から選び、記号で答えなさい。

ア 自分を知っている人のいない環《かん》境の中では、子どもたちが正しく学ぶ方向に、直接的にはつながっていかないから。
イ 自国の文化を本当には理解していないにも関わらず、日本人である自分の本質を考えていくのに、外国に行こうとしているから。
ウ 若者はまだ学びのプロセスの途《と》中にいるため、語学力やコミュニケーション能力の養成が優先されるべきであるから。
エ 自分のことを知りたいと思ったら、身近な人に聞いた方がいいのに、自分のことを全く知らない人に答えを求めようとしているから。

問四 ――線部４『ほんとうの私』とありますが、『ほんとうの私』が分かる」までを表した次の図の［a］～［d］に当てはまることばをそれぞれ後の選択肢《たくし》の中から選び、記号で答えなさい。

【図】

［a］→［b］→［c］→［d］→「ほんとうの私」が分かる。

ア 共同作業の中での自分の役割を把握《はあく》する。
イ 周囲の人たちから認められる。
ウ 複数の人たちとの共同作業をする。
エ 自分の役割を果たす。

事後的にまわりの人たちから追認《にん》されて、はじめてかたちをとるものです。私の唯《ゆい》一無二性は、私が「オレは誰《だれ》がなんと言おうとユニークな人間だ」と宣言することによってではなく、「あなたの役割は誰によっても代替《たい》できない」と他の人たちが証言してくれたことではじめて確かなものになる。

ですから、「自分探し」という行為《い》がほんとうにありうるとしたら、それは「私自身を含《ふく》むネットワークはどのような構造をもち、その中で私はどのような機能を担《にな》っているのか?」という問いのかたちをとるはずです。

しかし、僕たちが知っている「自分探し」主義者たちが口にする問いはそういうものではありません。彼《かれ》らの視線は自分の[①]ではなく、ひたすら自分の[②]側に向かいます。[Ⅰ]、彼ら彼女《かの》ら自身がなにものであり、この世界でなすべきことがなにであるかの回答のすべてが、自分の中に書いてあるかのように。この点について苅谷さんはこう書いています。

《人びとが何かを行おうとするとき、その行為の動機がどれだけ個人の心の内側から発するものか。教育心理学の用語を使えば、「内発的に動機づけられているか」どうかによって、私たちの社会はその行為を価値づけることに慣れ親しんできた。打算や利害によるよりも、[A]が尊ばれる。金儲《もう》けや権力・名声の獲得といった、自己に外在的な目標をめざして行動するよりも、自分の興味・関心にしたがった行為のほうを望ましいとみる。個性を尊重する社会では、自己の内側の奥底《おく》にある「何か」のほうが、外側にある基準よりも、行動の指針として尊ばれる。》(苅谷剛彦『階層化日本と教育危機——不平等再生産から意欲格差社会《インセンティブ・ディバイド》へ』)

これはたいへんに重要な指摘《てき》です。問題は「自己に外在的な目標をめざして行動するよりも、自分の興味・関心にしたがった行為のほうを望ましいとみる」という点です。[Ⅱ]ひろく社会的に有用であると認知《にん》されているものであったとしても、「オレ的に見て」有用性が確証されなければ、あっさり＊棄却《ききゃく》される。

そのような5手荒《あら》な価値づけがあらゆる場面で行われています。それが6教育の崩壊《ほうかい》のいちばん根本にあることだと思います。

〔内田樹『下流志向　学ばない子どもたち　働かない若者たち』(講談社)による〕

(注) ＊プロセス……過程。

＊スポイル……子どもを甘やかして、健全な成長をそこなうこと。

＊中教審……中央教育審議会のこと。文部科学省に置かれ、文部科学大臣の諮《し》問に応じて教育、学術、文化に関する基本施策《し》について調査審議し、建議することを任務とする。

＊棄却……訴《うった》えを受けた裁判所が、審理したうえで、その訴えを無効にすること。

ばわかります。

「自分探しの旅」にでかける若者たちはどこへ行くでしょう？　ニューヨーク、ロサンゼルスへ。あるいはパリへ、ミラノへ。あるいはバリ島やカルカッタへ。あるいはバグダッドやダルエスサラームへ。どこだっていいんです。自分のことを知っている人間がいないところなら、どこだって。自分のことを知らない人間に囲まれて、言語も宗教も生活習慣も違《ちが》うところに行って暮らせば、自分がほんとうはなにものであるかわかる。たぶん、そんなふうに考えている。

でも、これはずいぶん３奇妙《きみょう》な発想法ですね。

もし、自分がなにものであるかほんとうに知りたいと思ったら、自分のことをよく知っている人たち（例えば両親とか）にロング・インタビューしてみる方がずっと有用な情報が手に入るんじゃないでしょうか？　外国の、まったく文化的バックグラウンドの違うところで、言葉もうまく通じない相手とコミュニケーションして、その結果自分がなにものであるかがよくわかるということを僕は信じません。

ですから、この「自分探しの旅」のほんとうの目的は「出会う」ことにはなく、むしろ私についてのこれまでの外部評価をリセットすることにあるのではないかと思います。

二十年も生きてくれば、どんな人でもそれなりの経験の蓄《ちく》積があり、その能力や見識について、ある程度の評価は定まってきます。この「自分探し」の方たちは、その評価に不満がある。たぶん、そうだと思います。家庭内や学校や勤め先で、その人自身の言動の積み重ねの結果与《あた》えられた「あなたはこういう人ですね」という外部評価に納《なっ》得がゆかない。自分はもっと高い評価が与えられてしかるべきである。もっと敬意を示されてよいはずだし、もっと愛されてよいはずだし、もっと多くの権力や威《い》信や財貨を享《きょう》受してよいはずだ。おそらく、そう思う人たちが「自分探しの旅」に出てしまうのです。

「自分探し」というのは、自己評価と外部評価のあいだにのりこえがたい「ずれ」がある人に固有の出来事だと言うことができます。

自己評価の方が外部評価よりも高い。人間はだいたいそうですから、そのこと自体は別に問題とするには当たりません。その場合に、自分でも納得のゆくくらいの敬意や威信を獲《かく》得するように外部評価の好転に努める、というのがふつうの人間的成長の行程であるわけです。でも、中には外部評価を全否定するという暴挙に出る人もいます。「世間のやつらはオレのことをぜんぜんわかっちゃいない」だから、「世間のやつら」が一人もいないところに行って、外部評価をいったんリセットしようというわけです。通俗《ぞく》的な意味で理解されている「自分探しの旅」というのは、どうもそういうもののようです。でも、これはあまりうまくゆきそうもありません。

それは自分の自分に対する評価の方が、他者が自分に下す評価よりも真実である、という前提に根拠《きょ》がないからです。自分のことは自分がいちばんよく知っているというのは残念ながらほんとうではありません。

４「ほんとうの私」というものがもしあるとすれば、それは、共同的な作業を通じて、私が「余人を以《もっ》て代え難《がた》い」機能を果たしたあとになって、

問十　次の図は宙の班の座席の配置を表しています。Ⓐ〜Ⓒに当てはまる名前をそれぞれ後の選択肢《たくし》の中から選び、記号で答えなさい。

【図】　□…机　、○…椅子

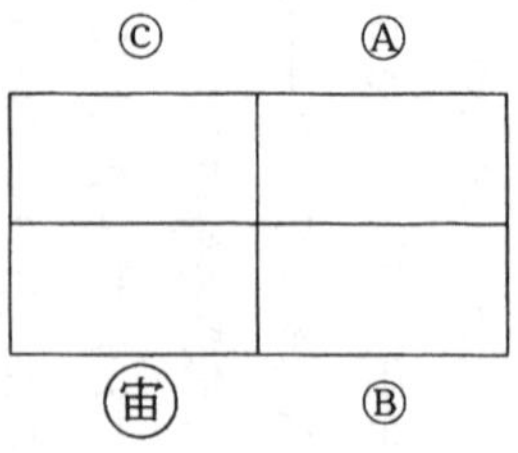

ア　北川　　**イ**　元町　　**ウ**　大崎　　**エ**　葛西　　**オ**　川瀬

四　**次の文章を読んで、後の問いに答えなさい。なお、問いに字数指定がある場合は、句読点なども一字分に数えること。（本文を一部改変した箇所《か》がある。）**

子どもたちを学びのプロセス*に投じること、それが私たちに課せられた人類史的な責務であるにもかかわらず、現代日本の教育行政も、メディアを賑《にぎ》わす教育論も、それとはまったく逆の方向に向けて「教育改革」を進めようとしています。教育について語る言葉はひたすらビジネスの用語に接近してきていますし、子どもたちを消費主体としていっそう純化させる方向に教育関係者が全力を尽《つ》くしているように僕《ぼく》の目には見えます。

子どもたちのスポイル*がほとんど国策的に遂《すい》行されていることは早くから東大の刈谷《かりや》剛彦《たけひこ》さんが指摘《てき》しています。

「1自分探し」というのは、それまでの生活をリセットして、どこか遠いところに出かけてしまいたいという若い日本人の欲望にジャストフィットしたせいで、ひろく流布《る》した言葉です。あまり知られていないことですが、「子供たちの『自分さがしの旅』を扶《たす》ける営み」としての教育という言い方が最初に登場したのは、橋本内閣時代の中教審*答《しん》申《しん》（『二一世紀を展望した我《わ》が国の教育の在り方について』第一次答申）においてなのです。

「自分はほんとうはなにものなのか？」「自分はほんとうはなにをしたいのか？」

ちょっと申し上げにくいのですが、このような問いを軽々に口にする人間が2人格的に成長する可能性はあまり高くありません。少し考えてみれ

問四 ［Ｉ］には同じことばが入ります。もっともふさわしいものを次の中から選び、記号で答えなさい。

ア 真っ赤にして　**イ** 真っ青にして　**ウ** 青白くして　**エ** 土気色にして

問五 ――線部３「砂糖の加減を間違えたココアを飲んだときのような喉元の気持ち悪さ」とありますが、その説明としてもっともふさわしいものを次の中から選び、記号で答えなさい。

ア 関係のない話を持ち出してまで自分を正当化しようとする勇気への違《い》和感。
イ 高学年にも関わらず親の意見をそのままうのみにしている勇気への軽蔑《べつ》感。
ウ 自分のわがままを通すために両親に責任を負わせようとする勇気への嫌悪《けんお》感。
エ 自分が間違っていることに気づかないで他者を見下している勇気への失望感。

問六 ――線部４「苦痛なんです」とありますが、苦痛に思っている点としてふさわしいものを次の中から**すべて**選び、記号で答えなさい。

ア 先生を「依子ちゃん」と呼ぶことで勇気が優越《えつ》感にひたっている点。
イ 自分を正当化するためにママやパパを持ち出す勇気の子どもっぽい点。
ウ 多くのクラスメイトが勇気の配慮《りょ》のない言動に傷つけられている点。
エ 時と場所をわきまえずに上げる勇気の大きな声が耳ざわりな点。
オ 食べられないものばかりの自分がみっともないことを勇気が自覚していない点。

問七 ――線部５「そんな対応」とありますが、その説明としてもっともふさわしいものを次の中から選び、記号で答えなさい。

ア マリーの自分勝手な言い分を許可するような対応。　**イ** だれからも嫌われないようにしようとする対応。
ウ 給食の時間の楽しい雰囲気を壊《こわ》さないような対応。　**エ** 勇気のやりたい放題を認めるような対応。

問八 ――線部６「品のない行動」を具体的に述べている一文を本文中からぬき出し、最初の五字を答えなさい。

問九 ――線部７「宙は少しモヤモヤとしながら過ごした」とありますが、その理由を本文中のことばを用いて三十字以内で答えなさい。

ていたらひとしきり騒いだことだろう。宙は久しぶりにゆっくりと給食を食べられることにほっとしていた。斜《なな》め向かいの哲郎もどこか楽しそうにしている。しかしマリーはというと、昨日と同じくらい不機嫌そうな顔をしていた。嫌いな食材があるのかと思えばそんなふうでもなく、どれも同じペースで口に運んでいく。

「マリーちゃんは、好き嫌いとかないの？」

何気なく訊《き》いてみると、マリーは初めて宙を認《にん》識したような顔をした。宙が自分に話しかけてくることを想定していなかった、そんな顔をしていて宙の方が驚《おどろ》いた。

「あ、ごめん。変なこと訊いて」

慌《あわ》てて言うと、マリーは「別に」と愛想《そ》なく答えて、再び黙々と食べ始めた。

マリーがいつも不機嫌そうに食事をしているのは、きっと勇気が原因だろうと思っていた。しかしもしかしたら、わたしのせいだったのだろうか。

でも、どうして？　と宙は自分に問いかける。思いつくのは、保育園で口ゲンカをしたこと。なにしろそれ以外に、接点がまったくないのだ。小学校に入ってから同じクラスになったのは今回が初めてで、席が近くなったのも初めて。挨拶《あいさつ》と事務的な会話以外、交《か》わしたことがなかった。

マリーちゃんは、まだあのときのことを覚えていて、それを気にしてるのかな。でも、あんな昔のことを、いまでも？

静かで平穏《おん》な給食時間を、7宙は少しモヤモヤとしながら過ごした。

〔町田そのこ『宙ごはん』（小学館）による〕

問一　①に当てはまることばとしてもっともふさわしいものを次の中から選び、記号で答えなさい。

ア　感動的に　**イ**　絶望的に　**ウ**　積極的に　**エ**　機械的に

問二　——線部1「月に一度の『いろんな土地の料理デー』」とありますが、その目的の書かれた一文をぬき出し、最初の五字を答えなさい。

問三　——線部2「宙は座りの悪さのようなものを感じてそわそわしてしまう」とありますが、この表現から勇気に対する宙の気持ちがどのようなものだと読み取れますか。もっともふさわしいものを次の中から選び、記号で答えなさい。

ア　班のメンバーに対して心を開いた勇気の態度に、気恥ずかしい気持ちにさせられてしまう。

イ　自分の気持ちを貫《つらぬ》き続ける大人びた勇気の姿に、落ち着かない気持ちにさせられてしまう。

ウ　周囲の雰《ふん》囲気とは合わない勇気の言動に、いたたまれない気持ちにさせられてしまう。

エ　他のクラスメイトとは全く異なる勇気の様子に、不安な気持ちにさせられてしまう。

言うなり、マリーは机を抱《かか》えて移動する。勇気が「オレだって、オレだって嫌だし！」と叫んだ。

「依子ちゃん、こいつムカつく！　いきなり、オレのことバカって言ってきてっ」

「あらま、あらま。あの、大崎さん、食事は楽しくしましょ、ね？」

「元町くんと一緒だと、食事がこれっぽっちも楽しくありません」

　きっぱりと言い、マリーは島から離《はな》れたところでひとり食事を再開した。黙々と野菜やラフテーを口に運ぶ姿はこれ以上の干渉《しょう》を拒《きょ》否していて、元々の下がり眉《まゆ》をもっと下げた北川は「ええと、仕方ないわね。今日のところは、そのまま三人で食べなさい。ね？」と怒《いか》りで顔を[Ｉ]いる勇気の機嫌《げん》を取るようにやさしく言った。

「なんでここで、５そんな対応になるかなあ」

　誰かの小さなささやきが聞こえ、宙はそれに応えるように微《かす》かに頷《うなず》いた。

　給食時の勇気の不平不満は、クラスの大半が苦く眺《なが》めている。五年生まではその時々の担任が厳しくしていたので幾《いく》分ましだったのに、いまではやりたい放題。それもこれも、北川が『叱《しか》らない教育』をモットーとしており、それを実践《せん》しているからだ。だから勇気が嫌いな食材を誰かの皿に放りこんでも、声高《こわ》に不満を叫んでも、「頑《がん》張りましょうね。でも無理なら仕方ないわね」と繰《く》り返すし、なんなら「協力するというのも、大事よ。みんな、たまには食べてあげたらどうかしら？」と勇気の行動を肯《こう》定すらするときもある。

　叱らないのと、我儘《わがまま》を許すのは違う。そんなこと小学生だって分かるのに、北川は自分が間違っているとは露《つゆ》ほども思っていない。教師として舐《な》められているから『先生』と呼ばれないのに、『ちゃん付け』は親しみの表れだと信じている。勇気ほどではないが我儘を通そうとする者は他にもいて、中に授業を妨《ぼう》害するほどの問題児もいる。しかし北川は彼《かれ》らも当然叱らない。だから、この六年三組は纏《まと》まりのない雑然としたクラスになっていた。

「川瀬、ゴーヤ」

不機嫌なまま椅子に座った勇気が命令口調で言い、顎《あご》で食器を指す。宙は「嫌」とだけ返した。哲郎も、先んじて首を横に振《ふ》る。舌打ちをした勇気は、ゴーヤとにんじんを探《さぐ》っては、皿の外にゴミのように放りだした。そしてトレイの端《はし》にすべて出し終えたあと、ようやく食べ始めた。それを横目で見ていた宙は早く席替《が》えが行われればいいのにと願うばかりだった。いつまでこんな子どもと一緒《しょ》に食事をしなくちゃいけないのだ。

　こりゃ、マリーちゃんがキレるのも分かるよ……。

　勇気の６品のない行動のせいですっかり食欲が失《う》せた宙は、離れていったマリーを見た。マリーはすでに皿を空にしており、牛乳を飲んでいるところだった。ストローで吸いながら紙パックを折りたたんでいるところをみると、もう飲み終えるのだろう。その顔は、さっきのことに腹を立てているままなのか、険しかった。

　その翌日は、勇気が風邪《かぜ》を引いて休んだので、給食時間はとても平和だった。勇気の嫌いな納《なっ》豆と、インゲンの白和《あ》えがあったから、もし登校し

「えー、なんだよ、お前ら、やさしくないなあ。ゴーヤなんて食ったらオレ吐《は》いちゃうんだよ。家ではこんなもん出たことねえし、ていうか家なら残してもいいんだよな」

甘《あま》やかされてるよなあ、と宙は内心呆《あき》れる。小学校六年生にもなって、野菜くらいで毎度大騒《さわ》ぎすることを恥《は》ずかしいと思わないのだろうか。

「あ、じゃあ大崎、オレのゴーヤ食って」

お願い、と勇気が手を合わせると、黙《だま》って食事を始めていたマリーは「嫌《いや》。ていうか毎回毎回、バカじゃないの」と吐き捨てるように言った。勇気が「何だよ、その言い方」と頬《ほお》を膨《ふく》らませる。

「嫌なら嫌だけでいいじゃん。バカとか言う必要なくね？」

「だってバカじゃない、食べられないものばかりの自分がみっともないって分かってないどころか、偉《えら》そうにふれ回ってるんだもの」

箸でゴーヤを摘《つ》まみ上げたマリーは、鮮《あざ》やかな緑のそれを、きれいに並んだ歯でがぶりと噛《か》んだ。

「大人になっても、好き嫌いだらけのバカ舌を自慢《まん》するつもり？　気持ち悪っ」

わざとだろう、大きく咀嚼《そしゃく》してみせながら言うマリーに、勇気が「何だよ、お前」と叫《さけ》んで立ち上がる。椅《い》子が派手に倒《たお》れ、楽しそうに食事をしていたクラスメイトたちが視線を向ける。

「嫌いなものは無理に食べなくていいってママは言うぞ。パパだって、いまの日本は栄養豊富な食べ物がたくさんあるから、わざわざ嫌いなものから栄養をとる必要はないって！　何でも食べなくちゃいけないっていう考えの方が、バカなんだからな！」

顔を［　I　］、地団駄《だ》を踏《ふ》んで言う勇気を見上げながら、宙は３砂糖の加減を間違《ちが》えたココアを飲んだときのような喉《のど》元の気持ち悪さを感じた。

学校給食に栄養素を求めている時代もあったけれど、それはもはや過去の話。いまの目的は、たくさんの食材や料理に慣れることや、さまざまな土地の食文化を知ること。そして、集団の中での食事のマナーを身に付けること。給食にはそういうさまざまな意図が含《ふく》まれているのだと、先日校長先生が長々と説明したばかりではないか。ママに食べなくていいと言われたことなど、ここではどうでもいい話だ。

ゴーヤをきちんと嚥《えん》下したマリーが「ほんと、バカ」とため息を吐《つ》く。

「よくここで、『ママ』とか『パパ』をだせるよね。みっともないったらないよ。先生、あたし元町くんと一緒《しょ》に給食を食べるのが苦痛なので、席を離《はな》します」

教卓《たく》で食事をしていた担任の北川《きたがわ》が狼狽《うろた》えて「あらま、あらま」と立ち上がる。今年三十になる北川はおっとりした女性で、子どもたちからは『依《より》子《こ》ちゃん』と呼ばれている。

「どうしたの、大崎さん。ケンカしたの？」

「ケンカなんて無駄なことしません。ただ、４苦痛なんです」

問三　次の(1)～(3)のことばの対義語をそれぞれ後のア～カの中から選び、記号で答えなさい。

(1) 迂《う》回　(2) 永遠　(3) 束縛《ばく》

ア 解放　イ 開放　ウ 放任　エ 安楽　オ 瞬《しゅん》間　カ 直行

三　**次の文章を読んで、後の問いに答えなさい。なお、問いに字数指定がある場合は、句読点なども一字分に数えること。（本文を一部改変した箇《か》所がある。）**

大崎《おおさき》マリーは、いつも不機嫌《げん》そうに食事をする。

宙《そら》がそれに気付いたのは、二学期のはじめごろ。同じクラスになって、初めて同じ班になってからのことだった。

樋《ひ》野崎第二小学校では、給食は班ごとに島を作って食べる決まりとなっている。四人でひと班。机を向かい合わせにくっつけて食べるのだが、宙の向かいがマリーだから、彼《かの》女が食事をするのを真正面から見ることになる。マリーはどんなメニューであっても、まるで義務であるかのように［　①　］口に運んでいた。

一時間目から運動会の練習があり、疲《つか》れ切ったこの日の献《こん》立は、1月に一度の「いろんな土地の料理デー」で、沖縄料理だった。ラフテーに、ゴーヤとツナのサラダ、そうめんチャンプルーとサーターアンダギー。

「今日の献立、最悪。オレさあ、特にこのゴーヤってやつ大嫌《きら》いなんだ。ひとの食いもんじゃねえよ。オレまじで無理」

宙の隣《となり》の元町勇気《もとまちゆうき》が、箸《はし》でサラダを掻《か》きまわしながら大きな声で言う。勇気は最近になって自分のことを「オレ」と言うようになったが、アクセントがどうもおかしい。バナナ・オレのオレと同じなのだ。この一人称《しょう》を聞くたびに、2宙は座《すわ》りの悪さのようなものを感じてそわそわしてしまう。

「川瀬《かわせ》、ゴーヤ好き？　食ってくんねえ？　あと、こっちのチャンプルー？　ってやつに入ってるにんじんも」

「ええ、やだよ。昨日だってアスパラ食べてあげたばっかりじゃない」

勇気は好き嫌いが激しくて、いつも献立に文句をつけている。学校の方針で『アレルギーなどの事情がなければ、残すのは禁止』となっているのだが、勇気は嫌いなものをいつも誰《だれ》かの皿に放《ひ》りこむ。最近ではもっぱら、隣の席の宙が被害をこうむっていた。

「じゃあ、哲郎《てつろう》。ゴーヤだけでもお願い、まじで。サーターアンダギー一個分けてやっから」

勇気の向かいに座る葛西《かさい》哲郎は、寡黙《かもく》な男子だ。哲郎は首を横に振《ふ》り、「ぼくもそんなに得意じゃない」と言葉少なに言う。

二 **次の各問いに答えなさい。**

問一 次の(1)～(5)のことばの意味としてふさわしいものをそれぞれ後の**ア**～**キ**の中から選び、記号で答えなさい。

(1) 目に余る

(2) 手塩にかける

(3) 尾《お》ひれをつける

(4) 火のないところに煙《けむり》は立たぬ

(5) 隣《となり》の芝生《しばふ》は青い

ア あまりにひどくて見ていられない。

イ 他人のものは自分のものよりよく見える。

ウ 悪いことに、さらに悪いことが重なること。

エ 面倒《どう》を見て育て上げる。

オ 不自然でつりあいがとれないこと。

カ うわさが立つのは、それなりの原因があるからだ。

キ 話をおおげさにする。

問二 次の〔　〕の意味を参考にして、(1)・(2)の□に当てはまる漢字をそれぞれ後の**ア**～**オ**の中から選び、記号で答えなさい。

(1) □の上にも三年　〔じっとしんぼうしていれば、いつの日にかきっと成功する。〕

(2) □の穴から天井《じょう》のぞく　〔わずかな知識や見聞で大きな問題を考えること。〕

ア 草　**イ** 石　**ウ** 雲　**エ** 針　**オ** 壁《かべ》

2023年度

横浜翠陵中学校

【国　語】〈第一回試験〉（五〇分）〈満点：一〇〇点〉

一　次の各問いに答えなさい。

問一　次の(1)～(5)の——線部の漢字の読みをひらがなで書きなさい。

(1)　背景がきれいな絵。
(2)　私の父は農夫だ。
(3)　断腸の思いで大会を辞退する。
(4)　山で山菜を採る。
(5)　矢で的を射る。

問二　次の(1)～(5)の——線部のカタカナを漢字に直しなさい。

(1)　ヒカン的な考え。
(2)　試合で輝《かがや》かしいセンセキを残す。
(3)　学校の中庭にドウゾウを立てる。
(4)　案内人にシタガう。
(5)　テキの意表をついて攻撃《こうげき》する。

2023年度

横浜翠陵中学校 ▶解説と解答

算 数 ＜第１回試験＞（50分）＜満点：100点＞

解 答

1 (1) 85 (2) $\frac{1}{3}$ (3) 7 (4) 157 (5) 17 2 **問１** 1 **問２** 15000円 **問３** 11：5 **問４** 83点以上 **問５** （例） AとBの和を，AとBの差で割る。 3 **問１** 20分後 **問２** 分速70m **問３** （例） ＡさんがＢさんに追いつくのは120分後で，そのときＣさんはスタート地点から反時計回りに2400mの地点にいる。 4 **問１** **中心角**…30度，**面積**…イとオ **問２** 9.42cm^2 5 **問１** ７組目 **問２** （例） ３の倍数を取りのぞいている。 **問３** 6067と6068 6 **問１** ① 2880 ② 5 **問２** （例） ６個入りの袋を３袋，２個入りの袋を５袋組み合わせたとき，代金の合計が2700円で最も安くなる。

解 説

1 四則計算，計算のくふう，逆算

(1) $19\times5-(27\times9-13)\div23=95-(243-13)\div23=95-230\div23=95-10=85$

(2) $\left(3\frac{1}{8}\div3\frac{3}{4}+\frac{3}{4}\right)\div4\frac{3}{4}=\left(\frac{25}{8}\div\frac{15}{4}+\frac{3}{4}\right)\div\frac{19}{4}=\left(\frac{25}{8}\times\frac{4}{15}+\frac{3}{4}\right)\times\frac{4}{19}=\left(\frac{5}{6}+\frac{3}{4}\right)\times\frac{4}{19}=\left(\frac{10}{12}+\frac{9}{12}\right)\times\frac{4}{19}=\frac{19}{12}\times\frac{4}{19}=\frac{1}{3}$

(3) $(4.2\times3.1+3.08)\div2.3=(13.02+3.08)\div2.3=16.1\div2.3=7$

(4) $A\times D-B\times D+C\times D=(A-B+C)\times D$となることを利用すると，$68\times3.14-34\times3.14+16\times3.14=(68-34+16)\times3.14=50\times3.14=157$

(5) $(253+\square\times11)\div22=20$より，$253+\square\times11=20\times22=440$，$\square\times11=440-253=187$ よって，$\square=187\div11=17$

2 規則性，相当算，割合と比，平均とのべ，約束記号

問１ $5\div37=0.135135\cdots$より，小数点以下は{1，3，5}の３個の数がくり返し並んでいる。$100\div3=33$余り１より，小数第100位までには３個の数が33回くり返され，さらに１個の数が並ぶから，小数第100位にくる数字は，小数第１位の数字と同じ１とわかる。

問２ 右の図で，3000円は本を買ったあと手元に残ったお金の，$1-\frac{1}{3}=\frac{2}{3}$にあたるので，本を買ったあとに残ったお金は，$3000\div\frac{2}{3}=4500$（円）となる。よって，$4500+1500=6000$（円）が，お年玉の，$1-\frac{3}{5}=\frac{2}{5}$にあたるから，もらったお年玉は，$6000\div\frac{2}{5}=15000$（円）と求められる。

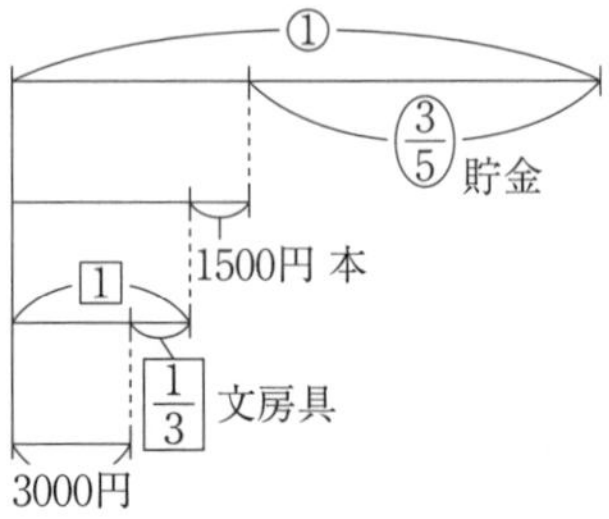

問３ 昨年の男子と女子の人数をそれぞれ３，１とすると，今年の男子と女子の人数はそれぞれ，$3\times(1-0.12)=2.64$，$1\times(1+0.2)=1.2$になる。よって，今年

の男子と女子の人数の比は，2.64：1.2＝11：５とわかる。

問４　国語，社会，算数の合計点は，74＋80＋83＝237(点)である。４教科の合計点は，80×４＝320(点)以上になるので，理科は，320－237＝83(点)以上とればよい。

問５　【６，４】＝(６＋４)÷(６－４)＝10÷２＝５，【８，６】＝(８＋６)÷(８－６)＝14÷２＝７，【12，４】＝(12＋４)÷(12－４)＝16÷８＝２より，この『ある規則』は，AとBの和を，AとBの差で割るなどがある。

3 旅人算

問１　２人が反対方向に走るとき，２人が最初に出会うのは，２人合わせて１周(3600m)走ったときである。また，ＡさんとＣさんの２人が１分間に走る道のりの和は，100＋80＝180(m)である。よって，ＡさんとＣさんが最初に出会うのは走り始めてから，3600÷180＝20(分後)となる。

問２　ＢさんとＣさんが最初に出会うのにかかる時間は，20＋４＝24(分)である。よって，ＢさんとＣさんの速さの和は分速，3600÷24＝150(m)なので，Ｂさんの進む速さは分速，150－80＝70(m)とわかる。

問３　ＡさんがＢさんに最初に追いつくのは，ＡさんがＢさんより１周多く進んだときである。また，ＡさんはＢさんより１分間に，100－70＝30(m)多く進むから，ＡさんがＢさんより１周多く進むのは，3600÷30＝120(分後)になる。このとき，Ｃさんは，80×120＝9600(m)進むので，9600÷3600＝２余り2400より，Ｃさんはスタート地点から反時計回りに2400m，または，時計回りに，3600－2400＝1200(m)の地点にいる。

4 平面図形―角度，面積

問１　右の図で，弧《こ》AB，BC，CDが等しいから，おうぎ形OABとおうぎ形OBCとおうぎ形OCDは合同なので，アのおうぎ形の中心角は，90÷３＝30(度)である。また，おうぎ形の半径より，OBとOCは等しいから，三角形OBEと三角形COFは３つの内角が30度，60度，90度の合同な直角三角形だとわかる。よって，イは三角形OBEからウを除《のぞ》いた図形，オは三角形COFからウを除いた図形だから，面積が等しい図形はイとオである。

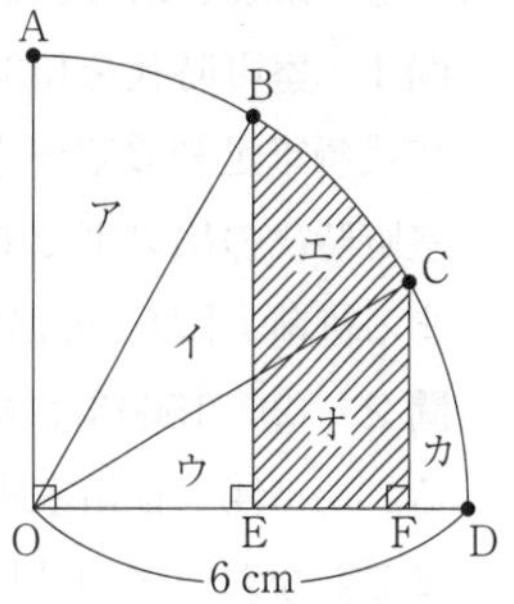

問２　問１より，求める斜線《しゃせん》部分の面積(エとオの面積の和)はエとイの面積の和に等しいから，$6\times6\times3.14\times\frac{30}{360}$＝9.42($cm^2$)となる。

5 数列

問１　５組目は(13，14)，６組目は(16，17)，７組目は(19，20)より，７組目である。

問２　数列①には，３，６，９，12，…がないので，数列①の『ある規則』は，３の倍数を取り除いている，または，３で割り切れない数などが考えられる。

問３　数列②で，□組目の数は，(□×３－２，□×３－１)で求めることができるので，2023組目の数は，(2023×３－２，2023×３－１)＝(6067，6068)とわかる。

6 調べ，場合の数

問１　①　求める代金の合計は，600×４＋120×４＝2880(円)である。　②　合計が28個となる袋《ふくろ》の数をまとめると，右の図のようになる。よって，組み合わせ

６個入りの袋	4	3	2	1	0
２個入りの袋	2	5	8	11	14

方は全部で５通りある。

問２　６個入りの袋を４袋，２個入りの袋を２袋の代金の合計は，600×４＋220×２＝2840(円)である。また，７袋以上で200円割引されるから，６個入りを３袋，２個入りを５袋で，600×３＋220×５－200＝2700(円)，６個入りを２袋，２個入りを８袋で，600×２＋220×８－200＝2760(円)，６個入りを１袋，２個入りを11袋で，600×１＋220×11－200＝2820(円)，２個入りを14袋で，220×14－200＝2880(円)より，６個入りの袋を３袋，２個入りの袋を５袋組み合わせたとき，代金の合計が2700円で最も安くなる。

社　会　＜第１回試験＞（理科と合わせて50分）＜満点：50点＞

解　答

1　**問１**　う，え　**問２**　②　オ　④　ウ　**問３**　(例)　武士と農民を分けるため／(例)農民による一揆を防ぐため　**問４**　征夷大将軍　**問５**　イ　**問６**　(1)　エ　(2)　オ　(3)　参勤交代　(4)　エ　**2**　**問１**　47　**問２**　兵庫県　**問３**　ウ　**問４**　**都道府県**…三重県　**県庁所在地**…津市　**問５**　(例)　複雑に入り組んだ海岸　**問６**　イ　**問７**　エ　**3**　**問１**　18(歳以上)　**問２**　リコール　**問３**　大韓民国　**問４**　(例)　増税をする　**問５**　男女雇用機会均等(法)　**問６**　(1)　ウクライナ　(2)　プーチン(大統領)

解　説

1　**徳川家康を題材とした歴史の問題**

問１　室町時代を1338年に足利尊氏が北朝から征夷大将軍に任じられて幕府を開いてから1573年に15代将軍足利義昭が京都を追放されて室町幕府が滅びるまでの期間と考えると，「う」と「え」が室町時代の出来事であると判断できる。なお，「あ」の承久の乱は鎌倉時代，「い」は室町時代が始まる直前，「お」の島原・天草一揆は江戸時代の出来事である。

問２　②　1560年に織田信長が今川義元を破った戦いは，桶狭間の戦いなので，オがあてはまる。　④　徳川家康は1600年の関ヶ原の戦いで東軍を率いて西軍を破っているので，ウがあてはまる。なお，アの「壇ノ浦」の戦いは1185年に源義経らが平氏をほろぼした戦い，イの「川中島」の戦いは戦国大名である甲斐の武田信玄と越後の上杉謙信の間で起きた数度にわたる戦い，エの「長篠」の戦いは，1575年に織田・徳川連合軍が武田軍に勝利した戦いで，織田信長は鉄砲を有効に使ったと言われている。カの「姉川」の戦いは，1570年の織田・徳川軍と浅井・朝倉軍の戦いである。

問３　豊臣秀吉が1588年に刀狩令を出して百姓や寺社から刀や鉄砲などの武器を取り上げたのは，一揆を防ぐためであった。また，刀狩と1582年に始まった太閤検地によって，武士と農民の身分の区別を明確にする兵農分離が行われた。

問４　徳川家康は1603年に天皇から征夷大将軍に任命され，江戸幕府を開いている。

問５　江戸は，平安時代に坂上田村麻呂が蝦夷征討を行った東北地方と京都の間に位置しているので，イが江戸の説明として最もふさわしい。鎖国中に貿易を行った場所には長崎があるが，長崎と江戸の間に京都が位置しているので，アは誤り。菅原道真が左遷された大宰府は九州北部にあり，江戸は関東地方にあるので，ウは誤り。「天下の台所」と呼ばれたのは江戸ではなく大阪なので，エは誤り。

問６　⑴　徳川幕府において，将軍を助けて政務を行った役職は，エの老中が適当である。アの執権は鎌倉幕府，イの管領は室町幕府においてそれぞれ将軍を補佐した役職，ウの摂政は朝廷において天皇が女性や幼少の場合に天皇にかわって政治を行った役職である。　⑵　徳川一門の御三家は尾張，紀伊，水戸であり，田安，一橋，清水は御三卿と呼ばれたので，アとイは誤り。三河の小大名時代から徳川家に従っていたものは譜代と呼ばれ，外様大名は関ヶ原の戦いのころから徳川家に従った大名なので，ウは誤り。譜代大名は江戸周辺や重要な場所に配置されており，幕府から警戒されて九州や四国・東北などの遠いところに配置されたのは外様大名なので，エは誤り。よって，正しい文はない。　⑶　「大名や小名は自分の領地と江戸との交代勤務を定める」制度は参勤交代といい，徳川幕府３代将軍徳川家光が1635年に武家諸法度で制度化している。　⑷　徳川幕府は朝廷に対して禁中並公家諸法度を制定して統制したので，エが適当である。アの六波羅探題は鎌倉幕府が朝廷の監視などのために承久の乱の後に京都に置いた役職および機関。イの武家諸法度は徳川幕府が大名を統制するために出した法令。ウの御成敗式目は鎌倉時代に３代執権北条泰時が制定した最初の武家法である。

２　都道府県を題材とした地理についての問題

問１　日本の都道府県は，１都１道２府43県あり，全部で47ある。

問２　県庁所在地が神戸市で，神戸港や姫路城があるのは兵庫県である。

問３　1995年に発生した兵庫県を震源とした大地震による災害は，阪神淡路大震災と呼ばれているのでウが適当である。アの関東大震災は1923年，イの東日本大震災は2011年に発生した。エについて，東海地震(東海大地震)は南海トラフ沿いで発生が想定されている南海トラフ地震のひとつであり，過去にも1854年の安政東海地震や1707年の宝永地震などが発生している。

問４　志摩半島は三重県に位置し，県庁所在地は津市である。

問５　リアス(式)海岸は，山地が沈んだところに海水が入り込んでできた，複雑に入り組んだ海岸である。リアス(式)海岸は，志摩半島以外にも東北地方太平洋側にある三陸海岸の南半分や，福井県の若狭湾などでもみられる。

問６　志摩半島が，日本で初めて真珠の養殖が始められた場所なので，イが適当である。

問７　三重県で発生した四大公害病は，エの四日市ぜんそくである。四日市ぜんそくは，石油化学コンビナートから排出された亜硫酸ガスなどが原因となって発生した。なお，四大公害病には四日市ぜんそく以外に有機水銀を原因物質とする水俣病，第二(新潟)水俣病と，カドミウムを原因物質とするイタイイタイ病がある。水俣病は熊本県の水俣湾周辺を中心に発生しており，第二(新潟)水俣病は新潟県の阿賀野川流域で発生しており，イタイイタイ病は富山県の神通川流域で発生している。

３　政治や時事問題についての問題

問１　日本においては，選挙権は満18歳以上のすべての男女が持っている。

問２　地方自治において，議員や首長の解職請求をする制度をリコールという。なお，議員や首長の解職請求には，原則として有権者の３分の１以上の署名が必要であり，請求先は選挙管理委員会となる。

問３　朝鮮半島の南半分に位置する国の正式名称は，大韓民国である。

問４　財源を増やすためには，何らかの形で税収を増やす必要があるため，増税が行われる。なお，増税の方法としては所得税や消費税など現在ある税金の税率を上げる方法と，新たな税金をつくる方法がある。

問５　就職や仕事における男女平等を進めるために，日本で1985年に制定された法律は，男女雇用機会均等法である。なお，男女平等による社会活動の実現を目的とした男女共同参画社会基本法は1999年に制定されている。

問６　(1)　2022年２月にロシアが軍事侵攻した相手の国は，ウクライナである。　(2)　ウクライナへの軍事侵攻を指導したロシアの大統領は，（ウラジーミル＝）プーチンである。

理　科　＜第１回試験＞（社会と合わせて50分）＜満点：50点＞

解　答

1　**問１**　ウ　**問２**　比例の関係　**問３**　2.5cm　**問４**　4.5cm　**問５**　ウ　**問６**　（例）　ものが台を押す力が左向きにはたらくため。　**2**　**問１**　（例）　とうめい　**問２**　10.5g　**問３**　91g　**問４**　（例）　食塩水を加熱し，水を蒸発させる。　**問５**　イ　**問６**　ウ　**3**　**問１**　①　ア　②　エ　**問２**　石灰水　**問３**　a　**問４**　（例）　エンドウが酸素を吸収したため。　**問５**　ア　**問６**　イ

4　**問１**　ウ　**問２**　11時40分　**問３**　（例）　地球は地軸をかたむけたまま太陽の周りを公転するため。　**問４**　西　**問５**　ウ　**問６**　右の図

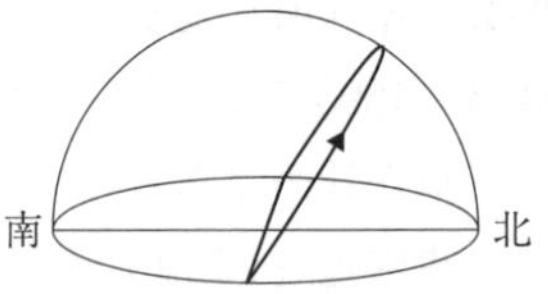

解　説

1　**物体の運動についての問題**

問１　〔実験１〕の結果より，床《ゆか》からの高さが高いＰ点からものをはなしたときの方が，床からの高さが低いＱ点からはなしたときより，ものさしが動いた距離《きょり》が長いことがわかる。よって，ものをはなす高さを高くすると，ものさしが動いた距離が長くなるといえる。

問２　〔実験２〕の結果より，ものの重さが400ｇから800ｇと，800÷400＝２(倍)になったとき，ものさしが動いた距離も，４÷２＝２(倍)になっている。よって，ものの重さとものさしが動いた距離の間には，(正)比例の関係が成り立っているといえる。

問３　問２より，ものの重さとものさしが動いた距離が比例していて，問題文中の表１より，400ｇのものをＰ点からはなすとものさしが２cm動いたことから，500ｇのものをＰ点からはなしたときにものさしが動いた距離は，$2\times\frac{500}{400}=2.5$(cm)となる。

問４　問３と同様に，表１より，400ｇのものをＱ点からはなすとものさしが1.5cm動いたから，1.2kg＝1200ｇのものをＱ点からはなしたときにものさしが動いた距離は，$1.5\times\frac{1200}{400}=4.5$(cm)となる。

問５　問１より，ものさしが動いた距離は，ものをはなした高さが高いほど長くなるが，台の斜面《しゃめん》の角度を変えても，ものをはなす高さが同じなら，ものさしが動く距離は変わらない。

問６　ものが台を右向きにすべり落ちるとき，ものは台を左向きに押している。もし，台の左側にすべり止めがなかったら，ものが台を押して，台が左に動いてしまうと考えられる。

2　もののとけ方についての問題

問１　ものが水にとけているとき，液はとうめいでにごっていない。ただし，色がついているものもある。

問２　３％の食塩水350ｇにとけている食塩の重さは，$350\times\frac{3}{100}=10.5$(ｇ)である。

問３　40℃の水250ｇにとける食塩の重さは最大，$36.4\times\frac{250}{100}=91$(ｇ)である。

問４　食塩が水にとける量は水の温度によってあまり変化しないので，水よう液を冷やしてとけているものを取り出す方法でなく，水よう液を加熱して水を蒸発《じょうはつ》させて取り出す方法がよい。

問５　食塩の結しょうの形は，イのような立方体である。なお，アは硫酸銅の結しょう，ウはミョウバンの結しょうである。

問６　ものを水にとかすと，ふっとうする温度が100℃以上になり，こおる温度が０℃以下になる。海水はおよそ３％の食塩がとけているので，海水がこおり始める温度は，真水である湖水がこおり始める温度の０℃よりも低い温度になる。

3　植物の呼吸についての問題

問１　マメ科のエンドウの種子は，発芽のための養分を子葉にたくわえている無胚乳《はいにゅう》種子である。また，マメ科植物は，発芽したときにはじめて出てくる子葉が二枚の双《そう》子葉類である。

問２　二酸化炭素を吸収して白くにごる水よう液は，水酸化カルシウム(消石灰《せっかい》)が水にとけた石灰水である。

問３，問４　発芽しかけたエンドウの種子は呼吸を行っているので，フラスコ内の空気にふくまれる酸素をさかんに吸収する。一方，エンドウの種子の呼吸によって発生した二酸化炭素は，フラスコ内のビーカーに入った石灰水に吸収される。よって，種子が吸収した酸素の分だけフラスコ内の気体が減るので，ガラス管の中の着色した水滴《すいてき》はａの方向に移動する。

問５　問３や問４より，フラスコ内の気体が減少していることから，発芽しかけたエンドウの種子は，呼吸によって酸素を吸収しているが，光合成によって酸素を放出していないといえる。

問６　植物において，気体が出入りする部分を気孔《きこう》という。気孔は植物の葉やくきなどにあるが，ふつうは葉の裏側に最も多くある。

4　太陽の動きについての問題

問１　太陽は，横浜市のある北半球において，夏至《げし》の日に昼が最も長く，南中高度が最も高くなる。また，夏至の日には日の出や日の入りの方角が最も北寄《よ》りになる。

問２　南中時刻は，{(日の出の時刻)＋(日の入りの時刻)}÷２で求められる。よって，冬至《とうじ》の日である12月22日の南中時刻は，(６時47分＋16時33分)÷２＝11時40分となる。

問３　季節によって太陽の通り道が異なるのは，地球が地軸《ちじく》をかたむけたまま太陽の周りを公転しているので，地球から見た太陽の位置が北寄りになったり南寄りになったりするためである。

問４　太陽が南中しているとき，太陽は真南にあり，地面に垂直に立てた棒《ぼう》のかげは真北の方角にできる。よって，問題文中の図２のＡの方角は西とわかる。

問５　太陽が南中した時刻の３時間前には，太陽は南東の方角にある。よって，このときにできる棒のかげは北西の方角にある。

問６　秋分の日である９月23日には，北緯《い》35°の横浜市でも南緯34°のシドニーでも，昼と夜の長さは12時間ずつになり，太陽は真東の方角からのぼり真西の方角に沈《しず》む。ただし，シドニーのある南半球からは太陽が北の空を通るように見えるので，太陽は東→北→西と動いて見える。

国　語　＜第１回試験＞（50分）＜満点：100点＞

解　答

一 **問１**　(1)　はいけい　(2)　のうふ　(3)　だんちょう　(4)　と(る)　(5)　い(る)
問２　下記を参照のこと。　二 **問１**　(1)　ア　(2)　エ　(3)　キ　(4)　カ　(5)　イ
問２　(1)　イ　(2)　エ　**問３**　(1)　カ　(2)　オ　(3)　ア　三 **問１**　エ　**問２**　いまの目的　**問３**　ウ　**問４**　ア　**問５**　ア　**問６**　イ，オ　**問７**　エ　**問８**　舌打ちをし　**問９**　（例）　マリーがいつも不機嫌そうに食事をする原因がわからないから。
問10　Ⓐ　エ　Ⓑ　イ　Ⓒ　ウ　四 **問１**　私につ～ること　**問２**　イ　**問３**　エ
問４　a　ウ　b　ア　c　エ　d　イ　**問５**　エ　**問６**　Ⅰ　エ　Ⅱ　ウ　**問７**　ウ　**問８**　（例）　自分の興味・関心にしたがった行為のほうを望ましいとみること。
問９　ウ

●漢字の書き取り

一 **問２**　(1)　悲観　(2)　戦績　(3)　銅像　(4)　従(う)　(5)　敵

解　説

一　漢字の読みと書き取り

問１　(1)　背後の景色やようす。　(2)　農業に従事する男性。　(3)　「断腸の思い」は，非常に苦しく痛ましい気持ちのこと。　(4)　音読みは「サイ」で，「採集」などの熟語がある。
(5)　音読みは「シャ」で，「発射」などの熟語がある。

問２　(1)　物事が思うようにならないだろうと悪い方向に考えること。　(2)　戦争や試合の成績。　(3)　人物や動物などを模して銅でつくった像。　(4)　音読みは「ジュウ」で，「服従」などの熟語がある。　(5)　訓読みは「かたき」。

二　慣用句の知識，ことわざの知識，対義語

問１　(1)「目に余る」は，程度がひどくて見ていられないほどであるという意味。　(2)「手塩にかける」は，いろいろと世話をして育て上げるということ。　(3)「尾《お》ひれをつける」は，実際にはないことをつけ加えて話をおおげさにするという意味。　(4)「火のないところに煙《けむり》は立たぬ」は，根拠となるようなことがなければうわさは立たないということを表す。　(5)「隣《となり》の芝生《しばふ》は青い」は，何でも他人のものは自分のものよりよく見えてしまうものだということ。

問２　(1)「石の上にも三年」は，どんなにつらくてもじっとしんぼうしていればいつかは必ず成功するという意味。　(2)「針の穴から天井《てんじょう》のぞく」は，自分のわずかな知識をもとに大きな問題について推測をすること。

問３　(1)「迂回《うかい》」は，遠回りすること。対義語は，途中で寄り道などせずに目的地まで行くという意味の「直行」。　(2)「永遠」は，果てしなく続くこと。対義語は，きわめて短い時間を表す

「瞬間」。　⑶ 「束縛《そくばく》」は，制限を加えて行動の自由を奪うこと。対義語は，制限をとり除いて自由にするという意味の「解放」。

三 **出典は町田《まちだ》そのこの『宙《そら》ごはん』による。**班ごとに島を作って食べる給食の時間，嫌《きら》いなものを人におしつける勇気《ゆうき》や，いつも不機嫌《ふきげん》そうに食べているマリーのことなどが，主人公の宙の視点で描《えが》かれている。

問１　「義務であるかのように」食事をするようすに合うのは，「機械的に」である。

問２　かつては「学校給食に栄養素を求めている時代」もあったが，「いまの目的は，たくさんの食材や料理に慣れることや，さまざまな土地の食文化を知ること」にあるので，樋野崎《ひのさき》第二小学校でも月に一度「いろんな土地の料理デー」が行われているのである。

問３　「座りの悪さ」は，不安定で落ち着かなかったり違和感《いわかん》をおぼえたりするさま。「給食時の勇気の不平不満」を「クラスの大半が苦く眺《なが》め」ているが，勇気はそんな周囲の目など気にしないかのように，わがままにふるまい続けている。宙は，アクセントのおかしい「オレ」という発音を聞くたびに，勇気がクラスの雰囲気《ふんいき》に合っていないと感じ，その場にいられないほど気持ちが落ち着かなくなるのである。

問４　「地団駄《じだんだ》を踏《ふ》ん」だり，「怒り」を感じたりしているようすなのだから，興奮している表情を表す，「顔を真っ赤《か》にして」とするのがよい。

問５　給食には「さまざまな土地の食文化を知ること」や「集団の中での食事のマナーを身に付けること」などの「さまざまな意図が含《ふく》まれている」のに，勇気は「ママに食べなくていいと言われた」などと「どうでもいい話」を持ち出し，自分が正しいと言い張っているので，宙は違和感をおぼえたのである。

問６　マリーは，「食べられないものばかりの自分がみっともないって分かってない」「よくここで，『ママ』とか『パパ』をだせるよね」と，勇気を非難している。

問７　ぼう線部５をふくむ発言からは，北川の「対応」に不満を感じていることが読み取れる。給食時に「不平不満」を言う勇気のことを「クラスの大半」の人は苦々しく思っているのに，北川は，勇気の「我儘《わがまま》を許す」だけではなく，「勇気の機嫌をとるようにやさしく」するという対応をしているので，誰かが不満を口にしたのである。

問８　「舌打ちをした勇気」が「ゴーヤとにんじんを探《さぐ》っては，皿の外にゴミのように放り」出すといった食べ物を粗末に扱う行動を見て，宙は「食欲が失《う》せた」のである。

問９　宙は，マリーが「不機嫌そうに食事」をしている原因が勇気にあるだろうと思っていたが，「もしかしたら，わたしのせい」かもしれないとも思った。マリーが不機嫌に給食を食べる原因がはっきりとわからなかったので，宙は「モヤモヤ」とした気持ちになったと考えられる。

問10　大崎《おおさき》マリーは，宙の「向かい」なので，Ⓒの位置。元町勇気は，「宙の隣」なのでⒷの位置。葛西哲郎《かさいてつろう》は「勇気の向かい」なので，Ⓐの位置である。

四 **出典は内田樹《うちだたつる》の『下流志向　学ばない子どもたち　働かない若者たち』による。**どのような理由で「自分探し」が行われているかといったことや，個性を尊重する社会や教育の問題点について説明している。

問１　「自分探しの旅」に出かける人は，「自分のことを知らない人間に囲まれて，言語も宗教も生活習慣も違《ちが》うところに行って暮らせば，自分がほんとうはなにものであるかわかる」と考えているらしいが，彼らの「ほんとうの目的」は「出会う」ことではなく，むしろ「私についてのこれまでの外部評価をリセットすること」にあるのではないかと筆者は考えている。

問２　「自分探し」をする人は，「自己評価と外部評価」の間に乗り越えがたい「ずれ」がある人だと筆者は述べている。よって，「人間的成長」をするためには，「自分でも納得のゆくくらいの敬意や威信《いしん》を獲得《かくとく》するように外部評価の好転に努める」ことが必要なのである。

問３　「自分がなにものであるかほんとうに知りたい」と思ったら，「両親」など「自分のことをよく知っている人たち」に「ロング・インタビュー」するほうが「有用な情報が手に入る」はずなのに，「自分のことを知らない人間」しかいないところに「自分探しの旅」に出るため，「奇妙」だと筆者は感じているのである。

問４　直後に説明されている。「共同的な作業を通じて」自分が「『余人を以《もっ》て代え難《がた》い』機能」を把握《はあく》し，それを果たした後に，「事後的にまわりの人たちから追認」されることで，はじめて「ほんとうの私」が「かたちをとる」のである。

問５　「自分探し」主義者たちの「視線」は，「この世界でなすべきことがなにであるかの回答のすべてが，自分の中に書いてあるかのよう」だと説明されているのだから，「外」ではなく「内側に向か」っているのだとわかる。

問６　Ⅰ　「自分の中に書いてあるかのように」とあるので，ある状態にとても似ているようすを表す「まるで」が入る。　　Ⅱ　「認知されているものであったとしても」と続いているので，仮定する内容を述べるときに用いる「かりに」があてはまる。

問７　「私たちの社会」は，「何かを行《おこな》おうとするとき，その行為の動機がどれだけ個人の心の内側から発するものか」ということに価値を置いてきた。つまり，「打算や利害」といった「自己に外在的な目標」を動機とするよりも，「自分の興味・関心にしたがった行為」のほうを望ましいと考えてきたことになるので，ウが合う。

問８　「ひろく社会的に有用であると認知されているもの」であったとしても「『オレ的に見て』有用性が確証されなければ，あっさり棄却《ききゃく》される」という価値づけは，「外側にある基準」よりも「自分の興味・関心にしたがった行為のほうを望ましいとみる」ことなので，乱暴な価値づけと言い換えることができる。

問９　筆者は，「自己に外在的な目標をめざして行動するよりも，自分の興味・関心にしたがった行為」を重んじてきた社会や教育に危機感をおぼえている。つまり，「自己の内側の奥底」にある「何か」をめざすことを教えるのではなく，自己の外側にある「社会的な基準」に目を向けさせることが大切だと説明しているのである。

2023 年度 横浜翠陵中学校

【算　数】〈第２回試験〉（50分）〈満点：100点〉

1　次の □ にあてはまる数を求めなさい。

(1) $7 \times 13 - (16 - 68 \div 17) \times 5 = \square$

(2) $\left(1\frac{7}{12} \div 6\frac{1}{3} + \frac{7}{8}\right) \div 6\frac{3}{4} = \square$

(3) $(11.2 \times 2.5 + 9.4) \div 3.4 = \square$

(4) $32 \times 1.56 + 55 \times 1.56 - 37 \times 1.56 = \square$

(5) $(213 + \square \times 9) \div 22 = 15$

2　次の各問いに答えなさい。

問１．1 から 100 までの整数の中で，8 でわりきれるが，6 でわりきれない整数は何個ありますか。

問２．みどりさんのクラスの人数は，女子が全体の$\frac{3}{7}$よりも 4 人多く，男子は 20 人です。みどりさんのクラスの全体の人数は何人ですか。

問３．Ａの容器には水が 28dＬ，Ｂの容器には水が 11dＬ入っています。ＡとＢの容器の水の量の比が 8 : 5 になるようにするには，ＡからＢに何 dＬ移せばよいですか。

問４．りょうさんのクラスで家族の人数を調べると，次の表のようになりました。このクラスでは，１つの家庭に平均何人の家族がいることになりますか。

家族の人数	７人	６人	５人	４人	３人	計
家庭数	1	4	7	15	3	30

問５．【14，5】＝4，【8，3】＝2，【12，6】＝0　のように，【A，B】が表す数は『ある規則』にしたがっています。『ある規則』を１行程度の文章で答えなさい。

3　下の図は，自動車Aと自動車BがP町とQ町の間を移動する様子を表しています。自動車Aは，P町をQ町に向けて出発し，Q町に着いてからその場でしばらく休み，再びP町に向かって出発しました。自動車Bは，Q町をP町に向けて出発し，P町に着いてからすぐにQ町に向かって引き返しました。自動車Aと自動車Bは，地点アと地点イでそれぞれ出会いました。P町とQ町は150 km 離《はな》れており，２台の進む速さは常に一定であるとします。このとき，次の各問いに答えなさい。

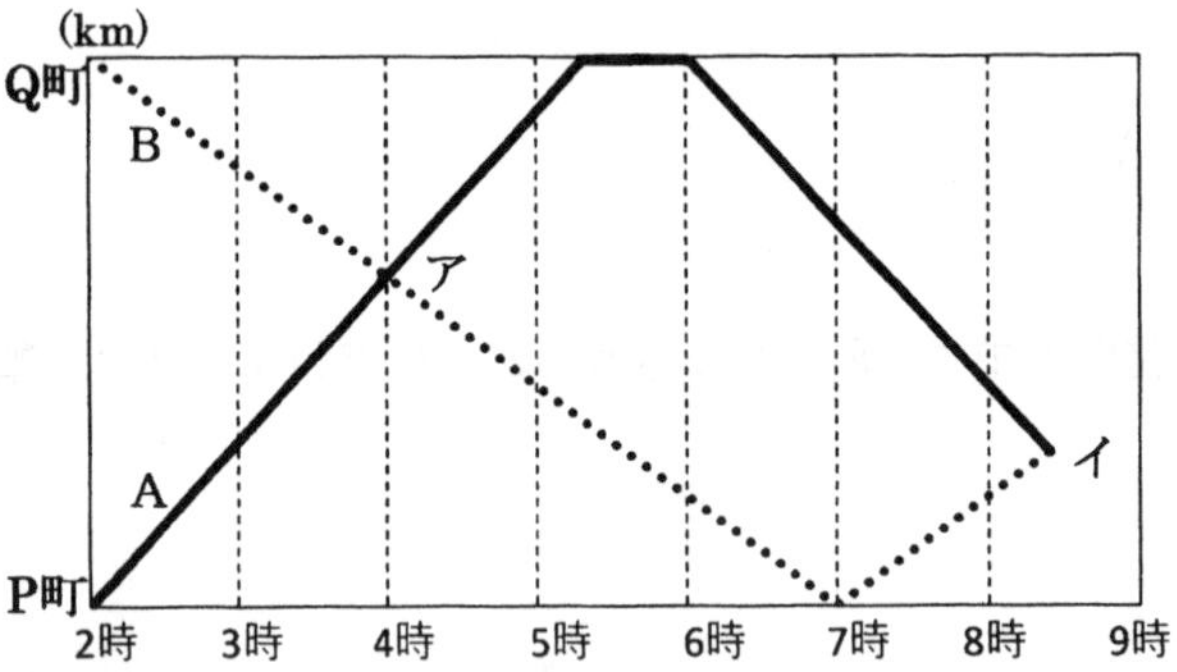

問１．自動車Bの進む速さは時速何㎞ですか。

問２．地点アはP町から何㎞のところにありますか。また，自動車Aの進む速さは時速何㎞ですか。

問３．地点イで２台が出会った時刻は何時何分で，地点イはどの場所にあるといえますか。１行程度の文章で答えなさい。

4 下の図のように直線上に直角二等辺三角形アと正方形イ，ウが並んでいます。アの図形を図の位置から秒速1㎝の速さで，矢印の方向へ直線にそって動かします。このとき，次の各問いに答えなさい。**問2**は考え方や式も書きなさい。

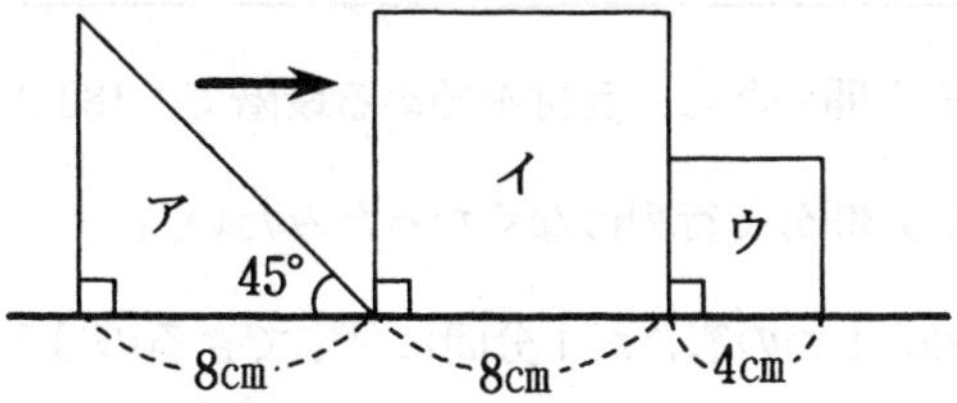

問1．動き始めて6秒後に2つの図形ア，イが重なっている部分の面積は何cm^2ですか。

問2．動き始めて 14 秒後に図形ア，イが重なっている部分と図形ア，ウが重なっている部分の面積の和は何cm^2ですか。

5 下の図のように，レンガを並べて，1番目，2番目，3番目，……の順序で，いろいろな大きさの花だんを作っていきます。このとき，次の各問いに答えなさい。

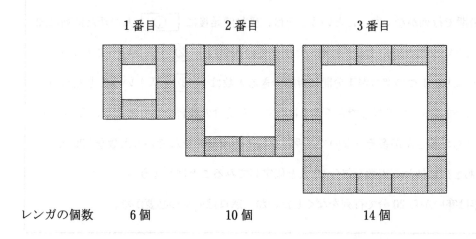

1番目　2番目　3番目

レンガの個数　6個　10個　14個

問1．5番目の大きさの花だんを作るのに必要なレンガは何個ですか。

問2．100 個のレンガをできるだけ余りが少なくなるように並べてできる花だんは，何番目の大きさですか。また，そのとき使用するレンガは何個ですか。1 行程度の文章で答えなさい。

6 みどりさんとりょうさんは，文化祭の受付担当表を作成することになりました。次の会話文は，そのとき2人が話しているやりとりです。これを読んで，次の各問いに答えなさい。**問3**は考え方や式も書きなさい。

みどり：「先生に昨年の状況《じょうきょう》を聞いたら，受付を始める段階で，180人の行列ができていて，窓口を6つ開設したら30分で行列はなくなったみたい。」

りょう：「結構時間がかかるね。1つの窓口が1分間に対応できるのは1人だったということだね。」

問1．りょうさんはどのように計算して1つの窓口が1分間に対応できる人数が1人と考えたのでしょうか。1行程度の文章で説明しなさい。

みどり：「ちがうわ。180人だけ対応したわけではなく，受付開始後も新たに毎分12人ずつ列に加わったみたいよ。」

りょう：「そうなんだ！？　じゃあ，1つの窓口が1分間で対応できるのは何人なんだろう。」

みどり：「30分で増えた人数を最初に並んでいた人数に加えたら良いのではないかな。」

りょう：「30分間で行列がなくなったということは，受付開始後に ① 人が新たに列に加わったということで，窓口が対応したすべての人数は ② 人ということになるね。つまり，1つの窓口が1分間に対応できる人数は ③ 人ということだね。」

みどり：「昨年と同じペースで対応できるようにたくさん受付の練習をしておこう。今年は昨年よりもお客さんが多そうなので，受付を始める段階で並んでいる人数を200人，そのあと列に加わる人数を毎分20人と仮定してみることにしよう。」

りょう：「今年は寒いから20分で行列をなくしたいね。窓口はいくつ必要かな。」

問2．空欄《くうらん》 ① ， ② ， ③ にあてはまる数をそれぞれ答えなさい。

問3．昨年と同じペースで対応した場合，今年は最低でも何個の窓口を開設すれば，20分で行列をなくすことができますか。

【社　会】〈第２回試験〉（理科と合わせて50分）〈満点：50点〉

1　今年のＮＨＫ大河ドラマは「どうする家康《いえやす》」です。次の文章を読んで，後の問いに答えなさい。

今年の大河ドラマ「どうする家康」は，徳川《とくがわ》家康の生涯《しょうがい》が描《えが》かれています。

家康は **①室町時代**の末期，1543年に三河国《みかわのくに》の小大名の息子として生まれました。幼い頃より苦労を重ね，**②桶狭間《おけはざま》の戦い**の後，大名として独立します。その後は **③織田信長《のぶなが》**と手を結び，浅井《あざい》氏，朝倉《あさくら》氏，武田《たけだ》氏などの強敵と戦いましたが，**④本能寺の変**の後は **⑤豊臣秀吉《とよとみひでよし》**に従《したが》います。

1600年の **⑥関ヶ原の戦い**で西軍を破り，1603年に征夷《せいい》大将軍に任命されて **⑦江戸**に幕府を開きました。晩年には豊臣氏を滅ぼし，**⑧徳川幕府**による全国支配の強化に努《つと》めました。

問１．下線部①について，下の年表の **あ～え** から室町時代の出来事では**ないもの**を１つ選び，記号で答えなさい。

1334年	後醍醐《ごだいご》天皇が建武《けんむ》の新政を始める	…あ
1404年	勘合《かんごう》貿易が始まる	…い
1482年	足利義政《あしかがよしまさ》が東山に銀閣をつくる	…う
1549年	ザビエルが日本にキリスト教を伝える	…え

問２．下線部②の桶狭間の戦いが行われた場所は，尾張国《おわりのくに》と呼ばれていました。尾張国は，現在の都道府県ではどこに当たりますか。次の中から選び記号で答えなさい。

ア　大阪府　　**イ**　石川県　　**ウ**　愛知県　　**エ**　三重県

問３．下線部③について，織田信長が早くから取り入れた武器は当時の戦争を大きく変え，特に武田氏との戦争で威力《いりょく》を発揮《はっき》しました。1543年に日本に伝来したその武器を，**漢字二文字**で書きなさい。

問４．下線部④の本能寺の変で織田信長を討《う》った人物を，次の中から選び記号で答えなさい。

ア　柴田勝家《しばたかついえ》　　**イ**　足利義昭《よしあき》　　**ウ**　毛利元就《もうりもとなり》　　**エ**　明智光秀《あけちみつひで》

問５．下線部⑤の豊臣秀吉が，天下を統一した後にキリスト教に対してとった政策を，次の中から１つ選び記号で答えなさい。

ア　キリスト教の布教を黙認《もくにん》していたが，後に禁止した。
イ　南蛮《なんばん》貿易を推進《すいしん》し，京都に南蛮寺などキリスト教施設の建設を認めた。
ウ　仏教勢力をおさえるために，キリスト教を保護した。
エ　キリスト教を禁止し，絵踏《えふみ》や宗門改《しゅうもんあらた》めで厳《きび》しく統制した。

問６．下線部⑥の関ヶ原の戦いについて，
⑴ 関ヶ原の戦いで西軍に属《ぞく》していた大名を，次の中から１人選び記号で答えなさい。

ア　石田三成《みつなり》　　**イ**　伊達政宗《だてまさむね》　　**ウ**　武田勝頼《かつより》　　**エ**　上杉謙信《けんしん》

⑵ 関ヶ原の戦いの後から徳川家に従った大名は，江戸時代を通じて警戒《けいかい》され，江戸から遠い国に配置されました。この大名を何と呼びますか。次の中から選び記号で答えなさい。

ア　親藩《しんぱん》大名　　**イ**　譜代《ふだい》大名　　**ウ**　外様《とざま》大名　　**エ**　キリシタン大名

問７．下線部⑦について，
⑴ 徳川家康は，織田信長や豊臣秀吉が関西に政治の本拠《ほんきょ》地をおいたのに対して，関東の江戸に幕府を開きました。なぜ家康は関東を政治の本拠地にしたのですか。理由を説明しなさい。

⑵ 五街道のうち，江戸から宇都宮《うつのみや》を通り現在の福島県に至《いた》る街道を，次の中から選び記号で答えなさい。

ア　奥州《おうしゅう》街道　　**イ**　東海道　　**ウ**　中山《なかせん》道　　**エ**　甲州《こうしゅう》街道

問８．下線部⑧について，徳川幕府は参勤《さんきん》交代の制度を設けていましたが，８代将軍吉宗《よしむね》の時に，江戸での滞在《たいざい》を半年に短縮《たんしゅく》しました。幕府はなぜこのように参勤交代の制度をゆるめたのですか。最もふさわしい理由を次の中から選び記号で答えなさい。

ア　足高《たしだか》の制で才能ある武士を重要な役につけたことで，江戸での大名の役割が減ったから。
イ　上《あ》げ米《まい》の制で，大名からさらに年貢（税金）を多くとることにしたから。
ウ　幕府の権力が弱まり，大名に今まで通りに命令をきかせることができなくなったから。
エ　地方で一揆《いっき》が相次《あいつ》ぎ，大名は江戸にいる場合ではなくなってしまったから。

2 次の各文章を読んで，後の問いに答えなさい。

【A】 この都道府県には，世界遺産《いさん》に登録された（　①　）銀山遺跡《いせき》や，日本海で有数の水揚《みずあ》げ量がある（　②　），しじみ漁で有名な宍道《しんじ》湖があります。鎌倉時代に後鳥羽《ごとば》上皇や後醍醐《ごだいご》天皇が流された隠岐島《おきのしま》もあります。また，この都道府県には，**③過疎《かそ》**化が進んでいる地域が多くあります。

問1．【A】の都道府県名と県庁所在地名を，それぞれ**漢字**で書きなさい。

問2．空欄《くうらん》①にあてはまる語句を書きなさい。

問3．空欄②にあてはまる漁港を次の中から選び，記号で答えなさい。

ア　銚子《ちょうし》港　　イ　釧路《くしろ》港　　ウ　焼津《やいづ》港　　エ　境《さかい》港

問4．下線部③について，過疎とはどのようなことですか。説明しなさい。

【B】 この都道府県は四国にあり，日本で一番面積が小さい都道府県です。この都道府県にある讃岐《さぬき》平野では雨が少なく，干害《かんがい》をふせぐために古くから小川や山のわき水をあつめた（　④　）を造《つく》って，かんがい用水を確保してきました。また，小豆島《しょうどしま》では日本で初めてオリーブの栽培《さいばい》が行われました。

問5．【B】の都道府県名と県庁所在地名を，それぞれ**漢字**で書きなさい。

問6．空欄④にあてはまる語句を次の中から選び，記号で答えなさい。

ア　輪中《わじゅう》　　イ　ため池　　ウ　三角州《す》　　エ　ダム

3 次の各文章を読んで，後の問いに答えなさい。

【A】 日本の政治の仕組みは，下の図のように **①国会**・内閣・裁判所の独立した機関に権力を分散させるとともに，それぞれの権力が互《たが》いに抑制《よくせい》しあい，バランスを保《たも》つ仕組みを取り入れています。このような仕組みを（ ② ）と言います。

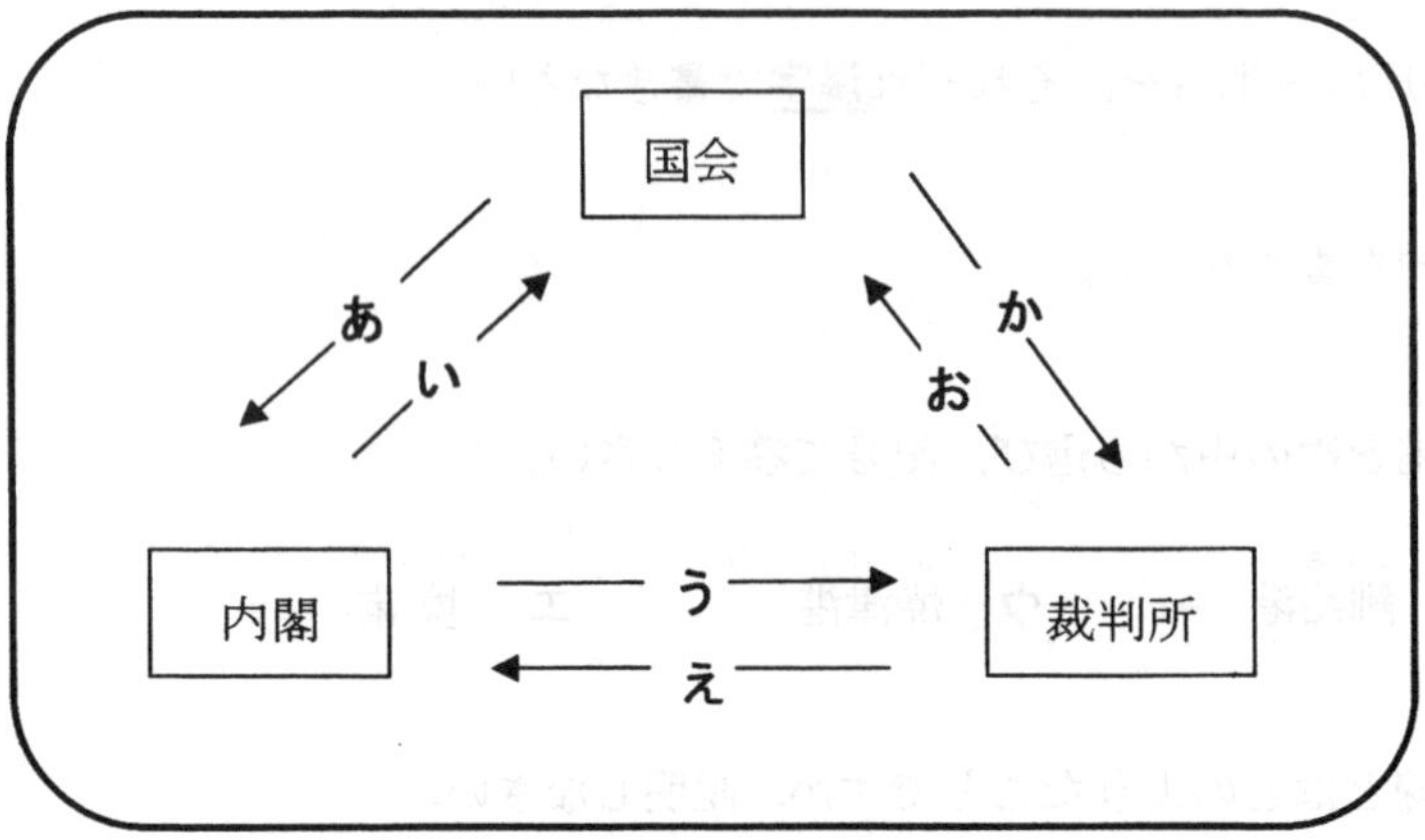

問１．下線部①について，毎年１月から開かれ，翌《よく》年度の予算などを審議《しんぎ》する国会を通常国会（常会）と言いますが，国会にはそれ以外にどのようなものがありますか。**１つ**書きなさい。

問２．空欄②にあてはまる語句を，**漢字四文字**で書きなさい。

問３．上の図のうち，違憲《いけん》立法審査権と弾劾《だんがい》裁判をあらわす矢印を，図中の **あ～か** から選び，それぞれ記号で答えなさい。

【B】 昨年ドイツで開かれたサミット（G７首脳《しゅのう》会議）では，**③ジェンダーの平等**や **④地球規模の気候変動**や **⑤ロシアのウクライナ侵攻《しんこう》**について話し合われました。今年 2023 年は，日本がG７の議長国となり，５月には広島でサミットが開かれます。

問４．下線部③のジェンダーの平等とはどのようなことですか。説明しなさい。

問５．下線部④の気候変動の原因である温暖化を防止するために，1997 年に温室効果ガス削減《さくげん》を定めた国際協定を何と言いますか。**漢字五文字**で書きなさい。

問６．下線部⑤について，この時のウクライナの大統領は誰ですか。書きなさい。

【理　科】〈第２回試験〉（社会と合わせて50分）〈満点：50点〉

《注意事項》 字数制限のあるものは，原則として句読点も一字に数えます。

1 ある重さで体積が $300cm^3$ の直方体の形をしたものを海水に入れたところ，体積全体の５分の４が海水に沈《しず》んだ状態で，**図１**のように浮《う》きました。後の問いに答えなさい。ただし，海水 $1cm^3$ の重さを 1.02g とします。

図１

問１．直方体の形をしたものが海水に浮いたことから，どのようなことがわかりますか。次の**ア**～**ウ**から一つ選び，記号で答えなさい。

ア　直方体の形をしたものの密度のほうが大きい。

イ　海水の密度のほうが大きい。

ウ　直方体の形をしたものと海水の密度は同じ大きさである。

問２．**図１**の状態で，海水に沈んだ部分の体積は何 cm^3 ですか。

問３．**図１**の状態で，直方体の形をしたものにはたらく重さと海水に浮く力を比べるとどのような関係になりますか。次の**ア**～**ウ**から一つ選び，記号で答えなさい。

ア　直方体の形をしたものにはたらく重さのほうが大きい。

イ　海水に浮く力のほうが大きい。

ウ　どちらも同じ大きさである。

問４．**問３**のような２力の関係を何といいますか。次の**ア**～**ウ**から一つ選び，記号で答えなさい。

ア　つりあいの関係

イ　作用反作用の関係

ウ　比例の関係

問５．直方体の形をしたものの重さは何 g ですか。小数第一位まで求めなさい。

問６．直方体の形をしたものを海水と真水に浮かべると，真水のほうが沈んだ部分の体積が大きくなりました。この理由を「密度」ということばを用いて，25字以内で説明しなさい。

2　世界では地球温暖化の原因となっている二酸化炭素の発生が大きな問題となっています。身近な気体について，後の問いに答えなさい。

問1．地球温暖化によって気温が上昇すると環境《かんきょう》に影響《えいきょう》が出てきます。地球温暖化による影響と関係ないものを，次の**ア**～**エ**から一つ選び，記号で答えなさい。

ア　海水面の上昇《じょうしょう》
イ　豪雨《ごうう》の発生
ウ　干ばつによる水不足
エ　米の収かく量の増加

問2．二酸化炭素が発生しない変化を，次の**ア**～**エ**から一つ選び，記号で答えなさい。

ア　スチールウールを燃やす。
イ　アルコールランプに火をつける。
ウ　石油ストーブを使用する。
エ　ろうそくを燃やす。

問3．二酸化炭素が発生したことは，どのような方法で確認できますか。15字以内で説明しなさい。

問4．空気の成分の中には，ちっ素が一番多く含《ふく》まれ，二酸化炭素も含まれています。二酸化炭素は，空気中に何番目に多く含まれていますか。

問5．空気の成分の中には，酸素も含まれています。酸素の性質としてあてはまらないものを，次の**ア**～**エ**から一つ選び，記号で答えなさい。

ア　無色で，においもない。
イ　空気より軽い。
ウ　ものを燃やすはたらきがある。
エ　水にとけにくい。

問6．**図1**のように水を電気分解すると，＋極から酸素が発生し，－極から気体**A**が発生します。気体**A**の名しょうを答えなさい。

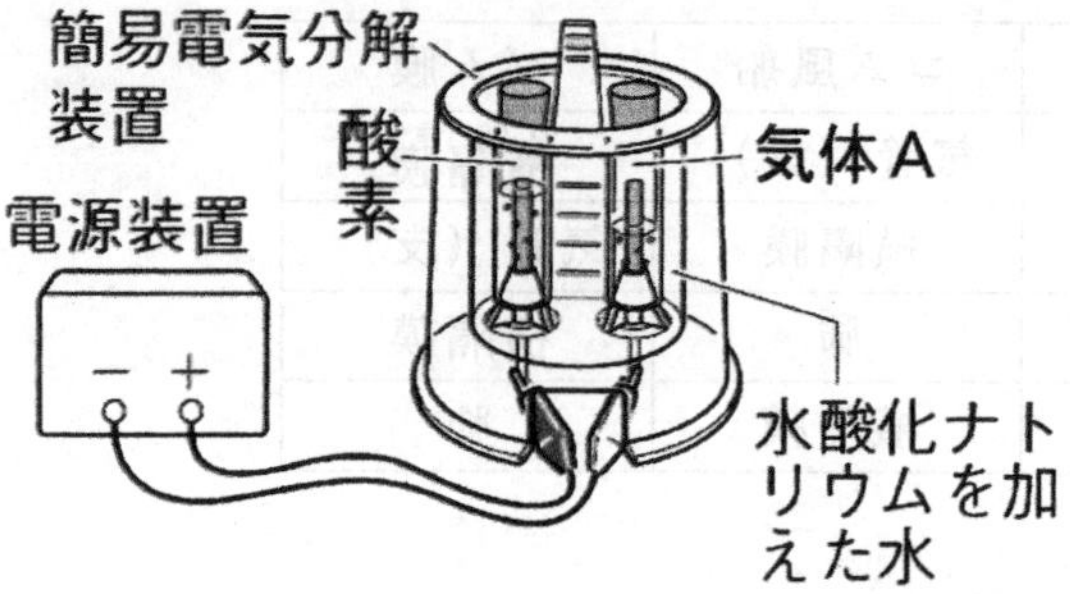

図1

問7．**問6**で発生した酸素と気体**A**の体積の比を答えなさい。

3　ヒトの呼吸運動を調べるために簡単な装置をつくり，次のような実験をしました。後の問いに答えなさい。

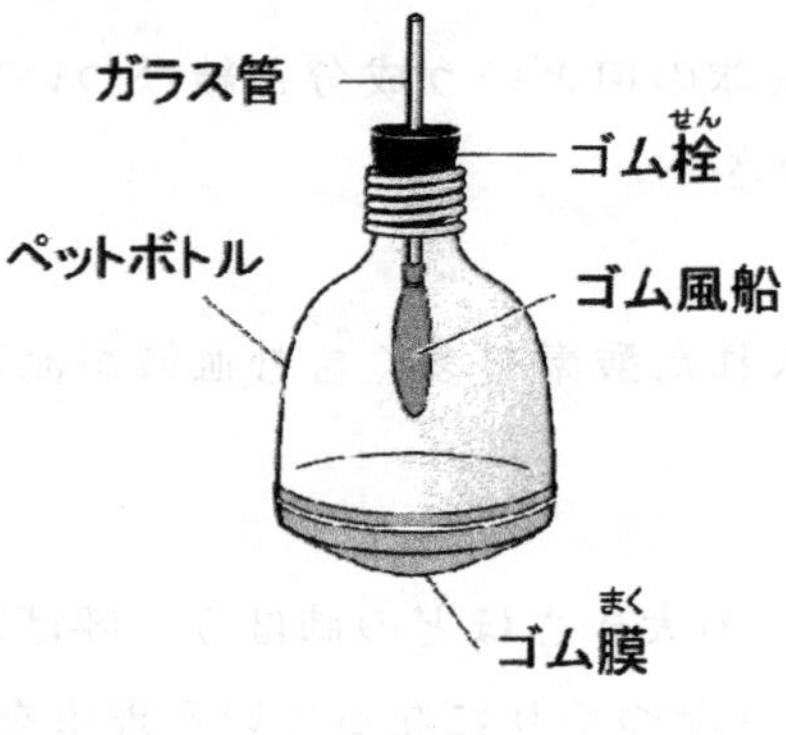

図1

図2

〔手順１〕底側の半分を切り取ったペットボトルを用意して，ゴム風船をつけたガラス管をゴム栓《せん》の中に通し，注ぎ口に固定する。次に底側にゴム膜《まく》をはり付け，**図1**のような装置をつくる。

〔手順２〕底側のゴム膜を下に引いたり，もどしたりをくり返し，ペットボトルの中のゴム風船の収縮のようすを観察する。

（**図2**はゴム膜を下に引いたときのようすである。）

問1．肺呼吸をしている動物としてあてはまらないものを，次の**ア**～**エ**から一つ選び，記号で答えなさい。

ア　バッタ　　　**イ**　ハト　　　**ウ**　クジラ　　　**エ**　カエル

問2．**図1**のガラス管，ゴム風船，ゴム膜はそれぞれ何の役割をしていますか。正しい組み合わせを，次の**ア**～**エ**から一つ選び，記号で答えなさい。

	ガラス管	ゴム風船	ゴム膜
ア	肺	気管（支）	横隔膜《おうかくまく》
イ	肺	横隔膜	気管（支）
ウ	気管（支）	肺	横隔膜
エ	気管（支）	横隔膜	肺

問3．この実験からわかる肺の特ちょうを，次の**ア**～**エ**から一つ選び，記号で答えなさい。

ア　肺は自らの筋肉で収縮している。

イ　肺は横隔膜の動きによる圧力のちがいから収縮している。

ウ　肺は呼吸だけでなく，消化された栄養分の吸収も行っている。

エ　肺は呼吸だけでなく，尿《にょう》素などの不要物の排出《はいしゅつ》も行っている。

問4．肺で取り入れられた酸素は，赤血球の何という成分と結びついて全身に運ばれますか。カタカナ6文字で答えなさい。

問5．肺に直接つながっていて，取り入れた酸素を多く含《ふく》む血液が流れる血管の名しょうを答えなさい。

問6．肺の内部には，直径 0.1～0.3mm の大きさほどの肺ほうと呼ばれる小さなふくろがたくさん見られます。このようなつくりになっている理由を30字以内で答えなさい。

4 図1は，日本付近のある季節における代表的な天気図を示しています。後の問いに答えなさい。

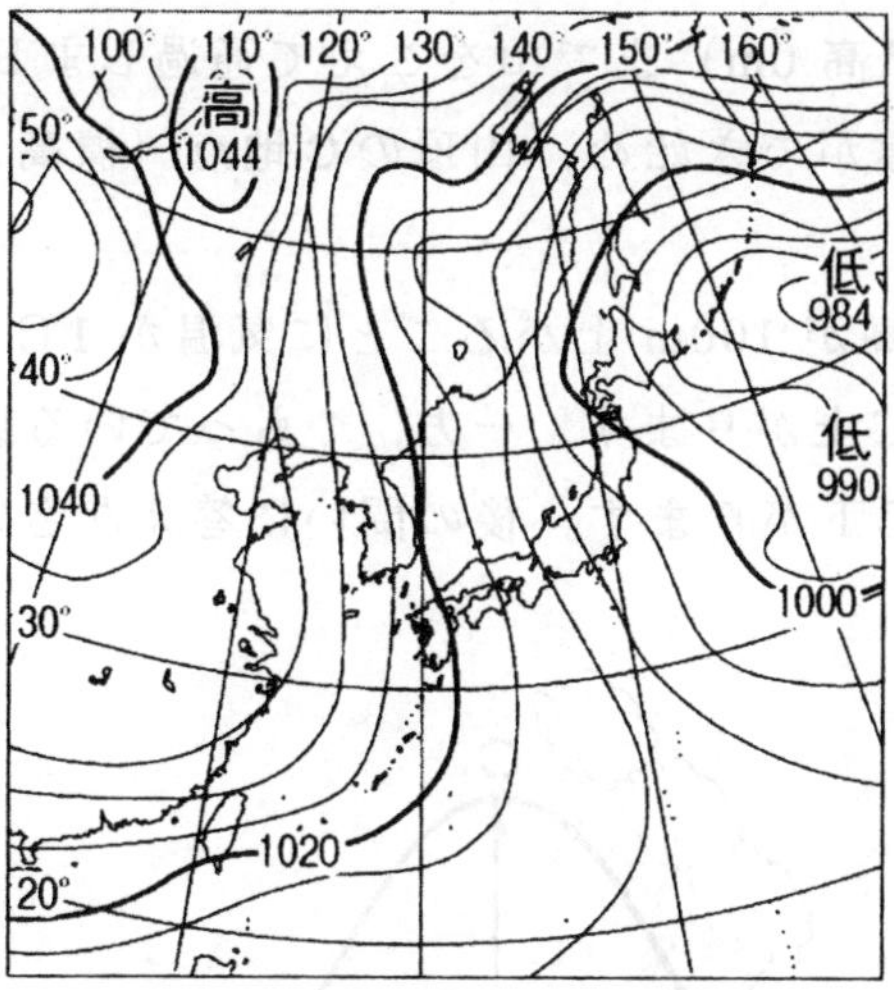

図1

問1．図1は，春，夏，秋，冬のどの季節のものですか。

問2．図1の季節に日本付近にふく季節風の風向きとして最もあてはまるものを，次のア～エから一つ選び，記号で答えなさい。

ア　北東　　イ　北西　　ウ　南東　　エ　南西

問3．次の文章は，図1の季節における太平洋側の天気の特ちょうを示したものです。文章の空らんにあてはまる説明を20字以内で答えなさい。

『山脈側をこえてきた空気は【　　　　　】。』

問4．それぞれの地域にあった天気予報をするため，全国約1300か所に設置された気象観測装置を用いた観測システム(Automated Meteorological Data Acquisition System)を何といいますか。カタカナ4文字で答えなさい。

しめった空気のかたまりが山を通過するとき，山をこえた地域の気温が上がる現象をフェーン現象といいます。**図2**のように，空気のかたまりが**A**地点（標高 0m）から**D**地点（標高 0m）まで山をこえて通過しました。とちゅうの**B**地点（標高 800m）から雲ができ始め，山頂の**C**地点（標高 2000m）まで雲ができていました。

晴れている場合，標高が 100m 上がるごとに気温が 1℃下がり，標高が 100m 下がるごとに気温が 1℃上がります。一方，くもっている場合，標高が 100m 上がるごとに気温が 0.5℃下がります。後の問いに答えなさい。

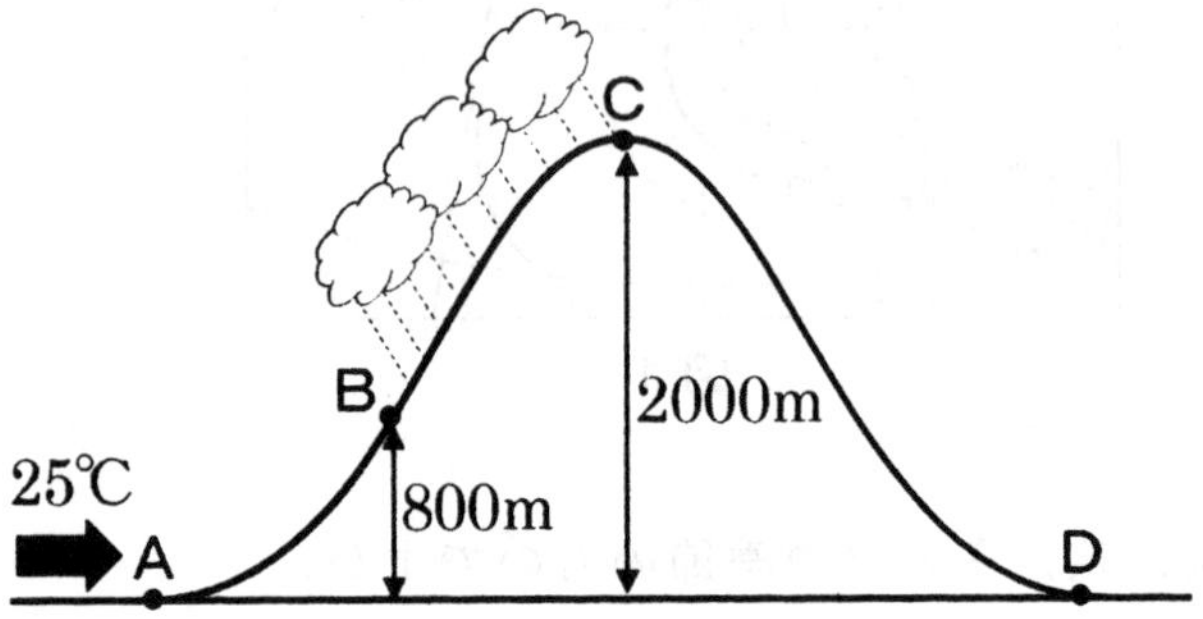

図2

問5．空気のかたまりが上昇《じょうしょう》すると，温度が下がるのはなぜですか。最もあてはまるものを，次の**ア**～**エ**から一つ選び，記号で答えなさい。

ア　気圧が高くなり，空気のかたまりが圧縮されたため。
イ　気圧が高くなり，空気のかたまりがぼう張したため。
ウ　気圧が低くなり，空気のかたまりが圧縮されたため。
エ　気圧が低くなり，空気のかたまりがぼう張したため。

問6．**図2**の**A**地点の気温が 25℃だったとすると，**D**地点の気温は何℃になりますか。

問六 ――線部５「両方の『自分』の間のギャップは、それほど大きくはできない」とありますが、その具体例が書かれた一続きの三文を本文中からぬき出し、最初と最後の五字を答えなさい。

問七 ――線部６「反語」とは、疑問の表現をとることによって、その内容と反対の気持ちを強調する表現方法です。次の例文の場合、［　　］に当てはまることばとしてもっともふさわしいものを後の選択肢《し》の中から選び、記号で答えなさい。

彼は約束を必ず守る人間だ。そんな彼が遅《ち》刻をするだろうか。［　　］。

ア いや、遅刻するだろう
イ いや、遅刻することもある
ウ いや、遅刻するはずがない
エ いや、遅刻しないはずがない

問八 ――線部７「これ」とありますが、その内容を本文中から二十五字以内でぬき出し、最初と最後の五字を答えなさい。

問九 次の文章を入れるのにもっともふさわしい箇所を本文中の【Ａ】～【Ｄ】の中から選び、記号で答えなさい。

> このように、他者から見た自分像は、自分の能力から大きく離れない位置にしか成り立たないことがわかる。一般に、他者から見た「自分」は、本来の「自分」よりも高いところにある。「高い」というのは、自分の認識として価値が高いという意味だ。

問二 ――線部１「好奇心」とありますが、その説明としてもっともふさわしいものを次の中から選び、記号で答えなさい。

ア 新鮮《せん》で刺《し》激を与えてくれる、常に新しい自分でいられるための素材を手にすることへの欲求。

イ 自分自身の躰を使って実際に確かめながら、できたという成功体験を積み重ねていくことへの欲求。

ウ 吸収することで自分を構成する一部となり、さらに豊かで成長した自分を作っていきたいという欲求。

エ 空腹状態から逃《のが》れるときのように、積極的に自分を成長させるための行動を起こそうとする欲求。

問三 ――線部２「自分が有利になるように行動する」とありますが、その説明としてもっともふさわしいものを次の中から選び、記号で答えなさい。

ア 自分の能動的な行動によって自分以外のものを思い通りに動かせるようになること。

イ 発言力を高めることによって他者が自分の言葉に従うようになること。

ウ 見聞を広げることによって他者より先に有益な情報を得《え》られるようになること。

エ 自身が動くことなく周囲が自分の要求を察して行動してくれるようになること。

問四 ――線部３「人間だけでなく動物も普通にすること」とありますが、動物と人間のちがいを説明した次の文の［Ⅰ］・［Ⅱ］に当てはまることばをそれぞれ一語で答えなさい。

動物の行動は［Ⅰ］目の前にある危機感にもとづいているが、人間は［Ⅱ］への見通しにもとづいて戦略的に行動するというちがい。

問五 ――線部４「他者の意識を通して想像した自分」とありますが、その説明としてもっともふさわしいものを次の中から選び、記号で答えなさい。

ア 他人はこう見られたいのだろうと想像している自分。

イ 他人はこう見ているのだろうと想像している自分。

ウ 自分はこう見られたいのだろうと想像している他人。

エ 自分はこう見ているのだろうと想像している他人。

当然ながら、この5両方の「自分」の間のギャップは、それほど大きくはできない。何故《なぜ》なら、装うことに物理的な無理（矛盾《むじゅん》）が生じる場合が多いからだ。これは、「嘘」の一般《ぱん》化が認識されれば、ほとんどの他者が言葉だけでは信じてくれなくなるためである。相手が嘘を知らない年齢《れい》ならば、言葉だけで自分を装うことができるが、ある程度の知的レベルに達すれば、なにか証拠を見せないかぎり認めてもらえない。他者に自分はこう思われたい、という自分を装うにしても、それが能力的に不可能であれば実行できない。スポーツマンを装いたくても、実際に秀《ひい》でた運動神経がなければ認めてもらえない。勉強ができる人を簡単に装うことも難しい。強そうに装うことはできても、実際に喧嘩《けんか》をして相手を負かさなければ、そのうち化けの皮が剥《は》がれてしまう。【B】

自分本来の価値をなるべく低く人に認識させるように誤魔化す例は、普通はあまりない。これは、「謙遜《けんそん》」とか「謙虚《きょ》」というような美徳の一つであって、日本の武士道にも通じるものだが、おそらく、「6反語」のような強調手法が起源だったのだろう。それ以外には、自分を低く見せることで相手に自分を見くびらせ、油断させることで結果的に有利に働く、というような例外があるだけである。あくまでも最終的に有利になるための戦略だ。基本的にはすべて「自分」の利になっているのだから、本来の動機は同じである。【C】

少々話がややこしくなっているのは、「他者から見た（想像上の）自分」をずばり一言で表す適切な言葉がないためである。そういう言葉が存在しないのは、こういった議論があまり会話でなされないからだろう。みんな考えてはいるけれど、こういった本音の意見交換《かん》は滅多にしないものだ。【D】

他者に見られたい「自分」と本来の「自分」のギャップは、大多数の人が悩《なや》むテーマである。これに悩まない人はたぶんいないのではないか、と思われるほど、「人間の悩み」、特に「個人的悩み」の代表格といえるものだろう。7これを解決する方法は二つしかない。他者に見られたい虚《きょ》像的自分を修正するか、あるいは、本来の実像的自分を修正するか、のいずれかである。簡単にいえば、夢のような高望みを諦《あきら》めるか、それとも鍛錬《たんれん》し精進《しょうじん》して自分自身を本当に高めるか、の選択《たく》になる。実際には、この両者を歩み寄らせ、ギャップの幅《はば》を「これくらいならばなんとか誤魔化せるだろう」という辺りまで近づけることになる。誰もが日々努力していることだ。

〔森博嗣『自分探しと楽しさについて』（集英社）による〕

問一 ［①］・［②］に当てはまることばとしてふさわしいものをそれぞれ次の中から選び、記号で答えなさい。

ア つまり　**イ** ところが　**ウ** あるいは　**エ** たとえば　**オ** だから

ら発展して、「みんなから僕はどう思われているのだろう」という集団の中の自分の位置を抽《ちゅう》象的に捉《とら》えるようになる。さらに、現在の位置づけではなく、「こうすれば、僕は彼に認められるはずだ」「みんなから、こんなふうに見られる人になりたい」というような自分の将来像を、他者の認識として思い描《えが》くようにもなる。これは、自分がなりたい「自分」というよりは、他者に認識されたい「自分」である。

嘘《うそ》をつく、という行為も、他者が自分をどう認識しているのか、という想像が原因となる場合が多い。「とりあえずこう言っておけば、彼は自分をこう思うだろう」という想像の上に生まれる。他者から見た「自分」を創作（捏《ねつ》造）しているわけである。

なにかの利益を得るために、他者に従ったり、甘《あま》えたり、媚《こび》を売ったりするような行動は、３人間だけでなく動物も普通にすることであるが、動物の場合は、その場限りのもので、「今、相手を怒《おこ》らせるのはまずい」という危機感に根ざしているだろう。これに対し、人間の場合には、少なからず将来的な展望を持っている。すなわち、「ここで相手を良い気分にさせておけば、きっといつか自分に有利なことがある」という予測能力があるためで、動物よりは高等な想像力に基《もと》づいている。

成長し、社会との関わりを深めるほど、「自分」は、想像上の他者の認識による位置づけに重点を置く割合が高くなる。田舎《いなか》で家族だけで暮らしていて、他人と会うことが滅《めっ》多にない、というような極端《たん》に社会と没《ぼっ》交渉《しょう》な生活をすれば、こういった感覚はやや遅《おく》れるかもしれないが、一般《ぱん》には、十代にはほとんどの人間が同じような「他者による自分」感覚を持つのではないか。つまり、子供から大人になる途《と》中で、「自分」は、自分が意識しているだけのものではなく、他者から認識されている（と想像する）イメージが大部分を占《し》めるようになる。

このとき「他者」が、大勢《ぜい》であるか、生活圏《けん》内の数人であるか、もしかしたら、家族だけなのか、あるいは特別に意識する（大好きか、大嫌《きら》いかの）特定の個人だったり、それとも実在しないまったくの想像上の人物だったり、範囲も程度もさまざまだとは思うけれど、４他者の意識を通して想像した自分であることは共通している。

もちろん、この他者経由の「自分」が大きくなっても、自分から見た本来の「自分」が消えてしまうわけではない。どんな生活をしていても、周囲に他者がいない空間で自分一人だけの時間を過ごすことがあるはずだ。そのときに、「誰《だれ》も見ていない」状態を経験できる。自分だけが知っている「自分」を確認できる。

これと同様に、自分の思考も、他者には知られないものだ、ということがわかる。何を考えても、それを人に知られることはない。ごく幼いときに、人はそれを理解する。大人は、「嘘をついてもわかりますよ」と言う。まるで頭の中が見えるような口振《ぶ》りだが、本当は全然わからないことを子供は知るのである。

このようにして、自分しか知らない本来の「自分」は、わりと簡単に「隠《かく》せる」ことがわかってくる。そして、他者から見た「自分」とそれが違《ちが》っていても、特に問題は生じない。人がいるところでは、他者向けの「自分」を演じていれば良い。他者からこう見られたい、という「自分像」をその場では装《よそお》っていれば良い。本当の自分はそのとおりでなくても、ある程度は誤魔《ごま》化すことができる、ということを子供のうちに学ぶ。【Ａ】

四　次の文章を読んで、後の問いに答えなさい。なお、問いに字数がある場合は、句読点なども一字分に数えること。（本文に一部改変した箇《か》所がある。）

幼稚《ち》園児や小学生ならば、もう「自分」を知っている。たとえば、大人は子供《ども》に対して、よくこう言う、「自分でしなさい」と。この意味は、つまり「私はやってあげない」である。子供のときには、自力でできることが限られている。食べたくても、食べるものに手が届《とど》かない。本を読みたくても文字が理解できない。それらが成長とともに、だんだん自分でできるようになる。自分ですることが増えてくる段階では、自分ですることが「楽しく」なる。［　①　］、子供はそのうちこう言うようになる、「やらせてやらせて」と。ようするに、なんでも自分の手で触《さわ》り、自分の躰《からだ》を使って試《ため》したくなるのだ。複雑なもの、危険なことでも、なんでもやってみたい。自分ですることが、それだけでなんとなく楽しい。この感覚は、多くの子供に共通するものであり、一言で表現するならば、「1好奇《き》心」だろうか。「大人と同じようにしたい」というのは、「大人になりたい」という成長に対する欲求であり、生き物の本能といえる。

見るだけでは満足できない。手で触ってみたい。動かしてみたい。ボタンがあれば押《お》してみたい。レバーがあれば引いてみたい。「見る」「聞く」といった、ある意味受動的な感覚ではなく、「触《ふ》れる」「嗅《か》ぐ」「食べる」「持つ」「動かす」というようにどんどん能動的になっていく。そして、好奇心とはつまり、それをすることで新たに得られる「情報」への渇《かつ》望だといえるだろう。触れば、より多くの情報が手に入ることを子供は知っているのだ。蓋《ふた》を開ければ中身が見えることを、人間の子供ならば既《すで》に認《にん》識している。分解してしまえば、中身の仕組みが見える。食べるものを欲《ほ》しがる食欲と同様に、情報を欲しがっている。食べ物は同じものでも満足できるが、情報は既《き》知のものでは価値がない。常に新しいものを欲しがる。これは、「自分」の中に取り入れるものであり、自分を形成する要素となる。好奇心は、それを欲《ほっ》する本能なのだ。言葉を換《か》えれば、もっと自分を豊かにしたい、もっと自分を強くしたい、という生への欲求でもある。

見たり聞いたりしているだけでは、自分の周囲に変化はなかった。しかし、触ったり、持ったり、動かしたりすれば、自分以外のもの（生物も物体も）に影響《えいきょう》を与《あた》えることがやがてわかる。これは、自分以外のものをコントロールすることであり、その影響範《はん》囲が広がることで、自分に力がついてくるような感覚を持つ。こうなれば、自分の支配下となるものを探し、それを確かめようとする。「自分」の勢力を拡大する行為《い》が増えてくる。おもちゃで遊ぶのもそうだし、泣いて母親を呼びつけることも同様である。

このようにして、人は子供のときから「自分」を常に確かめ、2自分が有利になるように行動する。本能的な欲求を満たす行為以外に、もっと戦略的ともいえる知恵を巡《めぐ》らせるのも、幼いときからの普《ふ》通の行動パターンといえる。それも、「自分」を中心に認識している証拠《こ》である。

［　②　］、他者とのコミュニケーションが次《し》第にレベルアップし、相手が自分をどう認識しているのか、ということをやがて考えるようになる。これは、他者から自分に向けられた言葉や態度から想像するものだ。「彼《かれ》は僕《ぼく》をこんなふうに見ているのではないか」という個人を基準とした想像か

問四　――線部３「名残惜しそうに見つめた」とありますが、この時の佐緒里の気持ちとしてもっともふさわしいものを次の中から選び、記号で答えなさい。

ア　本当は借りたいものがあるにもかかわらず、自由に借りることのできないもどかしい気持ち。

イ　自分が次に借りるつもりだったものを見つけることができず、がっかりする気持ち。

ウ　見られていることに気がつき、一人で落ち着いて選べないことにいらだつ気持ち。

エ　帰りの電車の出発時刻がせまっている中、借りるものが決まらずあせっている気持ち。

問五　――線部４「吊り革は絶対に放したくない」とありますが、その理由を本文中から二十字以内でぬき出し、最初と最後の五字を答えなさい。

問六　――線部５「佐緒里が目を丸くする」とありますが、この時の佐緒里の気持ちとしてもっともふさわしいものを次の中から選び、記号で答えなさい。

ア　興味本位で個人的なことにまで踏《ふ》みこんできたことに怒《いか》りを感じている。

イ　美保子のありえない想像によってふり回された太輔たちに同情している。

ウ　ばれないようにしていたのに、細かい変化にまで気づいた美保子に感心している。

エ　子どもだと思っていた美保子が大人びた発想をしたことに驚《おどろ》いている。

問七　［Ⅰ］には同じことばが入ります。当てはまることばを本文中からぬき出して答えなさい。

問八　――線部６「斜め下から佐緒里を見上げるようにする」とありますが、この時の太輔の気持ちとしてもっともふさわしいものを次の中から選び、記号で答えなさい。

ア　佐緒里が直視できないほど傷ついている様子を心配《ぱい》している。

イ　佐緒里が自分より背が高いことに引け目を感じている。

ウ　佐緒里が自分よりはるかに大人であることを実感している。

エ　佐緒里がますますきれいになり憧れの気持ちが増している。

問九　――線部７「窓の向こうの向こう」とありますが、何を意味していますか。漢字二字で答えなさい。

「……だって、この子、たぶんなんでもできるんだよ」

佐緒里の声が少し小さくなった。

「こんなにかわいくて、なんでもある街でひとり暮らしして、行きたい大学にも行ってて、……友達《だち》みたいな関係のお母さんもいて」

うらやましくて、という佐緒里の声は、もうほとんど聞こえないくらいだった。

電車の窓は大きい。そんな窓の中にも収まらないくらい、田んぼだらけのこの町はもっと大きい。そんな町が比べものにならないくらい、この世界はもっともっと大きい。

太輔は、6斜《なな》め下から佐緒里を見上げるようにする。

「太輔くん」

佐緒里は窓の向こうを見ている。

「私ね、高校卒業したら、やりたいことがいっぱいあるんだ」

ぐんぐん電車は進む。太輔たちが暮らす小さな小さな部屋に向かって、進んでいく。

「この子を見てるとね、こんな私にもやりたいことがいっぱいあるんだって、そう思えるんだよね」

佐緒里は7窓の向こうの向こうを見ている。

「ねえ」

何か話しかけて、佐緒里の目線を動かさなければならない。太輔はそう思った。

「……おれも観たい、その子が出てる映画」

〔朝井リョウ『世界地図の下書き』(集英社)による〕

問一 ［①］・［②］に当てはまることばとしてふさわしいものをそれぞれ次の中から選び、記号で答えなさい。

ア うとうと　**イ** いらいら　**ウ** くすくす　**エ** もじもじ　**オ** すやすや

問二 ――線部1「自分たちの知っている町」について、次の問いに答えなさい。

(1) この町の具体的な名前を本文中からぬき出して答えなさい。

(2) これと対照的な内容を表すことばを、本文中から十字以内でぬき出して答えなさい。

問三 ――線部2「何でこんなことしたの?」とありますが、その理由を本文中のことばを用いて二十五字以内で答えなさい。

5佐緒里が目を丸くする。「そうか、それで尾行ね」三つ並んだ寝顔を見ながら、佐緒里は［　②　］と笑った。

「そこですぐ彼氏って発想なのが、もう立派《ぱ》に女子だよね」

淳也の肩《かた》に身を預けてしまっている［　Ｉ　］の寝顔は、カレシとかデートとか、そういう言葉を話していた張本人のそれだとは全く思えないほど子どもっぽい。

「私、この子に憧《あこが》れてるの」

佐緒里は突《とつ》然、電車内の中吊《づ》り広告を指さした。

ポスターの真ん中に、両手でハートの形を作った女の子が立っている。夏休み、テレビでいっぱいＣＭが流れていた桃《もも》味のキャンディの広告だ。

ハートのキャンディ、さかさまのもも、あなたの心にかさなるピーチ。耳に残るＣＭソングを、最近、麻利がよくマネしている。

「憧れてるって？」

佐緒里はすぐに答えた。

「好きってこと」

好き、という言葉は、太輔の耳の中でしゅわしゅわ弾《はじ》けた。

「この子の出てる映画やドラマのＤＶＤをね、順番に借りに行ってるの。映画なんてなかなか観《み》に行けないし」

青葉町には映画館がない。電車に乗って、さらにそこからバスに乗らないと、映画館のある大きなショッピングモールには辿《たど》り着かない。

「今日は借りてたやつを返しただけ。実はこっそり、夜、テレビのある部屋で観てたりするんだよね」

間近で見ると確かに、美保子の言うとおり、佐緒里は感じが変わったような気がする。すこし形の整えられた眉と、左に流された前髪《がみ》は、ＣＭやポスターで見るあの子に似ている。

「この子みたいになりたいの？」

うーんと、佐緒里は少し恥《は》ずかしそうに首をかしげた。

「なれるもんならなりたいけど、この子になりたいってのとは違《ちが》うかな」

「じゃあ、芸能人になりたいってこと？」

太輔は昨日《きのう》観ていた歌番組を思い出す。星とかハートとか、そういうものばかりで出来ているカラフルなあの世界は、一体どこにあるんだろうと思う。

「うーん……それも違うかなあ。そういうんじゃないの」

なんて言えばいいのかなあ。佐緒里は言葉を探している。

「何でって……」

そんなの答えられない。答えられるわけがないと太輔は思った。

「そっちだって、何でわざわざこんなとこまで来てんの？　わざわざＤＶＤ返すだけのために」

佐緒里は結局、本屋のあとふらっとレンタルビデオ店に入った以外、どこにも寄らなかった。ＤＶＤを手に取り、３名残《ごり》惜《お》しそうに見つめたあと、それを棚に戻《もど》す、ということを繰《く》り返していた。

「お金ないからね。あんまり借りれないんだよね」

このカードもみこちゃんから借りてるんだ、と、佐緒里は財《さい》布の中から黄色いカードを出した。大人はみんな持っているやつだ。吊《つ》り革《かわ》を握《にぎ》ると全身が突《つ》っ張って余計に不安定になるけれど、吊り革をつかめると思われたいから、太輔は右手を精一杯《ぱい》伸《の》ばす。

「太輔くん、背、伸びたよね」

突っ張っている腕《うで》に、ぐっと力が入る。

「小六ってことは、もうすぐ十二歳《さい》？」

去年の誕生日デザートはみこちゃんがババロア作ってくれたよね、と、佐緒里は一瞬《しゅん》、遠い目をした。みこちゃんが初めてチャレンジしたというババロアはあんまりちゃんと固まらなかったので、容器に入ったままみんなでつついた。

「私なんかすぐに抜《ぬ》かされちゃうんだろうな、背」

佐緒里が髪《かみ》の毛を耳に掛《か》ける。

「ていうか、ほんとに何であとつけたりしたの？　別に怒らないから話してみ？」

太輔は言葉に詰《つ》まる。他の三人が寝てしまっているのが、にくい。

「……美保子が、最近、なんか様子が変だって言い出して」

「誰の？　私の？」

うんと頷《うなず》くと、電車が揺れた。ますます右手が突っ張る。だけど４吊り革は絶対に放したくない。

「……なんか、髪型が変わったとか、携《けい》帯すごく触《さわ》ってるとか」

「何この子、鋭《するど》い」

こんなコドモの顔して寝てるくせに、と[I]を指さしながら佐緒里は笑う。

「……それで、カレシができたんじゃないかって」

「彼氏《かれ》？」

問三　次の⑴～⑶のことばの類義語をそれぞれ後の**ア**～**カ**の中から選び、記号で答えなさい。

⑴　佳《か》作　⑵　失望　⑶　不安

ア　秀《しゅう》作　**イ**　駄《だ》作　**ウ**　創作　**エ**　思索《さく》　**オ**　落胆《たん》　**カ**　動揺《どうよう》

三　**次の文章を読んで、後の問いに答えなさい。なお、問いに字数がある場合は、句読点なども一字分に数えること。（本文を一部改変した箇所《か》がある。）**

小学生の太輔《たいすけ》は児童養護施《し》設で暮らしている。高校生の佐緒里《さおり》はそこで暮らすみんなのお姉《ねえ》さんのような存在である。

「……みんなだけでこんなところまで来て、ホント何してるのよ」

麻利《まり》は、自分のせいであとをつけていたことがバレてしまったことをすっかり忘れているような顔で、［　①　］と眠《ねむ》っている。

「ほんと、そんなことばっかりしてたらみこちゃんに怒《おこ》られるよ」

帰りの電車の中、空席に座《すわ》ることができた麻利、美保子《みほこ》、淳也《じゅんや》はみんなあっというまに眠ってしまった。子どもだけで街に出ることに、実は緊《きん》張していたのかもしれない。三人とも、すっかり気が抜《ぬ》けた表情をしている。

尾《び》行はあっさりとバレた。レンタルビデオ店ではしゃいだ麻利が、棚《たな》に並べられていたＤＶＤをざらざらと落としてしまったのだ。

「太輔くんが言い出したの？　これ」

1自分たちの知っている町に帰っていく電車の中で、立っているのは太輔と佐緒里だけだった。並んで座っている三人はちょっとやそっとの揺《ゆ》れでは起きない。

「おれじゃないよ」

「じゃあ誰《だれ》？」

「……淳也」

「絶対うそ」

淳也くんそんなこと言わないでしょ、と、佐緒里は眉《まゆ》を下げて笑う。

「2何でこんなことしたの？」

二 **次の各問いに答えなさい。**

問一 次の(1)～(5)のことばの意味としてふさわしいものをそれぞれ後の**ア**～**キ**の中から選び、記号で答えなさい。

(1) 口が減らない
(2) 手が込《こ》む
(3) 太鼓《こ》判を押《お》す
(4) やぶをつついて蛇《へび》を出す
(5) 長いものには巻かれろ

ア 他人の面倒《どう》を見る。
イ 優位に立っている相手をだしぬく。
ウ 理屈《くつ》もないのにあれこれ言い張って負けない。
エ 余計なことをして災《わざわ》いを招くこと。
オ 絶対に間違《ちが》いないと保証する。
カ 力のあるものには逆らわず、服従するほうが得である。
キ 細工や技術が複雑である。

問二 次の〔　〕の意味を参考にして、(1)・(2)の四字熟語の□に当てはまる漢字をそれぞれ後の**ア**～**エ**の中から選び、記号で答えなさい。

(1) 一進□退　〔状況《きょう》が進んだり戻《もど》ったりすること。〕

ア 一　**イ** 両　**ウ** 百　**エ** 千

(2) □耕雨読　〔悠《ゆう》々と自由に暮らすこと。〕

ア 天　**イ** 住　**ウ** 快　**エ** 晴

2023年度

横浜翠陵中学校

【国　語】〈第二回試験〉（五〇分）〈満点：一〇〇点〉

一　次の各問いに答えなさい。

問一　次の(1)～(5)の——線部の漢字の読みをひらがなで書きなさい。

(1) 枚挙にいとまがない。
(2) 欧《おう》州各国を歴訪する。
(3) 週刊誌を手にする。
(4) エレベーターから降りる。
(5) 自己の主張を述べる。

問二　次の(1)～(5)の——線部のカタカナを漢字に直しなさい。

(1) 前方の車をツイソウする。
(2) ジョウケンが整う。
(3) セイイキを侵《おか》す。
(4) スガタをくらます。
(5) 周囲からの人望がアツい。

2023年度
横浜翠陵中学校　▶解　答

※編集上の都合により，第２回試験の解説は省略させていただきました。

算　数　＜第２回試験＞（50分）＜満点：100点＞

解　答

[1] (1) 31　(2) $\frac{1}{6}$　(3) 11　(4) 78　(5) 13　[2] **問１** 8個　**問２** 42人　**問３** 4 dL　**問４** 4.5人　**問５** （例） AからBの２倍を引いた数を表す（AをBで割ったときの余りを表す）。　[3] **問１** 時速30km　**問２** **地点ア**…90km，**自動車A**…時速45km　**問３** （例） ２台が出会った時刻は８時24分で，Ｐ町から42kmのところ（Ｑ町から108kmのところ）である。　[4] **問１** 18cm^2　**問２** 28cm^2　[5] **問１** 22個　**問２** （例） 24番目の大きさで，使用するレンガは98個である。　[6] **問１** （例） 180÷６＝30なので，１つの窓口で30人対応し，30÷30＝１なので，１つの窓口が１分間に対応できる人数が１人であると考えた。　**問２** ① 360　② 540　③ 3　**問３** 10個

社　会　＜第２回試験＞（理科と合わせて50分）＜満点：50点＞

解　答

[1] **問１** あ　**問２** ウ　**問３** 鉄砲　**問４** エ　**問５** ア　**問６** (1) ア　(2) ウ　**問７** (1) （例） 朝廷の影響を減らすため　(2) ア　**問８** イ　[2] **問１** **都道府県** 島根県　**県庁所在地** 松江市　**問２** 石見　**問３** エ　**問４** （例） 人口が流出して，社会生活の維持が困難な状態。　**問５** **都道府県** 香川県　**県庁所在地** 高松市　**問６** イ　[3] **問１** 特別国会（特別会）／臨時国会（臨時会）　**問２** 三権分立　**問３** **違憲立法審査権** お　**弾劾裁判** か　**問４** （例） 男女など性による差別をしないこと。　**問５** 京都議定書　**問６** ゼレンスキー（大統領）

理　科　＜第２回試験＞（社会と合わせて50分）＜満点：50点＞

解　答

[1] **問１** イ　**問２** 240cm^3　**問３** ウ　**問４** ア　**問５** 244.8ｇ　**問６** （例） 真水の方が密度が小さく，はたらく浮力が小さいため。　[2] **問１** エ　**問２** ア　**問３** （例） 石灰水に通すと，白くにごる。　**問４** ４番目　**問５** イ　**問６** 水素　**問７** （酸素：気体Ａ＝）１：２　[3] **問１** ア　**問２** ウ　**問３** イ　**問４** ヘモグロビン　**問５** 肺静脈　**問６** （例） 肺の表面積を広げ，効率よく気体の交換ができるため。　[4] **問１** 冬　**問２** イ　**問３** （例） かんそうしており，晴れた日が続く　**問４** アメダス　**問５** エ　**問６** 31℃

国 語 ＜第２回試験＞（50分）＜満点：100点＞

解 答

一 **問１** ⑴ まいきょ ⑵ れきほう ⑶ しゅうかんし ⑷ お(りる) ⑸ の(べる) **問２** 下記を参照のこと。 二 **問１** ⑴ ウ ⑵ キ ⑶ オ ⑷ エ ⑸ カ **問２** ⑴ ア ⑵ エ **問３** ⑴ ア ⑵ オ ⑶ カ 三 **問１** ① オ ② ウ **問２** ⑴ 青葉町 ⑵ なんでもある街 **問３** （例） 佐緒里にカレシができたのかを確かめるため **問４** ア **問５** 吊り革をつ〜れたいから **問６** エ **問７** 美保子 **問８** ウ **問９** 将来〔未来〕 四 **問１** ① オ ② イ **問２** ウ **問３** ア **問４** Ⅰ （例） 今 Ⅱ （例） 将来 **問５** イ **問６** スポーツマ〜てしまう。 **問７** ウ **問８** 他者に見ら〜のギャップ **問９** B

●漢字の書き取り

一 **問２** ⑴ 追走 ⑵ 条件 ⑶ 聖域 ⑷ 姿 ⑸ 厚(い)

Memo

Memo

2022年度　横浜翠陵中学校

〔電　話〕　(045)921－0301
〔所在地〕　〒226－0015　神奈川県横浜市緑区三保町１番地
〔交　通〕　JR横浜線「十日市場駅」よりバス
　　　　　　東急田園都市線「青葉台駅」よりバス

【算　数】〈第１回試験〉（50分）〈満点：100点〉

1　次の □ にあてはまる数を求めなさい。

(1) $36\times4-(13\times4+88)\div14=$ □

(2) $\left(2\frac{5}{8}\div4\frac{1}{2}+\frac{3}{8}\right)\div2\frac{7}{8}=$ □

(3) $(3.2\times2.5+18.5)\div5.3=$ □

(4) $28\times3.14-7\times3.14+19\times3.14=$ □

(5) $(163+$ □ $\times37)\div31=16$

2　次の各問いに答えなさい。

問１．１から20までの整数の中から，２でわりきれる数と３でわりきれる数を除いたあとに残る数は何個ありますか。

問２．みどりさんのクラスでは全体の$\frac{4}{5}$にあたる生徒が自転車を持っており，そのうちの$\frac{1}{4}$にあたる生徒は一輪車も持っています。自転車と一輪車の両方を持っている生徒が７人であるとき，みどりさんのクラスの人数は何人ですか。

問３．りょうさんは100点満点の算数のテストを３回受けたところ，３回のテストの平均点は76点でした。りょうさんが４回目のテストを受けて４回のテストの平均点を80点にするためには，４回目のテストで何点とればよいですか。

問４．右の図形は正方形と半円を組み合わせたものです。斜線《しゃせん》の部分の面積の和は何cm^2ですか。ただし，円周率は3.14とします。

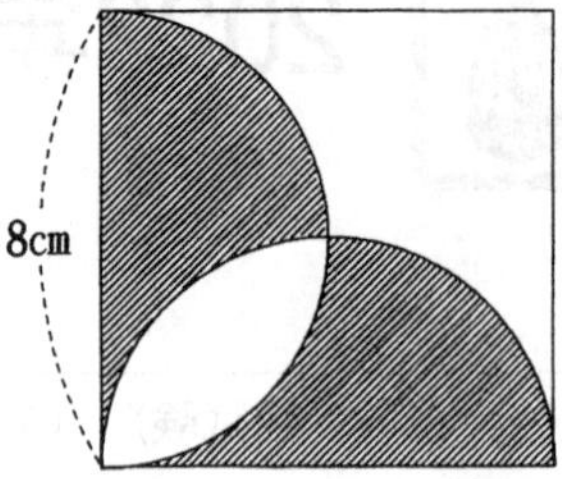

問５．　1, 2, 2, 3, 3, 3, 4, 4, 4, 4, ……　は，『ある規則』にしたがって数が並《なら》んでいます。『ある規則』を１行程度の文章で答えなさい。

3　下の図のような１辺の長さが18 cmの正方形ABCDがあり，点Pは辺AB上を毎秒4.5 cmで，点Qは辺DC上を毎秒1.5 cmでそれぞれ往復します。点P，Qがそれぞれ点A，Dを同時に出発したとき，次の各問いに答えなさい。

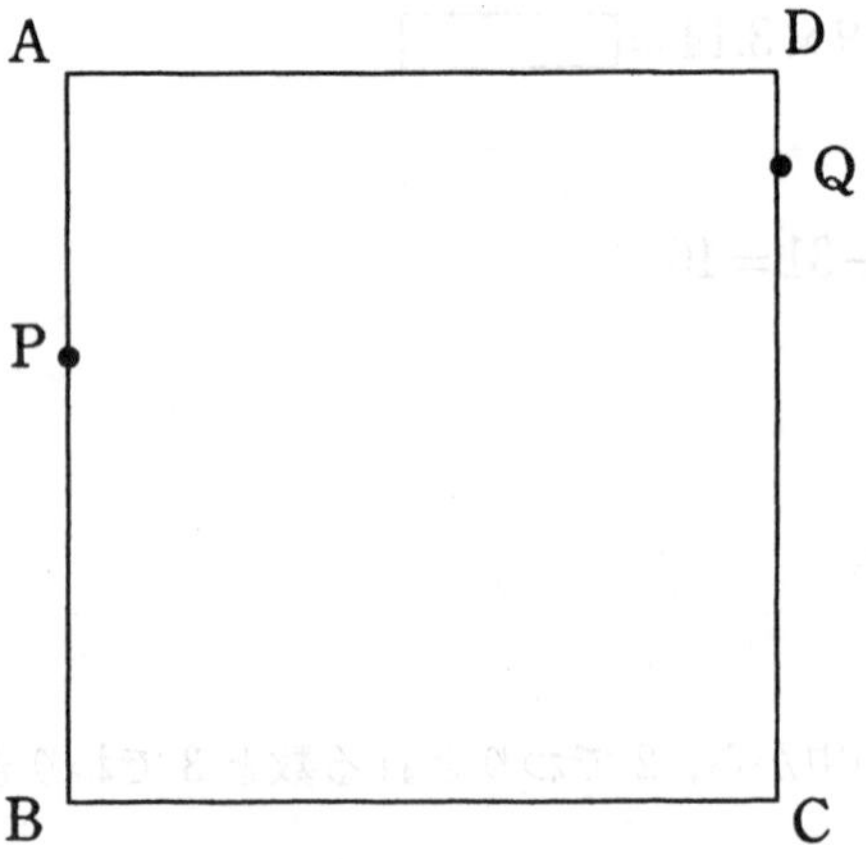

問１．点Pが初めて点Bに到着《とうちゃく》するのは，２点P，Qが出発してから何秒後ですか。

問２．２点P，Qが出発した後，四角形PBCQが初めて長方形になるのは，出発してから何秒後ですか。また，そのとき点Pは辺AB上のどの位置にありますか。１行程度の文章で説明しなさい。

4 下の**図１**は，円柱を半分にしたものと直方体を組み合わせた立体図形で，**図２**は同じ円柱を３つ組み合わせた立体図形です。それぞれの立体図形に長さが最も短くなるようにひもを１周まきつけます。図の太線部分は，まきつけるひもの一部を表しています。このとき，次の各問いに答えなさい。ただし，円周率は3.14とします。また，考え方や式も書きなさい。

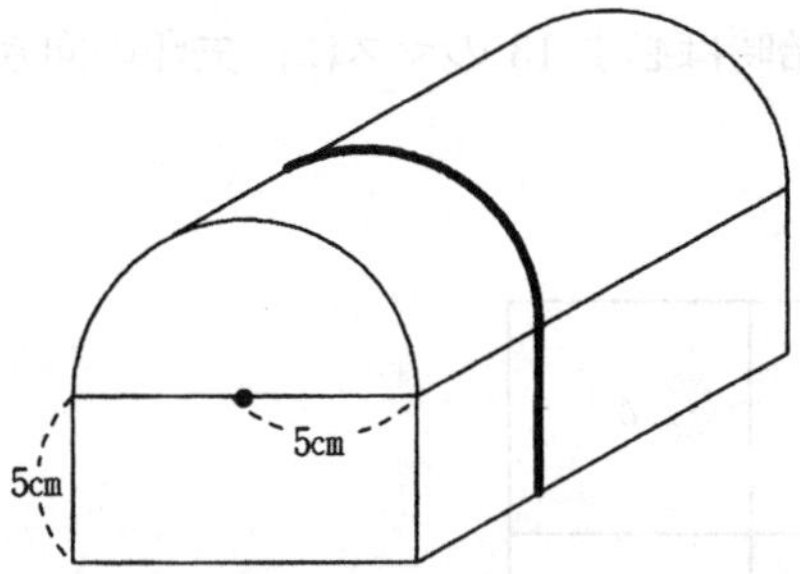

図１

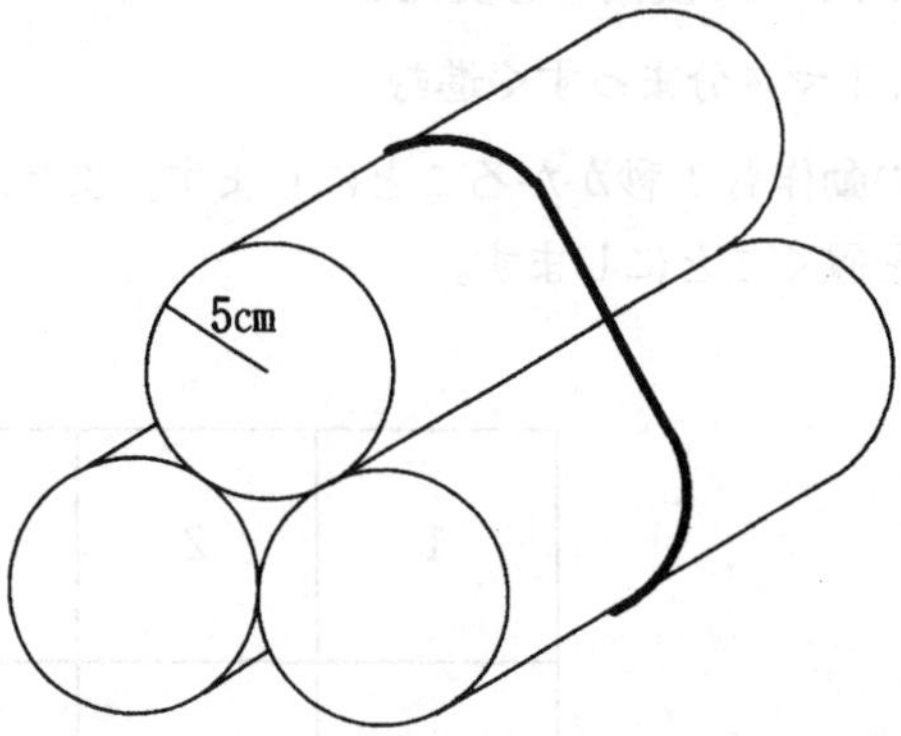

図２

問１．**図１**のひもの長さは何cmですか。

問２．**図２**のひもの長さは何cmですか。

5 下の図のように，１辺の長さが１cmの正方形を２つ並《なら》べた図形を１番目として，同じ正方形を３つずつ順番につけ加えていきます（図の斜線《しゃせん》部分）。このとき，次の各問いに答えなさい。**問３**は考え方や式も書きなさい。

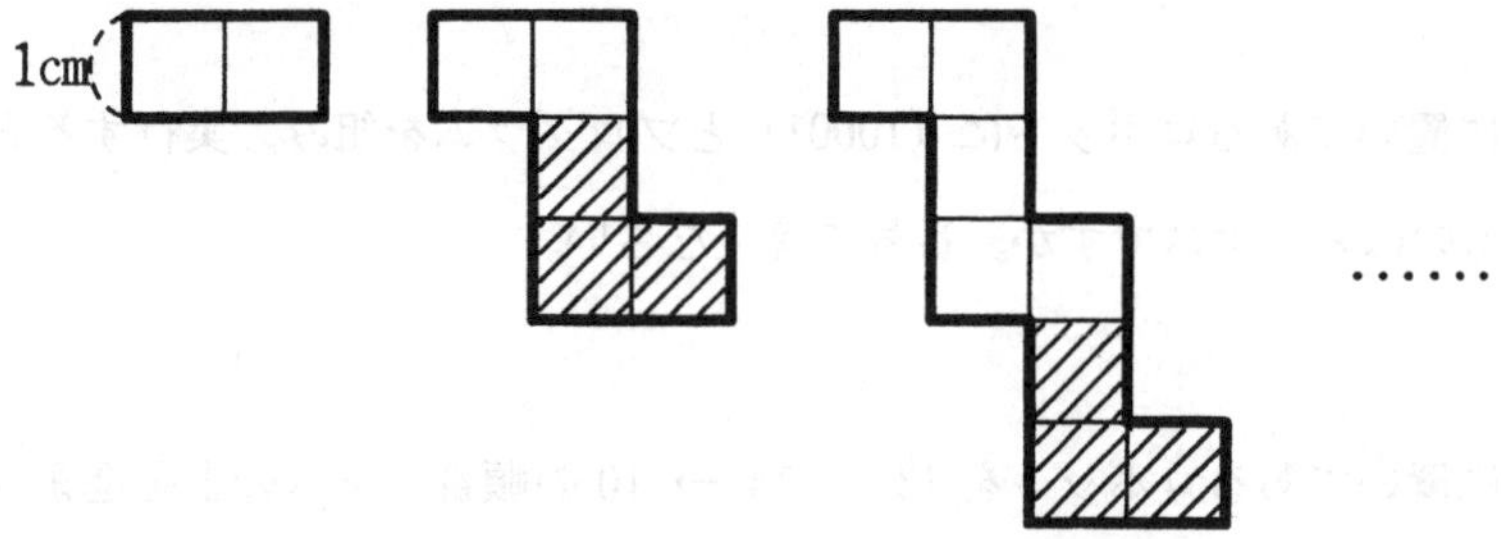

１番目　　２番目　　３番目

問１．図形の面積と周の長さ（図の太線部分）は，それぞれ一定の規則にしたがって増加していきます。その規則を１行程度の文章で答えなさい。

問２．５番目の図形の面積は何cm^{2}ですか。また，周の長さは何cmですか。

問３．図形の周の長さが2022 cmになるとき，面積は何cm^{2}ですか。

6 下の図のように，1から16までの数字が書かれたマスがあります。ロボットにプログラムを組み，実行することで，このマスの上を動かしていきます。プログラムは数字の「0」と「1」を組み合わせてつくり，それぞれ次のルールでロボットが動きます。

「0」：左に90度向きを変える

「1」：1マス分まっすぐ進む

どちらの動作も1秒かかることにします。また，開始時は必ず13のマスに，矢印の向きでロボットを置くことにします。

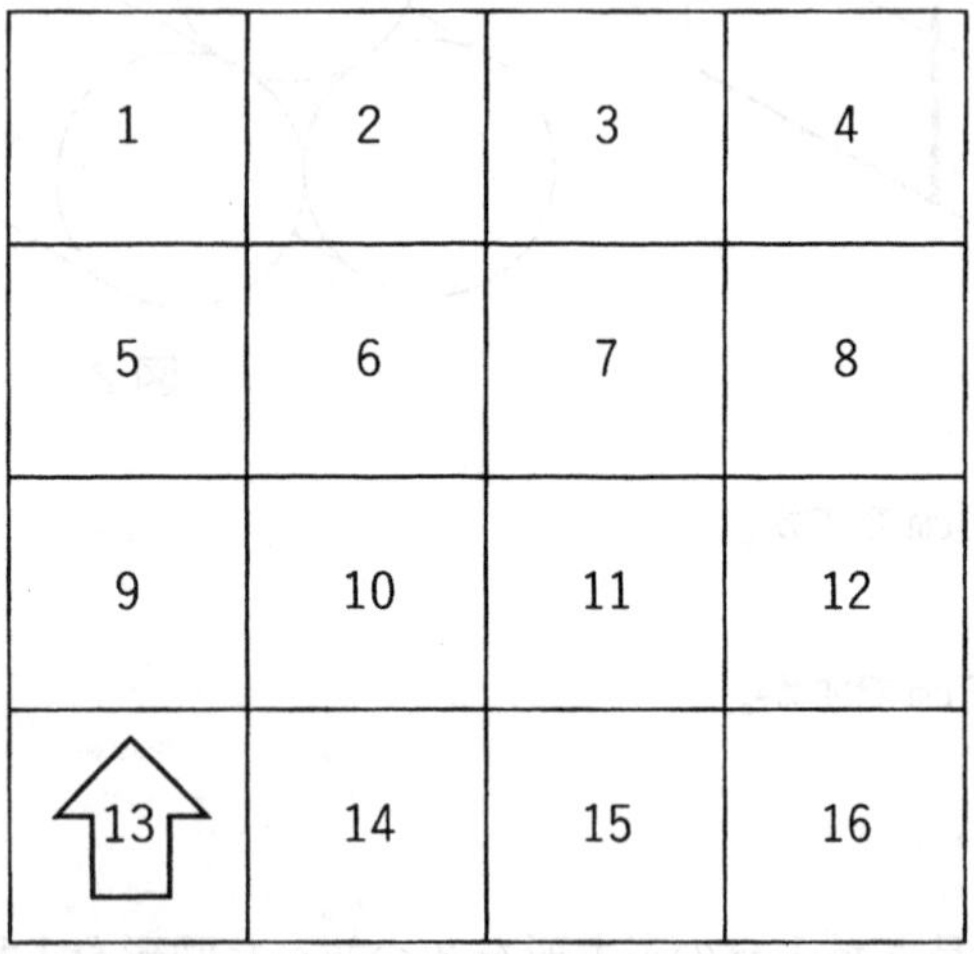

例えば，ロボットに「11001」とプログラムを組み，実行すると，5秒後にロボットがいるのは9のマスです。このとき，次の各問いに答えなさい。

問1．13のマスに置いてあるロボットに「10001」とプログラムを組み，実行すると，最後にロボットがいるのはどのマスですか。番号で答えなさい。

問2．13のマスに置いてあるロボットを13 → 14 → 10の順番でマスの上を進ませます。移動にかかる時間を最短にするためにはどのようなプログラムを組み，実行すればよいですか。また，そのとき移動にかかる時間は何秒ですか。

問3．13のマスに置いてあるロボットを6のマスを通って4のマスまで進ませます。移動にかかる時間を最短にするためにはどのようなプログラムを組み，実行すればよいですか。

【社　会】〈第１回試験〉（理科と合わせて50分）〈満点：50点〉

1　今年のＮＨＫ大河ドラマは「鎌倉殿《どの》の１３人」です。次の文章を読んで，後の問いに答えなさい。

今年の大河ドラマ「鎌倉殿の１３人」は，鎌倉幕府を支えた北条義時《よしとき》の活躍《やく》が描《えが》かれています。

義時は平安時代末期の **①平氏の全盛期**だった時期に生まれました。姉は **②源頼朝**の妻になる北条政子《まさこ》です。

義時は，頼朝の死後に行われた１３人の御家人《ごけにん》による合議《ごうぎ》制に加わり，**③鎌倉幕府**の中心人物として頭角《とうかく》をあらわしていきます。

３代将軍の源実朝《さねとも》が暗殺され，京都の朝廷と鎌倉幕府の間の対立が深まる中，**④執権《しっけん》**として幕府を支えました。

⑤1221 年の朝廷との戦争に勝利した後，実質上の将軍として実権をにぎり，1333 年に鎌倉幕府が滅亡するまで北条氏が繁栄《はんえい》する基礎を築《きず》きました。

問１．下線部①について，

⑴　下の史料は，平氏の権力が全盛期だった頃に言われたものです。この史料にあるように，平氏が権力をにぎることができた理由として**ふさわしくないもの**を，下のア～エの文から１つ選びなさい。

史料　| 平氏にあらずんば，人にあらず |

ア　娘を天皇に嫁《とつ》がせて，天皇と親戚になったから。
イ　全国の半分以上の荘園を手に入れ，経済的な基盤《きばん》を持っていたから。
ウ　保元《ほうげん》の乱，平治《へいじ》の乱で勝利し，対立する勢力を排除することができたから。
エ　平将門《まさかど》が関東地方を征服し，天皇となったから。

⑵　平清盛《きよもり》が武士として初めて就《つ》いた役職を，次の中から選び記号で答えなさい。

ア　法皇《ほうおう》　　**イ**　上皇《じょうこう》　　**ウ**　太政《だいじょう》大臣　　**エ**　征夷《せいい》大将軍

問２．下線部②について，

⑴　源頼朝は 1192 年に征夷大将軍に任命されましたが，平氏が滅びた後の 1185 年にはすでに鎌倉幕府が成立していたとも言われます。1185 年に幕府が成立していたとする理由として最もふさわしいものを，次の中から１つ選び記号で答えなさい。

ア　弟の源義経《よしつね》を倒し，全国に敵がいない状態になっていたから。
イ　全国に守護・地頭を任命することができるようになり，実質的に支配していたから。
ウ　鎌倉の前に，1185 年に京都で幕府を開いていたから。
エ　父の源義朝《よしとも》がすでに征夷大将軍に任命されていたから。

⑵　頼朝は鎌倉に幕府を開きました。なぜ鎌倉に幕府を開いたのですか。鎌倉の地形の特徴を含《ふく》めて説明しなさい。

問３．下線部③について，

⑴　鎌倉幕府で，政治一般を扱《あつか》った役職を，次の中から選び記号で答えなさい。

ア　侍《さむらい》所　　**イ**　政《まん》所　　**ウ**　問注所　　**エ**　六波羅探題《ろくはらたんだい》

⑵　鎌倉幕府で，朝廷の監視《かんし》や警備を行った役職を，次の中から選び記号で答えなさい。

ア　侍所　　**イ**　政所　　**ウ**　問注所　　**エ**　六波羅探題

⑶　鎌倉幕府の武士に支持された仏教のうち，栄西が開いた宗派を，次の中から選び記号で答えなさい。

ア　臨済《りんざい》宗　　**イ**　法華《ほけ》宗　　**ウ**　曹洞《そうとう》宗　　**エ**　浄土《じょうど》宗

問４．下線部④について，

⑴　第３代執権の北条泰時《やすとき》は，武士のための初めての決まりを制定しました。御家人の権利や義務を明らかにしたこの決まりを何と言いますか。**<u>漢字</u>**で書きなさい。

⑵　第８代執権の時に元寇《げんこう》がおこりました。この第８代執権を次の中から選び，記号で答えなさい。

ア　北条時政《ときまさ》　　**イ**　北条時宗《ときむね》　　**ウ**　北条貞時《さだとき》　　**エ**　北条高時

問５．下線部⑤について，この戦争を何と言いますか。次の中から選び，記号で答えなさい。

ア　壬申《じんしん》の乱　　**イ**　前九年の役《えき》　　**ウ**　承久《じょうきゅう》の乱　　**エ**　応仁《おうにん》の乱

2 次の文章を読んで，後の問いに答えなさい。

2021年，東京オリンピック・パラリンピックが開催《かいさい》されました。次の白地図は，競技《きょうぎ》が行われた都道府県をあらわしています。白地図に関する下記の説明文を読んで，後の問いに答えなさい。白地図**Ａ～Ｄ**と説明文**Ａ～Ｄ**は，それぞれ対応しています。

A　　**B**　　**C**　　**D**

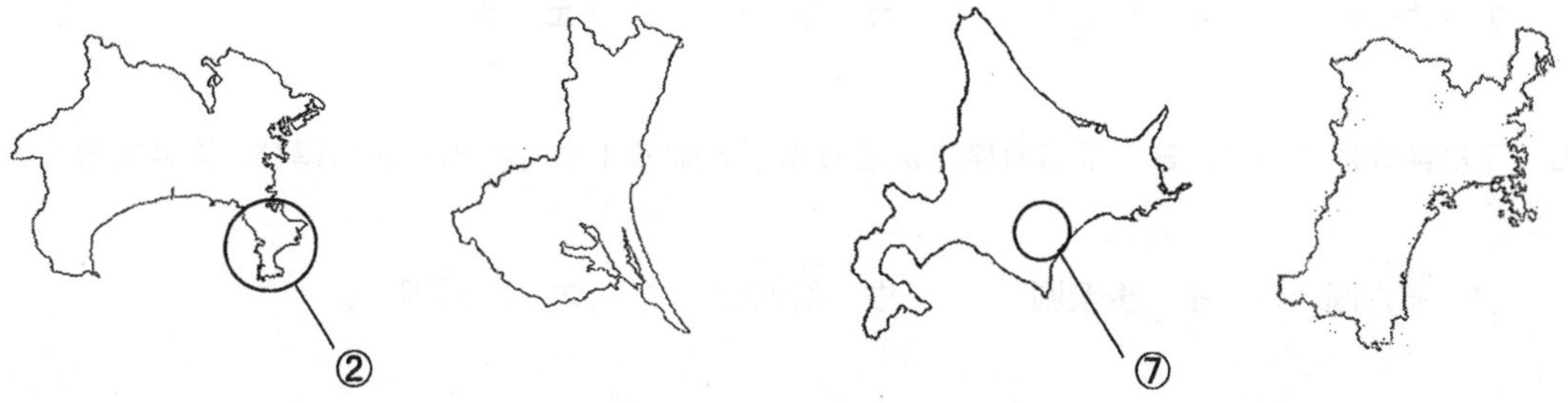

A　人口が日本第二位の都道府県で，①**三大工業地帯**の１つがあり，日本有数の貿易港もあります。また，白地図中の（　②　）半島では，野菜や草花の栽培《さいばい》がさかんです。

B　③**日本第二位の面積の湖**がある都道府県で，④**農業**がさかんな一方，臨海《りんかい》部には工業地域が作られています。また，⑤**日本三名園**の１つが県庁所在地の水戸にあります。

C　日本有数の農業や畜産業がさかんな都道府県です。東部には ⑥**根釧《こんせん》台地**があります。

D　稲作や水産業がさかんな都道府県で，仙台市を中心に東北四大祭りの七夕《たなばた》祭りが行われています。また，日本三景の１つの松島があります。

問１．下線部①について，三大工業地帯の組み合わせとして正しいものを次の中から選び，記号で答えなさい。

ア　京浜・中京・京葉　　　**イ**　京浜・阪神・北関東
ウ　京浜・中京・阪神　　　**エ**　中京・阪神・瀬戸内

問２．空欄②にあてはまる半島名を次の中から選び，記号で答えなさい。

ア　三浦　　**イ**　房総《ぼうそう》　　**ウ**　紀伊《きい》　　**エ**　伊豆《いず》

問３．下線部③について，**B**の都道府県にあるこの湖を次の中から選び，記号で答えなさい。

ア　琵琶《びわ》湖　　**イ**　浜名湖　　**ウ**　猪苗代《いなわしろ》湖　　**エ**　霞ヶ浦《かすみがうら》

問４．下線部④について，**B**の都道府県には生産量が全国第一位の農作物があります。その農作物を次の中から選び，記号で答えなさい。

ア　ピーマン　　**イ**　りんご　　**ウ**　みかん　　**エ**　茶

問５．下線部⑤について，**B**の都道府県にある日本三名園の１つを次の中から選び，記号で答えなさい。

ア　兼六《けんろく》園　　**イ**　後楽園　　**ウ**　偕楽《かいらく》園　　**エ**　三渓《さんけい》園

問６．下線部⑥の根釧《こんせん》台地では，冷害《れいがい》の原因となる現象が発生します。この現象を次の中から選び，記号で答えなさい。

ア　フェーン現象《げんしょう》　　**イ**　濃霧《のうむ》　　**ウ**　やませ　　**エ**　からっ風

問７．**地図C**の⑦の石狩平野は，かつては農業にむかない泥炭地《でいたんち》が広がっていましたが，客土《きゃくど》により水田地帯となりました。この客土とはどのようなことですか。説明しなさい。

問８．**D**の都道府県名を**漢字**で書きなさい。

3　2021年におきた出来事について，次の各文章を読んで，後の問いに答えなさい。

【A】　2021年１月，前年のアメリカ大統領選挙で当選した **①新たな大統領**が就任《しゅうにん》しました。

【B】　2021年１月に，**②新型コロナウイルス対策**として，日本では２度目となる緊急事態宣言が出されました。また，11月からは，コロナウイルスが変異《へんい》したオミクロン株《かぶ》が確認されました。

【C】　2021年８月に，アメリカ軍が（　③　）から撤退《てったい》すると，タリバン政権が復活しました。このタリバン政権下では，**④女性の権利が抑圧《よくあつ》されているとして，国際的な人権問題**となっています。

【D】　2021年９月に（　⑤　）の総裁《そうさい》選挙が行われ，その結果，日本に**⑥新たな内閣総理大臣**が誕生しました。また，10月には**⑦衆議院議員選挙**が行われ，（⑤）が単独過半数となる261議席を獲得《かくとく》しました。

問１．下線部①について，この時，アメリカ大統領は誰から誰へと替《か》わりましたか。次の人物の組合せの中から正しいものを選び，記号で答えなさい。

ア　オバマ　→　バイデン　　　**イ**　トランプ　→　バイデン
ウ　オバマ　→　トランプ　　　**エ**　バイデン　→　トランプ

問２．下線部②について，新型コロナウイルス対策を行う世界保健機関の略称《りゃくしょう》はWHOですが，コロナウイルスのワクチン最大の調達《ちょうたつ》者である国連児童基金の略称は何と言いますか。

問３．空欄《くうらん》③にあてはまる国名を，次の中から選び記号で答えなさい。

ア　アフガニスタン　　**イ**　フランス　　**ウ**　ミャンマー　　**エ**　ロシア

問４．下線部④の女性の権利の抑圧以外に，国際的な人権問題にはどのようなものがありますか。**1つ**書きなさい。

問５．空欄⑤にあてはまる政党を次の中から選び，記号で答えなさい。

ア　立憲民主党　　**イ**　日本維新の会　　**ウ**　自由民主党　　**エ**　日本共産党

問６．下線部⑥について，この時，内閣総理大臣は誰から誰へと替わりましたか。次の人物の組合せの中から正しいものを選び，記号で答えなさい。

ア　安倍晋三《あべしんぞう》　→　岸田文雄《きしだふみお》　　**イ**　安倍晋三　→　菅《すが》 義偉《よしひで》
ウ　岸田文雄　→　菅 義偉　　**エ**　菅 義偉　→　岸田文雄

問７．下線部⑦の衆議院議員選挙が行われると，その後に特別国会が開かれます。この特別国会の目的を書きなさい。

【理　科】〈第１回試験〉（社会と合わせて50分）〈満点：50点〉

《注意事項》 字数制限のあるものは，原則として句読点も一字に数えます。

1 音を出しているもののようすを調べました。後の問いに答えなさい。

問１．図１のように，鳴らした音さを水に入れると水しぶきが上がりました。このことから，音さがどのようになっていることがわかりますか。

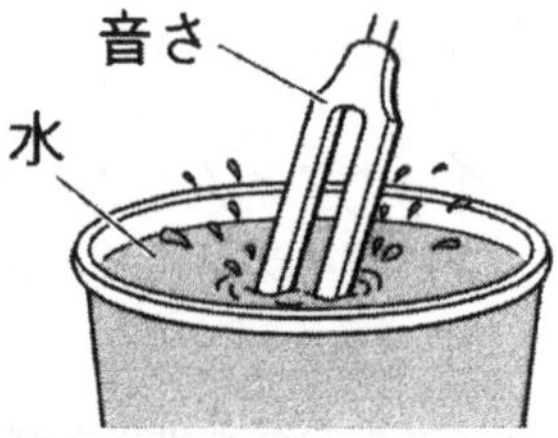

図１

問２．図２のように，同じ高さの音が出る音さＡ，Ｂを用意しました。音さＡのみをたたいて鳴らしたとき，音さＢも鳴り出しました。音さＡから音さＢへ音を伝えたものは何ですか。

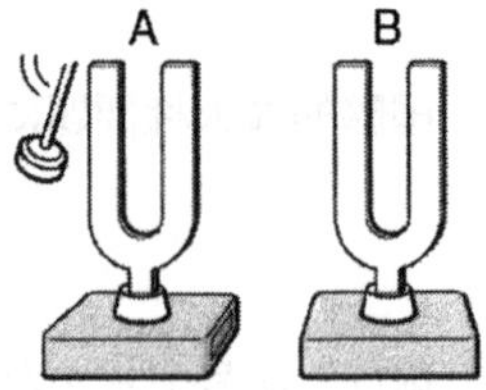

図２

問３．問２のような現象を何といいますか。

問４．音の性質について，正しく説明しているものはどれですか。次の**ア**～**エ**からすべて選び，記号で答えなさい。

ア　音は，気体中しか伝わらない。
イ　音は，真空中では伝わらない。
ウ　音の３要素とは，音の大小，音の高低，音色の３つである。
エ　音が伝わる速さは，光が伝わる速さと同じである。

問５．コンクリートの壁《かべ》から68ｍはなれた地点で太鼓《たいこ》をたたくと，壁で反射した音が聞こえるまでに時間が0.4秒かかりました。このときの音の速さは毎秒何ｍですか。

問6．**図3**のモノコードの弦《げん》をはじいて音を出しました。次に，弦の張《は》りだけを強くして，同じ強さではじきました。最初に出した音と比べて，音はどのように変化しましたか。

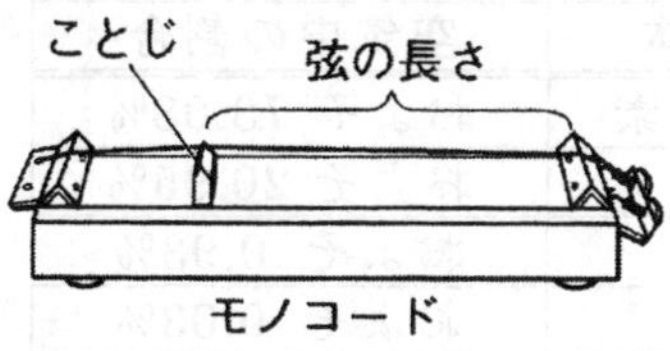

図3

問7．**図3**のモノコードのことじの位置を移動させて，弦の長さを長くしました。同じ強さではじいたとき，最初に出した音と比べて，音はどのように変化しましたか。「振動《しんどう》数」ということばを使って20字以内で説明しなさい。

2 次の文を読んで，後の問いに答えなさい。

2021年のノーベル物理学賞は，（　①　）による地球温暖化の影響《えいきょう》を予測した日本人の（　②　）さんとドイツとイタリアの科学者の3名が受賞しました。（　②　）さんは，今から50年以上も前に，（　①　）の濃度《のうど》が増加すれば，地球の気温が上昇し温暖化につながるということを，世界に先駆《さきが》けて発表しました。

2021年10月31日からイギリスで開かれていた，気候変動対策に関する国連の会議をCOP26といいます。この会議では，「脱炭素《だつたんそ》社会」の実現に向けて日本としての取り組みも示されました。

問1．文中の空らん（　①　）にあてはまる地球温暖化の影響となる気体の名しょうを答えなさい。

問2．文中の空らん（　②　）にあてはまる人名を，次の**ア**～**エ**から一つ選び，記号で答えなさい。

ア　湯川秀樹《ゆかわひでき》
イ　真鍋淑郎《まなべしゅくろう》
ウ　朝永振一郎《ともながしんいちろう》
エ　山中伸弥《やまなかしんや》

問3．下表は，乾燥《かんそう》した空気中の主な気体とその割合を示したものです。文中の空らん（ ① ）の気体は，下表のどれにあてはまりますか。下表の**ア**～**ウ**から一つ選び，記号で答えなさい。

気体	空気中の割合
ちっ素	およそ 78.08%
ア	およそ 20.95%
イ	およそ 0.93%
ウ	およそ 0.03%

問4．文中の空らん（ ① ）の性質としてあてはまらないものを，次の**ア**～**エ**から一つ選び，記号で答えなさい。

ア　火のついたマッチをこの気体の中に入れると，マッチの火は消える。

イ　石灰水に通すと白くにごる。

ウ　水にとけて，酸性の水よう液になる。

エ　無色，無しゅうで，空気より軽い。

問5．文中の空らん（ ① ）を実験室で発生させる方法として適当なものを，次の**ア**～**ウ**から一つ選び，記号で答えなさい。

ア　石灰石にうすい塩酸を加える。

イ　アルミニウムにうすい塩酸を加える。

ウ　二酸化マンガンにオキシドールを加える。

問6．COP26の会議では，「世界の平均気温の上昇を1.5度におさえる努力を追求する」ことが採たくされました。気温の上昇を1.5度以内におさえないと，深刻な気象災害が起こると心配されています。どのような気象災害なのか15字以内で説明しなさい。

3 　**図１**は，ヒトの消化器官のようすを模式的に表したものです。また，**図２**は**図１**の**D**の内側にあるひだの一つを模式的に表したものです。後の問いに答えなさい。

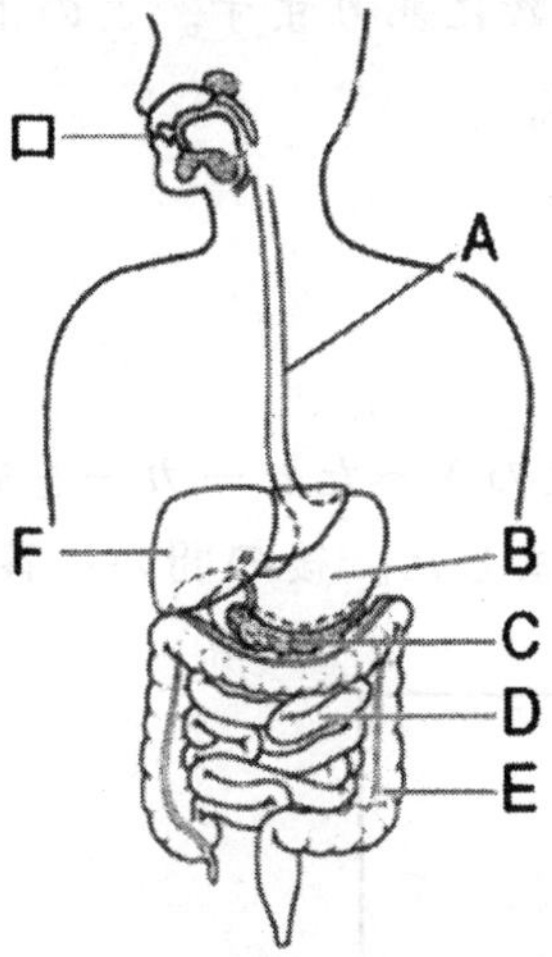

図１

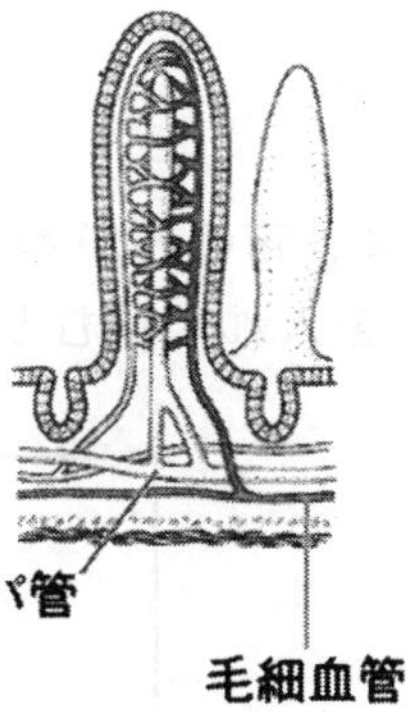

図２

問１．私たちが食物からとる三大栄養素を，次の**ア**～**オ**からすべて選び，記号で答えなさい。

ア　炭水化物　　**イ**　無機質　　**ウ**　タンパク質　　**エ**　ビタミン　　**オ**　脂肪《しぼう》

問２．**図１**で食物の通る順序を正しく並べたものを，次の**ア**～**エ**から一つ選び，記号で答えなさい。

ア　A→B→C→D→E
イ　A→B→D→E
ウ　A→B→F→D→E
エ　A→B→E

問３．**図１**の**F**の臓器の名しょうを答えなさい。

問４．**図１**の**F**のはたらきとしてあてはまらないものを，次の**ア**～**エ**から一つ選び，記号で答えなさい。

ア　吸収した養分を一時的に蓄《たくわ》える。
イ　人体に有害なものを分解して，無害なものに変える。
ウ　胆汁《たんじゅう》をつくる。
エ　血液中の不要物をこしとり，尿《にょう》をつくる。

問５．**図２**のひだの名しょうを答えなさい。

問６．**図１**の**Ｄ**の内側は，**図２**のようなひだが無数にあります。このようなつくりになっている理由を，25字以内で説明しなさい。

4 図１のように，箱の片がわに湯，反対がわに氷の入ったビーカーを置き，上から線香《せんこう》のけむりを入れ，けむりのようすを観察しました。後の問いに答えなさい。

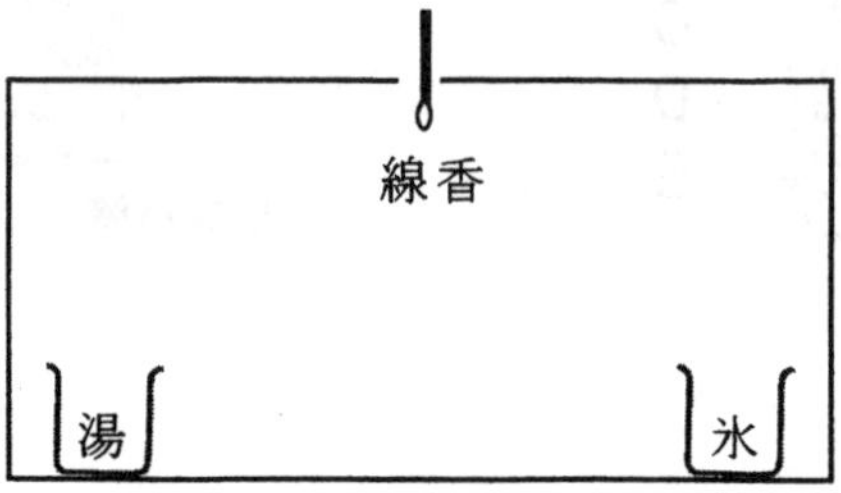

図１

問１．線香のけむりはどのように動きますか。もっとも適当なものを，次の**ア**～**オ**から一つ選び，記号で答えなさい。

ア

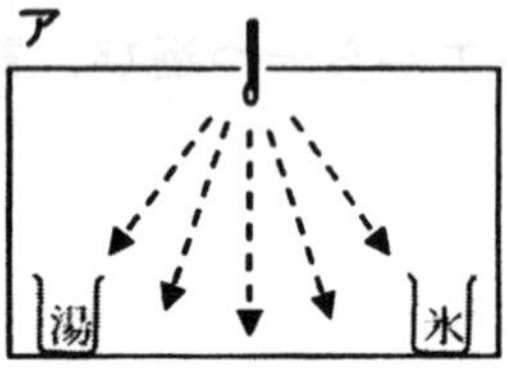

イ

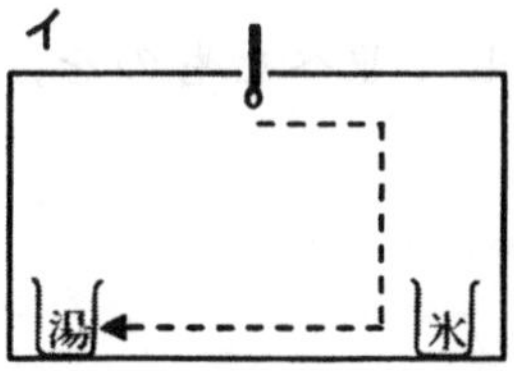

ウ

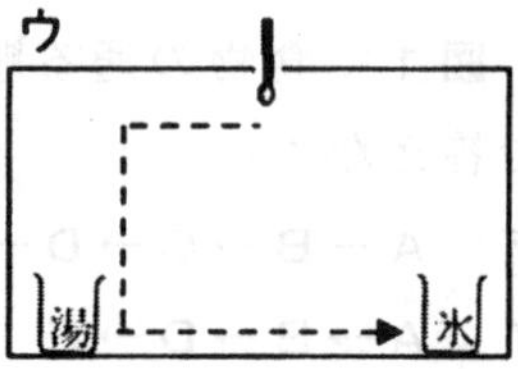

エ

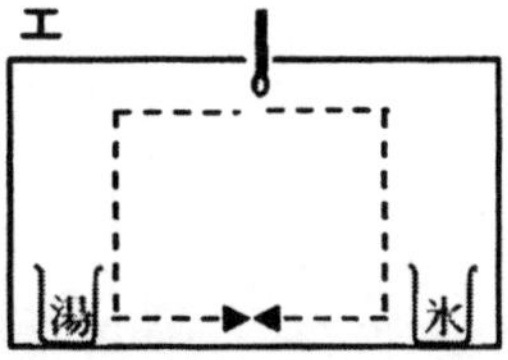

オ

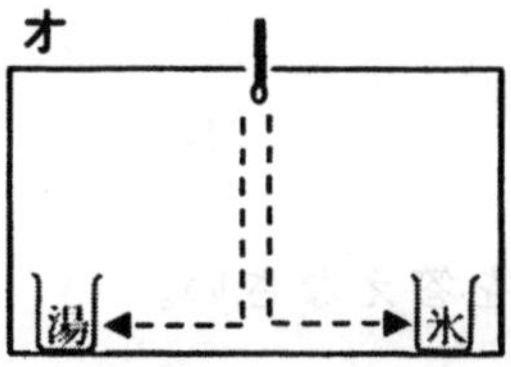

問２．この実験の結果から，夏の昼間に，海辺で風がどのようにふくかを説明することができます。次の文の空らんにあてはまることばの組み合わせとして適当なものを，次の**ア**～**エ**から一つ選び，記号で答えなさい。

「（　Ａ　）に比べてあたたまりにくいため，この実験で湯は（　Ｂ　），氷は（　Ｃ　）を表している。」

	Ａ	Ｂ	Ｃ
ア	陸は海	陸	海
イ	陸は海	海	陸
ウ	海は陸	陸	海
エ	海は陸	海	陸

問３．この実験から，夏の昼間は海辺で風がどのようにふくと考えられますか。もっとも適当なものを，次の**ア**～**エ**から一つ選び，記号で答えなさい。

ア　海から陸に向かってふく。

イ　陸から海に向かってふく。

ウ　海岸線に沿ってふく。

エ　ふく方向は決まっていない。

問４．夏のよく晴れた日の夜，風は**問３**と逆の方向にふきます。この理由を20字以内で説明しなさい。

問５．朝方や夕方に，陸上の空気と海上の空気の温度が同じになるときは風がやみます。この一時的な無風の状態を何といいますか。

問６．関東地方で使われる「からっ風」とよばれる乾燥《かんそう》した季節風が主にふくのは春，夏，秋，冬のどれになりますか。

問四　①・②に当てはまることばとしてふさわしいものをそれぞれ次の中から選び、記号で答えなさい。

ア　だから　　**イ**　たとえば　　**ウ**　けれども　　**エ**　ところで　　**オ**　また

問五　――線部４「火の手の大きさや、それに伴う熱量の多さが、物事の真偽や正否や善悪に取って代わってしまっている」とありますが、その説明としてもっともふさわしいものを次の中から選び、記号で答えなさい。

ア　話題性が優先され、情報発信者の発言の内容は重要視されなくなったということ。
イ　攻撃性の高さが重視され、情報の中身に対して適切に評価されなくなったということ。
ウ　メディアからの注目に意識が置かれ、事実を発信するという原則が失われたということ。
エ　言動の正否が問題とされ、多数派の意見であることの価値がなくなったということ。

問六　――線部５「本来の意味で『批判』が行われている」とありますが、そのために必要なことは何ですか。次の**ア**～**オ**について、その内容としてふさわしいものには○、ふさわしくないものには×でそれぞれ答えなさい。

ア　自分の言葉に責任を持つこと。
イ　自分の知識を増やすこと。
ウ　空間全体の空気を読むこと。
エ　良好な人間関係を優先すること。
オ　自由に発言すること。

問七　――線部６「的を射た」とありますが、このことばの意味としてもっともふさわしいものを次の中から選び、記号で答えなさい。

ア　主観を加えた　　**イ**　要点をとらえた　　**ウ**　気くばりのある　　**エ**　専門性の高い

問八　――線部７「言い方に気をつける」とありますが、その理由を本文中のことばを用いて三十字以内で答えなさい。

（注）＊専制政治……権力者が自分だけの考えで、思うままに国家を運営すること。
＊ニュアンス……色合いや音の調子、感情、ことばの意味などの微妙《びみょう》な感じ。
＊罵詈雑言……ののしりのことばや、さまざまな悪口。
＊常套句……ありふれて、きまりきっていること。
＊臆面もなく……ずうずうしく。

問一 ――線部１「そのような場」とありますが、その内容としてもっともふさわしいものを次の中から選び、記号で答えなさい。

ア お互いに目的意識を共有した上で意見を出し、目の前にある問題の解決に向けて議論を重ねる場。
イ お互いに思いついたことを自由に発言し、対話の中でそれぞれの思考力や発想力を育てていく場。
ウ お互いにゆっくりとことばを選び合いながらも、会話のリズムがくずれないようにすることを重視する場。
エ お互いに相手のことばを理解したり、自分のことばを選んだりすることにじっくりと時間をかけて取り組む場。

問二 ――線部２『批判』に対するそのような受けとめ方」とありますが、その説明としてもっともふさわしいものを次の中から選び、記号で答えなさい。

ア 強制的なものとして捉えること。
イ 肯《こう》定的なものとして捉えること。
ウ 否定的なものとして捉えること。
エ 楽観的なものとして捉えること。

問三 ――線部３「攻撃ないし非難の色合いをぼやかそうとする」とありますが、その理由としてもっともふさわしいものを次の中から選び、記号で答えなさい。

ア 日本の社会は同調の空気が支配していて、和を乱す言葉を発しづらいから。
イ 日本の社会ではその場のノリが重要であり、面《おも》白いかどうかで評価されるから。
ウ 日本の社会は甘え合う関係で成り立っていて、言葉が必要とされないから。
エ 日本の社会ではお互いを認め合っていて、なめらかに対話が行われるから。

い。賛意を示すのであれ、あるいは難点を指摘するのであれ、人々がともに問題を整理し、吟味し、理解を深め合っている場こそ、5本来の意味で「批判」が行われている、建設的な議論の場なのである。

とはいえ、非難や攻撃とは違って、批判は決して簡単な行為ではなく、私自身も日々試行錯《さく》誤しているというのが実情だ。どうすれば6的を射た批判を展開できるのかという以前に、相手との人間関係がネックになることも多い。というのも、批判をすれば、多少なりとも相手の気分を害したり傷つけたりすることは避けられないからである。だとすれば、批判は具体的にどう行うべきだろうか。

批判する際には7言い方に気をつける、というのはシンプルだが、しかし、まずもって重要なポイントだろう。たとえ有益な内容の指摘であっても、不必要にきつい言葉や口調で語られては、感情的にとても受け入れられなくなる。

また、内容という面でまずい批判の典型は、相手の言葉尻《じり》だけを捕《と》らえて自分の土俵（自分の専門分野、自分の経験など）に引きずり込み、その土俵上で相手を説き伏《ふ》せる、というものだ。たとえば、「あなたはいま「無意識に……」と仰《おっしゃ》ったが、認知科学的には「無意識」とはこれこれこういうものであるから、「無意識」の問題として捉えるのは不適当だ」という風にして切り捨てるだけでは、相手がひどく気分を害するのも当然だ。そして何より、こうしたやりとりでは、問題に対して互いに理解を深め合うことも、別の見方を知ったり新しい見方を生み出したりすることも難しい。

逆に言えば、重要なのは相手の表現を尊重するということだ。具体的には、相手の言葉を十分なかたちで拾い上げ、それがどのような脈絡《らく》の下で発せられたのかをきちんと踏《ふ》まえたうえで応答する、ということが必要だろう。批判を受ける側も、自分の言わんとすることをちゃんと聞いてもらい、それをよく理解してもらったうえで、納《なっ》得できる問題点を指摘されるのであれば、苦い思いをしたり、多少傷つく部分はあるとしても、感謝する部分の方が多いだろう。（これは実際、私が学術的な論文を書いたり発表を行ったりした際に、さまざまな批判を受ける経験を重ねる中で実感していることでもある。）

［　②　］、批判を行う側にとっても、相手の言葉によく耳を傾《かたむ》け、それをよく理解しようと努めることは、自分には見えていないものの見方や馴染《なじ》みのない考え方に触《ふ》れ、学ぶ機会になる。そしてそれは、問題に対する理解を深め、解決の道を探《さぐ》る大事な手掛かりになりうるのである。

批判は、相手を言い負かす攻撃の類いではない。繰り返すなら、批判は相手とともに問題を整理し、吟味し、理解を深め合うために行われるべきものだ。それゆえ、批判は、相手に真っ向から向き合うというよりも、言うなれば、お互いに少し斜《なな》めを向き、同じものを見つめ、そのものの様子や意味について語り合う、というイメージで捉《とら》える方が適当だろう。

そして、そのような場が成り立つための大前提として、私たちは自分の言葉に責任を持たなければならない。私たちが＊臆《おく》面もなく、「さっきの言葉はそういう意味で言ったんじゃない」といった言い抜《ぬ》けを繰り返したり、口に出した言葉を取り消そうとしたりするのであれば、〈相手が発した言葉を真面目に受けとめ、よく理解しようと努める〉という営み自体が不可能になってしまうからだ。

［古田徹也『いつもの言葉を哲学する』（朝日新聞出版）より］

大辞典 第二版)。

しかし、いつの頃からか、「批判」がこの国で常に否定的なニュアンスを帯びるようになったのも確かだ。この言葉をめぐる現在の状況《きょう》は、その傾向《けい》がさらに強まり、極端《たん》になった結果だとも解釈《しゃく》できる。

日本の社会は同調圧力が強く、空気を読むことが推奨《しょう》される風潮が強い、とはよく指摘されるところだが、確かに、批判的検討が必要な場面でも、相互《ご》的な「甘《あま》え」や「お約束」がその場のコミュニケーションを覆《おお》ってしまうケースがあまりに多い。和を少しでも乱す言葉――批判(批評、吟味)的な要素のある言葉――に皆《みな》が敏感《びん》になり、その場のノリに合わない言葉を発しづらくなるケースだ。(哲学対話や哲学カフェは、そのような状況を避《さ》けて、まずもって皆が自分自身の考えを自由に発言できる場をつくる営みだと言える。言葉に対する批判は、その種の場があってはじめて有効なものだ。)

まして、そうした同調の空気が支配するケースでは、相手の主張に対して明確に否定的な意見や疑問を向けることは強く憚《はばか》られるようになる。言うなれば、互《たが》いにうなずき合う同調的な言葉の空間と、その空間全体に向けられる容赦《しゃ》のない厳しい言葉、その中間領域が存在しなくなるのだ。この種の状況がコミュニケーションの多くを占《し》めてしまえば、「批判」の言葉はますます刺々《とげとげ》しく、敵意をもったものとしてのみ機能するようになる。「批判」が相手への攻撃として捉《とら》えられがちな現状には、以上のような背景があるのではないだろうか。

同調と攻撃の間の中間領域が確保されにくく、「批判」という言葉が本来含んでいた「内容の吟味」、「物事に対する批評や判断」、「良し悪しや可否をめぐる議論と評価」といったものがおろそかになりがちな現状は、「炎《えん》上」という言葉の現在の用法にも通じているように思われる。

「炎上」はいま、各種のメディアで発信された誰か(特に有名人や公人)の言動に対して、ネット上で非難や誹謗《ひぼう》中傷が殺到《とう》することを指す言葉ともなっている。問題は、当該《がい》の言動が筋の通ったものや正当なものであろうとも、逆に、筋の通らないものや不当なものであろうとも、どれも等し並みに「炎上」と呼ばれる、ということだ。ある差別を告発する勇気ある発言をターゲットに、差別主義者たちが罵詈《＊ばり》雑言を集中させることも「炎上」と呼ばれるし、とても看過できない酷《ひど》い差別発言に対して、その問題を指摘する真っ当な声が多く寄せられることも、同様に「炎上」と呼ばれる。そして、何であれ炎上してフォロワーが増えて良かった、チャンネルの登録者数やオンラインサロンの会員が増えて良かった、ということも平然と言われたりする。そこでは、4火の手の大きさや、それに伴《ともな》う熱量の多さが、物事の真偽《ぎ》や正否や善悪に取って代わってしまっている。

マスメディアで頻繁《ひんぱん》に用いられている「賛否の声が上がっている」という類いの常套《＊とう》句も、問題になっている事柄の内容をさしあたり度外視して、熱量の上昇のみに言及《きゅう》できる便利な言葉だ。どちらかの道理に明らかに分がある場合にも、また、賛否どちらかの声の方が圧倒的に優勢である場合にも、「賛否の声が……」と表現しておけば、旗色を鮮明にせずに済むし、自分の言葉に責任をもつ必要もなくなる、というわけだ。

「炎上している」とか「賛否の声が上がっている」といった言葉によって物事をひとまとめにしてしまうのではなく、具体的な内容を「批判」する行為が、メディアでもそれ以外の場でも、もっと広範《はん》になされる必要がある。そして繰《く》り返すならば、それは必ずしも否定的な行為だとは限らな

四 **次の文章を読んで、後の問いに答えなさい。なお、問いに字数指定がある場合は、句読点なども一字分に数えること。（本文を一部改変した箇《か》所がある。）**

言い淀《よど》む時間を恐《おそ》れず、話し手と聞き手がともに言葉を探し、言葉を待つことができる場は、私たちにとって必要だが、しかし、なかなか実現されない貴重な場だ。それゆえ哲《てつ》学対話や哲学カフェでは、1そのような場を意識してつくり出すために、相手の発言を途《と》中で遮《さえぎ》る行為や、発言の内容を評価したり否定したりする行為を制限するルールを設定する場合が多い。

ただし、あらゆる対話にそのようなルールを設定すべき、というわけではない。たとえば、相手の話が重要なポイントに差し掛《か》かったり、逆に話が本筋から脱《だっ》線しつつあるときなどに、そこでいったん話を止めて整理することが有効な場合もあるし、内容に対する的確な批判が対話をより豊かなものにする場合もある。

四年前の二〇一七年六月二三日、参議院議員の今井絵理子《いまいえりこ》さんがＳＮＳに、「批判なき選挙、批判なき政治」というスローガンを掲《かか》げた投稿《こう》を行い、物議を醸《かも》す事態となったのはまだ記憶《おく》に新しい。

文字通りの意味での「批判なき政治」とは、市民が政府に異を唱えることを許さない全体主義国家の＊専制政治のようなものだが、おそらく今井さんはそうした意味でこの言葉を用いたのではないだろう。多くの人がすでに指摘《てき》しているように、この場合の「批判」は、相手への攻撃や激しい非難といったものを意味していたのだろう。

もしそうであれば、2「批判」に対するそのような受けとめ方は、今井さんだけではなく、比較《かく》的多くの人々にいま共通していると言えそうだ。たとえば、誰《だれ》かの行為や考え方などを明らかに批判しているときにも、「正しくない」とか「間違《ちが》っている」、「よくない」などと言うことが避《さ》けられ、「違《い》和感がある」とか「モヤモヤする」、「モヤる」といった言葉が用いられているケースをよく目にする。つまり、「私は誰かや何かを批判しているのではなく、単に違和感やモヤモヤを表明しているだけなのだ」というポーズをとることによって、3攻撃《こうげき》ないし非難の色合いをぼやかそうとするケースだ。

「批判」にあたる欧《おう》語、たとえばドイツ語の Kritik や英語の criticism は、古代ギリシア語の「クリネイン（ふるいにかける、分ける、裁判する）」や、ラテン語の cernere, cret-（区別する、選《よ》り分ける）に由来し、否定的な批判だけではなく、事柄《がら》を整理して批評することや評論することといった意味も保持している（シップリー英語語源辞典、独和大辞典 第二版）。

［　①　］、哲学者カント（一七二四―一八〇四）の主著のタイトルである『純粋《すい》理性批判（Kritik der reinen Vernunft）』は、理性能力のある種の限界をよく吟《ぎん》味して画定する、といった意味であって、「批判」ということで単純な攻撃や非難といったものを指しているわけではない。また、日本語の「批判」も元々は、批評して判断することや、物事を判定・評価すること、良し悪《あ》しや可否について論ずることなどを意味していた（日本国語

問四 ——線部４「照れくさそうに」とありますが、同じ意味の表現を本文中より十字以内でぬき出して答えなさい。

問五 ——線部５「マチの頬がゆるんでいく」とありますが、その理由を本文中のことばを用いて三十字以内で答えなさい。

問六 ——線部６「私」とありますが、その人物としてもっともふさわしいものを次の中から選び、記号で答えなさい。

ア マチ　**イ** みなみ　**ウ** 琴穂　**エ** 紙音

問七 ——線部７「その一歩が踏み出せた」とありますが、その具体的な内容を本文中のことばを用いて二十字以内で答えなさい。

問八 ——線部８「マチもまた、その本音にこたえたくなる」とありますが、マチの本音の説明としてもっともふさわしいものを次の中から選び、記号で答えなさい。

ア 周囲が自分を褒めるつもりでかけた言葉が、かえって自分の自信を失《な》くさせる言葉に感じてしまうということ。

イ 勉強ができるので悩みなどはないと周囲から思われているのが嫌だったということ。

ウ 周囲に褒められれば褒められるほど、素直に受け止めることができず、嫌味に感じてしまうこと。

エ 周囲からの褒め言葉によって本来の自分とはかけ離《はな》れた姿に思われてしまうこと。

問九 ——線部９「言葉に羽が生えた」とありますが、その意味としてもっともふさわしいものを次の中から選び、記号で答えなさい。

ア 言葉が周囲にじわじわと伝わっていく様子。

イ 言葉が本来の意味からますます遠ざかっていく様子。

ウ 言葉の重みがどんどん失われていく様子。

エ 言葉が次々とあふれ出てくる様子。

「ごめんね、私、マチのことたくさん〝いい子〟って言った。褒め言葉のつもりだったんだけど無神経だったね」

「ううん。私が気にしすぎるのも確かだから」

「勉強できる子は、悩《なや》みなんかないと思ってた。私、マチのこと羨《うらや》ましかったんだ」

「ええっ？　私こそ、琴穂は運動神経もいいし、友達も多いから悩みなんかないと思ってた」

お互いに驚いたものの、いつの間にか、一緒に笑っていた。


［辻村深月『サクラ咲く』（光文社）より］

問一　――線部１「すぐにピンときた」とありますが、その内容としてもっともふさわしいものを次の中から選び、記号で答えなさい。

ア　今日も紙音の家にみなみは行きたくないということ。
イ　今日も紙音の家に二人で一緒に行くということ。
ウ　今日は紙音の家に一緒に行くことができないということ。
エ　今日は紙音の家にみなみだけが先に行くということ。

問二　――線部２「胸の奥がきゅっとなる」とありますが、この時のマチの気持ちとしてもっともふさわしいものを次の中から選び、記号で答えなさい。

ア　紙音の立場に共感している。
イ　紙音の様子に同情している。
ウ　紙音の状況《きょう》に心を痛めている。
エ　紙音の態度に腹を立てている。

問三　――線部３「みなみの顔にはっとした表情が浮かぶ」とありますが、その説明としてもっともふさわしいものを次の中から選び、記号で答えなさい。

ア　自分だけで物事を解決しようとする性格を指摘《てき》されたうえ、選手に選ばれそうだと知られていて驚いたこと。
イ　自分だけが目立とうとしている点を指摘されたうえ、新人戦に出られるとうわさになっていることに驚いたこと。
ウ　周囲を無意識に見下していることを指摘されたうえ、新人戦に出られるように努力しろと言われ腹が立っていること。
エ　周囲の評価ばかりを気にしていることを指摘されたうえ、選手に選ばれそうだとうわさをされて腹が立っていること。

琴穂と二人で紙音の家に向かう途中、マチは改めて琴穂に礼を言った。

「さっきはありがとう。みなみちゃん、嬉しかったと思う」

横を歩いていた琴穂が、「だって」と笑う。

「みなみ、完璧《ぺき》すぎるんだもん。あれ、本人何でもないふうにやってるけど、結構大変なはずだよ」

「私も実はちょっとそう思ったことがあったけど、言い出せなかったんだ。琴穂が言ってくれてよかった」

「うーん。みなみ、たぶん、自分が無理してることにも気づいてないんじゃないかなあ。自分のことって、かえってなかなか気がつけないよね。6私もそうだったし」

琴穂が「ごめんね」と頭をかく。

「私も合唱の練習、リーダーなのにちゃんとやってなかった。マチに注意されてはっとしたの」

「私こそ、あのときはキツイこと言っちゃってごめん」

あわてて謝ると、琴穂が「そう?」と首を傾《かし》げた。

「全然キツくなかったよ。むしろ普《ふ》段おとなしいマチから言われるなんて、私、よっぽどだったんだなって反省した。――なんか、ありがとね。陰《かげ》でこそこそ言うんじゃなくて、面と向かって言ってくれたから、かえって気分よかったよ」

「そんな……」

頬がかあっと熱くなった。

――はっきり自分の意見が言えない性格を直したい。

今年の四月、マチが中学校に入学するにあたって目標にしたことだ。7その一歩が踏《ふ》み出せたようで胸の奥がじん、とあたたかくなる。

琴穂から本音の声を聞いたように思えたら、8マチもまた、その本音にこたえたくなる。自分のことについて話してみたくなった。

「私ね、〝いい子〟とか、〝真面目〟って言われるの、少し嫌《いや》なんだ」

今も、琴穂から「普段おとなしいマチ」と言われたばかりだ。おとなしい、優しい、いい子。褒《ほ》め言葉なのに、マチを息苦しくさせる言葉たち。琴穂がびっくりしたようにマチを見た。

「どうして?」

「自分の意見がはっきり言えない子だとか、面《おも》白くない、楽しくない子なんだって周りから思われてるようで、心配で」

話しながら、だんだんと胸のつかえが取れていく。絶対に人には話せないと思っていたことだったのに、9言葉に羽が生えたようだった。琴穂は相変わらず驚いていたが、聞き終えて大きく息を吐《は》き出した。

マチが言うと、みなみがびっくりしたように「え」と呟《つぶや》いた。

「高坂さんの家なら、何度もみなみちゃんと一緒に行ったし、私一人でも大丈夫だよ。みなみちゃん、新人戦の準備で忙しそうだし、明日も朝練があって早いんでしょ？」

「そうだけど、マチを一人で行かせるのは悪いよ。遠回りになるし」

みなみが断りかけたとき、思いがけず、背後から「私、行くよ」という声がした。振《ふ》り返って、驚《おどろ》く。

琴穂《ことほ》だった。

マチとみなみは思わず顔を見合わせる。そんな二人に向け、琴穂がさらに続けた。

「私がマチと一緒に行く。今日はバスケ部、陸上部ほど遅くならないと思うから、ちょっと待っててくれれば大丈《じょう》夫だよ。私にまかせて、みなみは部活に行って」

「助かるけど、でも」

みなみの声を遮《さえぎ》るように、琴穂がすばやく首を振り動かした。

「みなみってさ、しっかりしてるのはいいんだけど、一人でたくさんのことを抱《かか》えこんでがんばりすぎるんだよね。そんなんじゃ、いつか参っちゃうよ。――今年の新人戦、陸上部の他の子に聞いたけど選手になれそうなんでしょ？」

３みなみの顔にはっとした表情が浮《う》かぶ。琴穂がふう、と小さなため息をついた後で笑った。

「だったら、今はそっちがんばり時だよ。もっと頼《たよ》ってよ。――これまで副委員長なのに全然頼りにならなかったのは、私が悪かったからさ」

言いながら、琴穂がマチを見た。「マチに仕事、だいぶ頼っちゃってたし」と決まり悪そうに告げる。

「マチも、これまで、いろいろごめんね。私、部活を言い訳にしすぎてた。そんなこと言い出せば、みなみだって陸上部が大変なのに、委員の仕事したり、高坂さんの家、行ったりしてたんだもんね」

謝《あやま》った後で４照れくさそうに目を伏《ふ》せた琴穂を前に、みなみがとまどうような表情を浮かべる。ややあってから、おずおずと「いいの？」と琴穂を見た。

「頼んでも、平気？」

「うん」

琴穂が胸を張って頷《うなず》いた。

一連のやりとりを驚きながら見ていた５マチの頬《ほお》がゆるんでいく。「ありがとう」とためらいがちにお礼を言うみなみを、とてもいいと思った。

いつもしっかりしているみなみが自分たちを頼ってくれたことが、嬉《うれ》しくなる。

問三　次の(1)～(3)のことばの対義語をそれぞれ後のア～カの中から選び、記号で答えなさい。

(1)　遺失　　(2)　放任　　(3)　落成

ア　起工　　イ　上昇《しょう》　　ウ　干渉《しょう》　　エ　革新　　オ　拾《しゅう》得　　カ　歓《かん》喜

三　**次の文章を読んで、後の問いに答えなさい。なお、問いに字数指定がある場合は、句読点なども一字分に数えること。（本文を一部改変した箇《か》所がある。）**

文化祭が終わると、教室内の空気は十一月の新人戦に向けて緊《きん》張感を高めていくようだった。夏の大会ではまだ出場できなかった一年生の中にも、新人戦なら活躍《やく》できる子が出てくる。マチたちの科学部は関係ないが、運動部の子たちはみな、忙《いそが》しそうだった。

放課後の教室にも、部活の話題が増えていた。運動部の子たちの顔が心なしか興奮して見える。大変そうだけど、楽しそうだ。

そんな中、ジャージに着替《が》えたみなみがすまなそうに話しかけてきた。

「マチ、今日のことなんだけど……」

科学部に行くしたくをしていたマチは、1すぐにピンときた。夏休みに約束して以来、マチとみなみは高坂紙音の家を一緒《しょ》に訪ねる機会が多くなっていた。お互《たが》いに部活がある日を選んで待ち合わせるのが当たり前になっていたので、今日も紙音の家に一緒に行くつもりだった。

みなみが言った。

「紙音のところ、今日は私一人で行くよ。陸上部、新人戦前でみんな張りきってるから、科学部よりも終わるの、遅《おそ》くなると思う」

「そうなんだ」

「うん。――紙音の家に行くのも、今日はだいぶ遅くなっちゃうんだけど」

文化祭の合唱練習の間も、みなみとマチは紙音の家を何度も訪ねた。しかし、応対に出てくるのは最初の日と同じように、いつでも紙音のお母さんだけだった。

一学期の最初、マチの制服のしつけ糸を切ってくれたあの子は、今、一人きりの部屋で過ごしているのかもしれない。そう考えると、2胸の奥《おく》がきゅっとなる。

「私、一人で行こうか」

二　**次の各問いに答えなさい。**

問一　次の(1)～(5)のことばの意味としてふさわしいものをそれぞれ後の**ア**～**キ**の中から選び、記号で答えなさい。

(1)　雨降って地固まる
(2)　骨折り損のくたびれもうけ
(3)　光陰《いん》矢のごとし
(4)　立て板に水
(5)　出るくいは打たれる

ア　よどみなくすらすらと話すさま。
イ　よいことをしようと思ったら、なるべく早く実行するのがよい。
ウ　もめごとがあったあとは、かえって前より物事がうまくいく。
エ　よいことがあれば苦しいことも必ずあるものだ。
オ　月日がたつのがはやい。
カ　苦労ばかりして得るところがない。
キ　能力が目立つ人は、ねたみや妨《ぼう》害を受けやすい。

問二　次の〔　〕の意味を参考にして、(1)・(2)のことわざの□に当てはまる漢字をそれぞれ後の**ア**～**オ**の中から選び、記号で答えなさい。

(1)　□の目にも涙《なみだ》　〔思いやりのない人も、ときには心に感じて涙を流すもの。〕
(2)　取らぬ□の皮算用　〔確かでないことを当てにして計画を立てること。〕

ア　狸《たぬき》　**イ**　馬　**ウ**　魚　**エ**　羊　**オ**　鬼《おに》

二〇二二年度 横浜翠陵中学校

【国　語】〈第一回試験〉（五〇分）〈満点：一〇〇点〉

一　次の各問いに答えなさい。

問一　次の(1)～(5)の――線部の漢字の読みをひらがなで書きなさい。

(1)　接客の仕事を経験する。
(2)　彼《かれ》は至誠の心を持っている。
(3)　上空から島を査察する。
(4)　プールの深さを測る。
(5)　視聴《ちょう》者の要望に沿う。

問二　次の(1)～(5)の――線部のカタカナを漢字に直しなさい。

(1)　上司のエイテンを祝う。
(2)　先生の作品をモシャする。
(3)　教会でボクシと話す。
(4)　フダに文字を書き入れる。
(5)　野球をしていて日がクれた。

2022年度 横浜翠陵中学校 ▶解説と解答

算　数　＜第１回試験＞（50分）＜満点：100点＞

解　答

[1] (1)　134　(2)　$\frac{1}{3}$　(3)　5　(4)　125.6　(5)　9　[2] **問１**　７個　**問２**　35人　**問３**　92点　**問４**　$32cm^2$　**問５**　（例）　１が１個，２が２個のように，１から始まり並べる数と個数を１つずつ増やしていく。　[3] **問１**　４秒後　**問２**　**時間**…６秒後／**点Ｐの位置**…（例）　点Ａから９cmの位置にある。　[4] **問１**　35.7cm　**問２**　61.4cm　[5] **問１**　（例）　面積は$3cm^2$ずつ，周の長さは６cmずつそれぞれ増加していく。　**問２**　**面積**…$14cm^2$，**周の長さ**…30cm　**問３**　$1010cm^2$　[6] **問１**　10のマス　**問２**　**プログラム**…000101，**時間**…６秒　**問３**　1100011101

解　説

[1]　四則計算，計算のくふう，逆算

(1)　$36\times4-(13\times4+88)\div14=144-(52+88)\div14=144-140\div14=144-10=134$

(2)　$\left(2\frac{5}{8}\div4\frac{1}{2}+\frac{3}{8}\right)\div2\frac{7}{8}=\left(\frac{21}{8}\div\frac{9}{2}+\frac{3}{8}\right)\div\frac{23}{8}=\left(\frac{21}{8}\times\frac{2}{9}+\frac{3}{8}\right)\times\frac{8}{23}=\left(\frac{14}{24}+\frac{9}{24}\right)\times\frac{8}{23}=\frac{23}{24}\times\frac{8}{23}=\frac{1}{3}$

(3)　$(3.2\times2.5+18.5)\div5.3=(8+18.5)\div5.3=26.5\div5.3=5$

(4)　$A\times D-B\times D+C\times D=(A-B+C)\times D$となることを利用すると，$28\times3.14-7\times3.14+19\times3.14=(28-7+19)\times3.14=(21+19)\times3.14=40\times3.14=125.6$

(5)　$(163+\square\times37)\div31=16$より，$163+\square\times37=16\times31=496$，$\square\times37=496-163=333$　よって，$\square=333\div37=9$

[2]　整数の性質，相当算，平均とのべ，面積，数列

問１　$20\div2=10$より，１から20の中に２でわりきれる数は10個あり，$20\div3=6$余り２より，１から20の中に３でわりきれる数は６個ある。また，２と３の最小公倍数は６なので，$20\div6=3$余り２より，１から20の中に６でわりきれる数は３個ある。よって，２か３でわりきれる数は，$10+6-3=13$(個)なので，このとき，あとに残る数は，$20-13=7$(個)とわかる。

問２　自転車と一輪車の両方を持っている生徒は，クラス全体の，$\frac{4}{5}\times\frac{1}{4}=\frac{1}{5}$で，これが７人にあたるから，クラスの人数は，$7\div\frac{1}{5}=35$(人)である。

問３　(平均点)＝(合計点)÷(回数)より，(合計点)＝(平均点)×(回数)となるので，３回のテストの合計点は，$76\times3=228$(点)となる。そして，４回のテストの合計点は，$80\times4=320$(点)だから，４回目のテストで，$320-228=92$(点)とればよい。

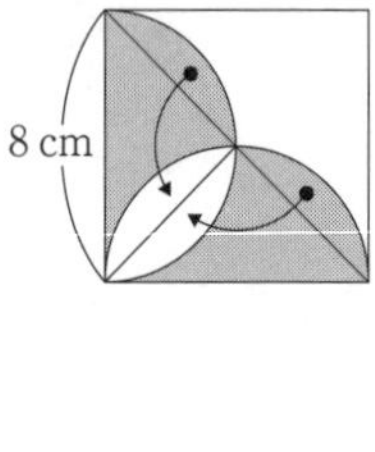

問４　右の図で，●印の部分を矢印のように移動すると，斜線《しゃせん》の部分の面積は正方形の面積の半分とわかる。よって，この面積は，$8\times8\div2=32(cm^2)$と

求められる。

問５　｛1｝，｛2，2｝，｛3，3，3｝，｛4，4，4，4｝，…と分けて考えると，１が１個，２が２個，３が３個，４が４個，…という規則で数が並んでいることがわかる。

3 平面図形―点の移動

問１　点Ｐは18cmの辺ABを毎秒4.5cmで動くので，かかる時間は点Ｐが出発してから，18÷4.5＝４(秒後)である。

問２　四角形PBCQが初めて長方形になるのは，２点Ｐ，Ｑが右の図のように動いたときである。２点Ｐ，Ｑは合わせて，18×２＝36(cm)を，１秒間で，4.5＋1.5＝６(cm)ずつ動くので，図のようになるのは，36÷６＝６(秒後)とわかる。また，点Ｐは，4.5×６＝27(cm)動き，27−18＝９(cm)より，点Ｐの位置は，点Ａから９cm(点Ｂから９cm)の位置，つまり，辺ABのちょうど真ん中の位置にある。

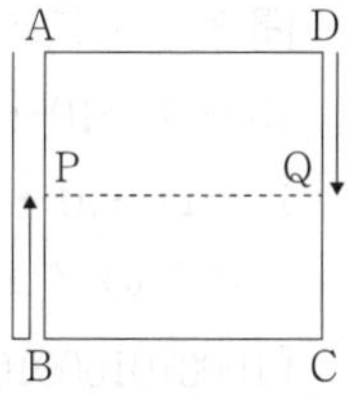

4 立体図形―長さ

問１　まきつけるひもは下の図①の太線部分のようになる。図①で，曲線部分の長さは，５×２×3.14÷２＝15.7(cm)である。また，直線部分の長さの和は，５＋５×２＋５＝20(cm)である。よって，ひもの長さは，15.7＋20＝35.7(cm)となる。

問２　まきつけるひもは下の図②の太線部分のようになる。図②で，直線部分の長さの和は，(５×２)×３＝30(cm)である。また，曲線部分は半径５cmで中心角が，360−90×２−60＝120(度)のおうぎ形になるので，その長さの和は，５×２×3.14×$\frac{120}{360}$×３＝31.4(cm)である。よって，ひもの長さは，30＋31.4＝61.4(cm)と求められる。

図①

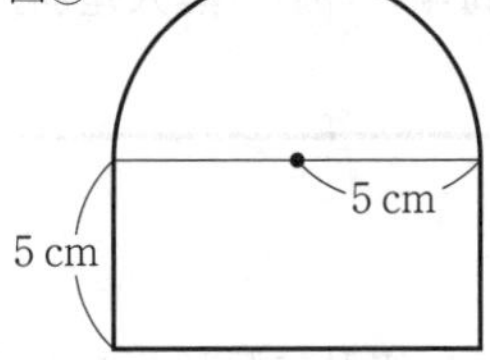

図②

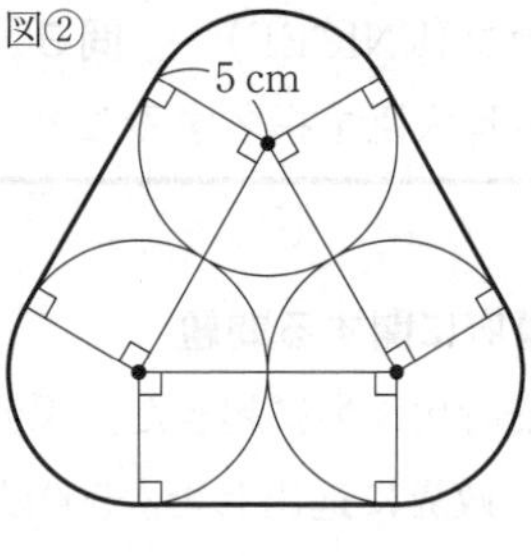

5 図形と規則

問１　つけ加える正方形３つの面積は，(１×１)×３＝３(cm^2)である。また，１番目，２番目，３番目の図形の周の長さはそれぞれ，(１＋２)×２＝６(cm)，(３＋３)×２＝12(cm)，(５＋４)×２＝18(cm)だから，12−６＝６(cm)，18−12＝６(cm)より，６cmずつ増える。よって，面積は３cm^2ずつ，周の長さは６cmずつ，それぞれ増加していく。

問２　問１より，□番目の図形の面積は，２＋３×(□−１)で求められるので，５番目の図形の面積は，２＋３×(５−１)＝14(cm^2)である。また，周の長さは，６×□で求められるから，６×５＝30(cm)となる。

問３　６×□＝2022より，□＝2022÷６＝337(番目)の図形とわかるので，この図形の面積は，２＋３×(337−１)＝1010(cm^2)と求められる。

6 調べ

問１　「０」のときは矢印の向きを⇧で表し，「１」のときは進んだ先のマスの番号を表すこととする。よって，ロボットが「10001」のプログラムを実行すると，13→９→⇦→⇩→⇨→10と動くから，10のマスにいる。

問２　13→14→10の順番でマスの上を進むとき，ロボットの動きは，13→⇦→⇩→⇨→14→⇧→10が最短となるので，組んだプログラムは「000101」となり，このとき移動にかかる時間は６秒である。

問３　ロボットの進み方として，13→９→５→６→２→３→４，13→９→５→６→７→８→４，13→９→10→６→７→８→４，13→９→10→６→２→３→４，13→９→10→６→７→３→４，13→14→10→６→２→３→４，13→14→10→６→７→８→４の７通りが考えられる。このとき，それぞれのプログラムは，「1100010100011」，「1100011101」，「10001010001101」，「1000101100011」，「10001010001010001」，「0001011100011」，「00010110001101」となるから，13→９→５→６→７→８→４と進むのが最短とわかる。よって，組んだプログラムは「1100011101」である。

社　会　＜第１回試験＞（理科と合わせて50分）＜満点：50点＞

解　答

１ **問１**　(1)　エ　(2)　ウ　**問２**　(1)　イ　(2)　(例)　山と海に囲まれていて攻められにくいから。　**問３**　(1)　イ　(2)　エ　(3)　ア　**問４**　(1)　御成敗(貞永)式目　(2)　イ　**問５**　ウ　**２** **問１**　ウ　**問２**　ア　**問３**　エ　**問４**　ア　**問５**　ウ　**問６**　イ　**問７**　(例)　栄養分の高い土を別の場所から運び入れること　**問８**　宮城県　**３** **問１**　イ　**問２**　ユニセフ(UNICEF)　**問３**　ア　**問４**　(例)　黒人差別　**問５**　ウ　**問６**　エ　**問７**　内閣総理大臣を指名すること

解　説

１　平氏政権と鎌倉幕府に関する問題

問１　(1)，(2)　平安時代後半に起きた，保元《ほうげん》の乱と平治の乱に勝利した平氏は，源氏をたおして武家のトップとなり，政界に進出した。500以上の荘園《しょうえん》を手に入れた平氏は，朝廷でも力を伸ばし，平清盛《たいらのきよもり》は武士として初めて，太政大臣《だいじょうだいじん》の役職についた。さらに，平清盛は娘の徳子《とくこ》を天皇のきさきにして，徳子の産んだ子を天皇の位につけ(安徳《あんとく》天皇)，天皇の親せきとして権力をふるった。なお，平将門《まさかど》は，関東地方で新皇《しんのう》と名乗って反乱を起こしたが，失敗した人物で，天皇になった事実はない。

問２　(1)　ア　源義経《みなもとのよしつね》が自殺し，東北の奥州《おうしゅう》藤原氏が滅亡したのは1189年であり，1185年の時点で，「全国に敵がいない状態」にはなっていない。　イ　1185年に源頼朝は，朝廷から，諸国に守護を，荘園に地頭を置くことを認められた。源頼朝の家来が，守護や地頭として諸国に置かれることは，源頼朝の支配権が全国に及《およ》んだといえる。したがって，イは1185年には鎌倉幕府が成立していたとする理由として最もふさわしい。　ウ　源頼朝が，京都に幕府を開いたことはない。　エ　源頼朝の父の源義朝《よしとも》が，征夷大将軍《せいいたいしょうぐん》に任命されたことはない。　(2)　源頼朝が，鎌倉に幕府を開き，鎌倉を本拠地《ほんきょち》に選んだ理由として，祖先の源頼義《よりよし》が鶴岡八幡宮《つるがおかはちまんぐう》を建立《こんりゅう》してお

り，源氏にゆかりが深い土地だったことなどもあげられるが，地形的な理由としては，鎌倉が南は海に面し，残りの三方を山に囲まれた地形で，敵の攻撃《こうげき》を防ぎやすい土地だったことがあげられる。

問３　⑴，⑵　鎌倉に置かれた役所のうち，1180年に置かれた侍所《さむらいどころ》は，御家人を統制するための役所，1184年に置かれた政所《まんどころ》（最初は公文所《くもんじょ》）は，政治一般を行う役所，問注所《もんちゅうじょ》は今の裁判所にあたる役所である。また承久《じょうきゅう》の乱の後，京都に置かれた六波羅探題《ろくはらたんだい》は，朝廷の監視《かんし》を行う役所である。　⑶　栄西《えいさい》は，比叡山《ひえいざん》で天台宗を学んでいた僧《そう》だが，宋（中国）に渡って禅《ぜん》を学び，帰国後，臨済《りんざい》宗を開いた。栄西は帰国する時に，茶の種を持ち帰り，茶の製法や効用を日本に伝えたことから，日本に茶を広めた人物といわれている。

問４　⑴　第３代執権《しっけん》の北条泰時《やすとき》は，1232年に武家社会の根本となるきまりを定めた。このきまりを御成敗式目《ごせいばいしきもく》といい，源頼朝以来の武家の慣習や裁判の判例などをわかりやすくまとめたものである。なお，御成敗式目は貞永《じょうえい》元年に定められたことから，貞永式目ともよばれている。　⑵　元（中国）の皇帝のフビライは，1274年の文永の役と1281年の弘安の役の二度，日本を攻めた。この出来事を元寇《げんこう》という。第８代執権北条時宗《ときむね》は，御家人たちに防御《ぼうぎょ》にあたるよう命じ，御家人たちの奮戦《ふんせん》と，暴風雨で元の船の多くが沈《しず》んだため，元の軍隊を追い返すことができた。

問５　第３代将軍源実朝《さねとも》が殺され，源氏の将軍が３代で絶えたことをきっかけに，1221年，後鳥羽上皇が中心となって，朝廷が幕府を倒す兵をあげた。この朝廷と幕府の戦争を，承久《じょうきゅう》の乱という。幕府側は，尼《あま》将軍とよばれていた頼朝の妻北条政子が御家人たちを説得して団結し，戦いは幕府の勝利に終わった。承久の乱の後，幕府の権力が確立し，朝廷よりも幕府が優位に立った。

２　**東京オリンピックの競技会場となった都道府県に関する問題**

問１　古くから工業がさかんなところを工業地帯といい，かつては生産額が特に多い，京浜工業地帯，阪神工業地帯，中京工業地帯，北九州工業地帯の４つを四大工業地帯とよんでいた。しかし最近では，北九州工業地帯の生産額が伸びなやみ，他の工業地域にぬかれていることから，北九州工業地帯以外の，京浜・中京・阪神の３つを三大工業地帯とよんでいる。

問２　人口が第二位の都道府県は神奈川県なので，Ａは神奈川県である。神奈川県から東京湾に突き出している②の半島は三浦半島で，暖流《だんりゅう》の日本海流に近く，気候が温暖なこと，また大消費地の東京23区や横浜市などに近いことから，野菜や草花の栽培がさかんに行われている。

問３　面積が日本第二位の湖は霞ヶ浦《かすみがうら》で，茨城県にある。平均水深は４ｍで，広くて浅いという特徴《とくちょう》を持つ。かつては，白い帆《ほ》で走る帆引き船を使って，ワカサギ・シラウオ・コイなどを取る漁業がさかんだったが，水質汚染《おせん》が進み，漁獲量《ぎょかくりょう》は減っている。

問４　Ｂの茨城県は，大都市に近いことから近郊農業がさかんで，野菜の生産が多く，ピーマンの生産量が全国第一位である。なお，りんごの第一位は青森県，みかんの第一位は和歌山県，茶の第一位は静岡県。統計資料は『日本国勢図会』2021／22年版による（以下同じ）。

問５　日本三名園とは，Ｂの茨城県にある偕楽《かいらく》園，岡山県の後楽園，石川県の兼六《けんろく》園の３つを指し，３つとも大名庭園で，その国を支配していた大名たちが，長い年月をかけて作り上げた庭園である。なお三渓《さんけい》園とは，横浜市内にある庭園。

問６　根釧《こんせん》台地など北海道の太平洋側は，７，８月の平均気温が20℃以下と低いため，稲作を行うことができない。この原因は，太平洋側を流れる寒流の千島海流が，夏の湿《しめ》った季節風を冷やすため，霧《きり》が発生する日が多く，日照時間が短くなるからである。

問７　石狩平野は気温が低いため，植物が完全に分解されずにできた土が広がる泥炭《でいたん》地となっている。泥炭地は養分に乏《とぼ》しく，農業に向かない土地なので，客土《きゃくど》を行い土地を改良した。客土とは，別の場所から養分が豊富で農業に向いた土を運び入れることで，客土を行った石狩平野は，日本を代表する稲作地帯に生まれ変わった。

問８　仙台市は宮城県の県庁所在地なので，Ｄは宮城県である。江戸時代から続く仙台七夕《たなばた》祭りは，ねぶた祭り（青森），花笠《はながさ》祭り（山形），竿灯《かんとう》祭り（秋田）とともに，東北四大祭りの１つに数えられている。また，松島は天橋立《あまのはしだて》（京都府），宮島（広島県）とともに日本三景の１つである。

3　2021年におきた出来事に関する問題

問１　2020年に行われたアメリカの大統領選挙では，当時，現職大統領だった共和党のドナルド・トランプ氏を，民主党のジョー・バイデン氏が破った。バイデン氏は2021年１月に，アメリカ合衆国第46代大統領に就任《しゅうにん》した。

問２　国連児童基金は，第二次世界大戦で荒廃《こうはい》した国々の子供たちに食料や薬を援助《えんじょ》し，子供たちを救う目的で設立された国際連合の機関で，現在では，すべての子供が持つ，生存・保護・発展の権利を保護することを任務としている。ユニセフ（UNICEF）という略称でよばれている。

問３　2001年９月11日に，アメリカでおきた同時多発テロの主謀《しゅぼう》者であるウサマ・ビン・ラディンは，アフガニスタンに活動の拠点《きょてん》をおいていた。そこでアメリカは，アフガニスタンはテロを支援《しえん》する国家だと主張して，アフガニスタンを攻撃し，当時アフガニスタンを支配していたイスラム過激派のタリバン政権を倒し，アメリカ軍が駐留《ちゅうりゅう》した。この駐留はその後も続き，「アメリカ史上最長の戦争」といわれていたが，バイデン大統領は，アフガニスタンからのアメリカ軍の撤退《てったい》を決め，2021年９月にアメリカ軍の完全撤退を行ったところ，すぐにタリバン政権が復活し，アフガニスタンを支配するようになり，今後の対応が問題となっている。

問４　国の政治のしくみや考え方，またその国のおかれている状況などで，国によって，人権についての考え方が異なる場合がある。しかし，政治のしくみのちがいなどを考えても，すべての国で許されないような差別もあり，それらを「国際的な人権問題」という。その例としては，男女差別のほかに，人種差別や少数民族に対する差別などが考えられる。

問５・問６　政党の総裁（党首）選挙が行われ，総裁が交代すると新たな内閣総理大臣が誕生するということは，その政党が衆議院で過半数の議席を持ち，総裁が内閣総理大臣を務めている，ということになる。2021年の時点で，衆議院で過半数の議席を持っている政党は自由民主党である。自由民主党では，2021年９月に菅義偉《すがよしひで》総裁の任期が満了するため，総裁選挙が行われることになっていた。菅総裁は，総裁選挙に出馬しないことを決めたため，他の候補者によって行われた総裁選挙で，岸田文雄《ふみお》氏が新総裁に選ばれ，第100代の内閣総理大臣に就任した。

問７　衆議院解散による総選挙が行われると，選挙の日から30日以内に国会が召集《しょうしゅう》される（日本国憲法第54条１項）。この国会を特別国会というが，衆議院議員総選挙が行われた後に初めて国会が召集されると，内閣は総辞職する（日本国憲法第70条）ので，特別国会では新しい内閣総理大臣の指名が行われる。

理　科　＜第１回試験＞（社会と合わせて50分）＜満点：50点＞

解　答

1 **問１**　（例）　振動している。　**問２**　空気　**問３**　共鳴　**問４**　イ，ウ　**問５**　毎秒340m　**問６**　高くなった。　**問７**　（例）　振動数が少なくなり，音が低くなった。
2 **問１**　二酸化炭素　**問２**　イ　**問３**　ウ　**問４**　エ　**問５**　ア　**問６**　（例）　記録的なごう雨が発生する。　3 **問１**　ア，ウ，オ　**問２**　イ　**問３**　かん臓　**問４**　エ　**問５**　じゅう毛　**問６**　（例）　内側の表面積を広くして，栄養分を吸収しやすくする。
4 **問１**　イ　**問２**　ウ　**問３**　ア　**問４**　（例）　夏の夜は陸よりも海の方があたたかいため。　**問５**　なぎ　**問６**　冬

解　説

1　音についての問題

問１　問題文中の図１で水しぶきが上がったのは，音さが振動《しんどう》をしていたためである。このように，音はものが振動をすることで伝わる。

問２　音さＡをたたくと，音さＡのまわりの空気が振動をする。このとき，音さＡのまわりの空気の振動が音さＢのまわりの空気に伝わり，音さＢも振動をし始めるため，音さＢからも音が聞こえるようになる。

問３　問２のように，同じ高さの音が出る２つの音さの一方をたたいて音を鳴らすと，近くに置いたもう一方の音さも鳴り出すことを，共鳴《きょうめい》という。

問４　音は，気体中だけでなく，液体中や固体中も伝わる。また，光が伝わる速さは音が伝わる速さよりも速い。したがって，アとエは誤りである。一方で，ふつう，音は真空中では伝わらない。また，音の３要素とは，音の大小，音の高低，音色のことをさす。以上より，イとウが正しいことがわかる。

問５　音の速さは，(距離《きょり》)÷(時間)で求められる。また，このときの音の進んだ距離は，68×２＝136(m)である。よって，音の速さは，毎秒，136÷0.4＝340(m)と求められる。

問６　一定時間あたりの振動数が増《ふ》えるほど，聞こえる音の高さは高くなる。最初よりも弦《げん》を強く張《は》ってから弦をはじくと，一定時間あたりの振動数が増えるので，最初に出した音の高さよりも音が高く聞こえる。

問７　最初よりも弦の長さを長くしてから弦をはじくと，一定時間あたりの振動数が減るので，最初に出した音と比べて，音が低く聞こえるようになる。

2　二酸化炭素の性質と地球温暖化についての問題

問１　二酸化炭素は，地球から放出される熱の一部を吸収する効果があるため，地球温暖化の原因になるといわれている。

問２　真鍋淑郎《まなべしゅくろう》さんは，大気中の二酸化炭素と地球温暖化の関係を初めて数値で示した研究で，2021年にノーベル物理学賞を受賞した。なお，湯川秀樹《ゆかわひでき》さんは1949年にノーベル物理学賞，朝永振《ともながしん》一郎《いちろう》さんは1965年にノーベル物理学賞，山中伸弥《やまなかしんや》さんは2012年にノーベル生理学・医学賞を受賞した人物である。

問３　空気中の気体の割合は，ちっ素が約78%，酸素が約21%，二酸化炭素が約0.03%から0.04%だから，ウが選べる。

問４　二酸化炭素は無色，無しゅうの気体だが，空気よりも約1.5倍重い気体なので，エが誤りとわかる。

問５　石灰石《せっかい》にうすい塩酸を加えると，二酸化炭素が発生する。そのほか，炭酸水素ナトリウムを加熱することなどにより，二酸化炭素を発生させることができる。なお，イで発生する気体は水素，ウで発生する気体は酸素である。

問６　気象災害とは，大雨などの気象現象によって生じる災害をいい，地球温暖化が進むと，記録的なごう雨などの気象災害が起こりやすくなると考えられる。

3　ヒトのからだについての問題

問１　三大栄養素とは，炭水化物，タンパク質，脂肪《しぼう》のことをいう。なお，これらに無機質，ビタミンをあわせて，五大栄養素ともよばれる。

問２　ヒトの口からからだの中に入った食物は，Ａの食道，Ｂの胃，Ｄの小腸，Ｅの大腸の順に通るから，イが選べる。

問３　Ｆの臓器をかん臓といい，ヒトのからだの中で最も大きな臓器である。なお，Ｃの臓器はすい臓で，さまざまな消化酵素《こうそ》をふくむすい液がつくられる。

問４　血液中の不要物をこしとり，尿《にょう》をつくるのはじん臓だから，エがあてはまらない。アやイ，ウはかん臓のはたらきである。

問５　消化液により，炭水化物はブドウ糖，タンパク質はアミノ酸，脂肪は脂肪酸とモノグリセリドに分解され，小腸のじゅう毛とよばれるつくりから吸収される。

問６　じゅう毛はひだ状のつくりになっており，ひだ状にすることで表面積を広くして，栄養分の吸収の効率を上げていると考えられる。

4　風についての問題

問１　あたためられた空気は，まわりの空気と比べて軽くなる。一方で，冷やされた空気は，まわりの空気と比べて重くなる。したがって，問題文中の図１で，湯のまわりの空気は上昇《じょうしょう》し，氷のまわりの空気は下降《かこう》すると考えられるから，イが選べる。

問２　海は陸に比べてあたたまりにくいため，夏の昼間は，海よりも陸の方が温度は高くなりやすい。よって，温度が高い湯が陸を表し，氷が海を表していると考えられる。

問３　海よりも陸の温度の方が高くなると，陸側の空気が上昇し，海側から陸側へと空気の移動が起こるから，海から陸に向かって風がふくことが多くなる。

問４　夏のよく晴れた日の夜は，海側よりも陸側で宇宙空間へ熱が逃げやすくなるため，陸よりも海の方が温度は高くなることが多い。すると，問３の風の向きとは逆に，陸から海に向かって風がふきやすくなる。

問５　陸上の空気の温度と海上の空気の温度が同じになると，空気の移動が起きず，風がふきにくくなる。このように，朝方や夕方に陸上の空気の温度と海上の空気の温度が同じになり，一時的に無風の状態になる現象を，なぎという。

問６　からっ風は，冬に日本海側で雨や雪を降《ふ》らせて水分が少なくなった冷たい空気が，太平洋側へと流れこむことでふく。

国　語　＜第１回試験＞（50分）＜満点：100点＞

解　答

一 問１　(1)　せっきゃく　(2)　しせい　(3)　ささつ　(4)　はか(る)　(5)　そ(う)　問２　下記を参照のこと。　二 問１　(1)　ウ　(2)　カ　(3)　オ　(4)　ア　(5)　キ　問２　(1)　オ　(2)　ア　問３　(1)　オ　(2)　ウ　(3)　ア　三 問１　ウ　問２　ウ　問３　ア　問４　決まり悪そうに　問５　（例）　みなみが自分たちを頼ってくれたことがうれしくなったから。　問６　ウ　問７　（例）　合唱の練習のときに琴穂に直接注意したこと。　問８　ア　問９　エ　四 問１　エ　問２　ウ　問３　ア　問４　①　イ　②　オ　問５　ア　問６　ア　○　イ　×　ウ　×　エ　×　オ　○　問７　イ　問８　（例）　きつい言葉や口調で語ると受け入れてもらえなくなるから。

●漢字の書き取り

一 問２　(1)　栄転　(2)　模写　(3)　牧師　(4)　札　(5)　暮(れた)

解　説

一 漢字の読みと書き取り

問１　(1)　客に応対すること。　(2)　非常に誠実なこと。　(3)　状況《じょうきょう》を視察すること。　(4)　音読みは「ソク」で，「測量」などの熟語がある。　(5)　音読みは「エン」で，「沿岸」などの熟語がある。

問２　(1)　今までより高い地位や役職に転任すること。　(2)　芸術作品などを似せて写すこと。　(3)　キリスト教のプロテスタント教会の聖職者。　(4)　音読みは「サツ」で，「改札」などの熟語がある。　(5)　音読みは「ボ」で，「歳暮《せいぼ》」などの熟語がある。

二 ことわざの知識，対義語

問１　(1)「雨降って地固まる」は，もめごとなど悪いことがあった後に，かえってよい状態になること。　(2)「骨折り損のくたびれもうけ」は，苦労した割には成果が得られず，疲《つか》れだけが残ること。　(3)「光陰《こういん》矢のごとし」は，月日がたつのがはやいことのたとえ。　(4)「立て板に水」は，よどみなく，すらすらと話すようす。　(5)「出るくいは打たれる」は，才能があってぬきんでている人は，人からねたまれやすいという意味。

問２　(1)「鬼《おに》の目にも涙《なみだ》」は，他人をいたわる心のない者でも，ときには思いやりの気持ちから涙を流すこともあるという意味。　(2)「取らぬ狸《たぬき》の皮算用」は，まだ手に入れていないものの利益をあてにして，計画を立てること。

問３　(1)「遺失」は，置き忘れたり落としたりして物や金銭をなくすこと。対義語は，落とし物などを拾うという意味の「拾得」。　(2)「放任」は，したいようにさせて，放っておくという意味。対義語は，人のことに立ち入って従わせようとすることを表す「干渉《かんしょう》」。　(3)「落成」は，工事が完了して建築物ができあがること。対義語は，工事を始めるという意味の「起工」。

三 出典は辻村深月《つじむらみづき》の『サクラ咲《さ》く』による。マチは，学校に来ていない紙音の家に向かいながら，琴穂《ことほ》とこれまで言えなかった本音を語り合う。

問１　続く部分に注目すると，みなみが「紙音のところ，今日は私一人で行くよ。陸上部，新人戦前でみんな張りきってるから，科学部よりも終わるの，遅《おそ》くなると思う」と言っている。「新人戦に向けて」「運動部の子たちはみな，忙《いそが》しそう」な時期なので，みなみにそのように言われるのではないかとマチは察したのである。

問２　「みなみとマチは紙音の家を何度も訪ねた」が，「応対に出てくるのは～いつでも紙音のお母さんだけ」なので，紙音には会えていない。マチは，紙音が「一人きりの部屋で過ごしているのかもしれない」と想像して苦しくなっているのであるから，ウが選べる。

問３　傍線《ぼうせん》部３は，みなみが琴穂の言葉を聞いて驚《おどろ》いたようすを表している。琴穂が言った内容は，みなみが「一人でたくさんのことを抱《かか》えこんでがんばりすぎ」ているということ，「今年の新人戦」で「選手になれそう」だと聞いたということである。

問４　琴穂が「マチも，これまで，いろいろごめんね」と謝《あやま》った後のようすである。素直《すなお》に謝っているのだが，「照れくさそうに目を伏《ふ》せた」のは，これまでのことを申し訳なく思う気持ちの表れである。少し前の「マチに仕事，だいぶ頼《たよ》っちゃってたし」と告げるときの「決まり悪そうに」が同じ意味の表現である。

問５　続く部分に注目する。琴穂がみなみの代わりにマチと紙音の家に行くという申し出に，「『ありがとう』とためらいがちにお礼を言うみなみを，とてもいいと思」い，「いつもしっかりしているみなみが自分たちを頼ってくれたことが，嬉《うれ》しく」なって「頬《ほお》がゆるん」だのである。

問６　マチと琴穂が話している場面である。直前の「琴穂が言ってくれてよかった」はマチの言葉なので，それに対して返している傍線部６の言葉は琴穂のものである。

問７　「その一歩」とは，「はっきり自分の意見が言えない性格を直したい」というマチの目標への一歩である。それは，「合唱の練習」のとき，マチが「リーダーなのにちゃんとやってなかった」琴穂に注意したことを指している。

問８　続くマチの言葉に注目する。「〝いい子〟とか，〝真面目〟って言われるの，少し嫌《いや》なんだ」とある。それらは「褒《ほ》め言葉」だが，「自分の意見がはっきり言えない子だとか，面白《おもしろ》くない，楽しくない子なんだって周りから思われてるようで，心配で」「マチを息苦しくさせる言葉」なのである。したがって，アがふさわしい。

問９　直前に「絶対に人には話せないと思っていたことだったのに」とあるように，自分では言うつもりがなかったのに言葉が勝手に出てくるようすを表している。

四　**出典は古田徹也《ふるたてつや》の『いつもの言葉を哲学《てつがく》する』による。**本来の意味での「批判」を行うためにはどうすればよいかということについて説明している。

問１　直前に注目すると，傍線部１は，本文の最初にある「言い淀《よど》む時間を恐《おそ》れず，話し手と聞き手がともに言葉を探し，言葉を待つことができる場」を指していることがわかる。よって，エが選べる。

問２　傍線部２は，直前に述べられた「相手への攻撃や激しい非難といったものを意味」する言葉としての「批判」の受けとめ方を指しているのだから，批判を否定的なものとしてとらえているといえる。

問３　四つ後の段落に，「日本の社会は同調圧力が強く，空気を読むことが推奨《すいしょう》される風潮が強い」ため，「批判的検討が必要な場面でも」，「和を少しでも乱す言葉」に「皆《みな》が敏感《びんかん》になり，その場のノリに合わない言葉を発しづらくなるケース」が多いと述べられている。

問４　①「『批判』にあたる欧語《おうご》」は「否定的な批判だけではなく，事柄《ことがら》を整理して批評することや評論することといった意味も保持している」と述べた後で，その例として「哲学者カント」の主著のタイトルである『純粋《じゅんすい》理性批判』は「理性能力の～指しているわけではない」ことを説明しているので，具体的な例をあげるときに用いる「たとえば」が合う。　②「批判」においては「相手の言葉を十分なかたちで拾い上げ，それがどのような脈絡《みゃくらく》の下で発せられたのかをきちんと踏《ふ》まえたうえで応答する，ということが必要」だとし，そうすれば「批判を受ける側も～感謝する部分の方が多いだろう」と述べ，空欄《くうらん》の後では「批判を行う側にとっても～学ぶ機会になる」と述べているので，あることがらに次のことがらをつけ加える働きの「また」がふさわしい。

問５　直前に注目する。「当該《とうがい》の言動が筋の通ったものや正当なものであろうとも，逆に，筋の通らないものや不当なものであろうとも，どれも等し並みに『炎上《えんじょう》』と呼ばれる」，つまり，内容は重要視されておらず，それよりも「炎上してフォロワーが増えて良かった，チャンネルの登録者数やオンラインサロンの会員が増えて良かった」など話題性が優先されているのである。

問６　「批判は具体的にどう行うべきだろうか」とその重要なポイントをあげた後，本文の最後の段落で「私たちは自分の言葉に責任を持たなければならない」と述べているので，アはふさわしい。また，空欄①の二つ後の段落に，「皆が自分自身の考えを自由に発言できる」ようにすることで「言葉に対する批判」が「はじめて有効」になると述べられているので，オも合う。

問７　「的を射る」は，目標や要点を的確にとらえるという意味である。

問８　直後に「たとえ有益な内容の指摘《してき》であっても，不必要にきつい言葉や口調で語られては，感情的にとても受け入れられなくなる」と理由が述べられているので，ここをまとめる。

Memo

2022年度　横浜翠陵中学校

〔電　話〕　(045)921－0301
〔所在地〕　〒226－0015　神奈川県横浜市緑区三保町１番地
〔交　通〕　JR横浜線「十日市場駅」よりバス
　　　　　　東急田園都市線「青葉台駅」よりバス

【算　数】〈第２回試験〉（50分）〈満点：100点〉

1　次の □ にあてはまる数を求めなさい。

(1) $23\times4-(5\times19-35)\div15=$ □

(2) $\left(1\frac{1}{8}\div3\frac{3}{4}+\frac{2}{5}\right)\div1\frac{1}{6}=$ □

(3) $(2.3\times4.1+12.77)\div3.7=$ □

(4) $47\times2.28-20\times2.28+3\times2.28=$ □

(5) $(238+$ □ $\times14)\div20=21$

2　次の各問いに答えなさい。

問１．１から150までの整数のうち，12でわりきれる数は全部で何個ありますか。

問２．みどりさんの学校は，女子生徒の人数は全校生徒の人数の54％で，男子生徒の人数よりも32人多いです。全校生徒の人数は何人ですか。

問３．右の表は，みどりさんが受けた５回の計算テストの点数をまとめたものです。５回のテストの平均点が7.6点であるとき，３回目のテストの点数（表の空欄《くうらん》になっている部分）は何点ですか。

回	1	2	3	4	5
得点（点）	9	6		9	6

問４．分速 900m で進む列車は，１時間 30 分で何km進みますか。

問５．1200 円で仕入れた品物に５割増しの定価をつけ，いくらか値引きをして売ると利益は 240 円でした。具体的にどのような値引きをしたのか，１行程度の文章で答えなさい。

3　下の図のような道があり，AB 間は平たんな道のりが 400m，B から C へは上り坂が 280m，C から D へは下り坂になっています。たかしさんは，上り坂は平たんな道に比べて 0.7 倍の速さで，下り坂は 1.2 倍の速さでそれぞれ進みます。たかしさんが平たんな道のりを分速 80m で進むと，A から D まで進むのに 15 分かかりました。このとき，次の各問いに答えなさい。

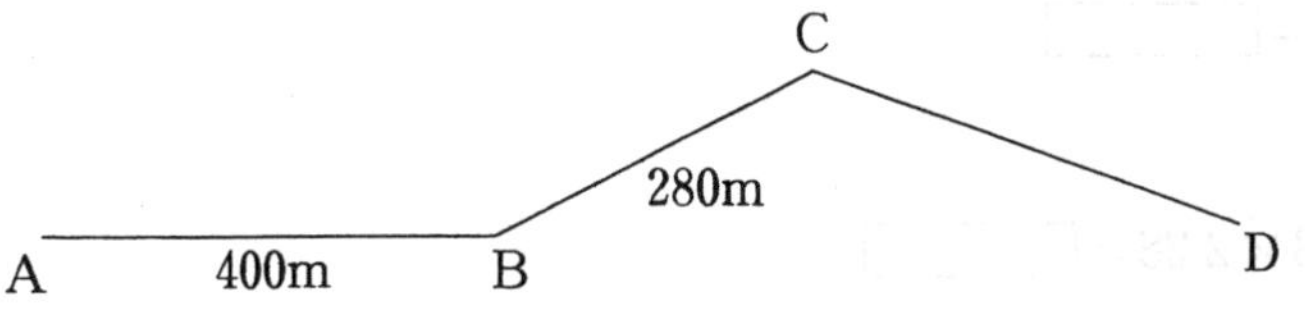

問１．たかしさんが平たんな道のりを分速 80m で進むとき，B から C まで進むのにかかる時間は何分ですか。

問２．CD 間の道のりは AB 間の道のりの何倍になっていますか。

問３．A から B，B から C，C から D について，それぞれ進むのにたかしさんがかかる時間は，平たんな道を進むときの速さに関わらず一定の関係があります。その関係を１行程度の文章で答えなさい。また，A から D まで進むのに 18 分かかるとき，A から B まで進むのにかかる時間は何分ですか。

4 下の図のように直線上に直角二等辺三角形と長方形が並《なら》んでいます。直角二等辺三角形を図の位置から秒速１cmの速さで，矢印の方向へ直線にそって動かします。このとき，次の各問いに答えなさい。

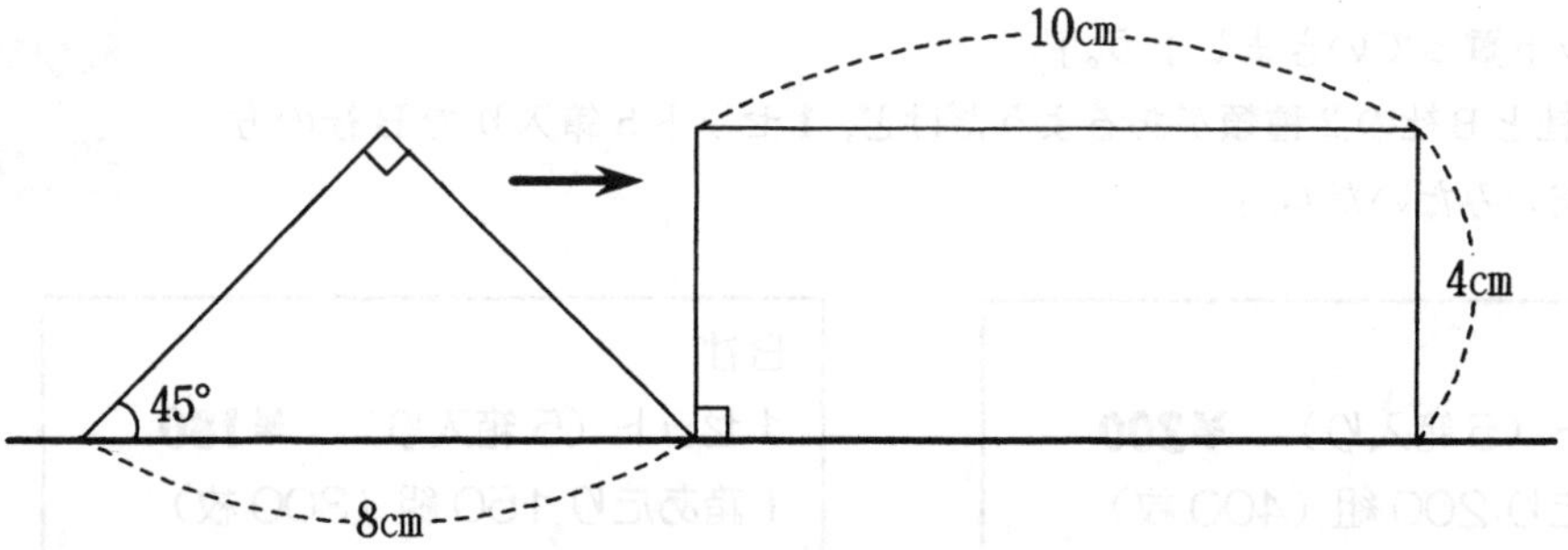

問１．動き始めてから４秒後に，２つの図形が重なっている部分の面積は何cm^2ですか。

問２．２つの図形が重なっている部分の面積が14 cm^2になるときが２回あります。それは，動き始めてから何秒後と何秒後ですか。

5 下の［**A**］は，１から順に整数を並《なら》べて，２でわりきれる数と５でわりきれる数を○で囲んだものです。［**B**］は，［**A**］から○で囲まれていない数を取り出し，小さい順に並べたものです。このとき，次の各問いに答えなさい。**問３**は考え方や式も書きなさい。

［**A**］1，②，3，④，⑤，⑥，7，⑧，9，⑩，11，⑫，13，⑭，⑮，⑯，17，……

［**B**］1，3，7，9，11，13，17，……

問１．［**B**］で，10番目の数は何ですか。

問２．［**B**］は並んだ数を４つずつ区切ることによって，ある共通点が生まれます。その共通点を１行程度の文章で説明しなさい。

問３．［**B**］で，2022番目の数は何ですか。

6 みどりさんはお母さんと買い物に来ており，ティッシュペーパー売り場の前にいます。次の会話文は，そのとき２人が話しているやりとりです。これを読んで，次の各問いに答えなさい。

みどり：「お母さん，家のティッシュペーパーがそろそろ無くなるよ。」

母：「あら，そうね。ちょうど安売りをしているようだし，ボックスティッシュを１セット買っていきましょう。」

みどり：「Ａ社とＢ社の２種類があるようだけど，１セット５箱入りでＢ社の方が安いみたいだね。」

A社
1セット（5箱入り）　**¥200**
1箱あたり200組（400枚）

B社
1セット（5箱入り）　**¥180**
1箱あたり150組（300枚）

母：「ちょっと待って。たしかに５箱の値段はＢ社の方が安いようだけど，１組(２枚)あたりの値段で比べてみたらどうなるかしら。」

みどり：「計算するね。Ａ社は，１箱あたり40円だから，１組あたりの値段は40÷200＝0.2円になるね。Ｂ社は，同じように計算すると１組あたり［　①　］円になるから，［　②　］社の方が安いと言えそうだね。」

母：「どちらがお得か，しっかりと計算して考えることが大切ね。」

みどり：「ねぇ，お母さん。こっちにＣ社の商品もあるみたいだよ。Ｂ社と同じ値段で６箱入りだって。」

母：「あら，本当ね。こっちの方がさらにお得なのかしら。」

みどり：「さっきと同じように，１組あたりの値段で比べるために，計算をしてみるね。」

C社
1セット（6箱入り）　**¥180**
1箱あたり150組（300枚）

母：「いったい，何社のものを選ぶと一番お得なのかしら。」

問１．空欄《くうらん》［　①　］に当てはまる数を答えなさい。また，空欄［　②　］に当てはまる語句をＡ，Ｂのいずれかで答えなさい。

問２．Ａ社，Ｂ社，Ｃ社の１組当たりの値段の関係を１行程度の文章で答えなさい。

【社　会】〈第２回試験〉（理科と合わせて50分）〈満点：50点〉

1　**次の日本と諸外国の関係をあらわした文章を読んで，後の問いに答えなさい。**

【Ａ】 大陸から伝わった稲作は，稲穂《いなほ》の実った部分だけを **①石包丁《いしぼうちょう》** で刈《か》り取る穂首刈《ほくびが》りで収穫《しゅうかく》しました。臼《うす》と杵《きね》を使って脱穀《だっこく》し，米は風通しの良い（　②　）に保管されました。

【Ｂ】 全国統一を成し遂《と》げた豊臣秀吉《とよとみひでよし》は，朝鮮に２度にわたって出兵しました。最初の出兵を文禄《ぶんろく》の役《えき》，２度目の出兵を（　③　）の役といいます。

【Ｃ】 大化の改新後，唐《とう》の制度にならって，人びとに一定の口分田《くぶんでん》を分け与える（　④　）の法が始まり，**⑤租《そ》・庸《よう》・調《ちょう》** という税が集められることになりました。

【Ｄ】 政府は **⑥富国強兵《ふこくきょうへい》** のため，工場をつくり，外国から新しい機械を買い入れ，技術者を招きました。特にフランスの技術を導入した群馬県の（　⑦　）製糸場《せいしじょう》が有名です。

【Ｅ】 度重《たびかさ》なる幕府の鎖国《さこく》令に対して，３万人あまりの人々が（　⑧　）をリーダーに反乱をおこしました。幕府は約12万人の大軍を送って，この反乱をしずめ，禁教をいっそう強めて **⑨鎖国を完成させました**。

問１．下線部①について，この道具の種類を，次の中から選び記号で答えなさい。

ア　打製石器　　イ　磨製《ませい》石器　　ウ　青銅器　　エ　鉄器

問２．空欄《くうらん》②にあてはまる語句を書きなさい。

問３．空欄③にあてはまる語句を，次の中から選び記号で答えなさい。

ア　大化　　イ　慶長《けいちょう》　　ウ　文永　　エ　永仁《えいにん》

問４．空欄④にあてはまる語句を，**漢字四文字**で書きなさい。

問５．下線部⑤について，これらの税のうち布や特産物をおさめる税はどれですか。

問６．下線部⑥について，富国強兵は何のために行いましたか。説明しなさい。

問７．空欄⑦にあてはまる地名を，次の中から選び記号で答えなさい。

ア　八幡《やはた》　　**イ**　石見《いわみ》　　**ウ**　富岡《とみおか》　　**エ**　夕張《ゆうばり》

問８．空欄⑧にあてはまる人名を書きなさい。

問９．下線部⑨について，幕府が鎖国中も貿易をしたヨーロッパの国はどこですか。次の中から選び記号で答えなさい。

ア　オランダ　　**イ**　イギリス　　**ウ**　アメリカ　　**エ**　フランス

問10．【Ａ】から【Ｅ】の文章を，年代の古い順に並べかえたものを，次の中から選び記号で答えなさい。

ア　Ａ－Ｅ－Ｂ－Ｃ－Ｄ　　**イ**　Ａ－Ｂ－Ｃ－Ｅ－Ｄ
ウ　Ａ－Ｃ－Ｅ－Ｂ－Ｄ　　**エ**　Ａ－Ｃ－Ｂ－Ｅ－Ｄ

2　次の文章を読んで，後の問いに答えなさい。

2021年，東京オリンピック・パラリンピックが開催《かいさい》されました。次の白地図は，競技《きょうぎ》が行われた都道府県をあらわしています。白地図に関する下記の説明文を読んで，後の問いに答えなさい。白地図**Ａ～Ｆ**と説明文**Ａ～Ｆ**は，それぞれ対応しています。

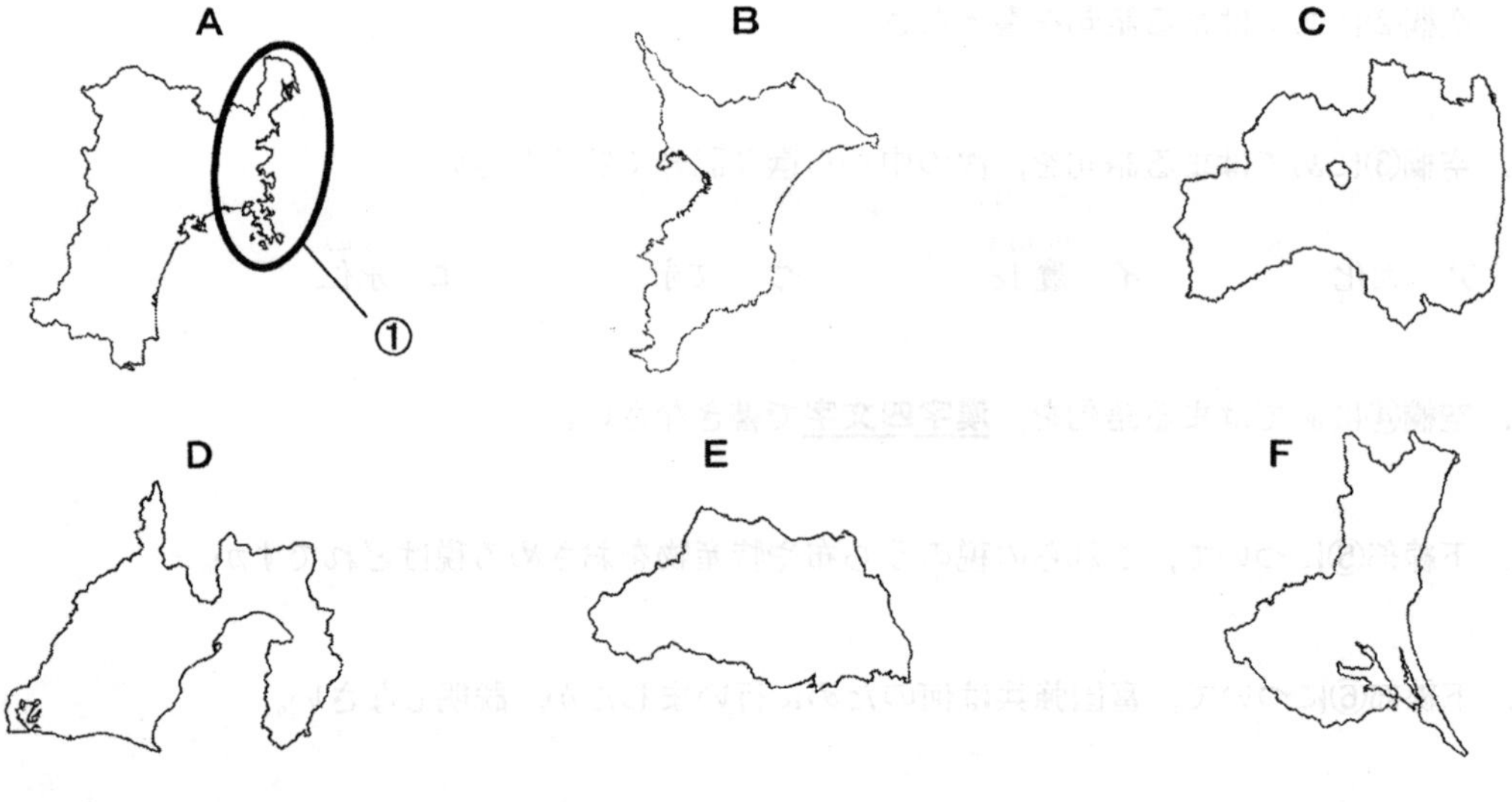

A　稲作や **②水産業**がさかんな都道府県で，仙台市を中心に東北四大祭りの七夕《たなばた》祭りが行われています。また，日本三景の１つの松島があります。

B　沖合漁業がさかんで，**③水揚《あ》げ量が日本第一位の漁港**がある都道府県です。

C　ももの生産量が日本第二位の東北地方にある都道府県です。この都道府県には猪苗代《いなわしろ》湖があり，**④水力発電**に利用されています。

D　東海工業地域にある都道府県で，浜松市では楽器やオートバイの製造がさかんです。

E　**⑤近郊農業**がさかんな関東地方にある都道府県で，秩父《ちちぶ》ではセメントの生産がおこなわれています。

F　霞ヶ浦《かすみがうら》のある都道府県で，農業がさかんな一方，臨海《りんかい》部には工業地域がつくられています。また，日本三名園の１つの偕楽園《かいらくえん》が，県庁所在地の水戸にあります。

問１．地図**A**の①は，せまい湾が複雑に入り組んでいる海岸となっています。この海岸を何と言いますか。

問２．下線部②について，**A**の都道府県でさかんに養殖《ようしょく》をされている水産物を，次の中から選び記号で答えなさい。

ア　ウナギ　　**イ**　エビ　　**ウ**　カキ　　**エ**　マグロ

問３．下線部③について，この漁港名を書きなさい。

問４．下線部④について，水力発電に**関係ないもの**を次の中から１つ選び，記号で答えなさい。

ア　大気汚染を引き起こす。
イ　水害防止の役割も持つ。
ウ　化石燃料を必要としない。
エ　発電所を建設する際にまわりの森林を破壊する。

問５．下線部⑤について，近郊農業とはどのような農業ですか。説明しなさい。

問６．**C**・**D**・**F**の都道府県名を，それぞれ**漢字**で書きなさい。

3 次の文章を読んで，後の問いに答えなさい。

昨年 2021 年 12 月 8 日は，日本が真珠湾《しんじゅわん》を攻撃してから 80 年目にあたる日でした。これにより日本が参戦することになった第二次世界大戦は，1945 年 8 月に日本が（　①　）宣言を受諾《じゅだく》して終わりました。

その後，日本を占領した GHQ の指示で，日本政府は新しい憲法の制定に着手しました。そして 1946 年（　②　）に日本国憲法が公布されました。

日本国憲法の三大原則は，（　③　）の尊重，（　④　），⑤**平和主義**です。また，憲法に書かれている国民の三大義務は，子どもに普通教育を受けさせる義務，（　⑥　）の義務，納税の義務です。

問１．空欄①にあてはまる語句を**カタカナ**で書きなさい。

問２．空欄②にあてはまる月日を次の中から選び，記号で答えなさい。

ア　2 月 11 日　　**イ**　8 月 15 日　　**ウ**　9 月 23 日　　**エ**　11 月 3 日

問３．空欄③・④・⑥にあてはまる語句を**漢字**で書きなさい。

問４．下線部⑤について，

(1)　平和主義が書かれているのは憲法第何条ですか。

(2)　日本国憲法で説《と》かれている平和主義とは具体的にはどのようなことですか。説明しなさい。

【理　科】〈第２回試験〉（社会と合わせて50分）〈満点：50点〉

《注意事項》 字数制限のあるものは，原則として句読点も一字に数えます。

1 図１，図２のような，回路をつくりました。後の問いに答えなさい。

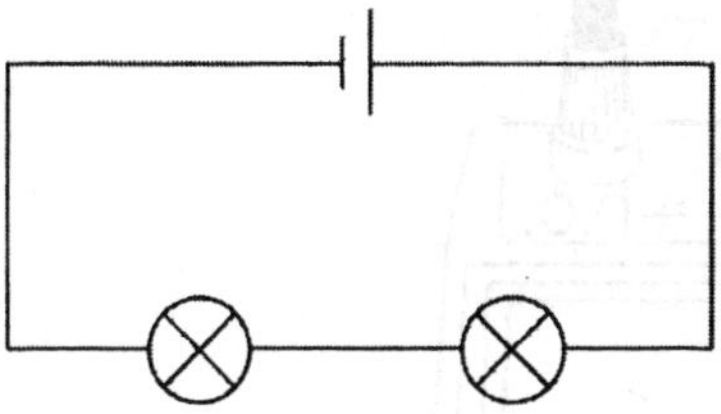

図１

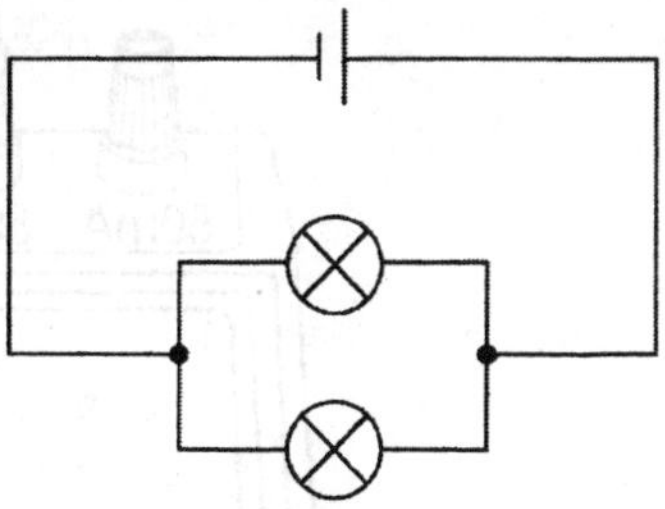

図２

問１．図１，図２の回路中の電気用図記号 ⊗ は，何を表しますか。

問２．電流は，乾《かん》電池の何極から何極へ流れますか。

問３．乾電池が長持ちするようなつなぎ方は図１，図２のどちらですか。図の番号で答えなさい。

問４．図１の回路に，乾電池をもう１つ加えました。乾電池を直列につないだときと並列につないだときで，⊗ の明るさはどのように変化しますか。40 字以内でそれぞれ説明しなさい。

問５．電熱線に流れる電流の大きさを測定するために，図３のように乾電池，電熱線，電流計を準備しました。図３に導線を書き加え，回路を完成させなさい。

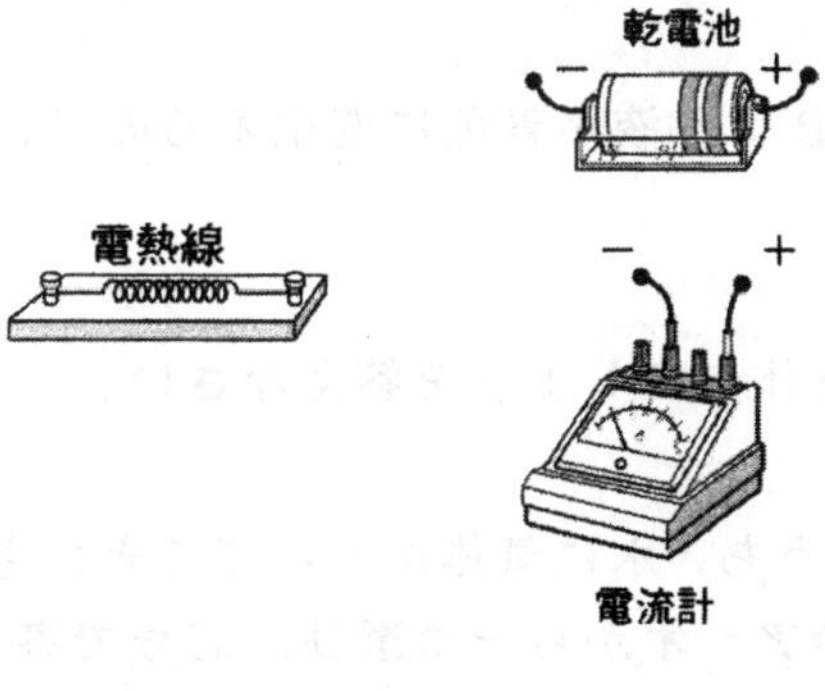

図３

問６．**問５**で測定した電流の大きさは，**図４**のようになりました。電流計の読みは何 mA ですか。

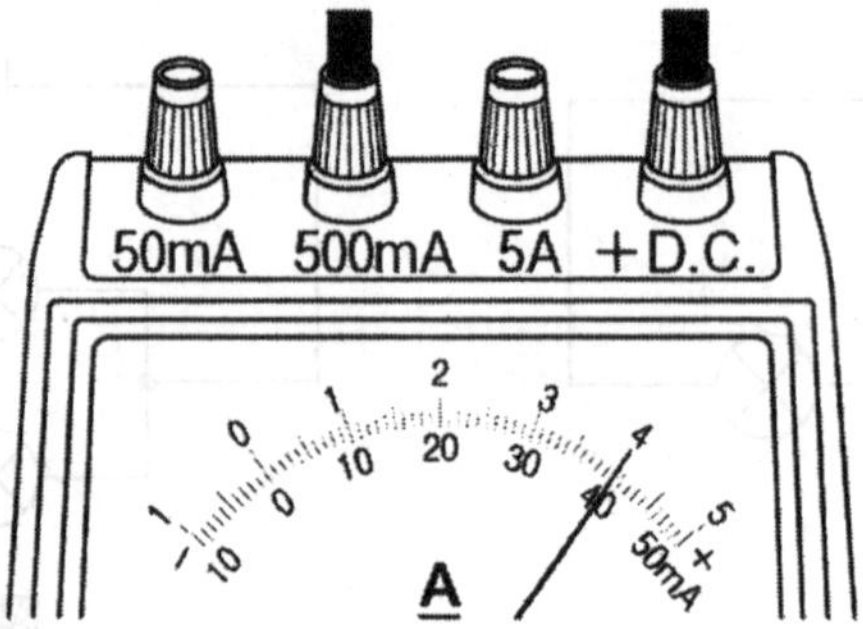

図４

2 次の５種類の水よう液**A**～**E**は，砂とう水，炭酸水，水酸化ナトリウム水よう液，うすい塩酸，石灰水のいずれかです。これらの水よう液について，**実験Ⅰ**～**Ⅳ**をそれぞれ行いました。後の問いに答えなさい。

実験Ⅰ　BTBよう液を加えると，**C**と**E**の水よう液は青色，**B**と**D**の水よう液は黄色に変化した。

実験Ⅱ　**D**を加熱して出てきた気体を**C**に通すと，白くにごった。

実験Ⅲ　蒸発皿に水よう液を数てき入れて加熱すると，**A**，**C**，**E**は白いものが残るが，**B**と**D**は何も残らなかった。

実験Ⅳ　金属のあえんに**B**を加えると，気体が発生した。

問１．**実験Ⅰ**で加えたBTBよう液が青色に変化するのは，水よう液が何性のときですか。

問２．**実験Ⅳ**で発生した気体の名しょうを答えなさい。

問３．５種類の水よう液のうち，水に気体がとけてできたものが２つあります。正しい組み合わせを，次の**ア**～**オ**から一つ選び，記号で答えなさい。

ア　砂とう水　と　炭酸水

イ　砂とう水　と　水酸化ナトリウム水よう液

ウ　うすい塩酸　と　水酸化ナトリウム水よう液

エ　炭酸水　と　石灰水

オ　炭酸水　と　うすい塩酸

問4．実験から水よう液**A**，**B**，**C**の名しょうを答えなさい。

問5．水よう液の性質の調べ方として，においの有無を確認する方法があります。水よう液のにおいをかぐときに，どのようなことに注意をするとよいですか。15字以内で説明しなさい。

3 発芽に必要な条件を調べるために，インゲンマメの種子を使い，水分，温度，空気にふれる，光などのさまざまな条件を変えた**容器A～F**を用意しました。数日後，**容器A**と**容器E**のみで発芽が観察されました。後の問いに答えなさい。

条件＼容器	A	B	C	D	E	F
水分	あり	なし	あり	あり	あり	なし
温度	25℃	25℃	0℃	25℃	25℃	0℃
空気	ふれる	ふれる	ふれる	ふれない	ふれる	ふれない
光	あり	あり	あり	あり	なし	なし

問1．発芽する条件として，水分が必要であることを確かめるには，どの容器とどの容器を比べるとよいですか。**A～F**の記号で答えなさい。

問2．発芽する条件として，光が必要でないことを確かめるには，どの容器とどの容器を比べるとよいですか。**A～F**の記号で答えなさい。

問3．**容器A**と**容器C**を比べると，発芽の条件として何が必要であることが確かめられますか。

問4．インゲンマメは発芽に必要な養分を胚《はい》ではなく，子葉にたくわえています。このような特ちょうをもつ種子を何といいますか。

問5．**問4**の種子であるものを，次の**ア～エ**から一つ選び，記号で答えなさい。

ア　トウモロコシ　　**イ**　イネ
ウ　ムギ　　**エ**　エンドウ

問6．インゲンマメは被子《ひし》植物の中でも，双子《そうし》葉類に分類されます。双子葉類の発芽のようすを15字以内で説明しなさい。

4 2021年8月に小笠原《おがさわら》諸島の海底火山である「福徳岡《ふくとくおか》ノ《の》場《ば》」がふん火しました。このときふん出した大量の軽石が沖縄《おきなわ》周辺にひょう着するようになり，船の往来，漁業，観光等に様々なひ害が生じています。

次の**図1**は，火山とその地下のようすを模式的に表したものです。また**図2**は，ふん出した軽石を表したものです。後の問いに答えなさい。

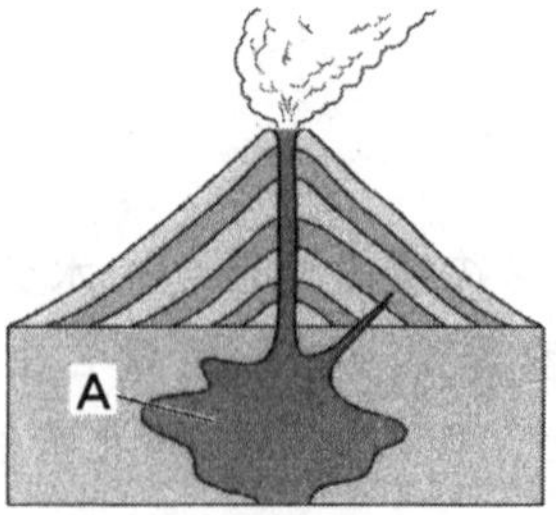

図1

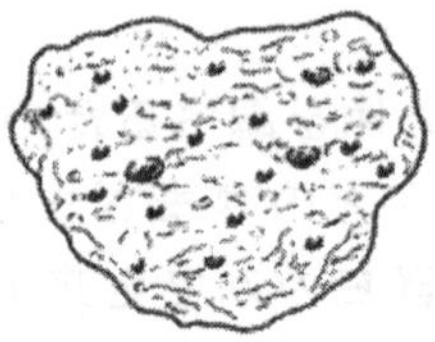
図2

問1．火山のふん火とは関係がないものを，次の**ア**～**エ**から一つ選び，記号で答えなさい。

ア　流れ出たよう岩が固まって，山ができる。

イ　流れ出たよう岩が川をせき止めて湖ができる。

ウ　ふき出したけむりが積乱雲に発達し，局地的な大雨が降る。

エ　ふき出した火山灰が広い範囲《はんい》に降り積もり，田畑の作物にひ害が出る。

問2．**図1**の**A**は，岩石がとけてどろどろになった高温のものです。**図1**の**A**の名しょうを答えなさい。

問3．**図2**の軽石は，白っぽく，表面には小さな穴がたくさんあいています。表面に穴があいている理由を，20字以内で説明しなさい。

問4．火山灰にふくまれているつぶの特ちょうとして，もっとも適当なものを，次の**ア**～**エ**から一つ選び，記号で答えなさい。

ア　つぶの直径が大きく，形はまるみをおびている。

イ　つぶの直径が大きく，形は角ばっている。

ウ　つぶの直径が小さく，形はまるみをおびている。

エ　つぶの直径が小さく，形は角ばっている。

問5．ふん火時にふん出したよう岩のかたまりや火山灰，軽石などが，火山ガスとともに山のしゃ面を流れ落ちる現象を何といいますか。

問6．火山の熱エネルギーはどのようなことに利用されていますか。具体例を一つ答えなさい。

問七 ――線部６「本質的にはおかしい」とありますが、その説明としてもっともふさわしいものを次の中から選び、記号で答えなさい。

ア 自然の生態系に組み込《こ》まれている野生動物を食べることより、生態系の枠《わく》の外で食べるためだけに動物を飼育することの方が身勝手で、残酷《こく》なことである。

イ 人間が野生動物を食べるのは生態系の中で自然なことであるのに、自然を守るという目的で家畜《ちく》を飼育することによりかえって自然環境を破壊してしまっている。

ウ 環境破壊による被害《ひ》を直接受けない西洋人の考え方が世の中を動かしているが、野生動物が多く生息している地域の考えこそ優先すべきである。

エ 野生動物も人間が飼育する家畜もいのちの尊さは同じであり、野生であるかどうかでいのちの重さを区別するのは人間の自己中心的な考えであり間違《ちが》っている。

問八 次の図は本文で説明されている「農耕と人口の関係」についてまとめたものです。図中の［Ｉ］・［Ⅱ］に当てはまるものをそれぞれ後の**ア**～**オ**の中から選び、記号で答えなさい。

農耕の発達
⬇
食糧の増加
⬇
［Ｉ］
⬇
生産性向上の必要性
⬇
［Ⅱ］
⬇
さらなる食糧の必要性

ア 家畜の減少　**イ** 労働力の確保　**ウ** 牧草確保の必要性　**エ** 農業技術の発達　**オ** 人口増加

問二 ――線部2「技術」とありますが、その説明としてもっともふさわしいものを次の中から選び、記号で答えなさい。

ア 人間の食べる楽しみを支える食材を大気中の物質から創り出す技術。
イ 人間の生存にとって必要な栄養素や薬を人工的に創り出す技術。
ウ 薬の製造のために大量の野生生物を殺さずに済む技術。
エ 絶滅種を出すことなく環境保護を促進する技術。

問三 ――線部3「それは理屈でなく気分である」とありますが、ここからわかる筆者の考えとしてもっともふさわしいものを次の中から選び、記号で答えなさい。

ア 明確な理由もなくただかわいそうという感情だけで野生生物を守ろうと主張する人々を非難し、建設的な議論を目指している。
イ 野生生物の保護と人間の幸福はもともと両立できないということを多くの人が理解していない現状を、残念に思っている。
ウ 人間の利益を優先的に考え安易《い》に野生生物との共存をはかろうとしているかぎり、課題を解消することは難しい。
エ 正当な根拠をもとに話し合っても解決できないので、細かいことにこだわらない方が野生生物保護への意見はまとまりやすい。

問四 [①]・[②]に当てはまることばとしてふさわしいものをそれぞれ次の中から選び、記号で答えなさい。

ア そして　**イ** あるいは　**ウ** しかし　**エ** たとえば　**オ** つまり

問五 ――線部4「環境を考えるうえで一番の問題は人口問題である」とありますが、筆者がまず考えるべきだと思っていることを「衣食住」ということばを用いて、三十字以内で答えなさい。

問六 ――線部5「寿命は短くても生態系の中で非常に優雅な暮らしをしている」とありますが、その理由を本文中から十字以内でぬき出して答えなさい。

物は＊駆逐《くちく》される。

西洋人は、「野生動物を食べることはいけないが、人間が飼育しているウシを食べたりヒツジを食べたりするのはいい」とよくいう。これは6本質的にはおかしい。本来は、野生動物の個体数回復の範《はん》囲内で野生動物を食べるのが一番いいに決まっている。野生動物が棲《す》んでいた場所を潰《つぶ》して牧場を作り、ヒツジやウシを飼育して食べているというのは結果的に野生動物を絶滅させていることと同じだ。

いずれにせよ、野生動物を食べて人間が生活するためには、七六億という人口は多過ぎる。せいぜい六億ぐらいになれば、地球環境と人間は、うまく調和を保って生きることができるだろう。つまり、衣食住が足りて、なおかつ環境を守っていこうとするならば、人口を抑《おさ》えることが大切なのである。

バイオテクノロジーを駆使して、とにかく収量のいい作物を数多く作らないことには、地球の人口が一〇〇億になった時にみな飢えて死んでしまうと主張している人がいる。しかし、収量が多い作物を作れば作るほど、そのぶん人口も増えるため、いつまで経《た》っても人口増加と食物増加のいたちごっこが続く。ある程度人口を抑える努力をしないと、環境問題は永遠に解決しない。

〔池田清彦『初歩から学ぶ生物学』（KADOKAWA）による〕

（注）　＊シンパシー……共感・同情
＊グローバル・キャピタリズム……世界資本主義
＊駆逐……追いはらうこと

問一　――線部１「すべての生物を守るべきだ」とありますが、その理由としてもっともふさわしいものを次の中から選び、記号で答えなさい。

ア　野生動物の保護は、食物連鎖《さ》の仕組みを保つために必要だから。
イ　たとえ有害な生物であっても、研究を促《そく》進させる点では役立つから。
ウ　今は無害な生物種でも、将来的に有害種へと変異することも考えられるから。
エ　現時点で無益な存在であっても、将来の資源となる可能性があるから。

アメリカの生態学者の間では、昔《むかし》からよくいわれることだが、結局、4環境を考えるうえで一番の問題は人口問題である。これは日本ではあまり語られない。「人口が減ったために年金負担者が減って困る」などといわれているが、人口が減って困るとはヘンな理屈である。グローバルに考えると、同じ資源があれば人口が少ないほうが一人当たりのゆとりは大きい。人口が多くないと困るというのは、社会システムがどこかおかしいというほかはない。

「少子化はいけない」というのは＊グローバル・キャピタリズムの延命のためには労働者と消費者が右肩《かた》上がりに増大する必要があるからで、生態学的には人口が少ない方がベターであるのは言うまでもない。

人口を増やそうとノーテンキなことが言えるのは、日本には飢えて死ぬような人はあまりいないからだ。しかし、アジアやアフリカの一部の国では、実際に飢えて死んでいく人がいる。まずはいかにして人口をある程度まで減らし、どうやってすべての人たちにうまく衣食住が行き渡《わた》るような世界を作るかを考えなければならない。

現在の世界の人口が七六億というのはどう考えても多過ぎる。農耕文化がなかった頃《ころ》、つまり一万年以上前の地球の人口は、数百万人から一〇〇〇万人に満たないレベルだったといわれている。現在でも、ちょうど一万年前と同じレベルの狩猟《しゅりょう》採集生活をしている人たちの記録を見ると、5寿《じゅ》命《みょう》は短くても生態系の中で非常に優雅《が》な暮らしをしているようだ。

狩猟採集民は、一日に三時間ほどしか働かないらしい。山の中には何かしらの食物があるので、人口が一定以上増えなければ、必要最小限のものだけを取れば事足りる。採集に二時間、調理に一時間程度の時間があれば充分で、あとはやることがないからごろごろして遊んでいる。雨が降れば仕事もしない。一日一〇時間以上も働かされるような現代のサラリーマンに比べれば、はるかに優雅で理想的な生活である。そのような生活がなぜできたのかといえば、それは人口が少ないからである。農耕がなければ生態系の収容力以上の人口は養えない。

ところが、農耕という文化が起こって食糧が増えはじめると、人口も増加しはじめた。生産性を拡大するためには人手が必要になり、人口を増やすためには食物が必要となる。新しい農地ができれば食物が増え、その結果、人口がさらに増える。このように農耕が始まって以来、地球の人口はあっという間に増加していった。

人口が増えれば、環境が破壊《かい》されるのは当然である。北アメリカに人間が渡ったのは今から一万五〇〇〇年ぐらい前、その後、南アメリカにも侵《しん》入し、約一万二〇〇〇年前には南アメリカの末端まで行ったといわれている。その間に、アメリカの野生動物は凄《すさ》まじい勢いで絶滅《めつ》した。人間が自分の生存圏《けん》を拡大したために、野生動物と競合して彼らを殺してしまったのである。そういう意味では、人間がいる限り、野生動物との共存はなかなか難しいが、その難しさの根本には、やはり人口増加がある。人口が増え、野生動物が棲《せい》息していた森を畑にしたり牧場にしたりすれば、野生動

はバカげているが、「人間がある程度幸福で、普通の人が普通に生きていける限りは、野生生物もやはりいたほうがいい」と考える人が多いと思う。3それは理屈でなく気分である。

環境問題は、あまり厳密に理屈を突《つ》き詰《つ》めると極端な話になってくる。結局、人間や生物とは何かという問題と同じように、いい加減なところで適当にやるしかないのである。生物は、厳密に理屈どおりに生きているわけではない。いい加減なところで、失敗したらまた適当にやろう、傷付いたらそれを適当に治そうというやり方をとっている。人間は怪我《けが》をしても治るけれども、傷跡《あと》が残ったりして完全にはもとに戻《もど》らない。それでも死ぬまでは適当に生きている。

環境もこれと同じで、環境問題を原理主義的に捉《とら》えるとろくなことがない。[①]、ある生物を天然記念物と決めたら、徹《てっ》底的に守って一匹《ぴき》たりとも捕《と》ってはいけない、あるいは捕った人間は死刑にしろということにもなりかねない。人間中心原理主義の場合は、環境など守らなくても、人間が生きていければそれでいいだろうとなってしまう。そういった極端な考え方をもつ人間同士が喧嘩《けんか》をすると妥《だ》協がない。人間は大事なのだが、人間にある程度衣食住が足りているという前提のうえで環境を守るという議論にする他はないわけである。

環境問題とは、人間の問題でもあり、他の生物と人間の付き合い方をどうするのかという問題でもある。そういう意味では、自分と他の人たちとの付き合いをどうするのかということと同じといえる。一般《ぱん》の人は、まずは自分が生きることが最優《ゆう》先ではあっても、自分がある程度うまくいっているなら、他の人がまともに生きられるように支援《えん》したり、少なくとも「まともに生きられるのであれば、まともに生きたほうがよい」と考えるのが普通である。それは、人間が生物として持っている根底的な何か——倫《りん》理というか、共存原理というか、エールの交換《かん》のようなものである。しかし、それもやはり衣食住が足りているという前提があってのことにすぎない。

食うや食わずで本当に困っている人に、「倫理を守れ、道徳を守れ」というのは無理である。「他人の食糧《りょう》を取って食べてはいけない」といわれようと、食べなければ死んでしまうという状況《きょう》であれば、取って食べるのは仕方のない話であろう。[②]、ある程度衣食住が足りている人ならば、他人のことを考える余裕《ゆう》もできる。

野生生物や生態系の保護についてさかんに騒《さわ》いでいるのは、主に先進国の人間たちである。彼《かれ》らは自分たちが衣食住に困らないからこそ、野生生物を守ろうといえるのであり、またそこに*シンパシーを感じる人も出てくる。ところが、アフリカで飢餓《きが》に苦しんでいる人に、「木を切るな」「野生動物を食べるな」といっても、「木を切らなければ燃料がない」「動物を食べなければ死んでしまう」といわれればどうしようもない。飢《う》えている人にとっては、環境問題など知ったことではないというのは当然であろう。

このように考えると、環境問題とは生物学上の問題というよりも、社会のグローバルな経済システムや政治システムに絡《から》んでくる問題なのである。

問九 [　　] に当てはまるものとしてもっともふさわしいものを次の中から選び、記号で答えなさい。

ア 人は背負うものがあるからこそ強くなれるんだ
イ 人は挑むことで自分を変えることができるんだ
ウ 人は努力したら必ず合格することができるんだ
エ 人は悩み涙を流すことによって自分を磨《みが》くんだ

四 **次の文章を読んで、後の問いに答えなさい。なお、問いに字数指定がある場合は、句読点なども一字分に数えること。（本文を一部改変した箇《か》所がある。）**

生物多様性を守ろうとの議論のひとつに、野生生物は遺《い》伝子資源であるとする考え方がある。地球上には人間にとって何の役にも立たないように見える生物種が膨《ぼう》大にあるが、もしかしたらそのような生物が、将来の資源になるかもしれない。何の役にも立たないと思っていた鳥や虫が、非常に有用な薬を作るための遺伝子資源になるかもしれない。だから、何もわからないうちは、1すべての生物を守るべきだという考え方である。

しかし、その論拠《きょ》だけで環《かん》境を守るのはなかなか難しい。極端《たん》なことをいえば、遺伝子組み換《か》え技術がどんどん進歩して、それらを使って必要なものはすべて合成できるようになれば、野生生物から薬を取る必要はなくなる。食物についても、大きな工場を海のそばに建て、人工光合成をすれば事足りるという話になりかねない。技術さえあれば、地球上に大量にある窒《ちっ》素や炭酸ガスや水をもとにして、それらを適当にミックスしてやれば、理論的には肉でも何でも作ることができるはずだ。

これが極端になれば、2技術さえあれば「野生生物など単に人間の娯《ご》楽のためだけにいればよいのであって、それ以外の生物などは保護する必要はない」という話にもなりかねないのだ。しかし、普《ふ》通の人ならば、人間が生きることが一番大事なのだが、「ある程度以上の生活が確保できるのであれば、人間の勝手な欲望のために、他の生物を必要以上に殺す権利はあるのか」と考えるだろう。

「環境が一番大事だ」という人もいるかもしれない。しかし、そう考えているのは人間である。人間という視点をなくせば、保全とか保護とかいう主張も成り立たなくなり、ただ自然があるだけだという話になってしまう。

人間中心主義的に、「すべては人間のためにあるものだ」と考える方が理屈《くつ》は通る。しかし、普通の人は、自分の生活がおびやかされない限り、「野生生物だっていないよりは、いるほうがいいのではないか」と考えるだろう。「野生生物を守るためには、人間が死んでもいい」という環境原理主義

問五　――線部５「コップに浮かぶ氷がぶつかり、カランという小さな音を立てた」とありますが、この表現の説明としてもっともふさわしいものを次の中から選び、記号で答えなさい。

ア　自分の本心を先生に理解してもらえず、不快な気持ちにさせてしまったことでその場の雰《ふん》囲気が冷たくなったことを表している。

イ　これまで誰にも話すことができず一人で悩《なや》んでいたが、先生にすべて打ち明けようと気持ちが転換《かん》したことを表している。

ウ　話し始めることができないでいた俊介の固まった心を溶《と》かし、すべての告白を促《うなが》すような先生の優《やさ》しさを表している。

エ　なかなか話し始めることができない俊介と、早く話を聞きたい先生の間に流れる沈黙の長さを表している。

問六　――線部６「喉が詰まった」とありますが、その理由としてもっともふさわしいものを次の中から選び、記号で答えなさい。

ア　自分にとって大きな苦しみを伴《ともな》う内容のため、話し続けることがつらくなってしまったから。

イ　周囲の大人たちの自分に対する冷たい態度に、耐えきれなくなってしまったから。

ウ　誰も自分を責めず、みんなが自分に親切にしてくれることが息苦しかったから。

エ　罪の意識のために泣きすぎてしまい、次の言葉を探《さが》せなくなってしまったから。

問七　――線部７「金の角」とありますが、その説明としてもっともふさわしいものを次の中から選び、記号で答えなさい。

ア　どんな困難な状況の中でも立ち止まることなく、周囲の誰にも絶対に負けまいとする闘《とう》争心。

イ　たとえ才能がなくても、高い目標を持って競《きそ》い合い頑張り続けることで得《え》られる自尊心。

ウ　あきらめたり、限界を決めたりせずに、自分を信じて必死に伸びていこうとする先にある可能性。

エ　他の人に絶対に負けないという気持ちを忘れずに、ひたすら努力をすることで育まれる人間性。

問八　――線部８「小さな棘がびっしりと付着した言葉」とありますが、それを説明した次の文の□に当てはまることばを五字以内で書きなさい。

・人を□言葉。

十二歳でそんな気持ちになれる中学受験に、意味がないわけがない」

先生はそう言って微笑《ほほえ》むと、そろそろ塾に戻るぞと立ち上がった。

［藤岡陽子『金の角持つ子どもたち』（集英社）による］

問一 ――線部１「こだわる理由」とありますが、その説明としてもっともふさわしいものを次の中から選び、記号で答えなさい。

ア 日本で一番難しい中学校に合格することが、自分の力を認めてもらうきっかけになると思ったから。

イ 日本で一番難しい中学校に合格することが、両親に許してもらうきっかけになると思ったから。

ウ 日本で一番難しい中学校に合格することが、自分がまちがっていないという証明になると思ったから。

エ 日本で一番難しい中学校に合格することが、妹を守れる強い兄だという証明になると思ったから。

問二 ――線部２「心が破裂しそう」とありますが、その説明としてもっともふさわしいものを次の中から選び、記号で答えなさい。

ア 自分一人では抱《かか》えきれなくなりそうだということ。

イ 自分を誤魔化してしまいそうになるということ。

ウ 安易《い》な方向に流されてしまいそうになるということ。

エ 恐《おそ》ろしさに耐《た》えきれなくなりそうだということ。

問三 ――線部３「両目を大きく見開いた」とありますが、この時の「加地先生」の気持ちとしてもっともふさわしいものを次の中から選び、記号で答えなさい。

ア 衝撃《しょうげき》　**イ** 感激《げき》　**ウ** 非難　**エ** 興奮《こうふん》

問四 ――線部４「おれは……自分が嫌いです」とありますが、その理由としてふさわしいものを次の中からすべて選び、記号で答えなさい。

ア つらい話をするとすぐに泣き出してしまうこと。

イ 妹の病気の原因を作ってしまったこと。

ウ 母親を喜ばせることができないこと。

エ 思うように成績が上がらないこと。

オ 両親に真実を話す勇気がないこと。

の間でも話題になってるくらいだ。でも今日、おまえがどうしてこんなに頑張れるのかがわかったよ」

先生はいったん口をつぐみ、静かに息を吐《は》き出した。

「俊介おまえ、しんどい人生だな」

先生の言葉を聞いたとたん、涙がまた溢《あふ》れてきた。抑《おさ》えようとして、でもどうやっても泣き声が漏《も》れ出てしまう。先生の言ったとおりだった。これまでずっとしんどかった。でもしんどいなんてことを口にしたらいけないと思っていた。自分が弱音を口にするなんて許されないと、怯《おび》えていた。

先天性風疹症候群という病気を初めて知った時。幼稚園での記憶《おく》が、その病気と結びついた時。そこからほんとに……しんどくてたまらなかった。だから頑張るしかなかったのだ。必死に頑張って、美音を守れる強い兄ちゃんになって、それだけが自分のできる精一杯《ぱい》だと思って生きてきた。でもサッカーがだめになって、もうどうすればこれ以上頑張れるのかわからなくなった時に、東駒のことを倫《りん》太郎《ろう》から聞いた。日本で一番難しい中学校に挑《いど》んで、もし合格したなら、自分を許せるかもしれないと思ったのだ。

「なあ俊介、その年でそんな大きなものを背負うなよ。……おまえの気持ちが、おれにはわかるよ。先生にも守らなきゃならない家族がいる。でもおまえはその年で、そんな大きなものを背負う必要はない」

先生の手がテーブルの向こう側から伸びてきて、俊介の頭をそっとつかむ。

「俊介は賢《かしこ》い。努力もできる。ただ東駒は最難関だ。あと半年でおまえの学力が東駒レベルまで上がるかどうか、正直なところおれにもわからない。でもこの受験がおまえを少しでも楽にしてくれるなら、おれも全力で教える。応援《えん》するんじゃなくて一緒に挑戦する」

俊介はテーブルの上に置いてあったおしぼりを手に取って、両目に強く押《お》し当てた。それからおしぼりで頬を拭い、鼻水を拭い、口元を拭ってから前を向いた。目を開くと、いままで涙で歪《ゆが》んでいた先生の顔がはっきり見えた。

「先生は……中学受験をすることに意味があると思いますか？」

みんなに、ここまで過酷《こく》な受験勉強をさせることに納《なっ》得できないの。

だって六年生の夏休みは、人生で一度きりしかないんだから。

中学受験なんてなんの意味もないって言ってたぞ。

金と時間を使って塾に通っても、合格しなかったらどうせ広綾《りょう》中に行くんだ。

勉強を頑張りたいなら、中学に入ってからでも遅くないって。

頭の中にこびりついて離れなくなっていた豊田先生や智也《ともや》のお父さんの言葉を、俊介はもう一度口の中で唱えてみた。俊介の胸を刺《さ》す、8小さな棘《とげ》がびっしりと付着した言葉。

「もちろんだ。じゃないと、中学受験の塾講師なんてやらないだろう？　おれは、中学受験には意味があると思ってる。［　　　　］。

偶《ぐう》然、聞いてしまったのだ。

四年前の夏の日、家族で征《せい》ちゃんのおじいちゃんの牧場に遊びに行った時に大人たちが話をしているのを、耳にしてしまった。

――わかったわ。征にも厳しく言い聞かせとく。でも……美音ちゃんの難聴の原因が、幼稚園で流行《はや》った風疹だったってこと、誰が広めたのかしらね。幼稚園で風疹が流行ることなんてよくあることなのに……。誰も悪くないのに、本当に酷《ひど》い噂《うわさ》話をする人がいるわね。

プール遊びをしていて、全身から水滴《てき》を滴《したた》らせ、俊介は居間の縁《えん》側に上半身を乗り出していた。お母さん、水鉄砲《ぼう》取って。そう叫《さけ》ぼうとしたら、征ちゃんのお母さんの言葉が、聞こえてきた。言っていることの意味はよくわからなかったのに、自分にとってとても怖《おそ》ろしい話だということはわかった。「誰も悪くないのに」の「誰も」は、自分のことなのだと、なぜか直感で気づいた。「俊ちゃんは悪くないのに」と、おばさんは言いたかったのだ。

テーブルの隅《すみ》に視線を落としたまま黙りこくっていると、

「おまえが入塾《じゅく》テストを受けた時、担当していたのはおれだったんだ。憶《おぼ》えてるか?」

と加地先生が聞いてきた。下を向いたまま、俊介は頷く。

「入塾テストの結果を、おれからおまえのお母さんに説明したんだ。何点だったかな? 点数ははっきりと憶えてないけど、あんまり良くはなかったな。それでお母さんもえらく恐《きょう》縮してて、これじゃあ入塾は無理ですね、って帰ろうとしてたんだ」

その話はお母さんから聞いた気がする。でも帰ろうとしたことは、知らなかった。

「おれはおまえを合格にした。合格点には達してなかったけど、そんなことは正直なところさほど関係ない。成績《せき》が伸《の》びるかどうかは、その時点の学力よりもむしろ、子どもの性質を重要視するところがあるんだ。それでおれは、おまえなら絶対に伸びると思った。こういう仕事をしていると、時々巡《めぐ》り合うんだ。黙っているのに顔から、全身から、負けん気が立ちのぼっているような子に出逢《あ》う。おまえはそんなやつだった。そういう子どもには必ず、金の角が生えてくる。だからおれはおまえに、勉強を教えてみたいと思った」

知らない間に頬《ほお》を伝っていた涙《なみだ》を手の甲《こう》で拭《ぬぐ》ってから、俊介はゆっくりと顔を上げる。

「先生はいつも……７金の角って言うよね」

加地先生がそんなふうに見てくれていたなんて、全然知らなかった。人より遅《おく》れて塾に入った自分には、角も生えないだろうと諦《あきら》めていたのだ。

「おれが合格だと伝えたら、お母さんすごく驚《おどろ》いてな。涙浮かべて、おまえのことを頑張《がんば》り屋なんだって言ってたよ」

涙ぐむお母さんの顔が、俊介の頭の中にすぐに浮かぶ。お母さんは、俊介や美音が褒《ほ》められるとすごく喜ぶ。自分が褒められているような、とても嬉《うれ》しそうな顔をする。

「お母さんの言葉は嘘《うそ》じゃなかったよ。四月に入塾してからこの半年間、おまえは本当によく頑張ってる。おまえの急成長は、Ｐアカ新宿校の講師陣《じん》

「はい、4おれは……自分が嫌《きら》いです」

加地先生が真剣《けん》に聞いてきたので、自分も真剣に答えた。誤魔《ま》化すことも流すこともできたけれど、それはしなかった。

「そうか……。理由を聞いてもいいか」

しばらく考えた後、俊介は頷《うなず》いた。急に足が震《ふる》えてきたので、両手で両膝《ひざ》を強くつかんだまま、加地先生の顔を見る。

「おれ、妹がいるんです。いま一年生で、同じ小学校に通ってるんだけど、生まれつき耳が聴《き》こえないんです。先生は……先天性風疹症《しんしょう》候群って知ってますか？」

5コップに浮《う》かぶ氷がぶつかり、カランという小さな音を立てた。オレンジジュースは美音も大好きだ。ファミレスのドリンクバーでも、オレンジジュースばかり飲んでいる。

「いや、知らないな」

「赤ちゃんの病気です。妊婦《にんぷ》さんが風疹に罹《かか》ったら、そういう病気の赤ちゃんが生まれてくることがあって……。心疾患《しっかん》とか白内障とか……難聴《ちょう》とかが、代表的な症状で……」

俊介の体に赤い発疹《ほっ》が出ているのに気づいたのは、幼稚《ち》園の担任の先生だった。

——俊ちゃん、ここ痒《かゆ》くない？　ほら、小さな赤い点々があるでしょう。

先生は俊介の両袖《そで》をまくり上げ、首を傾《かし》げた。そしてそのまま園内の医務室に俊介を連れていき、他の先生にも、皮膚《ふ》に散らばる赤い点々を見せた。発疹を見た先生たちは俊介の上着を脱《ぬ》がせて腹や背中も確認し、体温を測った。その日俊介は教室には戻《もど》してもらえず、迎《むか》えに来てくれたお父さんと一緒にいつも通っている小児《に》科医院を受診《しん》した。お医者さんは俊介の首に触《ふ》れ、耳の下に触れ、「風疹ですね。間違《ちが》いないでしょう」と頷《うなず》いた。風疹の症状に特徴《ちょう》的なリンパ節の腫脹《しゅちょう》がありますね、と。

「おれが四歳《さい》の時に風疹に罹って、それをお母さんに……」

うつしたんです、と言おうとして6喉《のど》が詰《つ》まった。それ以上言葉が続かず、そのうちに声を出す力がなくなった。

「俊介が風疹に罹って、それを妊婦だったお母さんにうつした。そういうことか？　その話は誰から聞いたんだ、お父さんかお母さんがおまえに話したのか？」

俊介は俯《うつむ》いたまま、大きく首を横に振《ふ》る。お父さんとお母さんが話したわけじゃない。

「おまえがこのことを、妹さんの耳が聴こえない原因を知ってるってことを、ご両親はご存知《じ》なのか？」

俊介はもう一度首を左右に振る。お父さんとお母さんはいまも、俊介がなにも知らないと思っている。だから自分もなにも知らないふりを続けている。話す勇気もない。

問三　次の⑴～⑶のことばの類義語をそれぞれ後の**ア**～**カ**の中から選び、記号で答えなさい。

⑴　合図　　⑵　音信　　⑶　意見

ア　意義　　**イ**　関心　　**ウ**　消息　　**エ**　合意　　**オ**　信号　　**カ**　主張

三　**次の文章を読んで、後の問いに答えなさい。なお、問いに字数指定がある場合は、句読点なども一字分に数えること。（本文を一部改変した箇《か》所がある。）**

「なんで東駒《こま》なんだ？」

「……将来ロボットを作りたいからです」

「それだけが目的なら、他にもいろいろな学校があるだろ。中高一貫《かん》の優秀《しゅう》な国公立の中学が、都内にはたくさんある。東駒にそこまで１こだわる理由はなんなんだ？」

そこまでこだわる理由、と言われ、俊介《しゅんすけ》は下を向いた。自分の手をじっと見つめ、右手の中指に貼《は》ってある絆《ばん》創膏《こう》に触《ふ》れる。「ペンダコが痛そうだから」とお母さんが昨日《きのう》の夜に巻いてくれた絆創膏……。右手の親指でペンダコをなぞりながら、俊介は再び黙《だま》る。

でもいまのこの気持ちを誰《だれ》かに話さないと、２心が破裂《れつ》しそうだった。俊介はゆっくりと顔を上げ、口元にきゅっと力を入れる。

「生き方を変えたいからです」

長い沈黙《ちんもく》の後、俊介がようやくそう答えると、加地先生は３両目を大きく見開いた。口をすぼませ、ふいのパンチを食らったような表情で俊介を見返してくる。

「なんだ俊介、おまえ、えらく大人びたことを言うな」

「ほんとのことです」

加地先生がコーヒーのおかわりを頼《たの》むと、一緒《しょ》にプラスチックのコップに入ったオレンジジュースが運ばれてきた。おばあさんが「あたしからのサービスだよ」と俊介の前に置いてくれる。

「おまえは、いまの自分が嫌《いや》なのか？」

困ったような顔をして加地先生が聞いてくる。加地先生がこんな顔をするのは珍《めずら》しい。

二 次の各問いに答えなさい。

問一 次の(1)～(5)のことばの意味としてふさわしいものをそれぞれ後の**ア**～**キ**の中から選び、記号で答えなさい。

(1) 絵に描《か》いた餅《もち》
(2) あぶはち取らず
(3) 犬も歩けば棒に当たる
(4) 月夜にちょうちん
(5) 灯台下《もと》暗し

ア 不必要なもののたとえ。
イ よけいなことをすると思わぬ災難にあう。
ウ 身近なことは意外にわかりにくい。
エ 方法がまわりくどくて、効果がないこと。
オ 二つのものを同時に手に入れようと欲張り、どちらも逃《の》がしてしまう。
カ 失敗をしないように事前に十分な注意を払《はら》うことが大切だ。
キ 実際に役に立たないこと。

問二 次の〔　〕の意味を参考にして、(1)・(2)の四字熟語の□に当てはまる漢字をそれぞれ後の**ア**～**エ**の中から選び、記号で答えなさい。

(1) □出鬼《き》没《ぼつ》　〔突《とつ》然現れたり消えたりすること。〕

ア 新　**イ** 親　**ウ** 神　**エ** 深

(2) 前□未到《とう》　〔まだ誰《だれ》もなしとげたことのないこと。〕

ア 大　**イ** 代　**ウ** 仁　**エ** 人

二〇二二年度 横浜翠陵中学校

【国語】〈第二回試験〉（五〇分）〈満点：一〇〇点〉

一 次の各問いに答えなさい。

問一 次の(1)～(5)の――線部の漢字の読みをひらがなで書きなさい。

(1) 盗賊《とうぞく》の首領をつかまえる。

(2) 求職活動を再開する。

(3) 生徒の裁量に任せる。

(4) 老いを感じさせない身のこなし。

(5) 勇気を奮って発言する。

問二 次の(1)～(5)の――線部のカタカナを漢字に直しなさい。

(1) ショウキンをかせぐ。

(2) メンバーとしてトウロクする。

(3) 電車がコショウする。

(4) 有名なシロの内部を見学する。

(5) 娘《むすめ》のわがままに手をヤく。

2022年度

横浜翠陵中学校　▶解　答

※編集上の都合により，第２回試験の解説は省略させていただきました。

算　数　＜第２回試験＞（50分）＜満点：100点＞

解　答

1 (1) 88　(2) $\frac{3}{5}$　(3) 6　(4) 68.4　(5) 13　2 **問１** 12個　**問２** 400人　**問３** ８点　**問４** 81km　**問５** （例） 定価から360円の値引き（２割引）をした。
3 **問１** ５分　**問２** 1.2倍　**問３** **関係**…（例） かかる時間は，それぞれ同じである。／**ＡからＢまで進むのにかかる時間**…６分　4 **問１** ８ cm^2　**問２** ６秒後と12秒後
5 **問１** 23　**問２** （例） 一の位が１，３，７，９の順で並んでいる。　**問３** 5053
6 **問１** ① 0.24　② Ａ　**問２** （例） Ａ社とＣ社は0.2円で等しく，Ｂ社の0.24円よりも安い。

社　会　＜第２回試験＞（理科と合わせて50分）＜満点：50点＞

解　答

1 **問１** イ　**問２** 高床倉庫　**問３** イ　**問４** 班田収授　**問５** 調　**問６** （例） 経済の発展と軍事力の強化により近代的な国家をつくるため　**問７** ウ　**問８** 天草四郎時貞　**問９** ア　**問10** エ　2 **問１** リアス（海岸）　**問２** ウ　**問３** 銚子（港）　**問４** ア　**問５** （例） 新鮮な農畜産物を供給するために大都市の周辺で行われる農業　**問６** **Ｃ** 福島県　**Ｄ** 静岡県　**Ｆ** 茨城県　3 **問１** ポツダム　**問２** エ　**問３** ③ 基本的人権　④ 国民主権　⑥ 勤労　**問４** (1) （第）９（条）　(2) （例） 武力を持たず，戦争を放棄すること

理　科　＜第２回試験＞（社会と合わせて50分）＜満点：50点＞

解　答

1 **問１** 電球　**問２** ＋極から－極　**問３** 図１　**問４** （例） 直列につなぐと電球は明るく光るが，並列につないでも明るさは変化しない。　**問５** 右の図　**問６** 400mA　2 **問１** アルカリ性　**問２** 水素　**問３** オ　**問４** **Ａ** 砂とう水　**Ｂ** うすい塩酸　**Ｃ** 石灰水　**問５** （例） 手であおぐようににおいをかぐ。

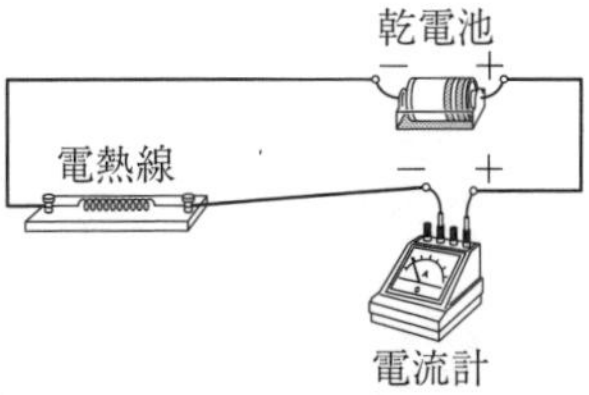

3 **問１** 容器Ａと容器Ｂ　**問２** 容器Ａと容器Ｅ　**問３**

適度な温度　**問4**　無胚乳種子　**問5**　エ　**問6**　（例）発芽のとき，子葉が２枚出る。
[4] **問1**　ウ　**問2**　マグマ　**問3**　（例）固まるときに，中の気体がぬけ出たため。
問4　エ　**問5**　火さい流　**問6**　（例）地熱発電

国　語　＜第２回試験＞（50分）＜満点：100点＞

解　答

[一] **問1**　⑴　しゅりょう　⑵　きゅうしょく　⑶　さいりょう　⑷　お(い)　⑸　ふる(って)　**問2**　下記を参照のこと。　[二] **問1**　⑴　キ　⑵　オ　⑶　イ　⑷　ア　⑸　ウ　**問2**　⑴　ウ　⑵　エ　**問3**　⑴　オ　⑵　ウ　⑶　カ　[三] **問1**　エ　**問2**　ア　**問3**　ア　**問4**　イ，オ　**問5**　イ　**問6**　ア　**問7**　ウ　**問8**　（例）傷つける　**問9**　イ　[四] **問1**　エ　**問2**　イ　**問3**　エ　**問4**　①　エ　②　ウ　**問5**　（例）人口を減らし，すべての人に衣食住が行き渡るようにすること。**問6**　人口が少ないから　**問7**　イ　**問8**　Ⅰ　オ　Ⅱ　イ

●漢字の書き取り

[一] **問2**　⑴　賞金　⑵　登録　⑶　故障　⑷　城　⑸　焼(く)

2021年度　横浜翠陵中学校

〔電　話〕　(045)921－0301
〔所在地〕　〒226－0015　神奈川県横浜市緑区三保町１番地
〔交　通〕　JR横浜線「十日市場駅」よりバス
東急田園都市線「青葉台駅」よりバス

【算　数】〈第１回試験〉（50分）〈満点：100点〉

1　次の □ にあてはまる数を求めなさい。

(1) $425-(7\times 37+98)\div 17=$ □

(2) $\left(2\frac{4}{5}\div 3\frac{3}{7}+1\frac{1}{6}\right)\div 2\frac{1}{3}=$ □

(3) $(4.3\times 6.7+3.43)\div 2.6=$ □

(4) $72\times 6.43-54\times 6.43+22\times 6.43=$ □

(5) $(239+$ □ $\times 23)\div 38=19$

2　次の各問いに答えなさい。

問１．27 と 72 の最小公倍数はいくつですか。

問２．分速 300m で進む自転車は，３時間で何km進みますか。

問３．みどりさんは，文房具《ぶんぼうぐ》店ではじめに持っているお金の$\frac{8}{15}$を使い，その後ケーキ屋で残金の$\frac{5}{6}$を使ったら 350 円残りました。みどりさんがはじめに持っていたお金は何円ですか。

問４．右の図は円すいの展開図《てんかいず》です。円アの周の長さは何cmですか。
ただし，円周率は 3.14 とします。

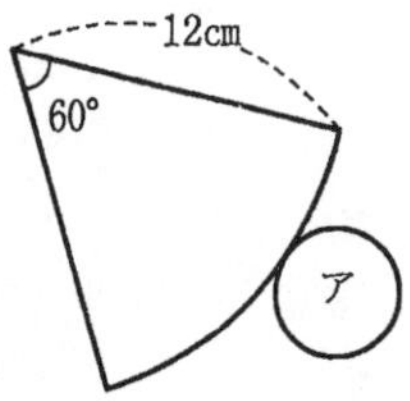

問５．$\frac{11}{27}$ を小数で表すと小数点以下の位の数はどのような規則で並《なら》びますか。１行程度の文章で答えなさい。

3 みどりさんは，９時ちょうどに，家から2400m離《はな》れた駅まで歩いて出発しました。その後，みどりさんの忘《わす》れ物に気がついたお姉さんが，９時15分に家から自転車で追いかけました。みどりさんの進む速さは分速80mであり，２人の進む速さは常に一定であるとします。このとき，次の各問いに答えなさい。

問１．みどりさんは家から駅まで歩くのに何分かかりますか。

問２．お姉さんが分速200mで追いかけるとき，みどりさんに追いつくのは家から何mの地点ですか。

問３．みどりさんが駅に着く前に，お姉さんはみどりさんに追いつくことができました。お姉さんの進む速さについて，このことから分かることがらを「分速」という用語を必ず用いて１行程度の文章で答えなさい。

4　下の図のような直方体の形をした容器Ａ，Ｂがあります。この２つの容器に同じ量の水を入れたところ，水の深さはＡの容器が 12 ㎝，Ｂの容器が８㎝になりました。このとき，次の各問いに答えなさい。ただし，容器の厚さは考えないものとします。**問２**は考え方や式も書きなさい。

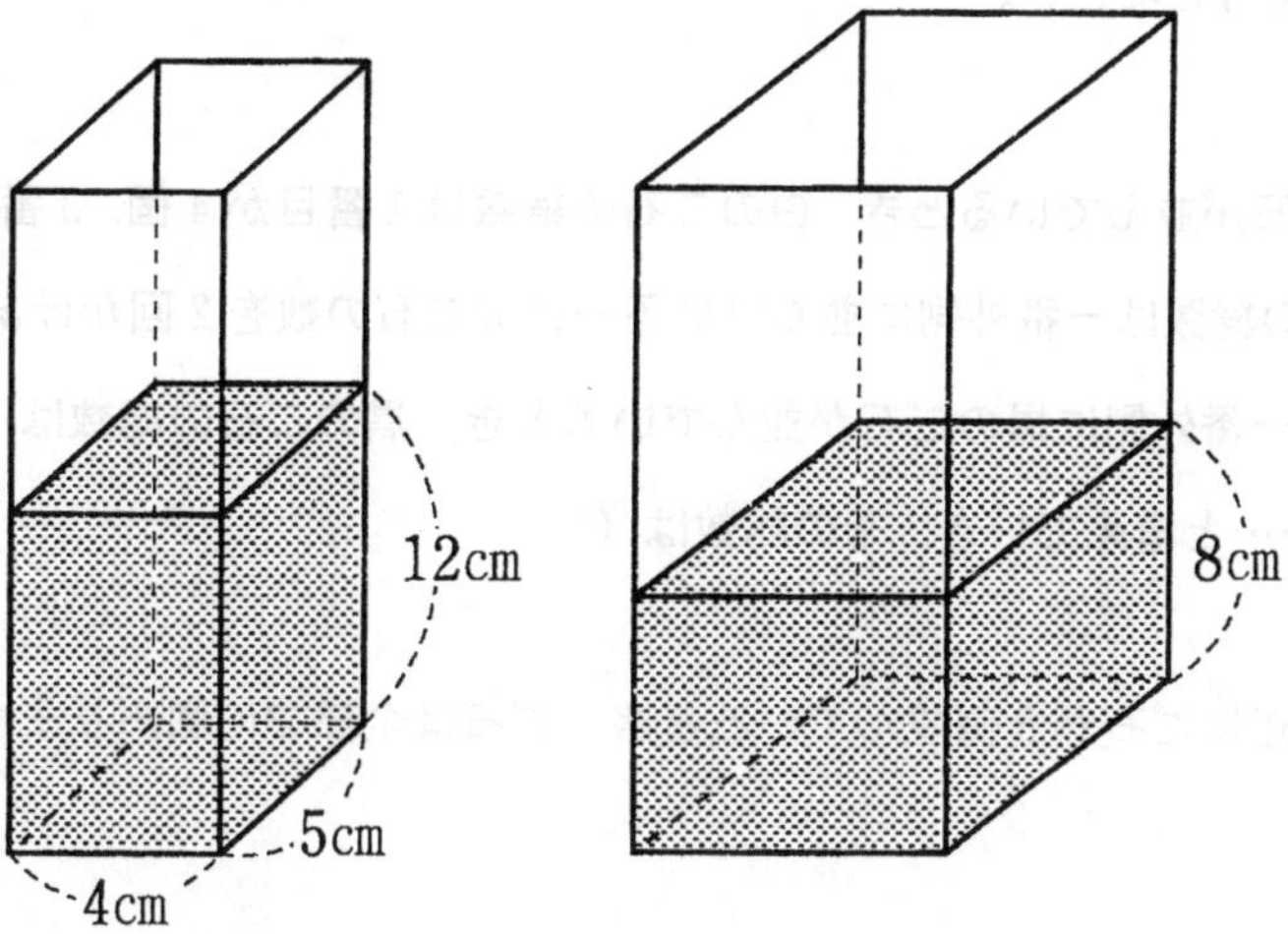

容器Ａ　　容器Ｂ

問１．Ａの容器に入れた水の量は何㎝^{3}ですか。

問２．Ａの容器とＢの容器に合わせて 320 ㎝^{3}の水をさらに追加して，水の深さを同じにしました。それぞれの容器の水の深さは何㎝になりましたか。

5　下の図の１番目にあるように，４個の白いご石を正方形の形になるように並《なら》べます。その外側に，黒いご石を一辺が３個の正方形の形になるように加えたものを２番目とします。同じように，白と黒のご石を交互《こうご》に，一辺が４個，５個，……の正方形の形になるように順次外側に加えたものをそれぞれ３番目，４番目，……とします。このとき，次の各問いに答えなさい。**問３**は考え方や式も書きなさい。

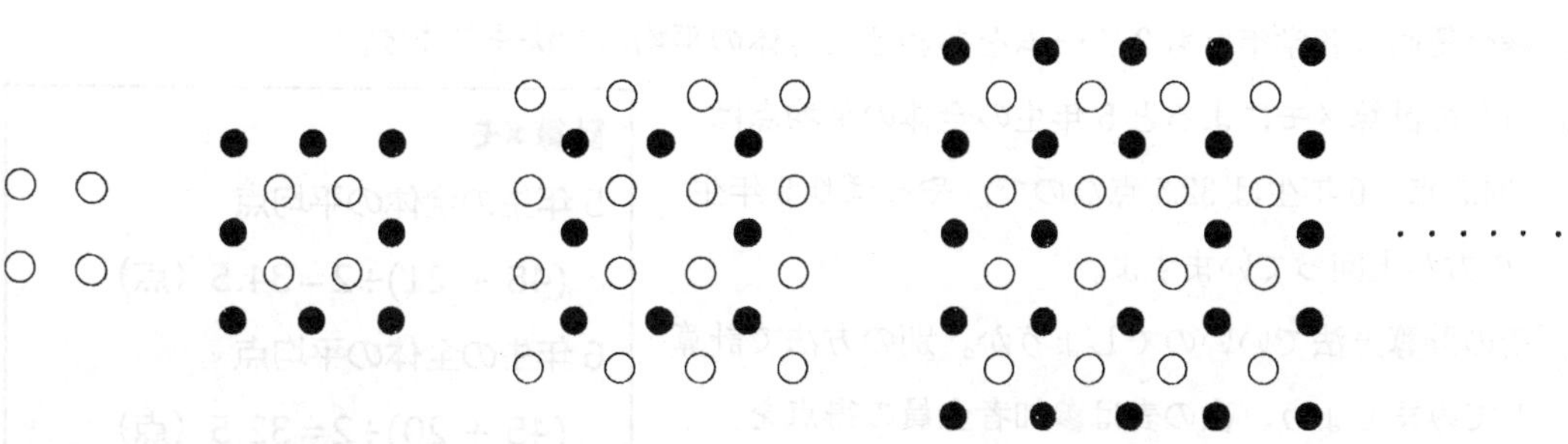

１番目　２番目　３番目　４番目

問１．５番目の図において，白のご石の総数は何個になりますか。

問２．次の文章は，ご石の総数の規則性について説明したものです。空欄《くうらん》に当てはまる言葉を１行程度の文章で答えなさい。

一番外側に白のご石が並んでいるとき，白のご石の総数は１番目が４個，３番目が16個，……と増えていき，その総数は一番外側に並んでいる一辺のご石の数を２回かけあわせたものになっている。また，一番外側に黒のご石が並んでいるとき，黒のご石の総数は２番目が８個，４番目が24個，……と増えていき，その総数は（　　　　　　　　　　　　）になっている。

問３．一番外側の一辺にご石が８個並んでいるとき，ご石は全部で何個ありますか。

6　みどりさんの学校では，５年生と６年生からそれぞれ代表のチームが２チームずつ参加する計算コンクールが毎年開かれています。次の会話文は，その結果について先生とみどりさんが話しているやりとりです。これを読んで，次の各問いに答えなさい。

先生：「今日は昨日行われた計算コンクールの結果を発表します。」

みどり：「とてもドキドキします。」

先生：「平均点は次の表の通りでした。」

	５年生	６年生
Ａチーム	48点	45点
Ｂチーム	21点	20点

みどり：「あら，残念。私《わたし》たち６年生は，２チームとも５年生に負けてしまっていますね。総合優勝《ゆうしょう》は５年生ということですね。」

先生：「必ずしもそうと決まったわけではありませんよ。」

みどり：「どうしてですか。」

先生：「総合優勝は各学年とも２チームをあわせた全体の平均点で決まります。」

みどり：「私の計算メモによると５年生の全体の平均点は34.5点，６年生は32.5点なので，やっぱり５年生の方が上回っていますよ。」

計算メモ
５年生の全体の平均点
(48 + 21)÷2＝34.5（点）
６年生の全体の平均点
(45 + 20)÷2＝32.5（点）

先生：「その計算方法でいいのでしょうか。別の方法で計算してみましょう。次の表は参加者全員の得点を並《なら》べたものです。」

5年生	参加者の得点（点）
Aチーム	65，60，55，40，20
Bチーム	35，30，20，10，①

6年生	参加者の得点（点）
Aチーム	55，50，30
Bチーム	30，10

みどり：「それぞれのチームごとに平均点を計算すると，確かにさっき先生が見せてくれた表と同じ結果になりますね。」

先生：「5年生の全体の平均点は，全参加者10人の点数をすべてたして10でわればよいので，みどりさんの計算結果と同じく34.5点になりますね。6年生の方はどうですか。」

みどり：「同じように全参加者5人の平均点を計算すると ② 点になりました。すごい！ 6年生の方が高い結果になりました。なんだか不思議ですが，私たちが総合優勝なのですね。」

先生：「その通りです。おめでとうございます。」

問1．空欄《くうらん》 ① ， ② に当てはまる数をそれぞれ答えなさい。

問2．みどりさんが計算メモで求めた方法では，6 年生の全体の平均点は誤《あやま》った答えになります。その理由を1行程度の文章で説明しなさい。

【社　会】〈第１回試験〉（理科と合わせて50分）〈満点：50点〉

1　**今年のＮＨＫ大河ドラマは「青天《せいてん》を衝《つ》け」です。次の文章を読んで，後の問いに答えなさい。**

今年の大河ドラマ「青天を衝け」は，近代日本経済の父といわれる渋《しぶ》沢栄一の活躍《やく》が描《えが》かれています。

渋沢は **①江戸時代の後期**，1840年に農民の家に生まれました。農民から **②尊王攘夷《そんのうじょうい》**の志士《しし》を目指し，一橋《ひとつばし》家の家臣から幕臣となりました。**③明治時代**に入ると新政府の官僚《かんりょう》となり，その後，実業家に転身しました。生涯《しょうがい》で約500の企業の育成に関わり，女子教育の普及《ふきゅう》など社会公共事業に貢献《こうけん》しています。**④大正時代**に実業界から引退し，昭和初期に亡くなりました。

問１．下線部①について，

(1)　下の史料は，1837年に反乱を起こした幕府の元役人の言葉を記録したものです。この史料を読んで，元役人が起こした反乱の名称《めいしょう》を書きなさい。

史料

天災が続いて，ききんがおこり，人々の生活が苦しいのは，政治が悪いからである。役人は人々のことを考えずに政治を私物《しぶつ》化している。ききんで人々が苦しんでいるのに，大商人がぜいたくをしているのも許せない。だから役人や大商人をたおして，米や金を貧民に分けようと思う。大阪で騒動《そうどう》がおきたらすぐに駆《か》けつけてほしい。

(2)　1841年から天保《てんぽう》の改革がおこなわれました。この時の将軍を，次の中から選び記号で答えなさい。

ア　徳川家康　　**イ**　徳川家光　　**ウ**　徳川綱吉《つなよし》　　**エ**　徳川家慶《いえよし》

(3)　(2)の天保の改革でおこなわれたことを，次の中から１つ選び記号で答えなさい。

ア　株仲間の解散　　**イ**　楽市・楽座　　**ウ**　囲い米《まい》の制　　**エ**　目安箱の設置

(4)　1867年に大政奉還《ほうかん》がおこなわれました。大政奉還とはどのようなことですか。説明しなさい。

問２．下線部②について，

(1)　攘夷に関わるできごとを，次の中から１つ選び記号で答えなさい。

ア　本能寺の変　　**イ**　島原の乱　　**ウ**　応仁《おうにん》の乱　　**エ**　生麦《なまむぎ》事件

(2)　(1)で選んだできごとの内容を，簡単に説明しなさい。

問３．下線部③について，

⑴　明治新政府は近代化を進めるため，1872 年に学制を発布して義務教育を開始しました。しかし，これに反対する人びともいました。人びとが学制に反対した理由を説明しなさい。

⑵　1885 年に内閣制度ができました。初代内閣総理大臣の氏名を，**漢字**で書きなさい。

⑶　この時代には，話しことばによる新しい文体の小説が書かれるようになりました。そのうち，『吾輩《わがはい》は猫《ねこ》である』や『坊《ぼっ》ちゃん』を書いた人物を，次の中から選び記号で答えなさい。

ア　与謝野晶子《よさのあきこ》　　**イ**　森鷗外《おうがい》　　**ウ**　石川啄木《たくぼく》　　**エ**　夏目漱石《なつめそうせき》

問４．下線部④について，この時代には，モダン(現代的)なスタイルが取り入れられた建築物が多く作られました。そのような建築物を，次の中から１つ選び記号で答えなさい。

ア　東京駅　　**イ**　江戸城　　**ウ**　東大寺南大門　　**エ**　鹿鳴館《ろくめいかん》

2　次の文章を読んで，後の問いに答えなさい。

ヨーロッパ連合の略 称《りゃくしょう》をＥＵといいます。ＥＵの加盟国が増えるにつれて，**①イギリス**など豊かな国への移民が増加しました。移民の受け入れ増加に対して国民の不満が高まり，イギリスはＥＵを離脱《りだつ》しました。イギリスは **②ＥＵ加盟国**の中で有数の経済大国であるため，このイギリスの離脱は，**③ヨーロッパ**のみならず，世界経済に大きな影響《えいきょう》を与えると考えられます。

問１．下線部①について，

⑴　イギリスが属《ぞく》する気候帯を，次の中から１つ選び記号で答えなさい。

ア　寒帯　　**イ**　温帯　　**ウ**　乾燥《かんそう》帯　　**エ**　熱帯

⑵　イギリスと同緯度に位置して**いない国**を，次の中から１つ選び記号で答えなさい。

ア　ドイツ　　**イ**　ロシア　　**ウ**　カナダ　　**エ**　インド

⑶　イギリスの首都ロンドンを通る本初子午線とは，どのようなものですか。説明しなさい。

問２．下線部②について，

⑴　ＥＵ加盟国の１つにドイツがあります。ドイツの首都を，次の中から選び記号で答えなさい。

ア　パリ　　**イ**　ローマ　　**ウ**　ベルリン　　**エ**　ウィーン

⑵　ＥＵ加盟国の多くの国で用いられている共通通貨の名称を，書きなさい。

問３．下線部③について，

⑴　次の地図は，ヨーロッパを中心にして描かれた世界地図です。地図中Ａの**海洋名**，地図中Ｂの**大陸名**をそれぞれ書きなさい。

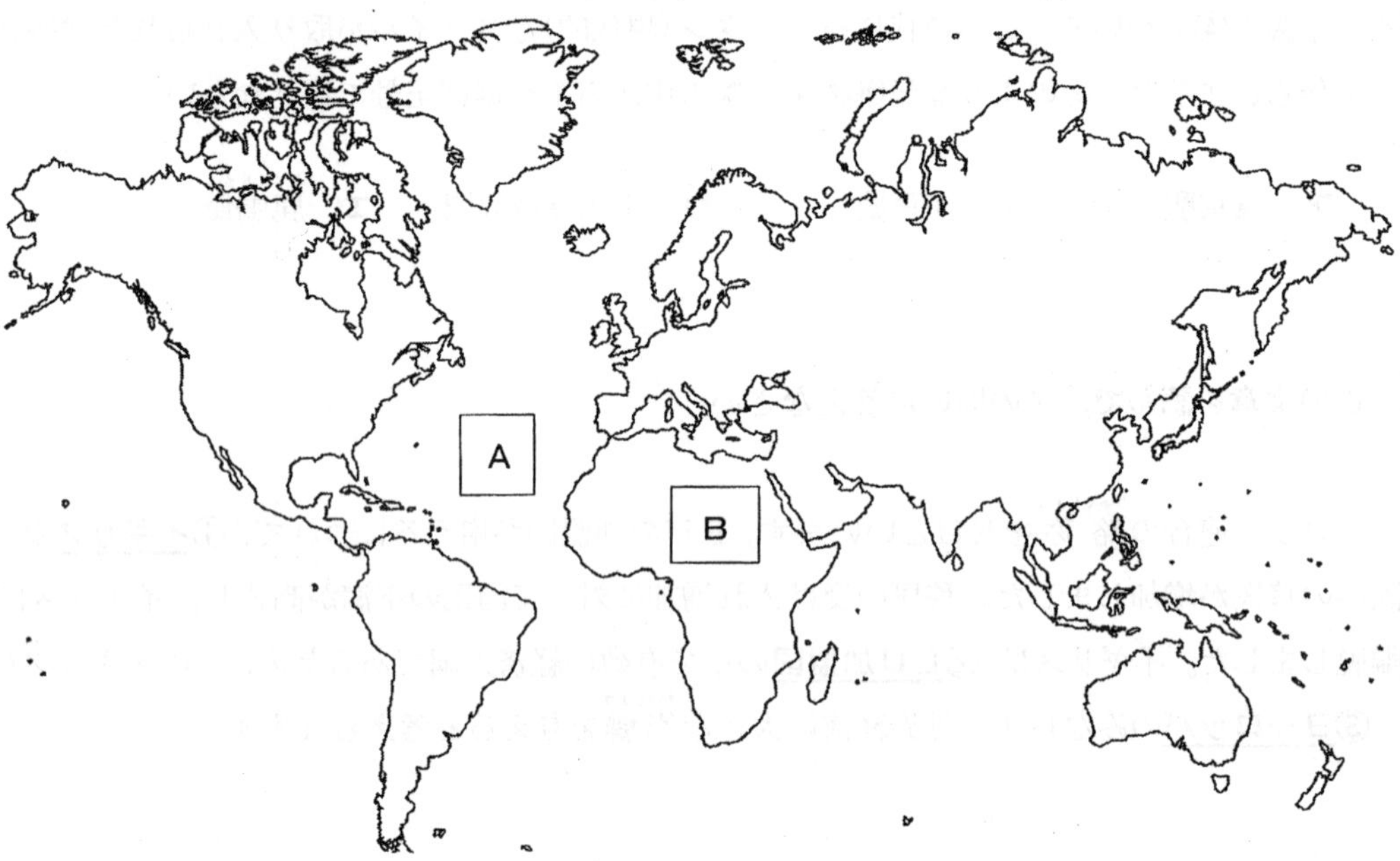

⑵　ヨーロッパにある山脈を，次の中から選び記号で答えなさい。

ア　アルプス山脈　　**イ**　ヒマラヤ山脈
ウ　アンデス山脈　　**エ**　ロッキー山脈

3 **次の文章を読んで，後の問いに答えなさい。**

2020 年 4 月 7 日，**①内閣総理大臣**が「緊急事態《きんきゅうじたい》宣言」を出しました。これは **②新型コロナウイルスの感染拡大**をおさえようとしたものです。

新型コロナウイルスは，当初，治療《ちりょう》法も予防方法もわからなかったために，**③多くの情報が飛びかい，社会に不安が広がりました**。

そのような中，感染症対策は，**④公共の福祉の観点から，一部の国民の自由を制限**しながらおこなわれました。また，**⑤国民１人あたり 10 万円を給付《きゅうふ》する「特別定額《ていがく》給付金」も実施《じっし》**されました。新型コロナウイルスの感染症対策では，**⑥保健所**や医療《いりょう》関係者の役割が，重要になっています。

問１．下線部①の内閣総理大臣について説明した文として，正しいものを次の中から１つ選び，記号で答えなさい。

ア 内閣総理大臣は，天皇に指名される。
イ 内閣総理大臣は，国務大臣を任命する。
ウ 内閣総理大臣は，国民審査で審査される。
エ 内閣総理大臣は，日本国民統合の象徴《しょうちょう》である。

問２．下線部②について，

⑴ 2020 年の新型コロナウイルスの感染拡大において，効果的な対策を取ったことで，爆発的な拡大を**しなかった国**を，次の中から１つ選び記号で答えなさい。

ア イギリス　　**イ** アメリカ合衆国
ウ ニュージーランド　　**エ** ブラジル

⑵　次のグラフは，日本の新型コロナウイルス感染症の陽性者数と，PCR 検査実施数を示したものです。このグラフに関する下の**ア～エ**の文章のうち，**最もふさわしいもの**を１つ選び記号で答えなさい。

グラフ：週あたり新型コロナウイルス感染症の陽性者数と PCR 検査実施数

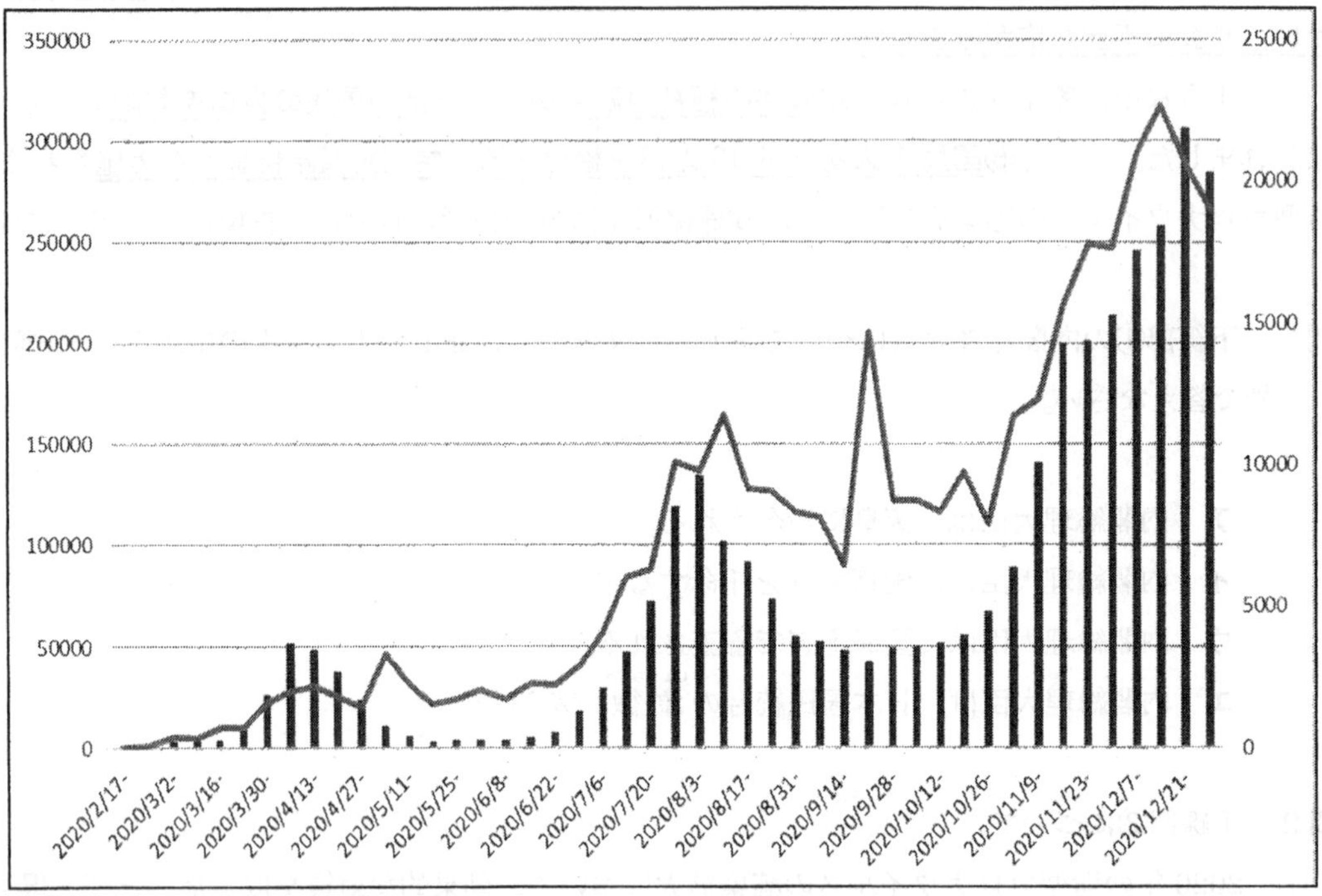

（厚生労働省資料より作成）

＊**棒グラフ**は陽性者数を示し，目盛りはグラフの右の数字になります。

＊**折れ線グラフ**は PCR 検査実施数を示し，目盛りはグラフの左の数字になります。

ア　PCR 検査実施数は，施設や設備の限界があり，大幅に増えることはなかった。

イ　陽性者数は，2020 年には 10 万人を超《こ》えることはなかった。

ウ　2020 年７月頃から２ヶ月あまり，陽性者数は低い水準《すいじゅん》を保《たも》った。

エ　2020 年４月から 2020 年 12 月までの間に，陽性者数は５倍以上になっている。

問３．下線部③のような状況を防ぐため，情報が正しいかどうかを判断し，取捨《しゅしゃ》選択していくことが重要です。このことを何といいますか。**カタカナ**で書きなさい。

問４．下線部④について，「公共の福祉によって，国民の自由が制限される」とはどのようなことですか。説明しなさい。

問５．下線部⑤の実施は，「すべて国民は，健康で文化的な最低限度の生活を営《いとな》む権利を有《ゆう》する。」という日本国憲法の条文が根拠《こんきょ》になっています。この条文で示されている権利として**最もふさわしいもの**を，次の中から１つ選び記号で答えなさい。

ア　自由権　　**イ**　直接請求権　　**ウ**　社会権　　**エ**　平等権

問６．下線部⑥について，保健所が担《にな》う仕事として**最もふさわしいもの**を，次の中から１つ選び記号で答えなさい。

ア　公衆衛生　　**イ**　厚生《こうせい》年金　　**ウ**　社会福祉　　**エ**　公的扶助《こうてきふじょ》

【理　科】〈第１回試験〉（社会と合わせて50分）〈満点：50点〉

《注意事項》 字数制限のあるものは，原則として句読点も一字に数えます。

1 図１，図２のような定滑車《かっしゃ》と動滑車を用いて滑車の性質を調べました。定滑車や動滑車の重さ，ひもの重さ，摩擦《まさつ》は考えないものとして，後の問いに答えなさい。

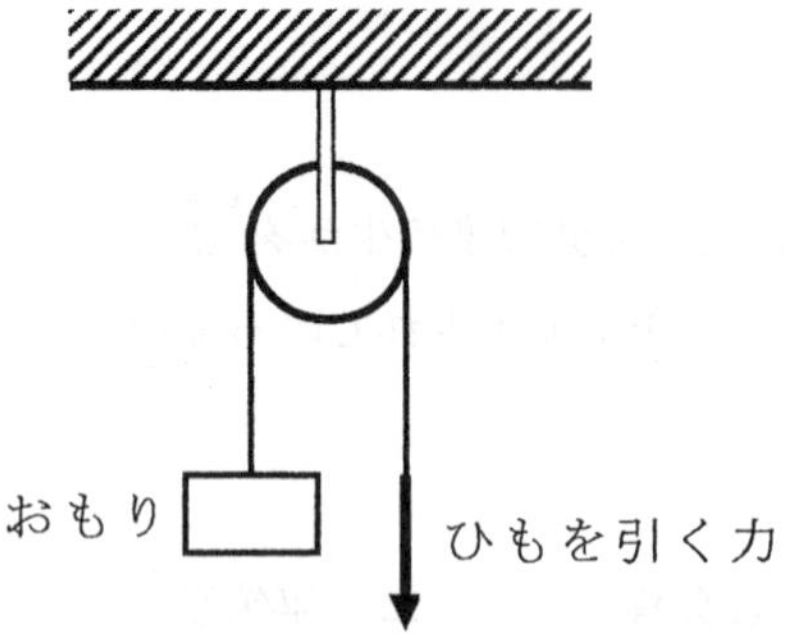

図１

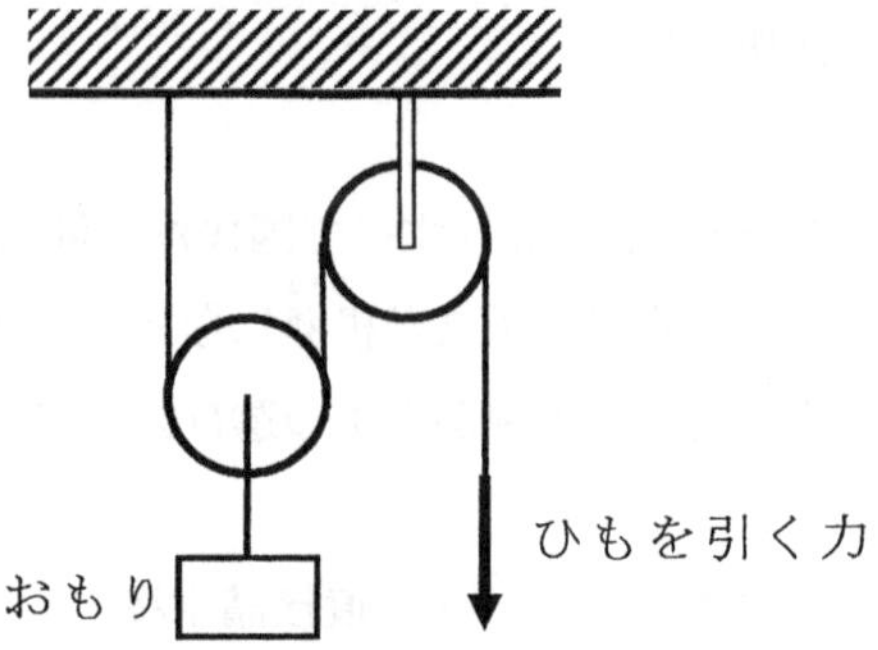

図２

問１．図１のように，400g のおもりをゆっくり持ち上げるには，何 g の力でひもを引けばよいですか。

問２．図２のように，400g のおもりをゆっくり持ち上げるには，何 g の力でひもを引けばよいですか。

問３．図２で，おもりを 50cm 持ち上げるには，ひもを何 cm 引けばよいですか。

問４．400g のおもりを持ち上げるとき，図１と図２ではひもを引く力の大きさが違《ちが》います。力の大きさが違うのは，なぜですか。20字以内で説明しなさい。

問５．図３のように，定滑車と動滑車をつなぎました。400g のおもりをゆっくり持ち上げるには，何 g の力でひもを引けばよいですか。ただし，動滑車をつなぐ棒の重さも考えないものとします。

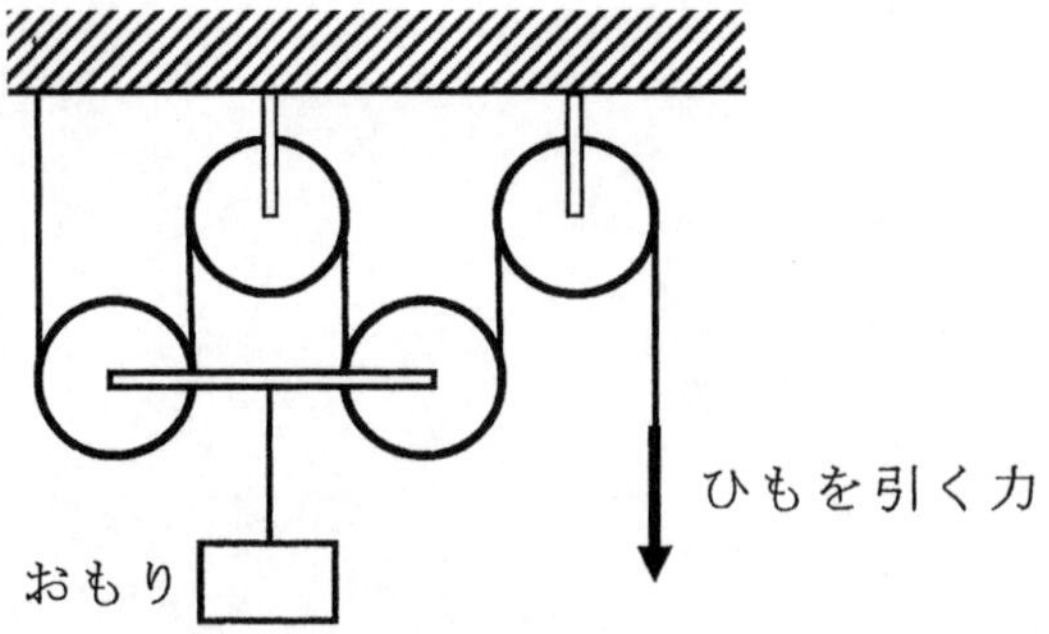

図３

問６．身の回りで，滑車を利用したものを一つ答えなさい。

2 二酸化炭素について，後の問いに答えなさい。

問１．**図１**の装置を用いて，二酸化炭素を発生させました。うすい塩酸と反応した固体Ｘは何ですか。次の**ア**～**エ**から一つ選び，記号で答えなさい。

ア　スチールウール
イ　黄鉄鉱《おうてっこう》
ウ　石灰石
エ　アルミニウム箔《はく》

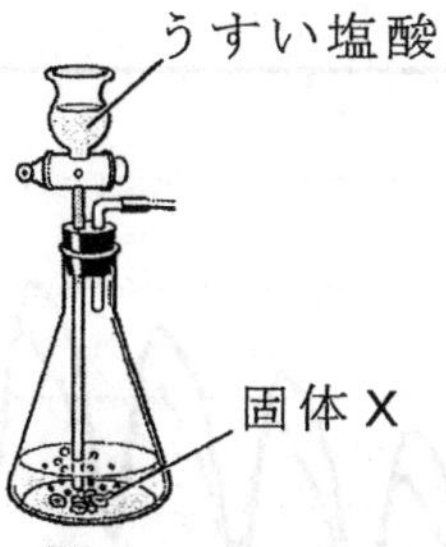

図１

問２．**図２**のような方法で，発生した二酸化炭素を集めました。このような集め方をしたのはなぜですか。次の空らんにあてはまることばを，それぞれ答えなさい。

「二酸化炭素は，水に(　①　)，空気より(　②　)い気体だから。」

図２

問３．燃やしても二酸化炭素が発生しないものを，次の**ア**～**エ**から一つ選び，記号で答えなさい。

ア　木片
イ　スチールウール
ウ　ろうそく
エ　紙

問４．二酸化炭素の性質として誤ったものを，次の**ア**～**エ**から一つ選び，記号で答えなさい。

ア　石灰水に吹《ふ》きこむと白くにごる。
イ　ＢＴＢよう液に吹きこむと青色になる。
ウ　二酸化炭素を入れてふくらました風船は，手をはなすとゆかに落ちる。
エ　においがない。

問５．図３は，北半球における二酸化炭素の濃《のう》度（空気中の割合）を表したグラフです。温室効果ガスである二酸化炭素の濃度は，地表面付近でも高度約 6km の地点でも，1 年の中で上がったり下がったりしながら，年々高くなっています。北半球の二酸化炭素の濃度は，冬は高く，夏は低くなっています。夏に二酸化炭素の濃度が低くなる理由を，20 字以内で説明しなさい。

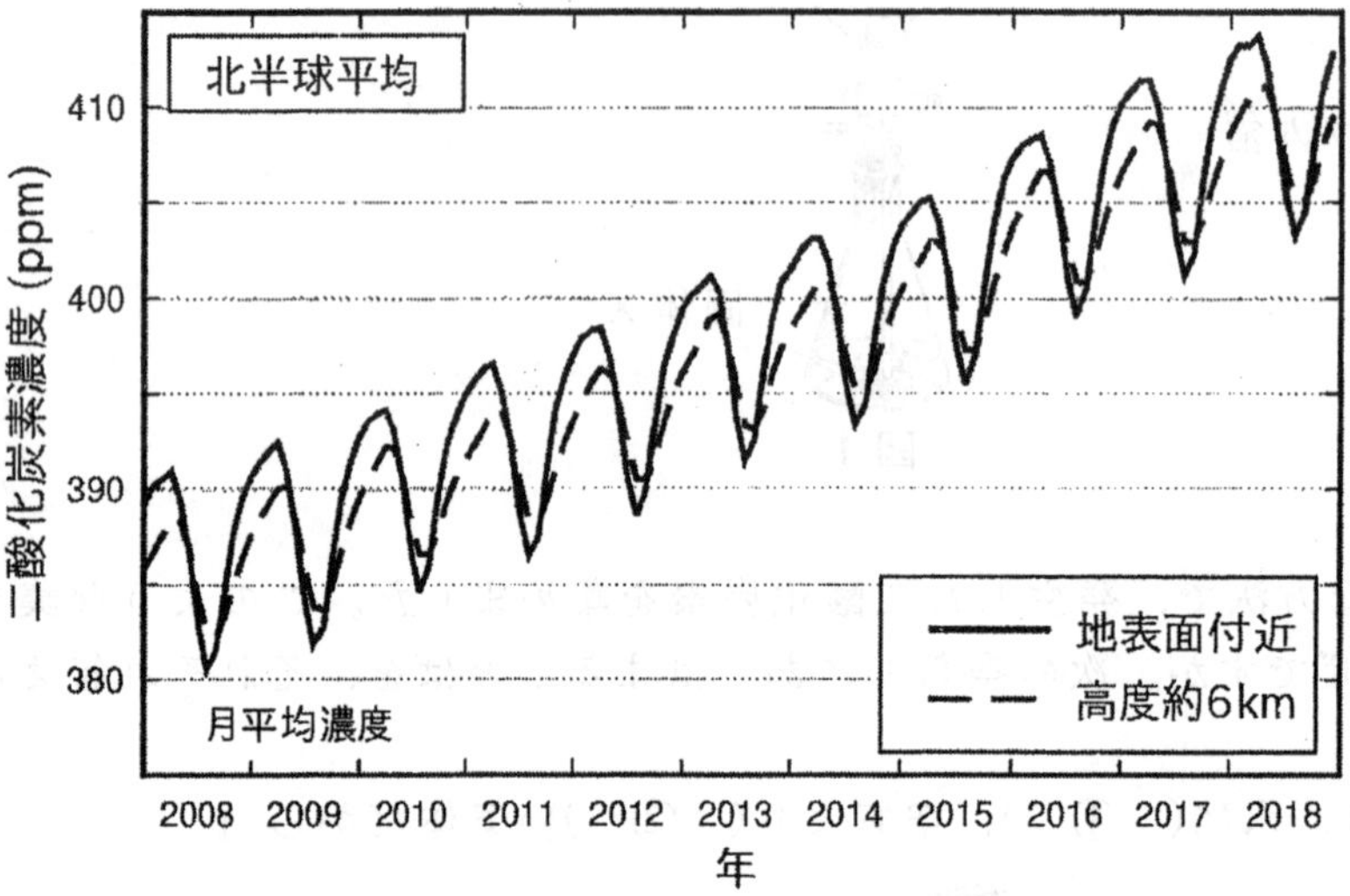

図３

*ppm：全体の 100 万分の 1 という割合

3 アサガオの葉を用いて，葉のはたらきを調べる実験を行いました。後の問いに答えなさい。

手順①　アサガオを暗室に一晩置く。

手順②　アサガオを外へ出して十分に光をあてる。

手順③　葉を切り取り，熱湯に入れる。

手順④　葉を熱湯から取り出し，あたためたエタノールにひたす（図１）。

手順⑤　葉を水で洗い，ヨウ素液をたらす。

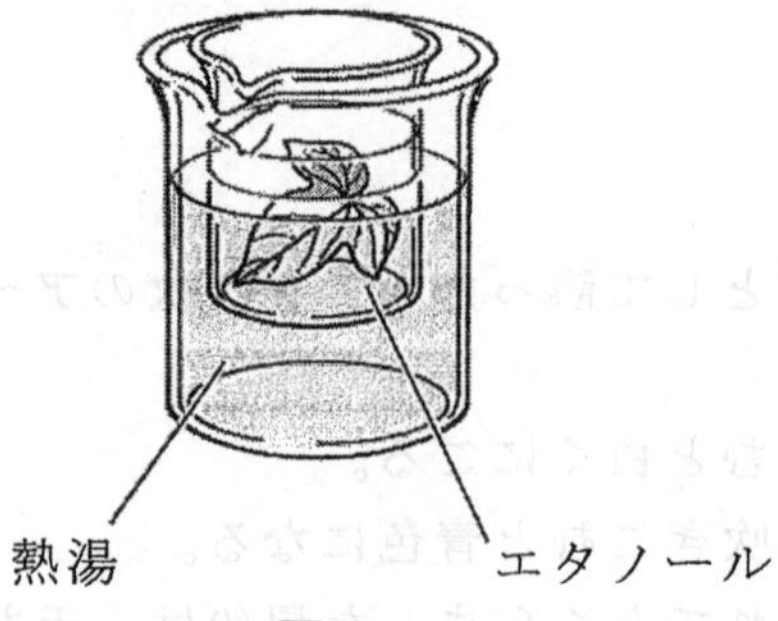

図１

問１．一般《ばん》的に，日本でみられるアサガオは何月ごろに花がさきますか。次のア～エから一つ選び，記号で答えなさい。

ア　２月ごろ

イ　５月ごろ

ウ　８月ごろ

エ　12月ごろ

問２．アサガオの花びらは一枚につながった形をしています。このような花を何といいますか。

問３．アサガオの花粉の運ばれ方として，もっとも適当なものを，次のア～ウから一つ選び，記号で答えなさい。

ア　昆《こん》虫によって花粉が運ばれる。

イ　風によって花粉が運ばれる。

ウ　水に流されるようにして花粉が運ばれる。

問４．アサガオの葉を，**図１**のようにエタノールにひたしたのはなぜですか。次のア～ウから一つ選び，記号で答えなさい。

ア　緑色をぬいて，色の変化を観察しやすくするため。

イ　葉を大きくして見やすくするため。

ウ　葉をじょうぶにするため。

問５．手順⑤で，ヨウ素液をたらしたとき，葉の色はどのように変わりますか。15字以内で説明しなさい。

問６．この実験の結果から，アサガオの葉では何がつくられたことが分かりますか。

4 ある日の真夜中に，横浜翠陵中学校から南の空を観察したところ，低い位置に**図1**の星座が見られました。後の問いに答えなさい。

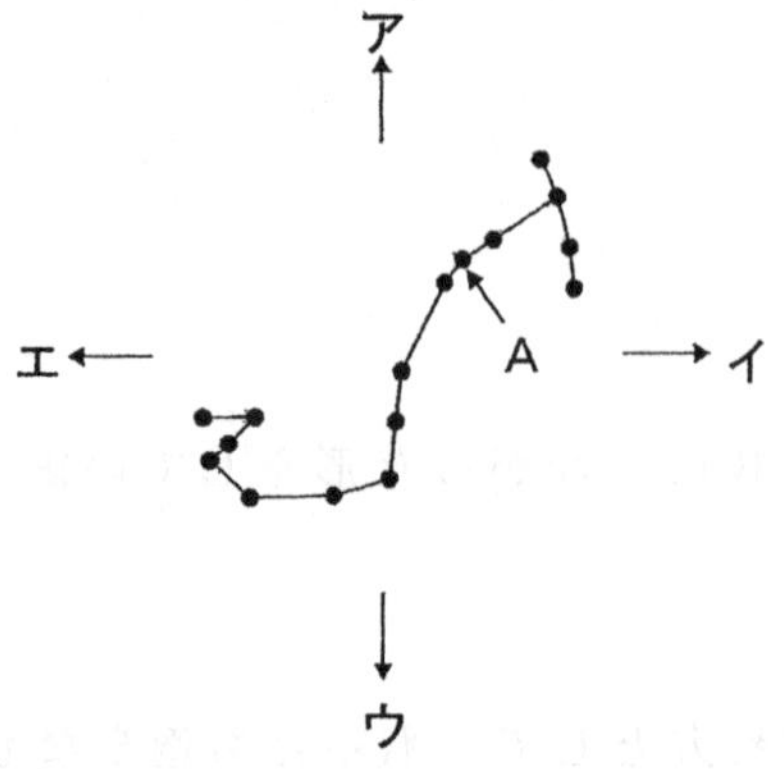

図1

問1．**図1**の星座を観察したのは，春，夏，秋，冬のどれになりますか。

問2．**図1**の星座の名しょうを答えなさい。

問3．**図1**のAの星は赤くかがやいていました。一方で他の星を観察すると，黄色や白色や青白色にかがやいていました。このように，星によって色が異なる理由としてもっとも適当なものを，次の**ア**～**エ**から一つ選び，記号で答えなさい。

ア　表面が固体か液体か気体で変わるため。

イ　表面の温度が違《ちが》うため。

ウ　星の明るさが違うため。

エ　星の寿命《じゅみょう》が違うため。

問4．**図1**の星座は，時間とともにどの方向に動いて見えますか。もっとも適当なものを，**図1**の**ア**～**エ**から一つ選び，記号で答えなさい。

問5．星どうしのならび方や星座の形は時間がたっても変わりません。この理由を15字以内で説明しなさい。

問6．2020年12月6日，小惑《わく》星「リュウグウ」で採取した岩石などをのせたカプセルが地球に到着《とうちゃく》しました。このカプセル内の成分を調べることで，太陽系の誕生の秘密や地球の水がどこからきたのかという疑問が解明されることが期待されています。このミッションを達成した小惑星探査機の名しょうを答えなさい。

問二　――線部２「僕はこれまでずっと『なんだか嫌な感じの言葉だな』と思っていました」とありますが、その理由としてもっともふさわしいものを次の中から選び、記号で答えなさい。

ア　子どもたちや若者たちの可能性を消してしまう言葉だと思っているから。
イ　子どもたちや若者たちが周りの人たちに引け目を感じる言葉だと思っているから。
ウ　子どもたちや若者たちが自分勝手な行動をするきっかけになる言葉だと感じているから。
エ　子どもたちや若者たちを管理するために利用している言葉だと感じているから。

問三　――線部３「自分の『ポジション』」とありますが、それは本文中ではどのようにたとえられていますか。五字以内でぬき出して答えなさい。

問四　①・②に当てはまることばとしてふさわしいものをそれぞれ次の中から選び、記号で答えなさい。

ア　でも　　イ　さて　　ウ　また　　エ　だから　　オ　そして

問五　――線部４「人間が成長する」とありますが、筆者は「成長する」ことをどのように考えていますか。具体的に説明している一文を本文中からぬき出し、最初の五字を答えなさい。

問六　――線部５「システムの自殺行為」とありますが、その説明としてもっともふさわしいものを次の中から選び、記号で答えなさい。

ア　専《せん》門性を高めすぎて、一部の人間にしか理解不能になってしまうこと。
イ　効率化を求めるあまり、今以上の発展《てん》が望めなくなってしまうこと。
ウ　だれにでも操《そう》作可能になったため、防犯対策《さく》が甘《あま》くなってしまうこと。
エ　国際的な基準を採用したので、国ごとの特性がうすれてしまうこと。

問七　――線部６「『人間がサル化している』」とありますが、作者がそのように表現した理由を本文中のことばを用いて三十字以内で答えなさい。

問八　――線部７「罠」とありますが、その内容として**ふさわしくない**ものを次の中から一つ選び、記号で答えなさい。

ア　反論　　イ　自分らしさ　　ウ　個性　　エ　分際

は「成熟するな」という命令を下されている。知識や技能を量的に拡《かく》大するのは構わない。生産性を上げたり、効率的に働いたりすることは構わない。でも、自分に割り振《ふ》られた「分際」から踏《ふ》み出すことは許さない。ましてや別人になることは絶対に許さない。人をして「刮目」せしめるような生き方をすることは許さない。

システムの効率的な管理が大切な仕事であることを僕はもちろん認めます。でも、システム管理の効率化を急ぐあまり、アクターである人間たちを同一的なままにとどめておくというのは長期的には5システムの自殺行為《い》ではないかという気がします。もし、国民が成熟を止め、変化を止め、どれほど時間が経過しても「刮目して相待つ」必要がなくなったら、その国ではもういかなる＊イノベーションも、どのような＊ブレークスルーも起こらないからです。今の日本社会に＊瀰漫《びまん》している「生きづらさ」はこの社会の仕組みそのものが「生物の進化」に逆行しているからだというのが僕の考えです。それを僕は6「人間がサル化している」という表現に託《たく》したのです。

この本は、そのような視《し》点から、現代日本のさまざまな出来事を論じています。

僕から皆《みな》さんへの個人的な提案は、「自分の身のほど」なんか知らなくてもいいんじゃないですかということです。「自分らしさ」なんか別にあわてて確定することはないです。三日前とぜんぜん違う人間になっても、それは順調に成長しているということですから、気にすることないです……というようなことです。みなさんが7罠から這《は》い出して、深く呼吸《こきゅう》ができて、身動きが自由になったような気がすること、それが一番大切なことです。僕はそう思います。いかがでしょう。

〔内田樹『サル化する世界』（文藝春秋）による〕

（注）＊Foreign Affairs Magazine……雑誌《し》の名前。
＊逸話……世間にあまり知られていない、ちょっとした話。
＊ブレークスルー……科学技術での躍《やく》進。難《なん》関を突《とっ》破すること。
＊刮目……よく見ること。
＊イノベーション……革《かく》新。主に技術革新。
＊瀰漫……一面にひろがること。

問一 ――線部1「今の日本社会の『生きづらさ』」とありますが、なぜ今の日本社会は生きづらいのですか。その理由としてもっともふさわしいものを次の中から選び、記号で答えなさい。

ア「成熟する」こととは、大人が示した生き方の手本にそって生きていくことだと教えられたから。
イ「成熟する」こととは、個性を大切にし、周りの人間とは異《こと》なる道を見つけることだと教えられたから。
ウ「成熟する」こととは、身の丈《たけ》に合った範《はん》囲内で役割《わり》を果たしていくことだと教えられたから。
エ「成熟する」こととは、他の人よりも早く自分らしい生き方を見つけることだと教えられたから。

これは本質的な問いだと思いました。

「自分らしさ」とか「個性」とか「本当にやりたいこと」とかいう言葉で装飾《そうしょく》されていても、子どもたちは直感的にそれが「罠にはめられて」「息ができなくなって」「身動きできなくなる」状態へ誘《ゆう》導するものだということを感じている。

［①］、「自分らしく生きなさい」という言葉に正面から反論するだけの理論武装は子どもたちにはありません。「『自分らしく生きろ』と言われていると、なんだかだんだん気分が滅《め》入ってくるんですけれど、それはどういうわけでしょうか？」と力なく反論しても、たぶん先生も親も、誰《だれ》も納《なっ》得のゆく説明はしてくれないでしょう。

どうしてこんなことになってしまったのか。

それは今の日本社会が、「成熟する」ということが「複雑化」することだということを認《みと》めていないからだと思います。逆に、成熟することとは「定型に収《おさ》まって、それ以上変化しなくなること」だと思って、そう教えている。

でも、そんなわけがないじゃないですか。

生物を見てごらんなさい。単細胞《ぼう》の生物が細胞分裂《れつ》して、どんどん複雑なものに変わってゆく。それが成長であり、進化である。人間だって同じです。成長するにつれて、どんどん複雑な生き物になるに決まっています。考え方が深まり、感情の分節がきめ細かくなり、語彙《い》が豊かになり、判断が変わり、ふるまいが変わる。そういうものでしょう。

古代の中国の呉《ご》の国に呂蒙《ろもう》という武人がいました。武勇に優《すぐ》れ、それでみごとに立身出世を遂《と》げたのですが、学問がなくて、「阿《あ》蒙」（おバカさん）と人に呼《よ》ばれていました。主君の孫権《けん》がそれを嘆《なげ》いて、呂蒙に「武勇ばかりではなく、学問も修めよ」と説きます。呂蒙は主君の助言に素《す》直に応えて、学問に励《はげ》むようになりました。しばらくして、同じ幕僚《ばくりょう》の魯粛《ろしゅく》と対談したときに、呂蒙の見識の高さと知識の深さに魯粛は大いに驚《おどろ》き、「彼は以前の呉下の阿蒙にあらず」と嘆《たん》息しました。それに対して、呂蒙は「士別れて三日ならば、即《すなわ》ち更《さら》に＊刮《かつ》目して相待すべし」と答えました。士は三日経《た》つと別人になっている。だから、目を大きく見開いてその人を見よ、と。

これは『三国志』にある＊逸《いつ》話で、僕が子どもの頃《ころ》までは、4人間が成長するとはどういうことかを教えるインパクトのある事例としてよく引かれたものです。でも、僕は久しくこの言葉を口にする人に会ったことがありません。

たぶん、この三十年ほどの間のどこかで「成熟する」ということの意味に変化があったのでしょう。成熟するとは変化することである、三日前とは別人になることである、という古代からの知見が棄《す》てられて、変化しないこと、ずっと「自分らしく」あり続けることがこの社会の中に居場所を得て、社会的承《しょう》認を得るための必須《す》の条件になった。どうしてか知らないけれど。とにかく、そうやって、日本社会がずいぶんと「息苦しい」ものになった。僕にはそんな気がするのです。

アクターのふるまいが絶えず変化すると、システムの制御《ぎょ》がむずかしくなる。［②］、システムの管理コストを最小化するために、人間たち

四　次の文章を読んで、後の問いに答えなさい。なお、問いに字数指定がある場合は、句読点なども一字分に数えること。

３年前に*Foreign《フォーリン》 Affairs《アフェアーズ》 Magazine《マガジン》が日本の大学教育を論《ろん》じたことがありました。その中でインタビューを受けた日本の大学生たちが、外国人ジャーナリストに自分たちの置かれている状態を説明するときに選んだのが次の三つの形容詞《し》でした（あまり印象的だったので、手帳にメモしておいたのです）。

それはtrapped《トラップト》, suffocating《サフォケイティング》, stuck《スタック》の三つでした。「罠《わな》にはまった」「息ができない」「身動きできない」です。学生たちは、大学について、制度がどうであるとか、カリキュラムがどうであるとかいう概《がい》念的な話ではなく、「狭《せま》いところに閉《と》じ込められていて、つらい」という身体的印象を語っていたのでした。頭でこしらえたのではない、実感のこもったこの言葉からは、１今の日本社会の「生きづらさ」の本質が透《す》けて見えるように僕《ぼく》には思われました。

それは「身のほどを知れ、分際《ざい》をわきまえろ」という圧力が日本社会のすみずみに行き渡《わた》っていることを表している。そして、たぶんそうだと思うのですが、この「身のほどを知れ」という圧力は、表面的には「自分らしく生きる」という教化的なメッセージの美辞麗《れい》句をまとって登場してくる。

「自分探《さが》しの旅」とか「自分らしさの探《たん》求」というような言葉を２僕はこれまでずっと「なんだか嫌《いや》な感じの言葉だな」と思っていました。それは、そういうことを口にする人間が、しばしば「管理する側」の人間だったからです。彼《かれ》らは別に子どもたちや若《わか》者たちが成熟《じゅく》し、変化して、自由に生きることを求めているわけではありません。そんなはずがない。だって、そんなことになったら「管理しにくくなる」に決まっているからです。

「自分らしく生きろ」という、一見すると子どもたちを勇気づけるように聞こえるメッセージは、実はその本音のところでは、「はやく『自分らしさ』というタコツボを見つけて、そこに入って、二度と出て来るな」と言っているのじゃないでしょうか。

だって、そうじゃないですか。自分らしさを見出すことにそれほど価値《ち》があるのだとしたら、「これが『自分らしい生き方』です」と宣《せん》言した後に、「あ、やっぱりあれはなしにしてください。違《ちが》う生き方がしたくなっちゃいました」と言い出すことにはかなりの心理的抵抗《ていこう》があるはずだからです。

一度生き方を決めたら、３自分の「ポジション」を決めたら、あとは一生そこから出てはならないという有形無形の圧力を「自分らしく」という呪《じゅ》符《ふ》が生み出している……ということはないんでしょうか？

先日僕のところにメールを送ってくれた高校の先生がいました。その先生が僕に訊《たず》ねてきたのは、生徒たちが「自分が本当にやりたいこと」をはやく見つけることが学習指導のひとつの柱になっているけれど、それは正しいのでしょうか、ということでした。

「はやく自分が本当にやりたいことを見つけなさい」と言うと、生徒たちはあきらかにストレスを感じているように見える。はたして時間を区切って、いついつまでに「本当にやりたいこと」を具申《しん》するようにというようなことを高校生に強制することに教育的な意味はあるのでしょうか、と。

問五　――線部３「先生は『言ってなかったのか』と私を見た」とありますが、「私」が言わなかった理由としてもっともふさわしいものを次の中から選び、記号で答えなさい。

ア　母に正直に言っても、怒りを買うだけだと予想できたから。
イ　母への反抗《こう》心が、言い争いをしたことによって芽生えていたから。
ウ　先生にごちそうされたことに罪《ざい》悪感を感じていたから。
エ　先生と二人だけの秘密《ひみつ》ができたことの優越《ゆうえつ》感に浸《ひた》っていたかったから。

問六　――線部４「余計なひと言」とありますが、その内容が具体的に述《の》べられている部分を本文中から四十五字以内でぬき出し、最初と最後の五字を答えなさい。

問七　――線部５「そのようなこと」とありますが、その内容を母のことば以外で具体的に説明している部分を本文中から三十字以内でぬき出し、最初と最後の五字をそれぞれ答えなさい。

問八　――線部６「一度深呼吸をすると話し始めた」・８「一度小さく咳払いして」とありますが、この動作の意味するものとしてふさわしいものを次の中からそれぞれ一つずつ選び、記号で答えなさい。

ア　反発　　**イ**　強調　　**ウ**　失望　　**エ**　転換《かん》　　**オ**　決意

問九　――線部７「枯れ葉掃除に連れてこられた」とありますが、その理由を本文中のことばを用いて二十五字以内で答えなさい。

だ単に裕之くんに食べさせたわけではありません。裕之くんには学校の用事を手伝ってもらいました。そのとき色々と話もできましたしね。そして裕之くんはしっかり働いてくれましたよ。おこがましいようですが、この子はがんばれる、大丈夫だと思いました。きっと裕之くんも分かってくれていると思います。だから夕ご飯は言うなれば、正当な報酬《ほうしゅう》です。ご家庭内の肩たたきや皿洗いのお駄賃《だちん》となんら変わりありません」

母は俯《うつむ》き加減に、目をしばたたいていた。

「ですが、結果的にお母さんに不愉《ゆ》快な思いをさせてしまいました。本当にすみませんでした」

先生がゆっくりと頭を下げた。

④私はどうにもいたたまれなくなり、ついには大声を出して泣いた。

「裕之……何、泣いてんの、お前は……」母は私の名を呼ぶと、そっと背《せ》中を摩《さす》った。

「先生、私は、私は……」母はそこまで言うと首を振《ふ》った。

そして８一度小さく咳払《せきばら》いして「いえ、こんなばか息子ですが、今後ともよろしくお願いします」と頭を下げた。

〔森浩美『家族連写』「お駄賃の味」（ＰＨＰ研究所）による〕

問一 本文の場面は二日間に分かれますが、二日目はどこから始まりますか。最初の五字をぬき出して答えなさい。

問二 ——線部１「お母さんにご挨拶して戻りたかったが……」とありますが、「ご挨拶」の具体的な内容を本文中から五字以内でぬき出して答えなさい。

問三 ——線部①～④の「私」の中で一つだけ異《こと》なる人物を意味しているものを次の中から選び、記号で答えなさい。

ア ①　**イ** ②　**ウ** ③　**エ** ④

問四 ——線部２「母は急にしぼんだ風船のように肩を落とし、それきり黙ってしまった」とありますが、この時の母の様子としてもっともふさわしいものを次の中から選び、記号で答えなさい。

ア 思いがけないことを聞いてがっくりしている様子。

イ この場から少しでも早く立ち去りたいという様子。

ウ 自分の息子のおろかさにあきれている様子。

エ 腹《はら》が立ちすぎて体中の力がぬけ落ちていく様子。

「先生、うちの子がお世話になっていたのに、まったく気づきませんでした。大変申し訳《わけ》ありませんでした」母は腰《こし》を折り曲げて頭を下げた。

３先生は「言ってなかったのか」と私を見た。私は母の陰《かげ》で身を縮《ちぢ》めた。

「いやいや、私どもが勝手にしてしまったことで、こちらこそ申し訳ありませんでした」

今度は先生と奥さんが深々と頭を下げた。

「あの……先生……」

「はい」

「親切にしていただいて、こんなことを言えば恩《おん》知らずになりますが……でも、あの……うちが、その、いくら生活が苦しいからといって、食べ物を恵《めぐ》んでもらうなんて……うちは貧乏《ぼう》でも物乞《ご》いではありませんから」

母の表情は硬《かた》く、握《にぎ》った拳《こぶし》が微《かす》かに震《ふる》えていた。母にとって、親としてのプライド、いや人としての意地のひと言であったのだろう。私が言った４余計なひと言で母を傷《きず》つけてしまったのだ。

「いやいや、誤《ご》解されては困ります。そんな、そんな気持ちは毛頭ありません。決して５そのようなことで裕之くんをうちに呼んだわけではありません」

先生が困った顔をしていると、「主人は……」と奥さんが割《わ》って入った。

先生が「お前はいいから」と言う制止も聞かず、奥さんは６一度深呼吸《こきゅう》をすると話し始めた。

「はい？」母が奥さんを見た。

「主人は私のために、裕之くんを連れてきたんです」

「実は私たちには息《むす》子がおりました。生きていれば、中学三年生になっていました……」

奥さんは、息子が亡《な》くなったときのことを話し始めた。

五年前の夏休み、その子は友達と前日に降《ふ》った大雨で増水した川に鰻《うなぎ》獲《と》りに出掛け、足を滑らせ濁《だく》流に呑《の》まれて溺《でき》死したのだ。

大雨の後は、大きな鰻やどじょうが獲れる。そういうことは、この辺りに住んでいる者なら誰《だれ》でも知っていることだった。

「予々《かねがね》、主人のクラスに亡くなった息子に似た生徒さんがいると聞かされておりました。私がつい、一度会ってみたいわねと言ってしまったものですから、主人はただ……。とにかく、お母さんがおっしゃるような、恵んでやっているとか、施《ほどこ》しをしてやっているなどということはありません」

奥さんは二度三度と頭を下げた。先生が奥さんの肩を抱《だ》き、強く揺《ゆ》さぶった。

７枯《か》れ葉掃除《そうじ》に連れてこられたのは、そういうことだったのかと合点はいったものの、奥さんが詫《わ》びる姿《すがた》に②私はますます心苦しくなった。

「いかなる事情があるにせよ、また担《たん》任であるにもかかわらず、私《し》情を挟《はさ》んで接したことは申し訳なく思っております。でも、お母さん、③私はた

「なんでって、別に……」

不機嫌《げん》そうに、しかも吐《は》き捨《す》てるように答えてしまった。

「なんだい、その言い方。母ちゃん、お前のこと心配してるんじゃないか」

母が苛《いら》立つのが分かったが、こちらも苛立ち「だって残りもんなんかうまくねえし。こんなんばっかりじゃあきるんだよ」と、悪態をついた。これまで溜《た》め込《こ》んでいた鬱憤《うっぷん》が一気に噴《ふ》き出したのだ。

「じゃあ、どうするんだい？　ずっと何も食べないでいるつもりかい？」

「いいよ、先生に食べさせてもらうからっ」

怒《いか》りにまかせて、つい口が滑《すべ》ってしまった。

「先生？　先生って……」

「新井先生だよ。オレんちがビンボーだから、肉まんも何も買えねーから、先生が、先生が食わしてくれたんだ」

歯止めが利《き》かなくなってしまった私は、先生が言っていないことまで口走った。

「今日だって、先生んちで親子丼《どん》食べた。先生んちの親子丼は母ちゃんが作るメシより、百倍うめえんだ」

２母は急にしぼんだ風船のように肩《かた》を落とし、それきり黙《だま》ってしまった。

言い過ぎた自覚はあったが、謝《あやま》ることはできず「もう、オレ寝《ね》る」と言い放つと、敷《し》き放しの布団《ふとん》に潜《もぐ》り込んだ。

「ほら、朝ご飯食べたら、先生のうちに行くよ」と起こされた。前の晩《ばん》、なかなか寝つかれず、寝入ったのは外が白み始めてからだった。

「なんでだよ」

「いいから行くよ。さっさと起きて、ほら」

困《こま》ったなと思いながら支度《たく》を済《す》ませ、納《なっ》豆がけご飯を掻《か》き込むと、自転車に跨《また》がった。

私が道案内として先を走り、母が付いてきた。

ペダルを漕《こ》ぎながら、どうしたものかと思案したものの妙《みょう》案は浮《う》かばず、あっという間に先生の家に到《とう》着した。

自転車から降《お》りた母は先生宅を見上げながら小さな溜《ため》息をついた。

玄関前に立ち「ごめんください」と母が声を掛ける。

すぐに奥《おく》さんが現れた。母の背《はい》後にいた私に気づき、驚《おどろ》きながらもすぐに先生を呼《よ》んだ。

「あなた、裕之くんのお母さんが……」

顔を出した先生が「どうぞ」と家に招き入れようとしたが、母はその場で話し出した。

問三　次の⑴～⑶の成り立ちの熟語をそれぞれ後の**ア**～**カ**の中から選び、記号で答えなさい。

⑴　意味が反対になる漢字の組み合わせ

⑵　似た意味の漢字の組み合わせ

⑶　上の漢字が下の漢字を修飾《しょく》する関係にある組み合わせ

ア　読書　　**イ**　曲線　　**ウ**　売買　　**エ**　下校　　**オ**　開始　　**カ**　登山

三　**次の文章を読んで、後の問いに答えなさい。なお、問いに字数指定がある場合は、句読点なども一字分に数えること。**

家に着くと窓《まど》に明かりはなく、母が帰宅《たく》している様子はなかった。

「1お母さんにご挨拶《あいさつ》して戻《もど》りたかったが……」

先生は玄《げん》関先で思案するように呟《つぶや》いた。

「大丈《じょう》夫。オレから母ちゃんに言っておくから」

「待たせてもらうのもなんだしな。そうか。じゃあ、よろしく言っておいてくれるか」

①私《わたし》がドアノブに手を掛《か》けると「裕之《ひろゆき》、今日はすまなかったな……いや、ありがとうな」

と、先生は私の頭を撫《な》でた。

「じゃあ、また来週、学校でな。ちゃんと宿題やってこいよ」

先生はそう言い残し、帰っていった。

それから間もなくして母が帰宅した。

「裕之、ご飯食べなかったのかい？」卓袱《ちゃぶ》台に残されたメンチカツを見て言った。

「どっか具合でも悪いの？」

「ううん」と否《ひ》定したものの、先生の家でごちそうになったとは言えなかった。それどころか肉まんのことも話していなかったのだ。それは後ろめたさを感じていたせいだ。

「じゃあ、なんで？」

二　次の各問いに答えなさい。

問一　次の(1)〜(5)のことばの意味としてふさわしいものをそれぞれ後の**ア**〜**キ**の中から選び、記号で答えなさい。

(1)　渡《わた》りに船

(2)　身から出たさび

(3)　ひょうたんから駒《こま》

(4)　盗《ぬす》人を捕《と》らえて縄をなう

(5)　船頭多くして船山に上る

ア　思ってもみないことが実現する。

イ　自分のしたことが原因で苦しむ。

ウ　物事が起こってからあわてて対策《さく》を立てる。

エ　勢いのあるものによりいっそう勢いをつける。

オ　指図をする人が多すぎて仕事がうまく進まない。

カ　悪いことがあった後は、かえって物事が落ち着きおさまる。

キ　何かをしようとしたときに、都合のよいことがうまいぐあいに起こる。

問二　次の(1)・(2)の四字熟《じゅく》語の□に当てはまる漢字をそれぞれ後の**ア**〜**エ**の中から選び、記号で答えなさい。

(1)　馬耳□風

ア　東　　**イ**　西　　**ウ**　南　　**エ**　北

(2)　一日千□

ア　春　　**イ**　夏　　**ウ**　秋　　**エ**　冬

二〇二一年度 横浜翠陵中学校

【国　語】〈第一回試験〉（五〇分）〈満点：一〇〇点〉

一 次の各問いに答えなさい。

問一 次の(1)～(5)の――線部の漢字の読みをひらがなで書きなさい。

(1) 必死の**形相**で逃《に》げる。

(2) 出発の合図で**汽笛**をならす。

(3) **部屋**をきれいにする。

(4) **険**しい道を進む。

(5) 先生が生徒を**率**いる。

問二 次の(1)～(5)の――線部のカタカナを漢字に直しなさい。

(1) 学校の**ビヒン**を大事に使う。

(2) 一年間の**ホショウ**書が付いている。

(3) 新しい家を**ケンチク**する。

(4) 小麦粉をよく**ネ**る。

(5) シャワーを**ア**びる。

2021年度

横浜翠陵中学校 ▶解説と解答

算 数 ＜第１回試験＞（50分）＜満点：100点＞

解 答

1 (1) 404 (2) $\frac{17}{20}$ (3) 12.4 (4) 257.2 (5) 21 **2** **問１** 216 **問２** 54km **問３** 4500円 **問４** 12.56cm **問５** （例） 4，0，7をこの順で繰り返す。 **3** **問１** 30分 **問２** 2000m **問３** （例） 分速160mより速い速さで追いかけた。 **4** **問１** 240cm^3 **問２** 16cm **5** **問１** 36個 **問２** （例） 一番外側に並んでいる一辺のご石の数を２回かけあわせたものから１をひいた数 **問３** 112個 **6** **問１** ① 10 ② 35 **問２** （例） Aチームと Bチームの人数が違うから６年生の全体の平均点は誤った答えになる。

解 説

1 四則計算，計算のくふう，逆算

(1) $425-(7\times37+98)\div17=425-(259+98)\div17=425-357\div17=425-21=404$

(2) $\left(2\frac{4}{5}\div3\frac{3}{7}+1\frac{1}{6}\right)\div2\frac{1}{3}=\left(\frac{14}{5}\div\frac{24}{7}+1\frac{1}{6}\right)\div2\frac{1}{3}=\left(\frac{14\times7}{5\times24}+1\frac{1}{6}\right)\div2\frac{1}{3}=\left(\frac{49}{60}+1\frac{1}{6}\right)\div2\frac{1}{3}=\left(\frac{49}{60}+1\frac{10}{60}\right)\div2\frac{1}{3}=1\frac{59}{60}\div2\frac{1}{3}=\frac{119}{60}\div\frac{7}{3}=\frac{119\times3}{60\times7}=\frac{17}{20}$

(3) $(4.3\times6.7+3.43)\div2.6=(28.81+3.43)\div2.6=32.24\div2.6=12.4$

(4) $A\times D-B\times D+C\times D=(A-B+C)\times D$より，$72\times6.43-54\times6.43+22\times6.43=(72-54+22)\times6.43=40\times6.43=257.2$

(5) $(239+\square\times23)\div38=19$より，$239+\square\times23=19\times38=722$，$\square\times23=722-239=483$ よって，$\square=483\div23=21$

2 約数と倍数，速さ，還元算，長さ，小数の性質

問１ 右の図１の計算より，27と72の最小公倍数は，$3\times3\times3\times8=216$である。

図１

```
3) 27  72
3)  9  24
    3   8
```

問２ ３時間＝180分なので，分速300mで進む自転車は，180分で，$300\times180=54000$(m)，つまり，54km進む。

問３ 右の図２のように，ケーキ屋で残金の$\boxed{\frac{5}{6}}$を使ったら350円残ったので，残金は，$350\div\left(1-\frac{5}{6}\right)=2100$(円)である。よって文房《ぶんぼう》具《ぐ》店ではじめに持っているお金の$\left(\frac{8}{15}\right)$を使った残金が2100円だから，はじめに持っていたお金は，$2100\div\left(1-\frac{8}{15}\right)=4500$(円)となる。

図２

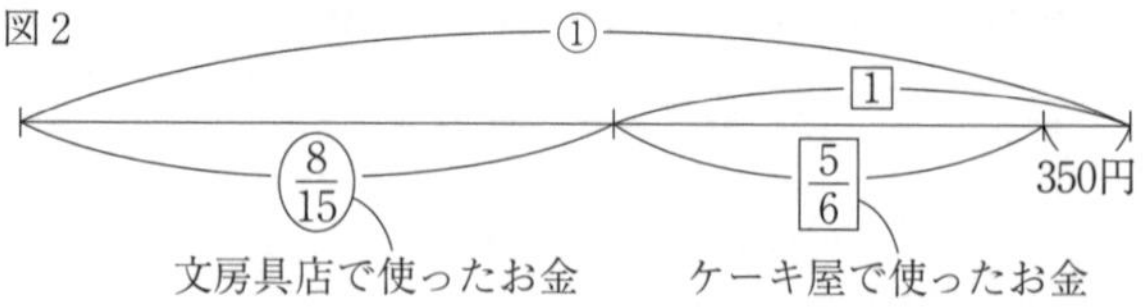

問４ 底面の円アの周の長さは，側面のおうぎ形の弧《こ》の長さに等しいので，$12\times2\times3.14\times\frac{60}{360}=12.56$(cm)である。

問５　$\frac{11}{27}$を小数で表すと，11÷27＝0.407407…であるので，小数点以下の位の数は，4，0，7の繰《く》り返しで並《なら》ぶ。

3 速さ，速さと比，旅人算

問１　みどりさんは家から2400m離《はな》れた駅まで分速80mで歩いたので，2400÷80＝30(分)かかる。

問２　みどりさんは，９時15分に家から，80×15＝1200(m)の地点にいる。このあと，２人の進む速さの比は，80：200＝２：５であるので，右の図のようにお姉さんがみどりさんに追いつくのは家から，$1200\times\frac{5}{5-2}$＝2000(m)の地点である。

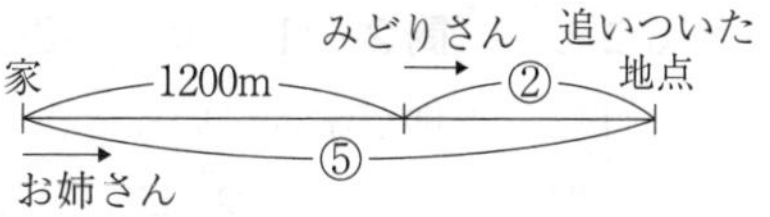

問３　みどりさんが駅に着くと同時に，お姉さんがみどりさんに追いつく場合，お姉さんの進む速さは分速，2400÷(30−15)＝160(m)になる。よって，みどりさんが駅に着く前に，お姉さんがみどりさんに追いつくことができたことから，お姉さんの進む速さについて分かることがらは，分速160mより速かったということである。

4 立体図形―水の深さと体積

問１　Ａの容器に入れた水も直方体の形をしているので，その量は，５×４×12＝240(cm^3)である。

問２　はじめ，２つの容器に入れた水の量は同じだから，問１より，Ｂの容器の底面積は，240÷８＝30(cm^2)とわかる。ここで，２つの容器をくっつけて１つの容器と考え，320cm^3の水をさらに追加した上で，同じにした水の深さは，(240×２＋320)÷(５×４＋30)＝16(cm)になる。

5 方陣算

問１　５番目の図は，問題文中の４番目の図の外側に白のご石が，一辺が６個の正方形になるように加えられている。また，問題文中の３番目の図において，白のご石だけを見ると，中までぎっしり並んだ一辺が４個の正方形となっていることがわかる。よって，５番目の図も同様であると考えられるので，白のご石の総数は，６×６＝36(個)になる。

問２　問１と同様に，黒のご石を，一辺が奇数《きすう》個の正方形になるように外側に加えるが，真ん中の１個が足りないので，黒のご石の総数は２番目が，３×３－１＝８(個)，４番目が，５×５－１＝24(個)，…と増《ふ》えていくから，その総数は一番外側に並んでいる一辺のご石の数を２回かけあわせたものから１をひいた数になっている。

問３　一番外側の一辺にご石が８個，つまり，偶数《ぐうすう》個並んでいるとき，一番外側に白のご石が並んでいる。よって，白のご石の総数は，８×８＝64(個)，黒のご石の総数は，７×７－１＝48(個)になるから，ご石は全部で，64＋48＝112(個)ある。

6 平均とのべ

問１　①　５年生のＢチームの平均点は21点なので，(35＋30＋20＋10＋□)÷５＝21より，□＝21×５－35－30－20－10＝10である。　②　５年生の全体の平均点と同じように６年生の全参加者５人の平均点を計算すると，(55＋50＋30＋30＋10)÷５＝35(点)になる。

問２　５年生のＡチームとＢチームの人数は等しいので，全体の平均点は，(48×５＋21×５)÷(５＋５)＝$\frac{(48+21)\times 5}{5\times 2}$＝$\frac{48+21}{2}$＝(48＋21)÷２＝34.5(点)と求められる。一方，６年生のＡチームとＢチームの人数が違うので，全体の平均点35点なのに対して，みどりさんが計算メモで求めた方法では，６年生の全体の平均点が誤った答えになる。

社 会 ＜第１回試験＞（理科と合わせて50分）＜満点：50点＞

解 答

1 **問１** (1) 大塩平八郎(の乱)　(2) エ　(3) ア　(4) (例) 将軍が朝廷に政権を返上すること　**問２** (1) エ　(2) (例) 大名行列を横切った外国人が殺傷された事件　**問３** (1) (例) 子供が学校にいくと，働き手が少なくなってしまうから。　(2) 伊藤博文　(3) エ　**問４** ア　**2** **問１** (1) イ　(2) エ　(3) (例) 経度・時刻の基準となる０度の経線のこと　**問２** (1) ウ　(2) ユーロ　**問３** (1) **A** 大西(洋)　**B** アフリカ(大陸)　(2) ア　**3** **問１** イ　**問２** (1) ウ　(2) エ　**問３** メディアリテラシー　**問４** (例) 社会全体の利益の方が個人の自由よりも優先されるということ　**問５** ウ　**問６** ア

解 説

1 渋沢栄一を題材とした近世・近代の歴史についての問題

問１ (1) 史料には「大阪で騒動」とあること，1837年に幕府の元役人が起こした反乱であることから，大塩平八郎《おおしおへいはちろう》の乱とわかる。　(2) 1841年からの天保の改革を行ったのは老中水野忠邦《みずのただくに》で，この時の将軍は12代将軍徳川家慶なので，エが適当。アの徳川家康は江戸幕府を開いた初代将軍。イの徳川家光は武家諸法度に参勤交代を追加したことなどで知られる３代将軍。ウの徳川綱吉は生類憐《しょうるいあわれ》みの令を出したことなどで知られる５代将軍。　(3) 天保の改革では人返し令が出されたり，アの株仲間の解散がおこなわれている。イの楽市・楽座は織田信長《おだのぶなが》が安土城下などで実施したことで知られる。ウの囲い米の制は老中松平定信による寛政の改革でおこなわれた。エの目安箱の設置は８代将軍徳川吉宗《よしむね》による享保の改革でおこなわれた。　(4) 大政奉還とは，将軍が政権を朝廷に返上することで，15代将軍徳川慶喜《よしのぶ》が1867年におこなった。

問２ (1) 攘夷とは，外国の勢力を排除しようという考えで，江戸時代の幕末にみられたので，エの生麦事件(1862年)が関わる。アの本能寺の変は，1582年に織田信長が家臣の明智光秀《あけちみつひで》に裏切られ倒されたできごと。イの島原の乱は，1637年に九州でおこったキリシタンらによる一揆。ウの応仁の乱は，室町幕府８代将軍足利義政のあとつぎ争いなどから1467年に始まった大乱。　(2) 生麦事件は，1862年に横浜近郊の生麦で薩摩藩の行列への非礼をとがめて薩摩藩士がイギリス人を殺傷したできごとで，イギリスの報復により翌年に薩英戦争がおこっている。

問３ (1) 明治時代初期の農村などでは，子供も働き手として認識されていたため，義務教育によって子供が学校へ行くようになると，働き手が少なくなってしまうことから，学制に反対する人びともみられた。　(2) 初代内閣総理大臣は伊藤博文である。　(3) 『吾輩《わがはい》は猫である』『坊《ぼ》っちゃん』はエの夏目漱石の作品である。アの与謝野晶子は歌人で『みだれ髪《がみ》』などの作品で知られる。イの森鷗外は『舞姫』などの作品で知られる作家。ウの石川啄木は歌人・詩人で『一握の砂』などの作品で知られる。

問４ 大正時代に建てられた，モダンなスタイルが取り入れられた建築物としては，アの東京駅があてはまる。東京駅は1914(大正３)年に開業しており，赤レンガで造られた駅舎で知られる。イの江戸城は室町時代に太田道灌《おおたどうかん》が築き，徳川家康が入城後に大規模に拡張している。ウの東大寺南大

門は鎌倉時代の建築物，エの鹿鳴館は明治時代の建築物である。

2 ヨーロッパを題材とした問題

問1 (1) イギリスは暖流の北大西洋海流や偏西風の影響で，緯度が高い割に温暖で降水量が一定である温帯の西岸海洋性気候がみられるので，イの温帯があてはまる。 (2) イギリスは北端が北緯60度付近，南端が北緯49度付近である。インドは北端が北緯37度付近であり，イギリスの南端である北緯49度付近よりも南に位置していることから，エのインドがイギリスと同緯度に位置していない国とわかる。アのドイツは北端が北緯55度付近で南端が北緯47度付近，イのロシアは北端が北緯81度付近で南端が北緯41度付近，ウのカナダは北端が北緯83度付近で南端が北緯41度付近となっている。なお，インドの南端は北緯6度付近である。 (3) 本初子午線とは，経度0度の経線で，経度・時刻の基準となる。本初子午線はイギリスやフランス，スペイン，アルジェリア，ガーナなどを通っている。

問2 (1) ドイツの首都はウのベルリンである。アのパリはフランスの首都，イのローマはイタリアの首都，エのウィーンはオーストリアの首都である。 (2) EU加盟国の多くの国(27カ国中19カ国，2021年3月現在)で用いられている共通通貨は，ユーロである。ユーロは1999年から導入され，2002年からはユーロ貨幣が流通している。

問3 (1) 南北アメリカ大陸とユーラシア大陸・アフリカ大陸の間にあるAの海洋は大西洋である。Bはアフリカ大陸を示している。 (2) アのアルプス山脈がヨーロッパにある。イのヒマラヤ山脈はアジアに，ウのアンデス山脈は南アメリカに，エのロッキー山脈は北アメリカに位置している。

3 新型コロナウイルスを題材とした問題

問1 内閣総理大臣は国務大臣を任命するので，イが正しい。内閣総理大臣は，国会が国会議員の中から指名し，天皇が任命するので，アは誤り。国民審査の対象は最高裁判所の裁判官であり，内閣総理大臣は対象ではないので，ウは誤り。日本国民統合の象徴は天皇であり，内閣総理大臣ではないので，エは誤り。

問2 (1) 2020年の新型コロナウイルスの感染拡大において，アのイギリス，イのアメリカ合衆国，エのブラジルではいずれも爆発的な感染拡大がおこったが，ウのニュージーランドでは爆発的な感染拡大はおこらなかった。 (2) PCR検査実施数は，2020年7月ごろから段階的にではあるが大幅な増加傾向にあることから，アは正しくない。2020年の陽性者数の累計は10万人を超えているので，イは正しくない。2020年7月頃から陽性者数が増加傾向にあったことから，ウは正しくない。2020年4月から2020年12月までの間に，陽性者数は5倍以上になっているので，エが正しい。

問3 情報が正しいかどうかを判断し，取捨選択していくことを，メディアリテラシーという。

問4 「公共の福祉」とは社会全体の利益のことであり，公共の福祉のために基本的人権の一部が制限される場合がある。このことは，社会全体の利益の方が個人の自由よりも優先される場合があるということである。「公共の福祉」のために基本的人権の一部が制限される例としては，居住・移転の自由を制限する重大な感染症による強制的な入院措置や，職業選択の自由を制限する医師などが無資格ではその職に就けないことなどが挙げられる。

問5 健康で文化的な最低限度の生活を営む権利は，社会権に含まれる生存権のことなので，ウが最もふさわしい。

問6 保健所は，地域住民の健康や衛生を支える組織であることから，保健所が担う仕事はアの公衆衛生が最もふさわしい。

理 科 ＜第１回試験＞（社会と合わせて50分）＜満点：50点＞

解 答

[1] **問１** 400g **問２** 200g **問３** 100cm **問４** （例） 図２は２本のひもで支えているため。 **問５** 100g **問６** （例） クレーン車，井戸など [2] **問１** ウ **問２** （例） ① わずかに溶け ② 重 **問３** イ **問４** イ **問５** （例） 夏は昼の時間が長く，光合成が盛んなため。 [3] **問１** ウ **問２** 合弁花 **問３** ア **問４** ア **問５** （例） 青むらさき色に変化する。 **問６** でんぷん [4] **問１** 夏 **問２** さそり(座) **問３** イ **問４** イ **問５** （例） 非常に遠くにあるため。 **問６** はやぶさ２

解 説

[1] 滑車《かっしゃ》についての問題

問１ 図１のように，軸《じく》で固定されている滑車を定滑車という。定滑車につるしたおもりを手で引くと，つるしたおもりの重さとひもを引く手の力の大きさは等しくなる。ここでは，400gのおもりをつるしているから，400gの力でひもを引けばよい。

問２ 図２の左側の滑車のように，軸で固定されていない滑車を動滑車という。動滑車では，滑車をつるしている左右２本のひもにかかる重さは等しくなる。動滑車に400gのおもりをつるしていて，２本のひもがこれを支えているから，このときの左右それぞれのひもにかかる重さは，400÷２＝200(g)となる。右側の滑車は定滑車だから，200gの力でひもを引けばよい。

問３ 動滑車につるしたおもりを引き上げるためには，おもりを引き上げる距離《きょり》の分，動滑車をつるしている左右２本のひもの両方を引き上げる必要がある。よって，おもりを50cm持ち上げるためには，50×２＝100(cm)引けばよい。

問４ 問２で説明しているように，動滑車では左右２本のひもでおもりを支えるため，図２でひもを引く力は，図１でひもを引く力の半分になる。

問５ 図３では，おもりを２つの動滑車でつるしている。このとき，動滑車は左右それぞれ２本のひもでつるされているので，２×２＝４(本)のひもでおもりを支えていることになる。動滑車では，それぞれのひもにかかる重さは等しいから，１本のひもにかかる重さは，400÷４＝100(g)である。ひもを引く力がかかる滑車は定滑車なので，100gの力でひもを引けばよい。

問６ クレーン車は，問５で考えたような滑車を用いて，重いものを小さな力で持ち上げられるようにつくられている。他にも，井戸水を引き上げるときに定滑車を使うと，井戸水を引き上げるときに必要な力の方向を変えることができ，井戸水を引き上げやすくなるため，定滑車が多く用いられている。

[2] 二酸化炭素についての問題

問１ 石灰《せっかい》石にうすい塩酸を加えると，二酸化炭素が発生する。なお，スチールウール(鉄)やアルミニウム箔《はく》にうすい塩酸を加えると，水素が発生する。黄鉄鉱《おうてっこう》にうすい塩酸を加えても，黄鉄鉱は溶《と》けない。

問２　二酸化炭素は，水にわずかに溶ける，空気より重い(空気の約1.5倍)気体である。二酸化炭素のように空気より重い気体は，問題文中の図２のような下方置換《ちかん》法で収集をすることができる。なお，二酸化炭素を水に溶かした水よう液を，炭酸水という。

問３　炭素を多くふくまないものを燃やしても，二酸化炭素は発生しない。スチールウールは金属で，炭素をふくまないので，イが答えである。このように，炭素を多くふくまないものを無機物という。

問４　BTBよう液は酸性で黄色に，中性で緑色に，アルカリ性で青色に変化する。問２で説明したように，二酸化炭素を水に溶かすと，炭酸水になる。炭酸水は酸性のため，BTBよう液に二酸化炭素を吹《ふ》きこむと，黄色に変化するので，イが誤り。

問５　地球上の二酸化炭素の濃度《のうど》は，植物の光合成量に影響《えいきょう》される。光合成では二酸化炭素が用いられるため，光合成が盛んにおこなわれているときには，二酸化炭素の濃度が低くなる。夏は昼の時間が長くなるので，その分植物の光合成が盛んにおこなわれることになり，二酸化炭素の濃度は低くなる。

3　アサガオについての問題

問１　アサガオの多くは，夜の時間が長くなりはじめる，８月ごろに花がさく。このように，夜の時間が長くなると花がさく植物を，短日《たんじつ》植物という。

問２　アサガオのように，花びらがくっついている花を，合弁花《ごうべんか》という。一方，アブラナなどのように，花びらが１枚１枚はなれている花を，離弁花《りべんか》という。

問３　アサガオは，昆《こん》虫などにより花粉が運ばれて受粉をするほか，開花と同時に同じ花のおしべとめしべで受粉をすることがある。

問４　アサガオの葉をエタノールにひたすと，葉の緑色の成分がぬけて，ヨウ素液をつけたときの色の変化が見やすくなる。

問５，問６　ヨウ素液はでんぷんに反応して，茶色っぽい色から青むらさき色に変化する。手順②で，アサガオには十分な量の光があてられているから，光合成によりでんぷんが作られ，手順⑤で，ヨウ素液はでんぷんに反応して，青むらさき色に変化したと考えることができる。

4　星や星座の見え方についての問題

問１，問２　図１はさそり座で，夏の真夜中ごろ，南の空に見ることができる。地球から空を見たときに，太陽が通る道すじを黄道《こうどう》といい，黄道上にある星座を黄道十二星座という。さそり座は，黄道十二星座の１つである。

問３　図１のAの星はアンタレスで，赤い色をした一等星である。星の色は表面温度によって変わり，温度が高いと青白っぽく，温度が低いと赤っぽく見える。

問４　北の空以外の星は，東の空から南の空を通り西の空にしずむ。図１は南の空だから，星座は時間がたつと西の空の方向へ動いて見える。よって，イが正解となる。なお，北の空の星は，北極星を中心に反時計回りに動いて見える。

問５　それぞれの星は実際には動いているが，それらの星１つ１つが地球から非常に離《はな》れているため，ほとんど移動しているように見えない。

問６　太陽のまわりを公転している，惑星《わくせい》よりも小さな星を小惑星という。小惑星の１つであるリュウグウを調査した小惑星探査機の名しょうははやぶさ２で，小惑星イトカワを調査した小惑星探査機の名しょうははやぶさである。

国　語　＜第１回試験＞（50分）＜満点：100点＞

解　答

一 **問１** (1) ぎょうそう　(2) きてき　(3) へや　(4) けわ(しい)　(5) ひき(いる)
問２ 下記を参照のこと。　**二** **問１** (1) キ　(2) イ　(3) ア　(4) ウ　(5) オ
問２ (1) ア　(2) ウ　**問３** (1) ウ　(2) オ　(3) イ　**三** **問１** 「ほら，朝
問２ よろしく　**問３** ウ　**問４** ア　**問５** ウ　**問６** オレんちが～くれたんだ
問７ 恵んでやっ～ということ　**問８** ６ オ　８ エ　**問９** (例) 亡くなった息子に似ている裕之を奥さんに見せるため。　**四** **問１** ウ　**問２** エ　**問３** タコツボ
問４ ① ア　② エ　**問５** 考え方が深　**問６** イ　**問７** (例) 社会の仕組みが「生物の進化」に逆行していると感じるから。　**問８** ア

●漢字の書き取り

一 **問２** (1) 備品　(2) 保証　(3) 建築　(4) 練(る)　(5) 浴(びる)

解　説

一 漢字の読みと書き取り

問１ (1) 顔つき。　(2) 蒸気の噴出によって音を鳴らす笛。　(3) 家の中をいくつかに仕切った一つ一つの空間。　(4) 音読みは「ケン」で，「危険」などの熟語がある。　(5) 音読みは「ソツ」「リツ」で，「引率」「能率」などの熟語がある。

問２ (1) 必要なものとして備えつけてあるもの。　(2) 「保証書」は，その製品の品質に問題がないことを明記した書類。　(3) 建物をつくりあげること。　(4) 音読みは「レン」で，「練習」などの熟語がある。　(5) 音読みは「ヨク」で，「浴場」などの熟語がある。

二 ことわざの知識，四字熟語の完成，熟語の知識

問１ (1) 「渡りに船」は，困ったときや何かをしようとしたときに，必要なものがそろったり人に助けてもらったりして，望ましい状態になること。　(2) 「身から出たさび」は，自分の犯した悪行の結果として自分自身が苦しむこと。　(3) 「ひょうたんから駒《こま》」は，意外なところから意外なものが出たり，予想もしなかったことが実現したりすること。　(4) 「盗人《ぬすびと》を捕《と》らえて縄《なわ》をなう」は，問題が起こってからあわてて準備を始めること。　(5) 「船頭多くして船山に上る」は，指示を下す人が多すぎて，方針がまとまらず，物事がとんでもない方向に進んでいってしまうこと。

問２ (1) 「馬耳東風《ばじとうふう》」は，他人の忠告や意見を気にかけないで聞き流すこと。　(2) 「一日千秋」は，時間がとても長く感じられるくらい待ち遠しいこと。

問３ (1) 「売買」は，売ることと買うこと，という意味なので，反対の意味を持つ漢字で組み立てられている熟語である。　(2) 「開始」は，それぞれ「開く」と「始める」と読むので，同じような意味を持つ漢字で組み立てられている熟語とわかる。　(3) 「曲線」は，曲がっている線，

という意味なので，上の漢字が下の漢字を修飾《しゅうしょく》しているという関係で組み立てられている熟語である。

三 **出典は森浩美《もりひろみ》の『家族連写』所収の「お駄賃《だちん》の味」による。**先生の家で食事させてもらったことを母にうっかり言ってしまった「私」が，翌日母に連れられて先生の家に行き，そこで先生の奥さんから家によばれたことの本当の理由を聞かされる。

問１　一日目は，「私」が母に「言い過ぎた」と「自覚」しながらも，結局は謝ることができずに，「敷《し》き放しの布団《ふとん》に潜《もぐ》り込《こ》んだ」ところまで。二日目は，その翌朝に「ほら，朝ご飯食べたら，先生のうちに行くよ」という母の言葉で，「私」が「起こされた」ところから始まる。

問２　先生は，「私」の母がまだ帰宅しておらず，挨拶《あいさつ》できなかったので，「よろしく」という言葉を伝えておいてほしいと，「私」にたのんで，帰っていった。

問３　①は，続くところで，先生に「裕之《ひろゆき》」と呼ばれていることから，主人公の「私」とわかる。②は，奥さんが謝る姿を見た「私」が心苦しくなっている場面なので，主人公の「私」とわかる。③は，先生が自分の発言の中で「私」と言っていることから，先生自身を指しているとわかる。④は，先生が頭を下げるのを見た「私」が，その場にいたたまれなくなって大声で泣き出す場面であることから，主人公の「私」とわかる。

問４　母は，自分の家が貧乏《びんぼう》だから「私」が新井先生の家で食事させてもらっているという予想外のことを聞かされたうえに，「先生んちの親子丼は母ちゃんが作るメシより，百倍うめえんだ」というひどいことまで言われたので，口もきけないほどに気落ちしてしまったのである。

問５　本文前半の場面で，先生の家で食事をさせてもらったことを母に言えなかったことや，以前に肉まんを食べさせてもらったこともかくしていたことの理由について，「後ろめたさを感じていたせい」と「私」が思っていることに着目する。「私」の心の中には，食べ物をもらうのはよくないことだという思いがあり，ずっとやましさを感じていたので，母に打ち明けられなかったのだと考えられる。

問６　母が拳《こぶし》を震《ふる》わせつつ「うちは貧乏」であっても「物乞《ご》いではありませんから」と言いきったのは，「親としてのプライド」や「人としての意地」によるものであったのだろうと「私」は思った。自分の家が貧乏だとは認めつつも他人から食べ物を恵《めぐ》んでもらうようなみじめなことは許せないという思いを示した母のようすを見た「私」は，自分の「オレんちがビンボーだから，肉まんも何も買えねーから，先生が，先生が食わしてくれたんだ」という昨日の一言が，母の心をひどく傷つけてしまったのだと悟ったのである。

問７　「食べ物を恵んでもらう」ことをきっぱりと拒否した母の言葉を聞いて，先生は食べ物を恵むために「私」を「うちに呼んだわけ」ではないという自分の気持ちを説明した。そして，先生に代わって，奥さんが，「私」を家によんだのは，五年前に亡《な》くなった息子に似ている「私」の顔を見るためであり，「お母さんがおっしゃるような，恵んでやっているとか，施《ほどこ》しをしてやっているなどということ」はないと言っている。

問８　**６**　先生の「お前はいいから」という「制止」を振り切って奥さんが事情を話し始めていることから，奥さんが意を決するために深呼吸をしているようすを想像できる。　**８**　母は，先生と奥さんに食べ物を恵んでもらったと思っていたので抗議《こうぎ》の気持ちを示すために先生の家に行ったが，先生と奥さんが亡くなった自分の子どもの面影《おもかげ》をしのぶために「私」をよんだのだと知り，母の気持ちは「今後ともよろしくお願いします」と言って頭を下げるほどに大きく変わったと考えられる。

問９　奥さんが，夫のクラスに，亡くした息子に似ている子どもがいると聞き，「一度会ってみたいわね」と言ったことがきっかけとなり，自分が先生の家に連れてこられたのだと「私」は知ったのである。

四　**出典は内田《うちだ》 樹《たつる》の『サル化する世界』による。**若者や子どもたちが，今の日本社会において「自分らしく生きる」ことを強《し》いられており，そのことで「生きづらさ」を感じているということについて述べている。

問１　今の日本社会は，「身のほどを知れ，分際《ぶんざい》をわきまえろ」という圧力が行き渡っている。だから，日本の大学生たちは「罠《わな》にはまった」「息ができない」「身動きできない」といった「生きづらさ」を表す言葉で日本社会を表現したのだと考えられる。

問２　子どもや若者が「成熟し，変化して，自由に生きる」と，「管理する側」の人間からすれば「管理しにくく」なってしまう。だから，「自分探しの旅」や「自分らしさの探求」といった言葉をつかい，「タコツボ」から「二度と出て来るな」と言っているように筆者は感じていたのである。

問３　「タコツボ」は，タコを捕獲《ほかく》するために海中に沈めた壺《つぼ》。「管理する側」の人間は，子どもや若者が「自分らしい生き方」を決めたら，あとはタコツボに入って出られないタコのように，生き方を変えてはいけないという「圧力」をかけるのである。

問４　①　子どもたちは，「自分らしさ」「個性」「本当にやりたいこと」などの言葉が，「罠にはめられて」「息ができなくなって」「身動きできなくなる」といったような状態へ誘導《ゆうどう》するものだと「直感的」に感じてはいるという前の内容に，「自分らしく生きなさい」という言葉に「正面から反論する」だけの力はない，という内容が続いている。よって，前のことがらに対し，後のことがらが対立する関係にあることを表す「でも」が入る。　②「アクターのふるまいが絶えず変化する」と「システムの制御《せいぎょ》がむずかしくなる」から，「システムの管理コストを最小化するため」に人間たちは「成熟するな」という命令を下されることになる，という文脈になる。よって，前のことがらを理由・原因として，後にその結果をつなげるときに用いる「だから」を入れるのが適切である。

問５　今の日本社会は，成熟することを「定型に収まって，それ以上変化しなくなること」だと教えているが，生物の成長や進化が「どんどん複雑なものに変わってゆく」ように，人間も成長するにつれて，「考え方が深まり，感情の分節がきめ細かくなり，語彙《ごい》が豊かになり，判断が変わり，ふるまいが変わる」といったように複雑になっていくと筆者は考えている。

問６　「アクター」は，役を演じる者，という意味。アクターである人間が自分に割り振られた役だけを演じるのではなく，それぞれが勝手にふるまうようになるとシステムの制御は難しくなるため，効率的に管理することは大切である。しかし，「システム管理の効率化を急ぐあまり」に，「アクターである人間たちを同一的なままにとどめておく」と，人間は「成熟を止め，変化を止め」てしまうので，システム自体が成立しなくなってしまうと考えられる。

問７　今の日本社会が，若者に「成熟するな」という命令を下すようなシステムになっていることをふまえて考える。一般に，サルが進化して人間になったと考えられているが，今の日本社会は，若者に「成熟」や「変化」を求めていないので，「生物の進化」に逆行していることになる。

問８　今の日本社会は，若者たちに「成熟する」ことを求めず，また「自分の身のほど」である「分際」から踏み出すことも許さず，さらに「自分らしさ」とか「個性」とか「本当にやりたいこと」という「ポジション」から出てはならないという「圧力」をかけるので，若者たちは「罠にはまった」と感じているのだから，イ・ウ・エはふさわしい。若者たちは「罠にはまった」という息苦しさを感じつつも，「反論するだけの理論武装」はできないのだから，アはあてはまらない。

Memo

2021年度　横浜翠陵中学校

〔電　話〕　(045)921－0301
〔所在地〕　〒226－0015　神奈川県横浜市緑区三保町１番地
〔交　通〕　JR横浜線「十日市場駅」よりバス
東急田園都市線「青葉台駅」よりバス

【算　数】〈第２回試験〉（50分）〈満点：100点〉

1　次の $\square$ にあてはまる数を求めなさい。

(1) $243-(8\times29+113)\div23=\square$

(2) $\left(5\frac{1}{3}\div1\frac{2}{3}+2\frac{3}{10}\right)\div8\frac{4}{5}=\square$

(3) $(3.6\times9.4+2.64)\div5.7=\square$

(4) $68\times4.72-29\times4.72+41\times4.72=\square$

(5) $(332+\square\times26)\div19=64$

2　次の各問いに答えなさい。

問１．１から 130 までの整数のうち，７でわって６あまる整数の中でもっとも大きい整数はいくつですか。

問２．あるテストでＡさんは 46 点，Ｂさんは 42 点，Ｃさんは 38 点でした。Ｄさんを加えた４人の平均点が 39 点のとき，Ｄさんの点数は何点ですか。

問３．180m の直線道路に 10 個のカラーコーンを等間かくに並《なら》べます。このとき，カラーコーンの間の距離《きょり》は何 m ですか。ただし，直線道路の端《はし》には必ずカラーコーンを置くことにします。

問４．正十二角形の１つの角の大きさは何度ですか。

問５．ある中学校では，全校生徒 700 人の 30%が犬を飼っていて，そのうちの 10%はねこも飼っています。このとき，700×0.3×0.9 はどのような生徒の人数を表す計算式ですか。１行程度の文章で答えなさい。

3 りょうさんは，10 時ちょうどに家を出発し，スーパーマーケットまで 1500m の道のりを歩いて移動しました。10 時 25 分にスーパーマーケットに到着《とうちゃく》し，買い物をしてから 10 時 50 分にスーパーマーケットを出発し，行きとは別の道を通って家まで帰りました。帰りは途中《とちゅう》で郵便《ゆうびん》局に 10 分間立ち寄り，家に到着したのは 11 時 30 分でした。りょうさんの進む速さは常に一定であるとします。このとき，次の各問いに答えなさい。

問１．りょうさんの進む速さは分速何 m ですか。

問２．スーパーマーケットから家までの帰りの道のりは何 m ですか。

問３．りょうさんは 11 時 10 分より前に郵便局を出発しました。郵便局がある場所について，このことから分かることがらを１行程度の文章で答えなさい。

4 図のように長方形ABCDがあり，頂点《ちょうてん》Cを中心として90度回転させた長方形をアとします。さらに，長方形アを頂点Eを中心として90度回転させた長方形をイとします。このとき，次の各問いに答えなさい。ただし，円周率は3.14とします。考え方や式も書きなさい。

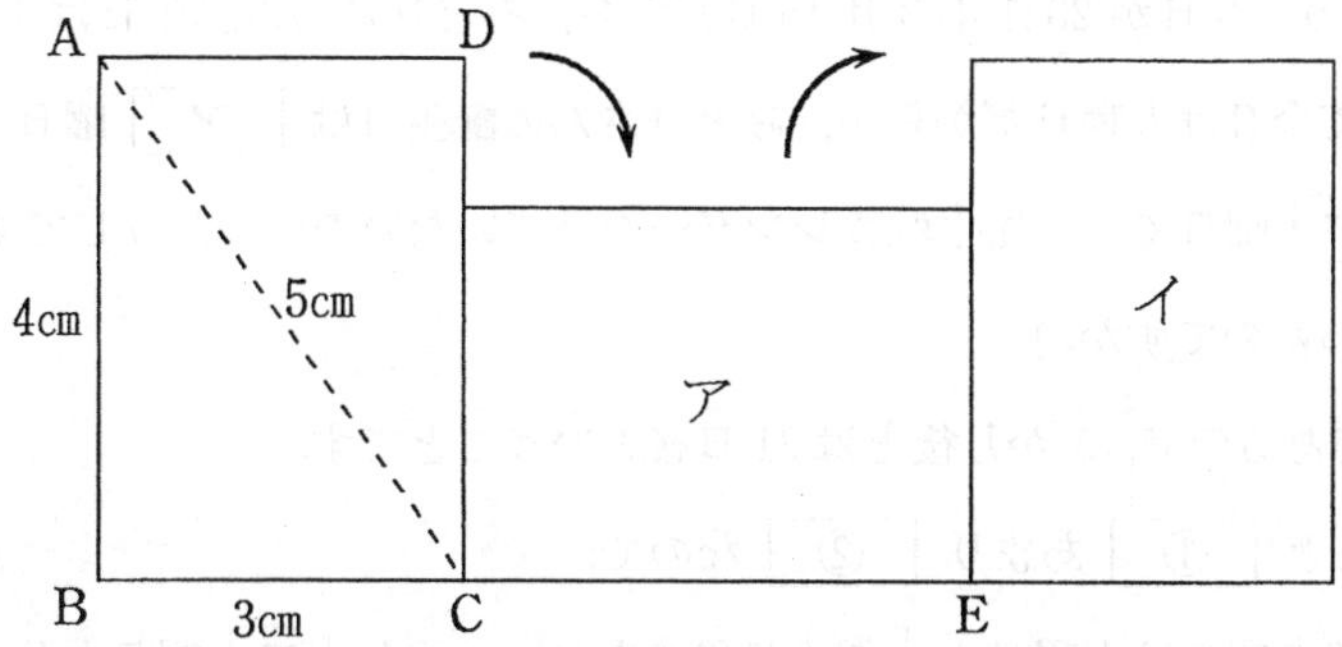

問１．点Dが通った道のりの長さは全部で何cmですか。

問２．点Aが通った道のりの長さは全部で何cmですか。

5 下のように，3を順にいくつかかけ合わせた計算結果の一の位の数について考えます。このとき，次の各問いに答えなさい。問３は考え方や式も書きなさい。

１番目　3×3＝9　→　9
２番目　3×3×3＝27　→　7
３番目　3×3×3×3＝81　→　1
４番目　3×3×3×3×3＝243　→　3

⋮

問１．６番目の計算結果の一の位の数は何ですか。

問２．計算結果の一の位に現れる数には『ある規則』があります。『ある規則』を１行程度の文章で答えなさい。

問３．１番目から30番目までの計算結果の一の位の数をすべて加えるといくつになりますか。

6 次の会話文は，曜日について先生とみどりさんが話しているやりとりです。これを読んで，次の各問いに答えなさい。**問２**は考え方や式も書きなさい。

みどり：「先生，今日のちょうど１か月後は私《わたし》の 13 歳《さい》の誕生《たんじょう》日です。」

先生：「誕生日おめでとう。今日が 2021 年３月 16 日だから，みどりさんの誕生日は４月 16 日ということですね。そして今日は火曜日だから…，みどりさんの誕生日は ア 曜日ですね。」

みどり：「そうです。 ア 曜日です。先生はカレンダーを見ていないのに，どうしてすぐに私の誕生日の曜日が分かったのですか。」

先生：「３月は 31 日まであるので，１か月後とは 31 日後ということです。
31÷7 を計算すると ① あまり ② なので，
ちょうど１か月後の曜日は火曜日の ② 日後の曜日，つまり ア 曜日と分かります。」

みどり：「なるほど。では，来年の私の誕生日である 2022 年４月 16 日が何曜日なのか，これも計算で求められますか。」

先生：「もちろんできます。来年はうるう年ではないので１年後は 365 日後です。365÷7 を計算すると 52 あまり１です。」

みどり：「先生，曜日が分かりました。来年の４月 16 日は ア 曜日の ③ 日後の曜日，つまり イ 曜日ですね。」

先生：「正解です。このように今日の日付と曜日から，未来の日付の曜日はカレンダーがなくても計算で求めることができます。」

みどり：「なんだかわくわくしますね。他にも計算してみようと思います。」

問１．空欄《くうらん》 ア ， イ に当てはまる語句， ① ， ② ， ③ に当てはまる数をそれぞれ答えなさい。

問２．2028 年４月 16 日は何曜日ですか。ただし，2024 年，2028 年はうるう年です。

【社　会】〈第2回試験〉（理科と合わせて50分）〈満点：50点〉

1　次の年表をみて，後の問いに答えなさい。

593年　①推古《すいこ》天皇が即位《そくい》する。

710年　②平城京に遷都《せんと》する。

794年　③平安京に遷都する。

1192年　④源頼朝《みなもとのよりとも》が征夷《せいい》大将軍になる。

【A】

1338年　足利尊氏《あしかがたかうじ》が征夷大将軍になる。

問1．下線部①について，

(1)　この天皇の時に，聖徳太子が摂政《せっしょう》として政治をおこないました。聖徳太子とともに政治を支《ささ》えた人物を，次の中から選び記号で答えなさい。

ア　中臣鎌足《なかとみのかまたり》　　イ　蘇我馬子《そがのうまこ》　　ウ　蘇我入鹿《いるか》　　エ　中大兄皇子《なかのおおえのおうじ》

(2)　この天皇の時に，役人のしくみとして冠位《かんい》十二階が制定されました。どのような人びとが役人に選ばれることになりましたか。説明しなさい。

(3)　この天皇の時に，次の史料が出されました。役人の心得《こころえ》が示されたこの史料の名称《めいしょう》を書きなさい。

史料

一　和をとうとび，争うことをないようにせよ。
一　あつく仏教(三法)をうやまえ。
一　天皇の命令にしたがうこと。
⋮

問2．下線部②について，

(1)　聖武《しょうむ》天皇は，平城京にある東大寺に大仏を造《つく》るように命じました。なぜ大仏を造ることにしたのですか。説明しなさい。

(2) 平城京には正倉院があります。正倉院の建築《けんちく》工法を，次の中から1つ選び記号で答えなさい。

ア 校倉《あぜくら》造　**イ** 寝殿《しんでん》造　**ウ** 武家《ぶけ》造　**エ** 書院《しょいん》造

問3．下線部③について，

(1) 平安京に遷都した天皇は誰ですか。書きなさい。

(2) (1)の天皇の時に起きたことを，次の中から1つ選び記号で答えなさい。

ア 平清盛《きよもり》が太政《だじょう》大臣になった。
イ 坂上田村麻呂《さかのうえのたむらまろ》が征夷大将軍になった。
ウ 豊臣秀吉が関白《かんぱく》になった。
エ 藤原道長が摂政になった。

問4．下線部④について，

(1) 源頼朝が，荘園《しょうえん》や公領《こうりょう》に，年貢《ねんぐ》の取り立てのために置いた役職を，次の中から1つ選び記号で答えなさい。

ア 執権《しっけん》　**イ** 大名　**ウ** 管領《かんれい》　**エ** 地頭《じとう》

(2) 源頼朝の時におこなわれたことを，次の中から1つ選び記号で答えなさい。

ア 永仁《えいにん》の徳政令の発布　**イ** 御成敗式目《ごせいばいしきもく》の制定
ウ 侍所《さむらいどころ》の設置　**エ** 六波羅探題《ろくはらたんだい》の設置

問5．表中【A】の時期に起きたことを，次の中から1つ選び記号で答えなさい。

ア 建武《けんむ》の新政が始まる。
イ 地租改正がおこなわれる。
ウ 享保《きょうほう》の改革がおこなわれる。
エ 武家諸法度《はっと》が出される。

2 次の文章を読んで，後の問いに答えなさい。

①資源の乏《とぼ》しい日本は，1950年代後半からの高度経済成長期に，加工貿易などをおこない，工業を発展させました。その過程《かてい》で，日本各地に **②工業地帯や工業地域**が形成され，日本は世界でも有数の経済大国になりました。同時に，**③公害**などの問題も起こりました。

問１．下線部①について，資源の乏しい日本では，再生可能エネルギーによる発電が進められています。その一例に太陽光発電があります。この発電の説明として正しいものを，次の中から１つ選び記号で答えなさい。

ア　日本の発電量の大半を占《し》め，安定的に電力を供給することができる。
イ　効率よく発電することができるが，放射能もれのおそれがある。
ウ　発電時に二酸化炭素が発生せず，環境への悪影響が少ない。
エ　発電力が大きいが，設置場所が限られている。

問２．下線部②について，
⑴　次の地図中の**A**の工業地域名を書きなさい。

⑵　次の地図中の**B**の工業地帯名を書きなさい。

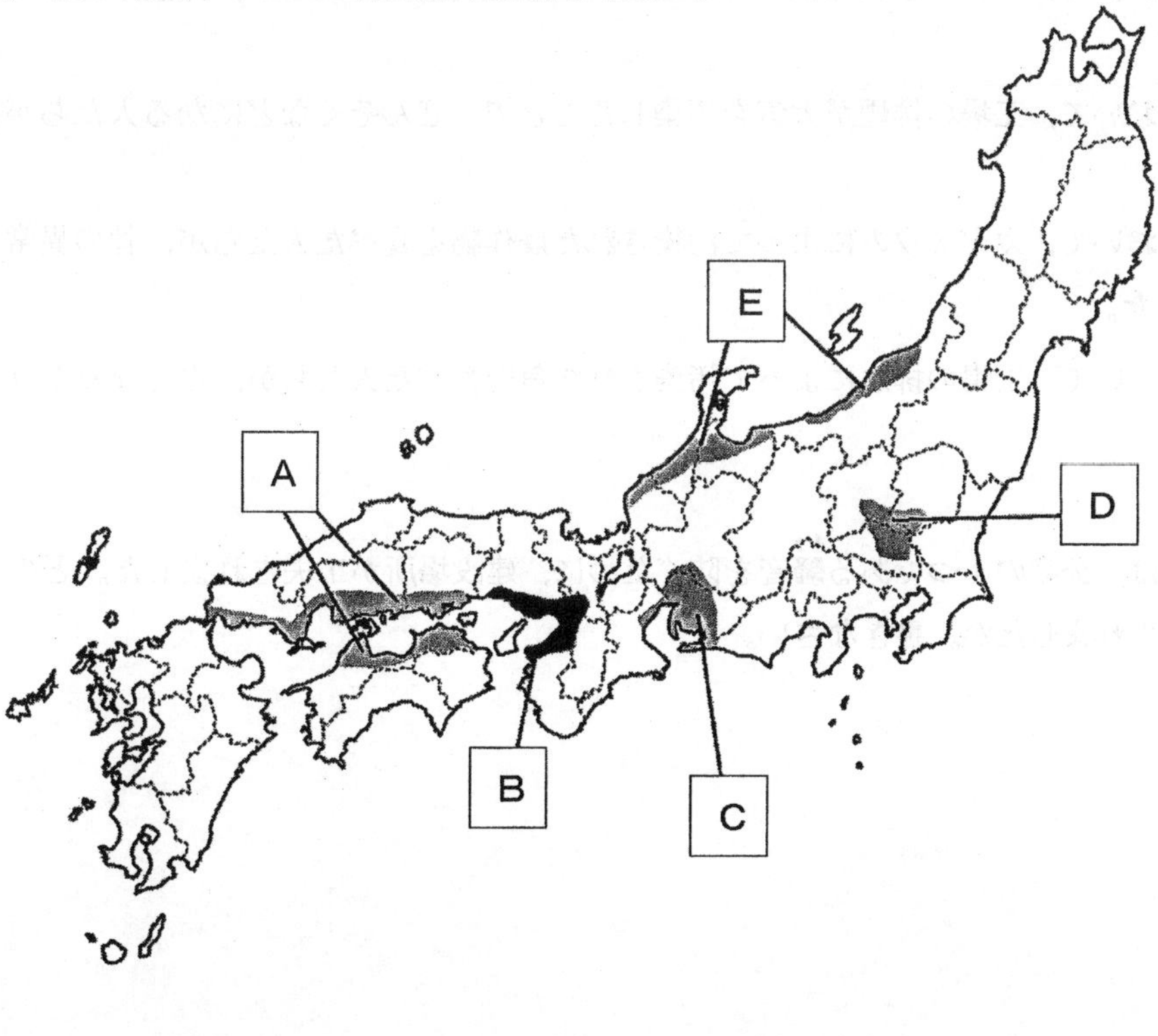

⑶　地図中Ｃの工業地帯の説明として**最もふさわしいもの**を，次の中から１つ選び記号で答えなさい。

ア　機械工業中心であり，工業生産額が日本第一位である。
イ　鉄鋼《てっこう》業と石油化学工業が盛《さか》んで，海運の便も良い。
ウ　かつて八幡《やはた》製鉄所があり，日本の鉄鋼業を支えた。
エ　楽器やオートバイ，パルプの生産が盛んである。

⑷　日本の工業地帯・工業地域は沿岸部にあることが多いですが，近年，地図中Ｄのように内陸部にも発達しています。その理由を説明しなさい。

⑸　地図中Ｅでは，古くから伝統工芸品の生産が盛んです。しかし近年，伝統工業はさまざまな問題をかかえています。その問題にはどのようなことがありますか。書きなさい。

問３．下線部③について，

⑴　公害の１つである，イタイイタイ病について説明した文として正しいものを，次の中から１つ選び記号で答えなさい。

ア　熊本県において，メチル水銀によって汚染《おせん》された魚を食べた人たちが，体調不良をおこしたりした。
イ　三重《みえ》県において，工場の排煙《はいえん》が大気を汚染したことで，ぜんそくなどになる人たちが多発した。
ウ　富山県において，カドミウムによって汚染された農作物を食べた人たちが，骨の異常などをおこした。
エ　新潟《にいがた》県において，工場の排水によって汚染された魚を食べた人たちが，亡くなったりした。

⑵　関西国際空港は，公害の１つである騒《そう》音を防ぐために，建設場所が工夫されました。どのような場所に建設されましたか。書きなさい。

3 次の文章を読んで，後の問いに答えなさい。

世界の人口は，2020 年時点で約（　①　）億人です。世界の国ぐには **②先進国と発展途上国**に分けられます。先進国と発展途上国との間には，（　③　）問題と呼ばれる経済格差の問題があります。近年では，発展途上国同士の問題である「南南問題」の存在も指摘《してき》されています。

④今後，発展途上国が経済発展をしていくと，さらに地球環境が汚染《おせん》されるという問題もあります。環境汚染などのさまざまな問題に対処《たいしょ》するために，国際連合は **⑤持続可能でより良い世界を目指す開発目標**を定めました。また，**⑥発展途上国の人々が貧困《ひんこん》から抜け出せるための取り組み**も始まっています。

問１．空欄《くうらん》①に当てはまる数字を，次の中から１つ選び記号で答えなさい。

ア　17　　**イ**　47　　**ウ**　77　　**エ**　107

問２．下線部②について，「先進国」と「発展途上国」の説明として，**最もふさわしいもの**を次の中からそれぞれ１つ選び，記号で答えなさい。

ア　国際連合に加盟していない国
イ　国の産業が農業に偏《かたよ》っており，災害に弱い国
ウ　国の産業が工業に偏っており，グローバル化に対応できていない国
エ　産業の発達が不十分で，国民所得が低い国
オ　産業が高度に発達していて，国民所得が高い国

問３．空欄③に当てはまる語句を書きなさい。

問４．下線部④について，なぜ発展途上国が経済発展をすると，地球環境がさらに汚染されるのですか。説明しなさい。

問５．下線部⑤について，この「持続可能な開発目標」の略称《りゃくしょう》を，次の中から選び記号で答えなさい。

ア　NIEs　　**イ**　SDGs　　**ウ**　NPO　　**エ**　NGO

問６．下線部⑥について，発展途上国の人々が貧困から抜け出せるように，商品の値段を安くしすぎず，公正な価格で取引することを何といいますか。次の中から１つ選び記号で答えなさい。

ア　モノカルチャー　　**イ**　フェアトレード
ウ　プランテーション　　**エ**　オンブズマン制度

【理　科】〈第２回試験〉（社会と合わせて50分）〈満点：50点〉

《注意事項》 字数制限のあるものは，原則として句読点も一字に数えます。

1 図１のように，垂直に立てた鏡に光をあてました。後の問いに答えなさい。

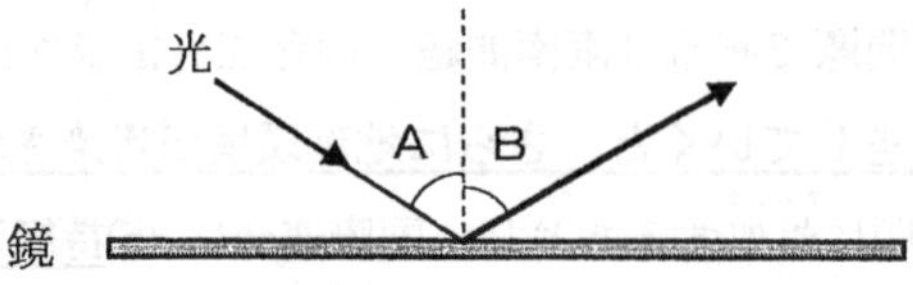

図１

問１．光がものにあたって，はね返ることを，光の何といいますか。

問２．図１の角Ａを何といいますか。

問３．図１の角Ａの大きさが60度のとき，角Ｂの大きさは何度になりますか。

問４．図２のように，鏡のそばにＣ～Ｇさんの５人が立っています。Ｃさんが鏡にうつったＤさんを見たとき，Ｄさんはどこに立っているように見えますか。図２中のア～エから一つ選び，記号で答えなさい。

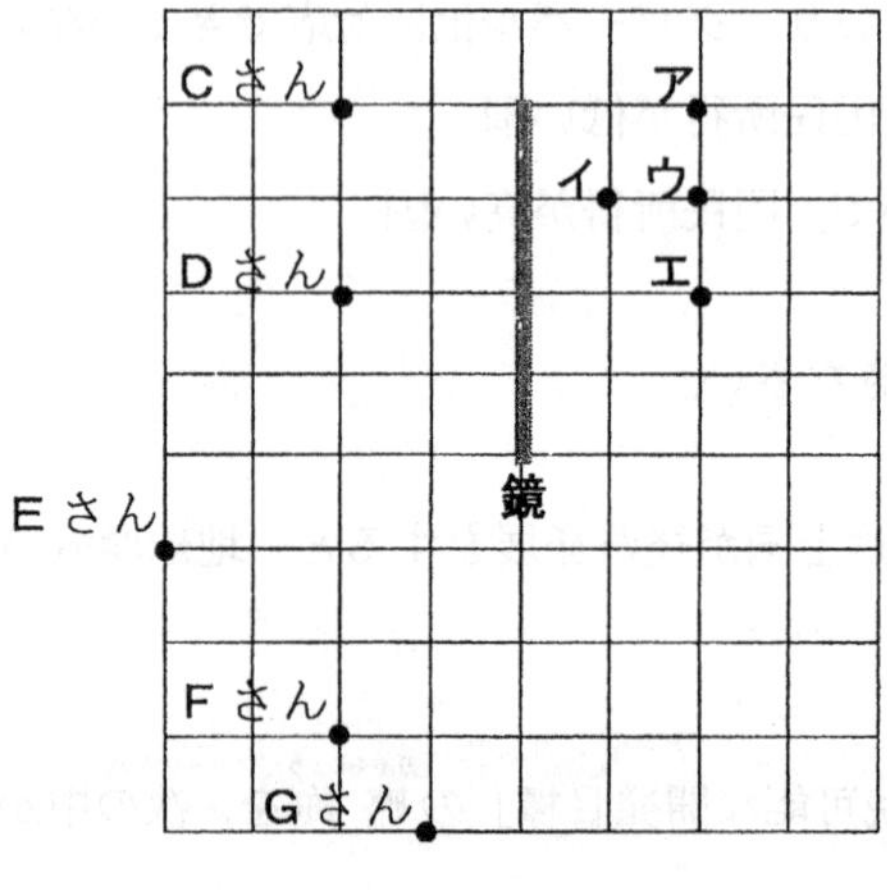

図２

問５．図２のＤ～Ｇさんのうち，Ｃさんが鏡を通して見ることができないのはだれですか。複数人いる場合は，すべて答えなさい。

問6．横浜市の救急車の前面には，図3のような文字が入っています。これは前にいる車が，後から近づく救急車をルームミラーなどで見たときにわかりやすくするためです。この文字には，どのような工夫がされていますか。20字以内で説明しなさい。

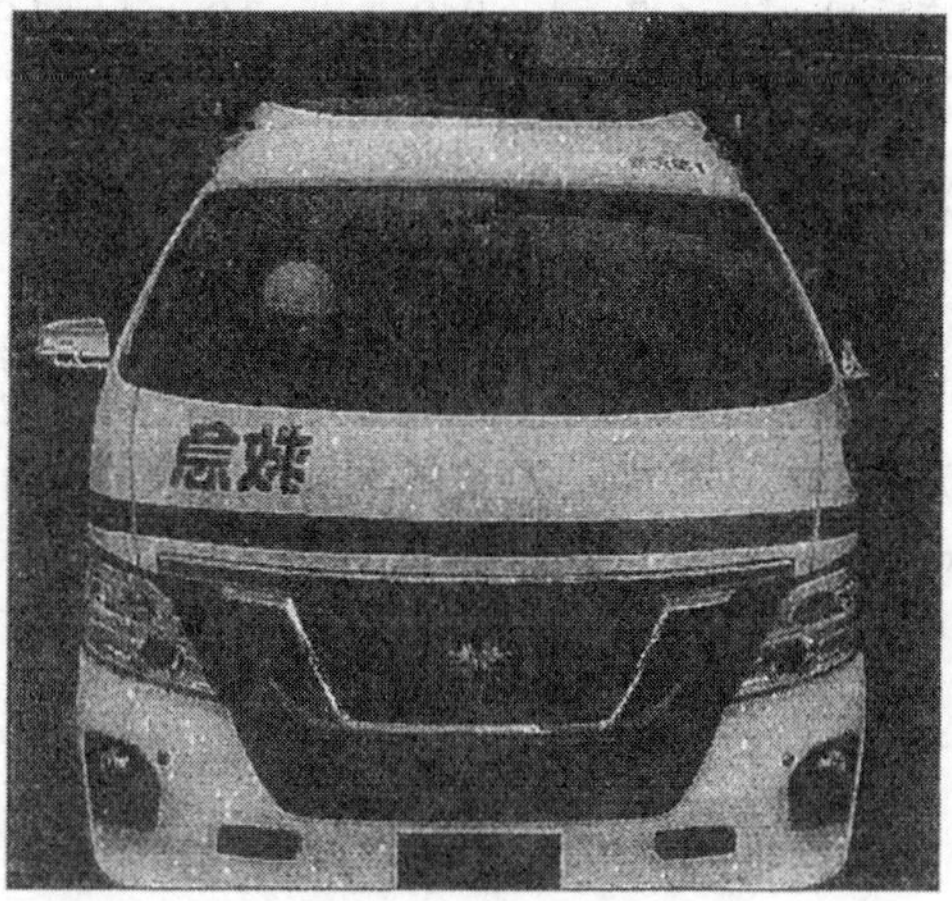

図3

2 りょうさんとみどりさんは，ものが水にどれだけ溶《と》けるのかについて話をしています。後の問いに答えなさい。

りょう：砂糖って熱いお湯にたくさん溶けるんだって。試したことある？
みどり：試したことはないわ。
　　　　でも，砂糖だけなの。ほかのものはたくさん溶けないの。
りょう：たぶん溶けると思うけど。
みどり：じゃあ，砂糖は冷たい水にはたくさん溶けるの。
りょう：どうかなぁ。溶けるとは思うけど。どれだけ溶けるか分からないや。
みどり：溶けそうだけどね。でも，アイスティには砂糖は入れないよね。
りょう：そうだねぇ。入れたことないなぁ。
　　　　じゃあ，冷たい水には砂糖は溶けないのかなぁ。
みどり：よくわからないから，砂糖とホウ酸で試してみようよ。

手順①　温度が異なる水を100gずつ用意した。
手順②　それぞれの水に砂糖が何gまで溶けるかを調べた。
手順③　それぞれの水にホウ酸が何gまで溶けるかを調べた。
手順④　手順②と手順③の結果を，表1にまとめた。

表１

水の温度(℃)	20	40	60	80
砂糖の重さ(g)	204	238	287	362
ホウ酸の重さ(g)	4.7	8.2	13	19

問１．手順②でできた20℃の砂糖水の重さは何gですか。

問２．40℃のときの砂糖水のこさは何%ですか。もっとも適当なものを，次のア～オから一つ選び，記号で答えなさい。

ア　10%　　イ　30%　　ウ　50%　　エ　70%　　オ　90%

問３．60℃の水50gに，ホウ酸を限界まで溶かしました。

（１）　60℃の水50gに，ホウ酸は何gまで溶けますか。

（２）　このホウ酸水よう液のように，ものが限界まで溶けている水よう液を何といいますか。

（３）　このホウ酸水よう液を40℃まで冷やしたとき，何gのホウ酸の結しょうが出てきますか。

問４．表１の結果から何がわかりますか。次の空らんにあてはまることばを10字以内で答えなさい。

「ホウ酸は，水の温度が上がると（　　　　　　　）。」

3 心臓は静かにしているときでも１分間に60〜70回，激しい運動をしているときは100〜140回もの拍動《はくどう》をしています。

図１は，ヒトの心臓をからだの正面から見たときの断面を表したものです。A〜Dは心臓内部の４つの部屋を表し，①〜④は心臓につながる大きな血管を指しています。後の問いに答えなさい。

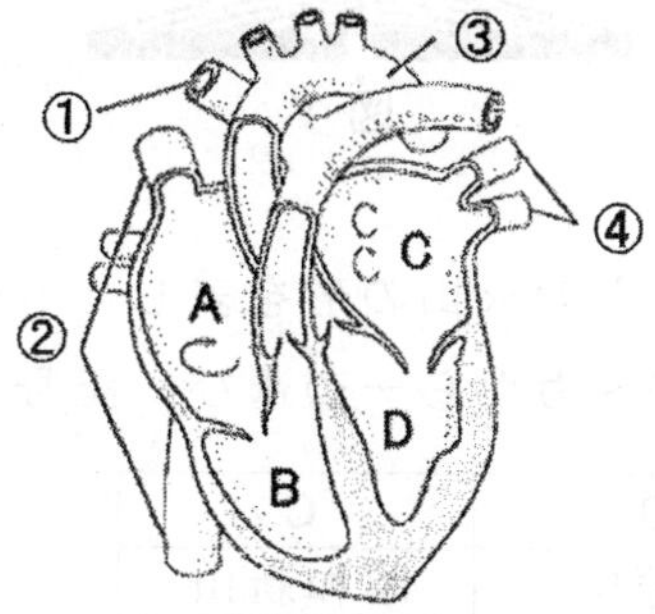

図１

問１．心臓のはたらきとして，もっとも適当なものを，次のア〜エから一つ選び，記号で答えなさい。

ア　小腸で吸収した養分をたくわえる。

イ　血液中から不要物をこしとり，にょうをつくる。

ウ　酸素や養分を全身に送る。

エ　体温をつくり出している。

問２．図１のBとCの名しょうをそれぞれ答えなさい。

問３．図１のDは血液を勢いよく送り出すために，A〜Cと比べると特徴《とくちょう》的なつくりになっています。その特徴を15字以内で説明しなさい。

問４．図１の①〜④の血管の特徴として正しいものを，次のア〜エから一つ選び，記号で答えなさい。

ア　①は肺動脈で二酸化炭素が多く，酸素の少ない血液が流れている。

イ　②は大動脈で酸素が多く，二酸化炭素の少ない血液が流れている。

ウ　③は大静脈で酸素が多く，二酸化炭素の少ない血液が流れている。

エ　④は肺静脈で二酸化炭素が多く，酸素の少ない血液が流れている。

問５．心臓のつくりがヒトと同じものを，次のア〜エから一つ選び，記号で答えなさい。

ア　メダカ　　　イ　カエル　　　ウ　トカゲ　　　エ　ハト

4 世界の活火山の約7%が日本にあるため，日本は世界有数の火山大国として知られています。図１のA～Cは代表的な火山の形を表したものです。後の問いに答えなさい。

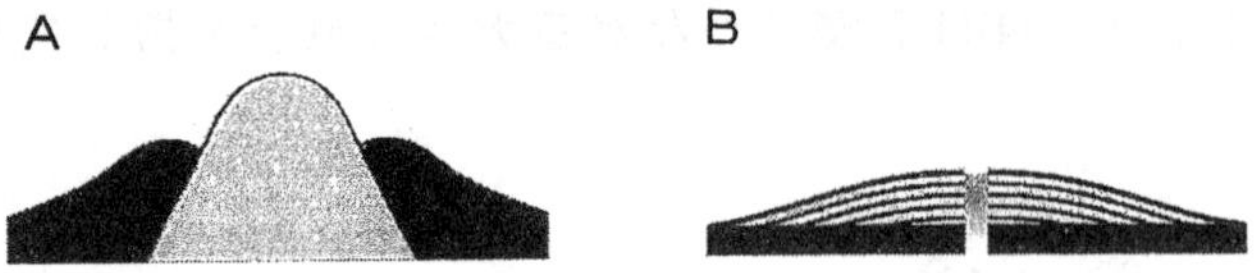

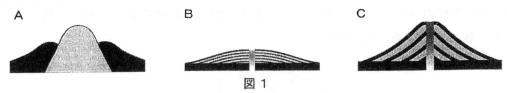

図１

問１．図１のA～Cは，日本のどの火山の形を表したものと考えられますか。もっとも適当なものを，次の**ア～カ**から一つ選び，記号で答えなさい。

	A	B	C
ア	富士山	三原山	昭和新山
イ	富士山	昭和新山	三原山
ウ	三原山	富士山	昭和新山
エ	三原山	昭和新山	富士山
オ	昭和新山	富士山	三原山
カ	昭和新山	三原山	富士山

問２．火山の形は，よう岩のねばりけで変わります。図１のA～Cのうち，よう岩のねばりけがもっとも強いと考えられる火山の形はどれですか。図１のA～Cから一つ選び，記号で答えなさい。

問３．よう岩のもとになるのは，地下深くにある高温のドロドロに溶《と》けている岩石です。この岩石を何といいますか。カタカナで答えなさい。

問４．よう岩が流れる速さは，よう岩のねばりけや山のしゃ面の角度によって変わります。1983年三宅島《みやけじま》でおきた噴《ふん》火では，10分間でよう岩が180m進んだことが観測されました。よう岩が流れる速さを一定としたとき，よう岩は毎秒何m進みましたか。

問５．図１のAとBでは，噴火のようすにどのような違《ちが》いがありますか。「Aは～，Bは～」という形で，25字以内で説明しなさい。

問６．図１のCは，噴火によるよう岩や噴出物が積み重なることでできたものです。このうち，火山灰がおし固められてできた岩石を何といいますか。

問五 ――線部５「形とは関係ない役割」とありますが、その説明としてもっともふさわしいものを次の中から選び、記号で答えなさい。

ア 骨や歯のようにリン酸カルシウムを貯蔵しておくなど成分に関わる働きをすること。
イ 体を自由に動かせるようにリン酸カルシウムを活発に分泌《ぴつ》するなど動作に影響《えいきょう》する働きをすること。
ウ 必要とする組織へリン酸カルシウムを届けるなど体内のバランスを保つ働きをすること。
エ 血液中のリン酸カルシウムの濃度を調節して神経細胞の情報伝達を助けるなど内部を支える働きをすること。

問六 [Ⅰ]・[Ⅱ]に当てはまることばとしてふさわしいものをそれぞれ次の中から選び、記号で答えなさい。

ア つまり　**イ** また　**ウ** むしろ　**エ** しかし　**オ** そして

問七 ――線部６「脊椎は泳ぐためにとても役に立つ」とありますが、その理由としてもっともふさわしいものを次の中から選び、記号で答えなさい。

ア 神経細胞が情報を伝えるために必要なカルシウムを貯めることができるから。
イ 周囲の圧力に負けずに体を支えることができ正しい姿《し》勢を保つことができるから。
ウ 体を動かすために大切な働きをする中枢神経を保護することができるから。
エ 脊索と違って筋肉をたくさんつけることで伝達速度も増すことができるから。

泳ぐ能力は高くなった。骨には筋肉をしっかりとつけられるし、骨は硬いので筋肉の動きを素《す》早く伝えることもできるからだ。

㉘　このようにして、脊椎は進化した。ウナギのように全身をくねらせて泳ぐものもいるし、マグロのように尾《お》の部分だけを左右に振《ふ》って泳ぐものもいるが、とにかく6脊椎は泳ぐためにとても役に立つ構造なのである。

〔更科《さらしな》功《いさお》『残酷《こく》な進化論』（ＮＨＫ出版）による〕

問一　——線部１「種数で比べるのは少し不公平である」とありますが、その理由を本文中のことばを用いて三十五字以内で答えなさい。

問二　——線部２「飛翔」について次の各問いに答えなさい。

(1)　「飛翔」できることの利点について具体的に述べられている段落を本文中からさがし、段落番号で答えなさい。

(2)　「飛翔」とは何かを説明した部分を本文中から十五字以内でぬき出して答えなさい。

問三　——線部３「これらのこと」とありますが、その説明として**ふさわしくない**ものを次の中から一つ選び、記号で答えなさい。

ア　昆虫に限らず飛翔能力を持つ脊椎動物もいること。

イ　全脊椎動物を足した重さは、全昆虫を足した重さを上回ること。

ウ　脊椎動物は滑空という独自の進化を遂《と》げてきたこと。

エ　昆虫よりも脊椎動物の方が広範囲に生息していること。

問四　——線部４「だけど、なんだか少し変な気がする」とありますが、その理由としてもっともふさわしいものを次の中から選び、記号で答えなさい。

ア　海の生物は呼《こ》吸機能の発達によって体を支えることが可能になったため、脊椎の必要性を感じないから。

イ　クラゲのようなやわらかい生物でさえ海の中では自分の形を保てるため、脊椎の必要性を感じないから。

ウ　海の中の生物は陸の重力に関係なく自由に動くことができるため、脊椎の必要性を感じないから。

エ　５億年前の魚はすべて陸上の生物と違い中枢神経を持たないため、脊椎の必要性を感じないから。

濃《のう》度を調節し、カルシウムを必要な組織などに届《とど》けるのである。

⑲ 先ほど述《の》べたように、骨の成分はリン酸カルシウムであり、カルシウムの他にリン酸の貯蔵庫にもなっていると考えられる。実際、骨に働きかけて、血液中のカルシウム濃度だけでなく、リン酸の濃度も調節しているホルモンもある。おそらく5億年以上前にできた最初の骨は、リン酸カルシウムの貯蔵庫だった可能性が高い。

【中略】

⑳ ナメクジウオには脊椎はないが、脊索《せきさく》はある。脊索は脊椎と同じように、体の中を前後に走る棒《ぼう》のような構造だ。ただし、脊椎のように鉱《こう》物化はしていない。繊維《せんい》でできた管の中に、ゲルが詰《つ》まっている。だから、脊椎ほど硬《かた》くないとはいえ、かなり硬い。

㉑ このナメクジウオの体には、縦《じゅう》走筋はあるが、輪状筋はない。脊索があるので、縦走筋だけで動けるのだ。縦走筋を縮《ちぢ》めても、脊索は縮まないので、体は縮まない。ということは、体の右側の縦走筋だけを縮めれば、体が右に曲がるし、左側の縦走筋を縮めれば、体は左側に曲がる。だから、泳ぐことができるのだ。

㉒ 脊椎動物の祖先は、おそらく上で述べたような、脊索があって体が縮まない動物だろう。そういう動物がリン酸カルシウムを貯めるとしたら、体のどこに貯めればよいだろうか。

㉓ どこが一番よいかはわからないが、とりあえず脊索を貯蔵庫にしても不都合はないだろう。むしろ強度が増して、好都合かもしれない。

㉔ しかも、脊索をリン酸カルシウムの貯蔵庫にすると、もう１つよいことがある。リン酸カルシウムは硬いので、大切な神経である脊髄を保護することができるのだ。

㉕ カンブリア紀の化石を見ると、もともと脊髄は脊索の上にあったようだ。［ Ⅱ ］、脊索よりも脊髄のほうが、背中の表面に近かった。これでは、背中に怪我をしたらすぐに脊髄も傷《きず》ついてしまう。脊髄という中枢神経が傷つけば、体が麻痺《まひ》して自由に動かせなくなる可能性が高い。しかし、リン酸カルシウムで脊髄の上に屋根をつくれば、脊髄を保護することができる。これなら、少しぐらい背中に怪我をしても、脊髄が傷つくことはないだろう。

㉖ 前に、脊椎をつくっているそれぞれの椎骨は、前の部分（椎体）と後ろの部分（椎弓《ついきゅう》）に分かれると述べた。この後ろの椎弓が、脊髄を守る屋根に当たる。この屋根の部分は非常に重要であり、椎体よりも先に進化した可能性も指摘《てき》されている。

㉗ こうして脊椎が進化し、脊索に代わって泳ぐ役割を果たすだけでなく、脊髄を保護する役割まで果たすようになった。しかも脊索のときより、

⑨ さて、3これらのことから脊椎動物のほうが昆虫よりも繁栄しているとは言えないかもしれないが、少なくとも脊椎動物が非常に繁栄しているグループの1つであることは間違いないだろう。

⑩ 脊椎動物がこれだけ繁栄している理由は何だろうか。脊椎のある脊椎動物が繁栄しているのだから、普《ふ》通に考えれば、繁栄している理由は脊椎があるからだろう。

【中略】

⑪ このような脊椎の役割は、脊髄《せきずい》を守ることと、私たちの体を支えることである。脊髄は、脳《のう》と合わせて中枢《すう》神経と呼《よ》ばれる。中枢神経はとても大切なので、脳は頭蓋骨《がいこつ》で、脊髄は脊椎で保護しているわけだ。

⑫ また、脊椎がなければ、私たちは立つことも歩くことも、いや座《すわ》ることすらできない。だから、たしかに脊椎は、私たちの体を支えていると言える。

⑬ 脊椎が進化したのは、おそらくカンブリア紀なので、すでに5億年ぐらい経《た》っている。約5億年という長いあいだ、脊椎動物は脊椎を持ち続け、そして繁栄の道を歩んできた。間違いなく脊椎は、とても大事なものなのだ。4だけど、なんだか少し変な気がする。だって、5億年前の脊椎動物は、みんな魚だったのだ。魚にとって体を支えることって、そんなに大事なことだろうか。

⑭ 海に棲んでいるクラゲを陸に上げれば、重力でつぶれて、ただのゼリーの塊《かたまり》みたいになってしまう。そんなフニャフニャのクラゲだって、海の中にいれば、ちゃんとクラゲの形を保っていられる。クラゲですら形を保っていられる海の中で、脊椎なんて必要があるのだろうか。

⑮ でも考えてみれば、脊椎はいろいろなことの役に立っているかもしれない。その中には、5形とは関係ない役割もあるかもしれない。たとえば成分だ。私たちの脊椎は、主にリン酸カルシウムでできている。というか脊椎に限らず、私たちの骨《ほね》や歯はリン酸カルシウムでできているのだ。

⑯ カルシウムは私たちが生きていく上で、とても重要な働きをしている。神経細胞《ぼう》が情報を伝えたり、筋《きん》肉が収縮《しゅうしゅく》したり、怪我《けが》をしたときに血液を固めたりするには、カルシウムが必要だ。

⑰ [I]、カルシウムが必要になってから、カルシウムがたくさん含《ふく》まれている食物を食べたのでは間に合わないし、そもそもそんな食物がいつも周りにあるとは限らない。だから、体の中にカルシウムを貯《た》めておくほうがよい。というわけで、骨はカルシウムの貯蔵《ぞう》庫になっている。なにしろ体内のカルシウムの99パーセントは骨に含まれているのだから。

⑱ そうして、いろいろなホルモンが、骨吸《きゅう》収（骨からカルシウムを出す）や骨形成（骨にカルシウムを入れる）を促《そく》進して、血液中のカルシウム

四 次の文章を読んで、後の問いに答えなさい。なお、問いに字数がある場合は、句読点なども一字分に数えること。

(①〜㉘は段落番号である。)

① 地球にはさまざまな生物がいる。全部で何種いるのかわからないが、学名がついているものだけでおよそ200万種と言われている。実際に地球にいる種数は、これよりはるかに多いだろう。

② この中でもっとも数が多いのが昆《こん》虫で、およそ半分の約100万種である。そのため昆虫は、現在の地球でもっとも成功し、繁《はん》栄している生物と言われている。ここまで繁栄した理由の1つは、飛べることだろう。飛ぶことができれば捕《ほ》食者から逃《に》げることもできるし、食物や交配相手を探《さが》すのにも便利だし、いろいろな環《かん》境に広がることもできるからだ。

③ それにひきかえ、脊椎《せきつい》動物で学名がついているものは約6万種に過ぎない。しかも、現在でも新種が見つかり続けている昆虫と違《ちが》い、脊椎動物で見つかる新種はずっと少ない。脊椎動物は魚類、両生類、爬《は》虫類、鳥類、哺乳《ほにゅう》類の5つのグループに分けられるが、特に魚類を除《のぞ》く4つのグループ(つまり陸上の脊椎動物)の新種は、もうそれほどは見つからないだろう。ちなみに脊椎動物6万種のうち、半分以上は魚類である。

④ とはいえ脊椎動物も、現在の地球で繁栄しているグループの1つである。たしかに種数で比べれば、昆虫にははるかに及《およ》ばない。しかし考えてみれば、1種数で比べるのは少し不公平である。なぜなら、脊椎動物は体が大きいからだ。地球の大きさは有限だし、その中で生物が棲《す》めるスペースには限りがある。だから体が大きければ、そのぶん個体数は減ってしまう。そして個体数が少なければ、当然、種数も少なくなるだろう。

⑤ そこで、種数ではなく体の重さで比べる方法もある。イスラエルのバルオンらが2018年に出した推《すい》定によれば、すべての脊椎動物を足した重さは、すべての昆虫を足した重さを上回るようだ。

⑥ また、昆虫はほぼ陸上にしか棲んでいないが、脊椎動物は陸上に加えて海中にもたくさん棲んでいる。寒い極地域から赤道まで、また浅《せん》海から深海まで、脊椎動物は世界中の海に生息している。地理的には、昆虫よりも脊椎動物のほうが広い範《はん》囲に生息しているのだ。

⑦ また、先ほど昆虫が繁栄している理由の1つとして、飛翔《しょう》能力を挙げたが、脊椎動物にも飛翔能力を持つものがいる。2飛翔というのはなかなか難しいらしく、長い動物の歴史の中で4回しか進化していない。そのうちの1回は昆虫で、残りの3回は脊椎動物(翼竜《よくりゅう》、鳥、コウモリ)だ。この面でも、脊椎動物は昆虫に負けていない。

⑧ ちなみに、昆虫と脊椎動物以外の動物では、飛翔能力は1回も進化していない。ただし、滑《かつ》空するものはたくさんいる。飛翔とは同じ高度で飛び続けられることで、滑空とは高度を下げながら飛ぶことだ。滑空するものとしては、ムササビ、モモンガ、トビトカゲ、トビヘビ、トビカエル、トビウオ、アカイカなどが有名である。

問四 ——線部３「ナカタがおれをかばう」・４「かばってくれて」とありますが、その説明としてふさわしいものをそれぞれ次の中から選び、記号で答えなさい。

ア 福ちゃんが、サンペイ君がクラスで孤《こ》立しないようにするために学活で発言したこと。
イ 福ちゃんが、サンペイ君の昼休み中の行動についてみんなに口止めしていること。
ウ サンペイ君が、福ちゃんたちから嫌な思いをするようなことはされていないと言ったこと。
エ サンペイ君が、福ちゃんのクラスでの評判が下がらないように自分を悪者にしたこと。

問五 ——線部５「福ちゃんが仲良くしてくれたら」とありますが、「福ちゃん」が「サンペイ」をのけ者にしている理由としてもっともふさわしいものを次の中から選び、記号で答えなさい。

ア 頭の悪い自分と比べて、勉強しなくても一番になれる才能を持っていることがうらやましくてたまらないから。
イ 自分と違《ちが》い努力すれば一番になれる能力を持ちながら、それをせずに余裕《ゆう》のある様子でいることが気に入らないから。
ウ 親に人生を決められている自分にはない自由を持っているにもかかわらず、不満を口にすることが許せないから。
エ どんなに自分がクラスを明るく盛《も》り上げても、みんなは自分を怖がって避《さ》けようとしていることが悲しいから。

問六 ——線部６「瓢箪池のヌシのことだって、やつは信じようとしない」とありますが、「福ちゃん」が「ヌシ」のことをどう思っているかが書かれている一文を本文中からぬき出し、最初の五字を答えなさい。

問七 ——線部７「サンペイ君のこと、もっと知ってほしい」とありますが、「博士」だけが知っている「サンペイ君」が書かれている部分を本文中から二十字以内でぬき出して答えなさい。

問八 ——線部８「はっとして口に手を当てた」とありますが、その理由としてもっともふさわしいものを次の中から選び、記号で答えなさい。

ア 自分だけにしか心を開かないサンペイ君を心配し彼《かれ》の世界を広げてあげたいという思いが逆に、いっそう心を閉《と》ざさせてしまったから。
イ 二人だけでいることを望んでいるサンペイ君に対して、本当はみんなと仲良くしたいという本音を思わず言ってしまったから。
ウ クラスの人たちと関わることが怖くて逃げているサンペイ君に自信を持たせたいのに、強く言いすぎて不安をあおってしまったから。
エ みんなにサンペイ君の魅《み》力をわかってもらいたい一心で言った言葉が、かえってサンペイ君を傷《きず》つけることになってしまったから。

「福ちゃんと仲直りした方がいいと思うよ」博士はいきなり核心《かく》に切り込《こ》んだ。

「やつはぼくが気に入らないのだよ。6瓢箪《ひょうたん》池のヌシのことだって、やつは信じようとしないからね。こっちはおじさんが釣りかけて、糸を切られるのをこの目で見ているのだ。ヌシはぜったいにいるのだ」

「ぼくはクラスのみんなに7サンペイ君のこと、もっと知ってほしいんだよ。こんなにすごいし、おもしろいのに、みんな全然知らないんだ」

「そんなことはいいのだよ、ハカセ君。ぼくたちは遠くにいくのだから、小さな教室にかかわることはないのだ」

「でも、みんなと仲良くやれた方が、楽しいじゃないか。サンペイ君はおかしい。なんか逃《に》げてるみたいだ」

言ってしまった後で、博士は8はっとして口に手を当てた。

サンペイ君の肩が震《ふる》えていた。水面の浮《う》きにアタリが来ているのに、竿《さお》を動かそうともしない。

博士は話しかけられずに、じっと背中を見ていた。

しばらくしてサンペイ君が大きく息を吸《す》い込んだ。

背中を向けたまま、「ハカセ君、帰ってくれたまえよ」と威《い》圧的に言った。

博士はそのまま　②　と家路についた。

〔川端裕人『今ここにいるぼくらは』（集英社）による〕

問一　――線部1「しーんと凍り付いたみたいな雰囲気」とありますが、教室がそのようになった理由を本文中のことばを用いて三十字以内で答えなさい。

問二　①・②に当てはまることばとしてふさわしいものをそれぞれ次の中から選び、記号で答えなさい。

ア　キンキン　**イ**　すたすた　**ウ**　とぼとぼ　**エ**　ばたばた　**オ**　カラカラ

問三　――線部2「いつもの彼女」とありますが、その説明として**ふさわしくない**ものを次の中から一つ選び、記号で答えなさい。

ア　周囲の様子に気を配り、さりげなく友人たちに手をさしのべることができる。

イ　間違《ちが》ったことを許さず、正しいということを大切にした発言や行動をする。

ウ　本人たちの気持ちを考えずに、学級委員としての自分の立場だけを考えて発言する。

エ　スポーツチームでも主力として活躍《やく》し、他の場面でも元気で明るく勢いがある。

「馬鹿にしてるべ」

福ちゃんは立ち止まって博士を見た。

「ハカセも、ナカタも、おれのこと馬鹿にしてるべ」

「そんなことないよ」

「いや、馬鹿にしてる」

「してない」

ここでも押し問答になってしまった。

「サンペイ君はすごいんだ。５福ちゃんが仲良くしてくれたら、みんなサンペイ君のこと、よく分かると思うのに。本当にすごいし、おもしろいんだから。福ちゃんが言っていた、ほら話だって、本当に本当なんだから」

「本当だったら、すごいのか。おれらには関係のない話だべ。あいつも、あいつのおじさんも、勝手に月でも火星でも行けばいいべ」

博士には福ちゃんがなんで、そんなにサンペイ君を目の敵《かたき》にするのか分からなかった。先生だって夢を見ることはいいことだって言うじゃないか。サンペイ君が大きなことを言ったりするのって、そんなに悪いことなんだろうか。

「福ちゃん、おかしいよ。福ちゃんってもっと分け隔《へだ》てないんだと思ってた。でも、今はみんな福ちゃんが怖《こわ》いんだよ。だから、ぼくたちに話しかけられない。福ちゃんはそんなんでいいの？」

福ちゃんがはっとした顔で、博士を見た。

「ハカセにそんなこと言われるとなあ……」と小さく呟《つぶや》いた。「おれ、頭、悪いし、おやじは家を継《つ》げって言うし、たぶん高校出たらそうなるんだべさ。けど、ナカタは勉強すりゃあ、一番になれるやつだ。でも、やらん。それで、一人でスカしてる」

「福ちゃんは、クラスの人気者じゃないか。みんな福ちゃんが好きだし、いるだけでぱっと明るくなる。サンペイ君のこと、気にすることなんてないんだよ」

「そうだべか……」

福ちゃんは唇《くちびる》を噛《か》んでいた。博士には分からなかったけど、福ちゃんにとっては大きなことなんだというのが伝わってきた。

サンペイ君はもう帰ってしまっていたので、博士はサンペイ君の家に向かった。

離《はな》れの部屋にはサンペイ君はいなかった。たぶん川に行ったのだと思って博士はいつものポイントに向かった。はたして、サンペイ君は一人で釣《つ》り糸を垂《た》れていた。

「やあ、ハカセ君」サンペイ君は後ろ向きのまま言った。

ンペイ君だった。

「委員長の誤《ご》解です。ぼくと内山君は仲がいいです」

「中田も、大窪も、別に仲間はずれになっているわけじゃないのだな」

「はい、ぼくたちは仲間はずれにされたりしてません」

「なら、いい。小林、さっさと席替《が》えのこととか、決めてしまえ」

先生の発言で、ふっと空気が弛《ゆる》んだ。あきらかにほっとした感じだった。クラスのみんなは自分たちも共犯だと分かっていて、それがばれるのはやっぱり嫌《いや》なのだ。

小林委員長はこわばった顔で、しばらく議事を続けた。でも、すぐにあきらめたみたいにため息をつき、そこから後は２いつもの彼女《かの》に戻《もど》った。

放課後、博士とサンペイ君が校門から出ると、福ちゃんが後を追ってきた。「ちょっとこっちへ」と道端《ばた》の自動販《はん》売機の脇に引っ張っていって、口元を震《ふる》わせながら、「なんで、３ナカタがおれをかばうんだべ」と詰《きっ》問した。

「かばったわけではないのだよ」とサンペイ君が返した。

「かばったべ」

「かばってはいないのだ」

なんだか押《お》し問答になってくる。

「昼休み、ナカタがどこにいるかみんな知ってるべ。あんな小さな池に大きな魚なんかいるもんか。馬鹿《ばか》じゃねえのか」

「馬鹿じゃないのだ。あそこにはヌシがいるのだ」

「おれが先生にチクるなって言っておいてやらなきゃ、どうなるか分かってるべ」

福ちゃんは、やけを起こしたような言い方だった。

「４かばってくれて、ありがとう。でも、ぼくはきみとはあまりかかわりたくないのだ。だから、無視されると逆にありがたいのだ」

「そうか、わかった。ならいい」

福ちゃんは、くるりと背《せ》中を向けた。

「ねえ、いいの、あんなこと言って」博士はサンペイ君を見た。

「ああ、これでいいのだ」

博士にはそうは思えなかった。去っていく福ちゃんの背中を追いかけた。

「ごめん、福ちゃん、サンペイ君はああだから……」自分でもなぜ謝《あやま》っているのか分からなかったけど、つい博士は謝っていた。

問三　次の⑴〜⑶の熟《じゅく》語の□に共通して当てはまる漢字をそれぞれ答えなさい。

⑴　□園　□隊　□器　□勝

⑵　夕□　平□　来□　元□

⑶　同□　性□　□調　□式

三　次の文章を読んで、後の問いに答えなさい。なお、問いに字数がある場合は、句読点なども一字分に数えること。

三学期になると博士《はかせ》は学級委員長を退《たい》任した。博士とサンペイ君が無視《し》されているのには変わりなかったけれど、委員長の役がなくなったことで博士の気持ちはぐっと楽になった。別に卒業まで今のままでも、まあ、なんとかやっていけるだろう。そんなふうに思っていたところ、新年最初の学活で、新委員長の小林さんが突《とつ》然言ったのだ。

「中田君と大窪《くぼ》君がのけ者にされているのはよくないと思います。まずそのことをみんなで話し合いたいです」

小林さんは博士と同じ新興住宅《たく》地に住んでいる女子だった。ミニバスの中心選手だったし、活発で、正義感が強かった。そういえば二学期中、博士が委員長だった頃《ころ》、よく発言して助けてくれた。また、普《ふ》段もなにかと気に掛《か》けてくれるところがあった。

1しーんと凍《こお》り付いたみたいな雰《ふん》囲気。小林さんの発言に誰《だれ》も反応《のう》せず、ただ、誰かが何かを言うのを待っているような感じだった。

沈黙《ちんもく》を破ったのは、柿崎《かきざき》先生だった。黒板の脇《わき》にある先生用の机《つくえ》の前で急に立ち上がり、「おまえら、それは本当か」と野太い声で言った。「おい、中田、大窪、本当なのか」

本当です、と博士は声が出そうになった。でも、舌《した》が［　①　］に乾《かわ》いて、口が動かなかった。サンペイ君は心ここにあらずで、窓《まど》の外を見ていた。こんな時にも相変わらずなのだ。

「ま、本人にはこういうのは言いにくいものだな。小林、もう少し詳《くわ》しく話しなさい」

「二学期の間、ずっとだったんです。最初は内山君が――」

その瞬《しゅん》間、クラスの視線が福ちゃんに集まった。福ちゃんは、視線を宙《ちゅう》に泳がせて、なんとなくそわそわした様子だった。

「なんだ、内山がどうかしたのか」と柿崎先生。

「そんなことありません」と声がした。

サンペイ君だった。すごく毅《き》然としていて、いつものサンペイ君じゃなかった。博士だけが知っている、クールで自信満々で、ものに動じないサ

二　次の各問いに答えなさい。

問一　次の(1)～(5)のことばの意味としてふさわしいものをそれぞれ後の**ア**～**キ**の中から選び、記号で答えなさい。

(1)　味をしめる
(2)　棚《たな》にあげる
(3)　お茶をにごす
(4)　気が置けない
(5)　さじを投げる

ア　問題として取り上げない。
イ　見込《こ》みがないとあきらめる。
ウ　遠慮《りょ》がいらず、気楽につきあえる。
エ　いいかげんなことを言ってごまかす。
オ　気がねがして、思うように行動できない。
カ　これまでのもめごとなどを、なかったことにする。
キ　一度うまくいったことが忘《わす》れられず、次もそれを期待する。

問二　次の〔　〕の意味を参考にして、(1)・(2)の慣用句の□に当てはまる漢字をそれぞれ後の**ア**～**エ**の中から選び、記号で答えなさい。

(1)　□を売る　〔用事の途《と》中、むだ話で時間をつぶす。〕
ア　油　**イ**　糸　**ウ**　縄　**エ**　水

(2)　□をかぶる　〔本性《しょう》をかくして、人の前ではおとなしくする。〕
ア　犬　**イ**　馬　**ウ**　猿《さる》　**エ**　猫《ねこ》

二〇二一年度 横浜翠陵中学校

【国　語】〈第二回試験〉（五〇分）〈満点：一〇〇点〉

一　**次の各問いに答えなさい。**

問一　次の(1)～(5)の――線部の漢字の読みをひらがなで書きなさい。

(1) 先生の**指図**で作業を進める。
(2) 今日の予定を**口頭**で伝える。
(3) **木綿**のシャツを着る。
(4) 君の意見は**的**を射《い》ている。
(5) 新しい方法を**試**みる。

問二　次の(1)～(5)の――線部のカタカナを漢字に直しなさい。

(1) **インショウ**に残る出来事。
(2) 服装《そう》を**セイケツ**にしておく。
(3) 水や食料が**ホウフ**にある。
(4) この薬はよく**キ**く。
(5) 友人に本を**カ**す。

2021年度

横浜翠陵中学校 ▶解答

※編集上の都合により，第２回試験の解説は省略させていただきました。

算　数　＜第２回試験＞（50分）＜満点：100点＞

解　答

[1] (1) 228　(2) $\frac{5}{8}$　(3) 6.4　(4) 377.6　(5) 34　[2] **問１** 125　**問２** 30点　**問３** 20m　**問４** 150度　**問５** （例）犬を飼っていて，ねこを飼っていない生徒の人数を表す。　[3] **問１** 分速60m　**問２** 1800m　**問３** （例）家から1200mよりはなれている。（スーパーマーケットから600mより近い。）　[4] **問１** 6.28cm　**問２** 12.56cm　[5] **問１** 7　**問２** （例）9，7，1，3をこの順で繰り返す。　**問３** 156　[6] **問１** **ア** 金　**イ** 土　① 4　② 3　③ 1　**問２** 日曜日

社　会　＜第２回試験＞（理科と合わせて50分）＜満点：50点＞

解　答

[1] **問１** (1) イ　(2) （例）家柄に関係なく能力のある人が選ばれるようになった。　(3) 憲法十七条（十七条の憲法）　**問２** (1) （例）仏教により世の中の乱れをおさめようとしたため。　(2) ア　**問３** (1) 桓武（天皇）　(2) イ　**問４** (1) エ　(2) ウ　**問５** ア
[2] **問１** ウ　**問２** (1) 瀬戸内（工業地域）　(2) 阪神（工業地帯）　(3) ア　(4) （例）高速道路などによる運輸が発達したから。　(5) （例）熟練工が高齢化する一方で，後継者が育っていないこと。　**問３** (1) ウ　(2) （例）海上に建設された。　[3] **問１** ウ　**問２** 先進国＝オ　発展途上国＝エ　**問３** 南北　**問４** （例）工場や自動車の増加により大気汚染などがおこるから。　**問５** イ　**問６** イ

理　科　＜第２回試験＞（社会と合わせて50分）＜満点：50点＞

解　答

[1] **問１** 反射　**問２** 入射角　**問３** 60度　**問４** エ　**問５** Ｇさん　**問６** （例）左右を反転させてある。　[2] **問１** 304g　**問２** エ　**問３** (1) 6.5g　(2) ほう和水よう液　(3) 2.4g　**問４** （例）溶ける量が増える。　[3] **問１** ウ　**問２** **B** 右心室　**C** 左心ぼう　**問３** （例）分厚い筋肉でできている。　**問４** ア　**問５** エ
[4] **問１** カ　**問２** A　**問３** マグマ　**問４** 毎秒0.3m　**問５** （例）Aはばく発的な激しい噴火で，Bはおだやかな噴火。　**問６** ぎょう灰岩

国　語　＜第２回試験＞（50分）＜満点：100点＞

解　答

一 **問1** (1) さしず　(2) こうとう　(3) もめん　(4) まと　(5) こころ(みる)　**問2** 下記を参照のこと。　二 **問1** (1) キ　(2) ア　(3) エ　(4) ウ　(5) イ　**問2** (1) ア　(2) エ　**問3** (1) 楽　(2) 日　(3) 格　三 **問1** (例) 自分たちも共犯だとわかっているが先生に知られるのは嫌だから。　**問2** ① オ　② ウ　**問3** ウ　**問4** 3 ウ　4 イ　**問5** イ　**問6** あんな小さ　**問7** クールで自信満々で，ものに動じない　**問8** エ　四 **問1** (例) 脊椎動物は体が大きく個体数が少ないため，自然と種数が少なくなるから。　**問2** (1) ②　(2) 同じ高度で飛び続けられること　**問3** ウ　**問4** イ　**問5** ア　**問6** Ⅰ エ　Ⅱ ア　**問7** エ

●漢字の書き取り

一 **問2** (1) 印象　(2) 清潔　(3) 豊富　(4) 効(く)　(5) 貸(す)

2025年度用
中学スーパー過去問

■編集人 声の教育社・編集部
■発行所 株式会社 声の教育社
〒162-0814 東京都新宿区新小川町8-15
☎03-5261-5061㈹ FAX03-5261-5062
https://www.koenokyoikusha.co.jp

※本書の内容についての一切の責任は当社にあります。内容・解説・解答・その他は当社ホームページよりお問い合わせ下さい。

カコを追いかけ
ミライをつかめ
「今の説明、もう一回」を何度でも
web過去問
ストリーミング配信による入試問題の解説動画
もっと古いカコモンないの?
カコ過去問
「さらにカコの」過去問をHPに掲載(DL)
声の教育社
詳しくはこちらから

ストリーミング配信による入試問題の解説動画

2025年度用web過去問　ラインナップ

■ 男子・女子・共学（全動画） 見放題
36,080円（税込）

■ 男子・共学 見放題
29,480円（税込）

■ 女子・共学 見放題
28,490円（税込）

● 中学受験「声教web過去問（過去問プラス・過去問ライブ）」（算数・社会・理科・国語）

3〜5年間 **24校**

過去問プラス

麻布中学校	桜蔭中学校	開成中学校	慶應義塾中等部	渋谷教育学園渋谷中学校
女子学院中学校	筑波大学附属駒場中学校	豊島岡女子学園中学校	広尾学園中学校	三田国際学園中学校
早稲田中学校	浅野中学校	慶應義塾普通部	聖光学院中学校	市川中学校
渋谷教育学園幕張中学校	栄東中学校			

過去問ライブ

栄光学園中学校	サレジオ学院中学校	中央大学附属横浜中学校	桐蔭学園中等教育学校	東京都市大学付属中学校
フェリス女学院中学校	法政大学第二中学校			

● 中学受験「オンライン過去問塾」（算数・社会・理科）

3〜5年間 **50校以上**

東京	青山学院中等部
	麻布中学校
	跡見学園中学校
	江戸川女子中学校
	桜蔭中学校
	鷗友学園女子中学校
	大妻中学校
	海城中学校
	開成中学校
	開智日本橋中学校
	吉祥女子中学校
	共立女子中学校
東京	国学院大学久我山中学校
	渋谷教育学園渋谷中学校
	城北中学校
	女子学院中学校
	巣鴨中学校
	桐朋中学校
	豊島岡女子学園中学校
	日本大学第三中学校
	雙葉中学校
	本郷中学校
	三輪田学園中学校
	武蔵中学校
東京	明治大学付属明治中学校
	早稲田中学校
	都立中高一貫校 共同作成問題
	都立大泉高校附属中学校
	都立白鷗高校附属中学校
	都立両国高校附属中学校
神奈川	神奈川大学附属中学校
	桐光学園中学校
	県立相模原・平塚中等教育学校
	市立南高校附属中学校
千葉	市川中学校
	国府台女子学院中学部
千葉	芝浦工業大学柏中学校
	渋谷教育学園幕張中学校
	昭和学院秀英中学校
	専修大学松戸中学校
	東邦大学付属東邦中学校
	千葉日本大学第一中学校
	東海大学付属浦安中等部
	麗澤中学校
	県立千葉・東葛飾中学校
	市立稲毛国際中等教育学校
埼玉	浦和明の星女子中学校
	開智中学校
埼玉	栄東中学校
	淑徳与野中学校
	西武学園文理中学校
	獨協埼玉中学校
	立教新座中学校
茨城	江戸川学園取手中学校
	土浦日本大学中等教育学校
	茗渓学園中学校

web過去問 Q&A

過去問が動画化！
声の教育社の編集者や中高受験のプロ講師など、
過去問を知りつくしたスタッフが動画で解説します。

Q **どこで購入できますか？**
A 声の教育社のHPでお買い求めいただけます。

Q **受講にあたり、テキストは必要ですか？**
A 基本的には過去問題集がお手元にあることを前提としたコンテンツとなっております。

Q **全問解説ですか？**
A 「オンライン過去問塾」シリーズは基本的に全問解説ですが、国語の解説はございません。「声教web過去問」シリーズは合格のカギとなる問題をピックアップして解説するもので、全問解説ではございません。なお、「声教web過去問」と「オンライン過去問塾」のいずれでも取り上げられている学校がありますが、授業は別の講師によるもので、同一のコンテンツではございません。

Q **動画はいつまで視聴できますか？**
A ご購入年度２月末までご視聴いただけます。
複数年視聴するためには年度が変わるたびに購入が必要となります。

よくある解答用紙のご質問

01

実物のサイズにできない

拡大率にしたがってコピーすると，「解答欄」が実物大になります。配点などを含むため，用紙は実物よりも大きくなることがあります。

02

A3用紙に収まらない

拡大率164％以上の解答用紙は実物のサイズ（「出題傾向＆対策」をご覧ください）が大きいために，Ａ３に収まらない場合があります。

03

拡大率が書かれていない

複数ページにわたる解答用紙は，いずれかのページに拡大率を記載しています。どこにも表記がない場合は，正確な拡大率が不明です。

04

１ページに２つある

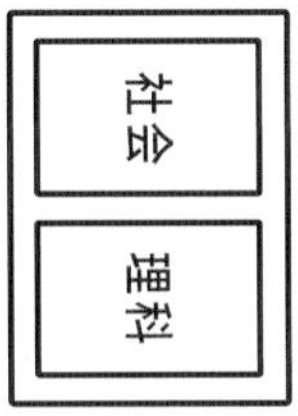

１ページに２つ解答用紙が掲載されている場合は，正確な拡大率が不明です。ほかの試験回の同じ教科をご参考になさってください。

横浜翠陵中学校

【別冊】入試問題解答用紙編

解答用紙は本体からていねいに抜きとり、別冊としてご使用ください。

※　実際の解答欄の大きさで練習するには、指定の倍率で拡大コピーしてください。なお、ページの上下に小社作成の見出しや配点を記載しているため、コピー後の用紙サイズが実物の解答用紙と異なる場合があります。

●入試結果表

— は非公表

年度	回	項目	国語	算数	社会	理科	2科合計	4科合計	2科合格	4科合格
2024	第1回	配点(満点)	100	100	50	50	200	300	最高点	最高点
		合格者平均点	—	—	—	—	—	—	—	—
		受験者平均点	49	54	29	19	103	151	最低点	最低点
		キミの得点							—	—
	第2回	配点(満点)	100	100	50	50	200	300	最高点	最高点
		合格者平均点	—	—	—	—	—	—	—	—
		受験者平均点	53	48	32	28	101	161	最低点	最低点
		キミの得点							—	—
2023	第1回	配点(満点)	100	100	50	50	200	300	最高点	最高点
		合格者平均点	—	—	—	—	—	—	—	—
		受験者平均点	43.3	45.7	26.0	18.4	89.0	133.4	最低点	最低点
		キミの得点							100	150
	第2回	配点(満点)	100	100	50	50	200	300	最高点	最高点
		合格者平均点	—	—	—	—	—	—	—	—
		受験者平均点	54.7	54.0	28.3	20.3	108.7	157.3	最低点	最低点
		キミの得点							106	159
2022	第1回	配点(満点)	100	100	50	50	200	300	最高点	最高点
		合格者平均点	—	—	—	—	—	—	—	—
		受験者平均点	46.8	53.2	22.0	15.0	100.0	137.0	最低点	最低点
		キミの得点							100	150
	第2回	配点(満点)	100	100	50	50	200	300	最高点	最高点
		合格者平均点	—	—	—	—	—	—	—	—
		受験者平均点	58.3	66.0	32.9	37.4	124.3	194.6	最低点	最低点
		キミの得点							106	159
2021	第1回	配点(満点)	100	100	50	50	200	300	最高点	最高点
		合格者平均点	—	—	—	—	—	—	—	—
		受験者平均点	46.4	51.9	28.4	22.4	98.3	149.1	最低点	最低点
		キミの得点							100	150
	第2回	配点(満点)	100	100	50	50	200	300	最高点	最高点
		合格者平均点	—	—	—	—	—	—	—	—
		受験者平均点	50.3	62.5	27.2	29.8	112.8	169.8	最低点	最低点
		キミの得点							102	153

※　表中のデータは学校公表のものです。ただし、２科合計・４科合計は各教科の平均点を合計したものなので、目安としてご覧ください。

２０２４年度　横浜翠陵中学校

算数解答用紙　第１回

番号		氏名		評点	/100

1

(1)		(2)		(3)	
(4)		(5)			

2

問１	個	問２	歳
問３	点	問４	度
問５			

3

問１	分速　　m	
問２		
問３	分後	記号

4

問１	答え（　　　cm^2）
問２	答え（　　　cm^2）

5

問１				
問２				
問３	①	②	③	④

6

問１	円
問２	

（注）この解答用紙は実物を縮小してあります。200%拡大コピーすると、ほぼ実物大で使用できます。（タイトルと配点表は含みません）

〔算　数〕100点(学校配点)

1～6　各５点×20　<3の問３，5の問３は完答>

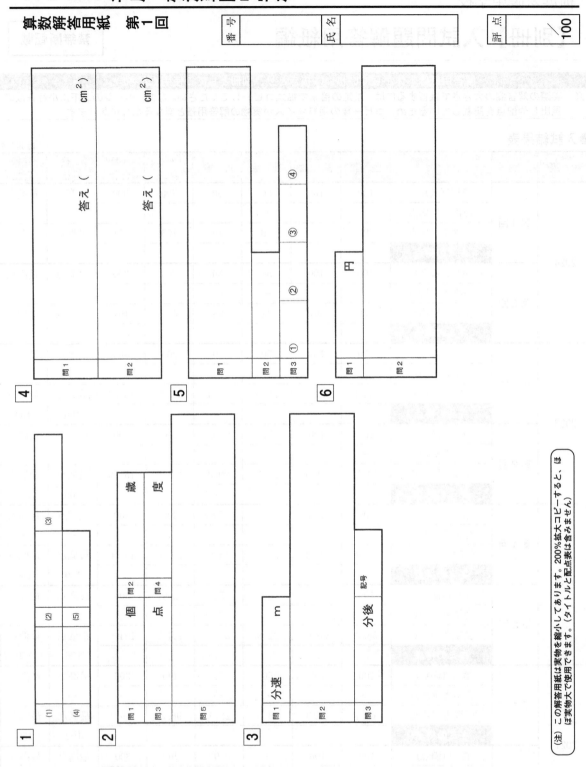

2024年度　横浜翠陵中学校

社会解答用紙　第１回

番号		氏名		評点	／50

1

問1			問2	
問3	(1)		(2)		(3)	
問4				
問5		問6		問7	

2

問1		問2		問3		問4	
問5				
問6				
問7		問8		

3

問1	(1)		(2)	機関	問2	
問3				
問4	(1)		(2)	
問5				

（注）この解答用紙は実物を縮小してあります。Ｂ４用紙に129％拡大コピーすると、ほぼ実物大で使用できます。（タイトルと配点表は含みません）

〔社　会〕50点（学校配点）

1～3　各２点×25

2024年度　横浜翠陵中学校

理科解答用紙　第１回

番号		氏名		評点	／50

1

問１	図２	図３	問２	つなぎ
問３				
問４				
問５		問６		

2

問１		問２		問３	
問４					
問５		問６			

3

問１					
問２		問３		問４	
問５		問６	動物		

4

問１		問２		問３		問４	
問５	度						
問６							

（注）この解答用紙は実物を縮小してあります。Ｂ４用紙に122％拡大コピーすると、ほぼ実物大で使用できます。（タイトルと配点表は含みません）

〔理　科〕50点（学校配点）

1～4　各２点×25

二〇二四年度　横浜翠陵中学校

国語解答用紙　第一回

番号		氏名		評点	／100

一

- 問一　(1)　(2)　(3)　(4)　(5)　れる
- 問二　(1)　(2)　(3)　(4)　まれた　(5)　び

二

- 問一　(1)　(2)　(3)　(4)　(5)
- 問二　(1)　(2)
- 問三　(1)　(2)　(3)

三

- 問一
- 問二
- 問三
- 問四
- 問五
- 問六
- 問七
- 問八
- 問九

四

- 問一
- 問二
- 問三
- 問四
- 問五　Ⅰ　Ⅱ
- 問六　①　②
- 問七
- 問八
- 問九

(注)この解答用紙は実物を縮小してあります。B４用紙に135%拡大コピーすると、ほぼ実物大で使用できます。(タイトルと配点表は含みません)

〔国　語〕100点(学校配点)

一, 二　各２点×20　三　問１　各２点×２　問２　４点　問３, 問４　各３点×２　問５　４点　問６　３点　問７～問９　各３点×３　四　問１～問４　各３点×４　問５,問６　各２点×４　問７　４点　問８　３点<完答>　問９　３点

２０２４年度　横浜翠陵中学校

算数解答用紙　第２回

番号		氏名		評点	/100

1

(1)	(2)	(3)
(4)	(5)	

2

問1	円	
問2		
問3	人	
問4	cm^2	
問5	ア	イ

3

問1	m
問2	時　分　秒
問3	

4

問1	答え（　　cm）
問2	答え（　　cm^2）

5

問1	個
問2	

6

問1	①	②	③	④
問2				
問3	残った1枚のカード		Aさんの残り2枚のカード	と

（注）この解答用紙は実物を縮小してあります。200%拡大コピーすると、ほぼ実物大で使用できます。（タイトルと配点表は含みません）

〔算　数〕100点（学校配点）

1～6　各5点×20　<2の問5，3の問3，6の問1，問3は完答>

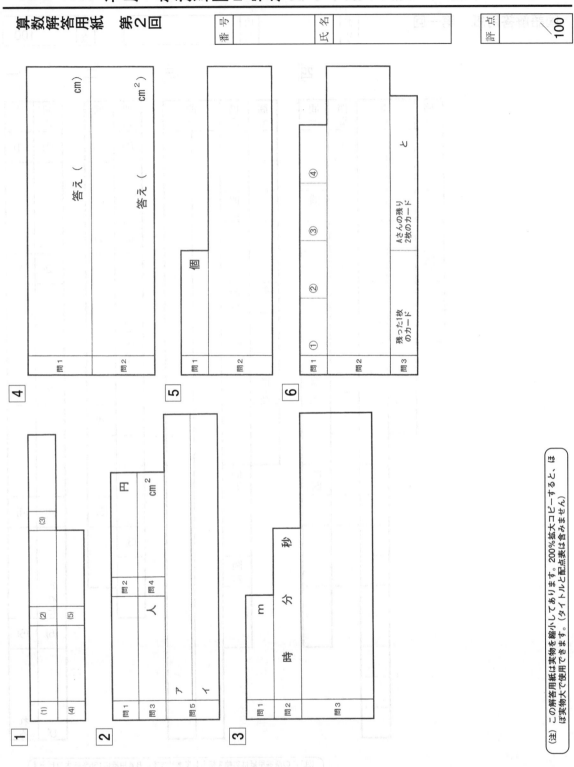

2024年度　横浜翠陵中学校

社会解答用紙　第２回

番号		氏名		評点	／50

1

問1	(1)		
	(2)		(3)
問2		問3 (1)	(2)
問4		問5 (あ)	(い)

2

問1		問2	川	問3	
問4		問5	工業地域	問6	
問7					
問8					

3

問1	①		②
	⑤		問2
問3	(1)		
	(2)		

（注）この解答用紙は実物を縮小してあります。Ｂ４用紙に129％拡大コピーすると、ほぼ実物大で使用できます。（タイトルと配点表は含みません）

〔社　会〕50点（学校配点）

1～3　各２点×25

２０２４年度　横浜翠陵中学校

理科解答用紙　第２回

番号		氏名		評点	／50

1

問１	m	問２	m		
問３	℃	問４		問５	
問６					

2

問１		問２		問３	
問４		問５		問６	
問７					

3

問１		問２			
問３					
問４		問５		問６	

4

問１	℃	問２		問３	
問４		問５			
問６					

（注）この解答用紙は実物を縮小してあります。Ｂ４用紙に122％拡大コピーすると、ほぼ実物大で使用できます。（タイトルと配点表は含みません）

〔理　科〕50点（学校配点）

1～4　各２点×25<2の問６は完答>

二〇二四年度　横浜翠陵中学校

国語解答用紙　第二回

番号 | 氏名 | 評点 ／100

一

問一 (1) (2) (3) (4) (5) く

問二 (1) (2) (3) (4) ねる (5) しい

二

問一 (1) (2) (3) (4) (5)

問二 (1) (2)

問三 (1) (2) (3)

三

問一

問二

問三

問四

問五

問六 から。

問七

問八

問九

四

問一

問二

問三 ① ②

問四

問五

問六

問七

問八

(注)この解答用紙は実物を縮小してあります。Ｂ４用紙に135％拡大コピーすると、ほぼ実物大で使用できます。(タイトルと配点表は含みません)

〔国　語〕100点(学校配点)

一, 二　各２点×20　三　問１　３点　問２，問３　各４点×２　問４　２点　問５　３点<完答>　問６　３点　問７，問８　各４点×２　問９　３点　四　問１，問２　各４点×２　問３　各２点×２　問４，問５　各３点×２　問６～問８　各４点×３

２０２３年度　横浜翠陵中学校

算数解答用紙　第１回

番号		氏名		評点	／100

1

(1)		(2)		(3)	
(4)		(5)			

2

問１		問２	円
問３	：	問４	点以上
問５			

3

問１	分後	問２	分速　　m
問３			

4

問１	中心角　　度　面積　　と
問２	答え（　　cm²）

5

問１	組目
問２	
問３	答え（　　と　　）

6

問１	①　　②
問２	

（注）この解答用紙は実物を縮小してあります。204％拡大コピーすると、ほぼ実物大で使用できます。（タイトルと配点表は含みません）

〔算　数〕100点（学校配点）

1～6　各５点×20　＜4の問１，6の問１は完答＞

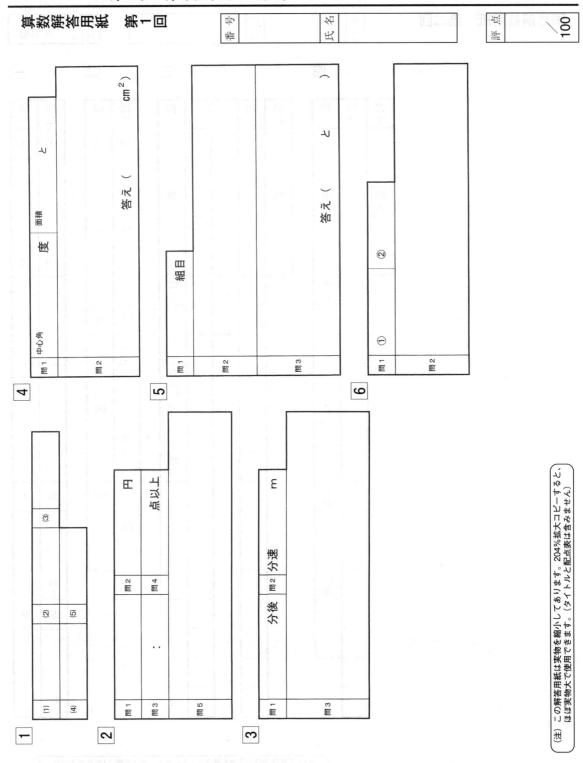

2023年度　横浜翠陵中学校

社会解答用紙　第１回

番号		氏名		評点	／50

1

問1		問2	②		④		
問3							
問4			問5				
問6	(1)	(2)	(3)		(4)		

2

問1		問2		問3	
問4	都道府県		県庁所在地		
問5					
問6		問7			

3

問1	歳以上	問2	
問3		問4	
問5	法		
問6	(1)	(2) 大統領	

（注）この解答用紙は実物を縮小してあります。Ｂ４用紙に129％拡大コピーすると、ほぼ実物大で使用できます。（タイトルと配点表は含みません）

〔社　会〕50点（学校配点）

1～3　各２点×25　＜1の問１は完答＞

２０２３年度　横浜翠陵中学校

理科解答用紙　第１回

番号		氏名		評点	／50

1

問１		問２	の関係		
問３	cm	問４	cm	問５	
問６					

2

問１		問２	g	問３	g
問４					
問５		問６			

3

問１	①　②	問２		問３	
問４					
問５		問６			

4

問１		問２	時　分
問３			
問４		問５	
問６	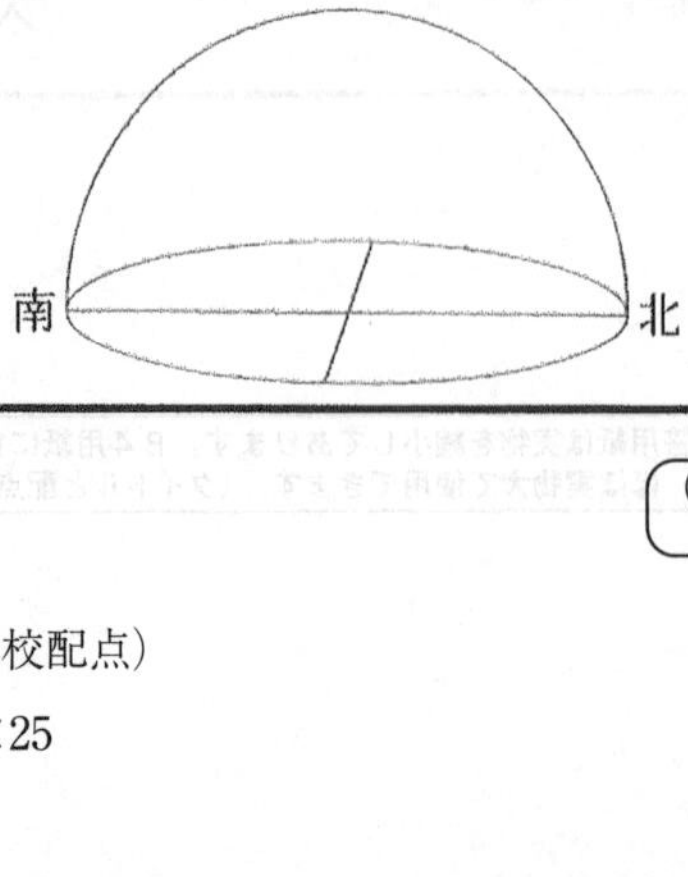		

（注）この解答用紙は実物を縮小してあります。Ｂ４用紙に123％拡大コピーすると、ほぼ実物大で使用できます。（タイトルと配点表は含みません）

〔理　科〕50点（学校配点）

1～4　各２点×25

二〇二三年度　横浜翠陵中学校

国語解答用紙　第一回

番号		氏名		評点	／100

一

問一 (1) (2) (3) (4) る (5) る

問二 (1) (2) (3) (4) う (5)

二

問一 (1) (2) (3) (4) (5)

問二 (1) (2)

問三 (1) (2) (3)

三

問一　問二　問三　問四

問五　問六　問七　問八

問九

問十 Ⓐ Ⓑ Ⓒ

四

問一 最初　最後

問二　問三

問四 a b c d

問五

問六 Ⅰ Ⅱ

問七

問八

問九

(注) この解答用紙は実物を縮小してあります。B４用紙に134%拡大コピーすると、ほぼ実物大で使用できます。(タイトルと配点表は含みません)

〔国　語〕100点(学校配点)

一, 二　各2点×20　三　問1　2点　問2　3点　問3　3点　問4　2点　問5　4点　問6　4点＜完答＞　問7　3点　問8　2点　問9　4点　問10　3点＜完答＞　四　問1　4点　問2, 問3　各3点×2　問4　3点＜完答＞　問5　3点　問6　各2点×2　問7　3点　問8　4点　問9　3点

2023年度　横浜翠陵中学校

算数解答用紙　第2回

番号		氏名		評点	/100

1

(1)	(2)	(3)
(4)	(5)	

2

問1	個	問2	人
問3	dL	問4	人
問5			

3

問1	時速　km		
問2	地点ア　km	自動車A	時速　km
問3			

4

問1	cm²
問2	答え（　　cm²）

5

問1	個
問2	

6

問1			
問2	①	②	③
問3	答え（　　個）		

（注）この解答用紙は実物を縮小してあります。206%拡大コピーすると、ほぼ実物大で使用できます。（タイトルと配点表は含みません）

〔算　数〕100点（学校配点）

1～6　各5点×20　＜3の問2，6の問2は完答＞

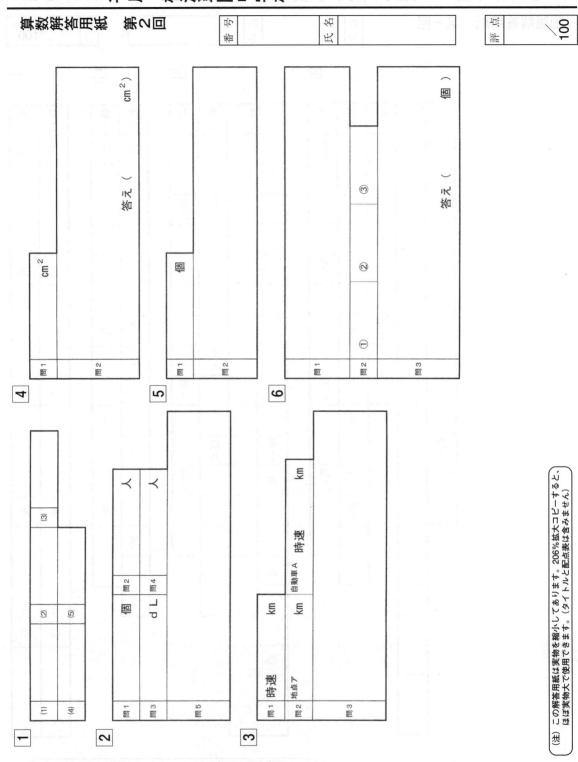

2023年度　横浜翠陵中学校

社会解答用紙　第2回

番号		氏名	

評点	／50

1

問1		問2		問3		問4	
問5		問6	(1)		(2)		
問7	(1)						
	(2)		問8				

2

問1	都道府県		県庁所在地	
問2		問3		
問4				
問5	都道府県		県庁所在地	
問6				

3

問1		問2		
問3	違憲立法審査権		弾劾裁判	
問4				
問5		問6	大統領	

（注）この解答用紙は実物を縮小してあります。Ｂ４用紙に129％拡大コピーすると、ほぼ実物大で使用できます。（タイトルと配点表は含みません）

〔社　会〕50点（学校配点）

1～3　各２点×25

２０２３年度　横浜翠陵中学校

理科解答用紙　第２回

番号		氏名		評点	／50

1

問１		問２	cm^3	問３	
問４		問５	g		
問６					

2

問１		問２	
問３			
問４	番目	問５	
問６		問７	酸素：気体Ａ ＝ ：

3

問１		問２		問３	
問４		問５			
問６					

4

問１		問２			
問３					
問４		問５		問６	℃

（注）この解答用紙は実物を縮小してあります。Ｂ４用紙に123％拡大コピーすると、ほぼ実物大で使用できます。（タイトルと配点表は含みません）

〔理　科〕50点（学校配点）

1～4　各２点×25

二〇二三年度　横浜翠陵中学校

国語解答用紙　第二回

番号		氏名		評点	／100

一
問一 (1) (2) (3) (4) りる (5) べる
問二 (1) (2) (3) (4) (5) い

二
問一 (1) (2) (3) (4) (5)
問二 (1) (2)
問三 (1) (2) (3)

三
問一 ① ②
問二 (1) (2)
問三
問四
問五 最初 最後
問六
問七
問八
問九

四
問一 ① ②
問二
問三
問四 Ⅰ Ⅱ
問五
問六 最初 最後
問七
問八 最初 最後
問九

（注）この解答用紙は実物を縮小してあります。Ｂ４用紙に134％拡大コピーすると、ほぼ実物大で使用できます。（タイトルと配点表は含みません）

〔国　語〕100点（学校配点）

一，二　各２点×20　三　問１～問２　各２点×４　問３，問４　各４点×２　問５，問６　各３点×２　問７　２点　問８　４点　問９　２点　四　問１　各２点×２　問２　４点　問３　３点　問４　各２点×２　問５～問９　各３点×５

２０２２年度　横浜翠陵中学校

算数解答用紙　第１回

番号　　　氏名　　　評点　／100

1
- (1)
- (2)
- (3)
- (4)
- (5)

2
- 問1　個
- 問2　人
- 問3　点
- 問4　cm^2
- 問5

3
- 問1　秒後
- 問2　秒後　点Pの位置

4
- 問1　答え（　　cm）
- 問2　答え（　　cm）

5
- 問1
- 問2　面積　cm^2　周の長さ　cm
- 問3　答え（　　cm^2）

6
- 問1　のマス
- 問2　プログラム　時間　秒
- 問3

（注）この解答用紙は実物を縮小してあります。200%拡大コピーすると、ほぼ実物大で使用できます。（タイトルと配点表は含みません）

〔算　数〕100点(学校配点)

1～6　各5点×20　＜3　問2，5　問2，6　問2は完答＞

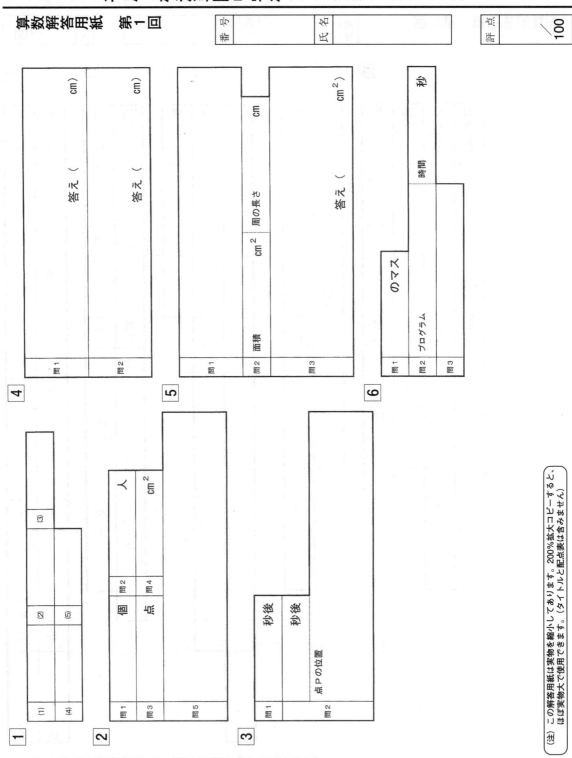

２０２２年度　横浜翠陵中学校

社会解答用紙　第１回

番号		氏名		評点	／50

1

問1	(1)		(2)				
問2	(1)						
	(2)						
問3	(1)		(2)		(3)		
問4	(1)		(2)		問5		

2

問1		問2		問3	
問4		問5		問6	
問7					
問8					

3

問1		問2		問3			
問4		問5		問6			
問7							

(注) この解答用紙は実物を縮小してあります。Ｂ４用紙に125%拡大コピーすると、ほぼ実物大で使用できます。(タイトルと配点表は含みません)

〔社　会〕50点(学校配点)

1～3　各２点×25

２０２２年度　横浜翠陵中学校

理科解答用紙　第１回

番号		氏名		評点	／50

1

問１		問２	
問３		問４	
問５	毎秒　m	問６	
問７			

2

問１				問２	
問３		問４		問５	
問６					

3

問１		問２		問３	
問４		問５			
問６					

4

問１		問２		問３	
問４					
問５				問６	

（注）この解答用紙は実物を縮小してあります。Ａ４用紙に118％拡大コピーすると、ほぼ実物大で使用できます。（タイトルと配点表は含みません）

〔理　科〕50点（学校配点）

1～4　各２点×25

二〇二二年度　横浜翠陵中学校

国語解答用紙　第一回

番号		氏名	

評点	／100

一

問一 (1) (2) (3) (4) (5) う

問二 (1) (2) (3) (4) る (5) れた

二

問一 (1) (2) (3) (4) (5)

問二 (1) (2)

問三 (1) (2) (3)

三

問一

問二

問三

問四

問五

問六

問七

問八

問九

四

問一

問二

問三

問四 ① ②

問五

問六 ア イ ウ エ オ

問七

問八

(注) この解答用紙は実物を縮小してあります。B４用紙に127％拡大コピーすると、ほぼ実物大で使用できます。(タイトルと配点表は含みません)

〔国　語〕100点(学校配点)

一, 二　各２点×20　三　問１, 問２　各３点×２　問３　４点　問４　３点　問５　４点　問６　２点　問７, 問８　各４点×２　問９　３点　四　問１　４点　問２　３点　問３　４点　問４　各２点×２　問５　４点　問６　各１点×５　問７　２点　問８　４点

２０２２年度　横浜翠陵中学校

算数解答用紙　第２回

番号		氏名	

評点	／100

1

(1)		(2)	
(3)		(4)	
(5)			

2

問1	個	問2	人
問3	点	問4	km
問5			

3

問1	分	問2	倍
問3	関係 AからBまで進むのにかかる時間（　　　分）		

4

問1	cm^2	問2	秒後と　　秒後

5

問1	
問2	
問3	答え（　　　）

6

問1	①　　②
問2	

(注) この解答用紙は実物を縮小してあります。200%拡大コピーすると、ほぼ実物大で使用できます。(タイトルと配点表は含みません)

〔算　数〕100点(学校配点)

1～6　各5点×20　＜6　問1は完答＞

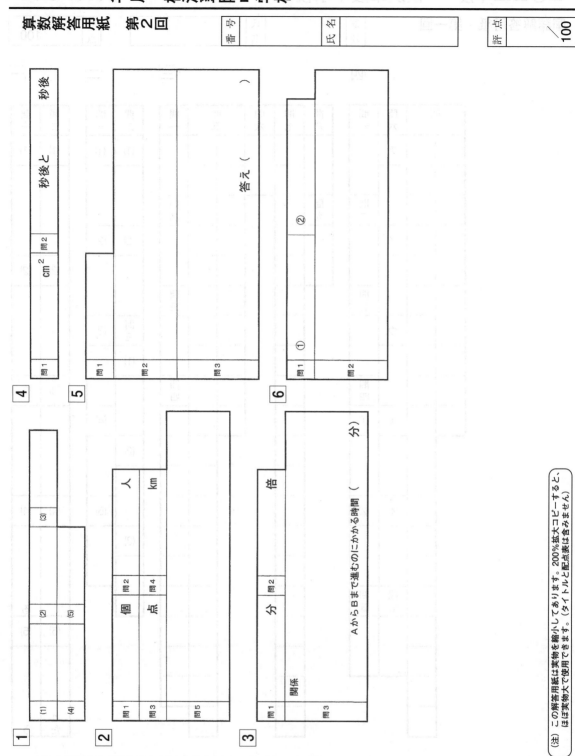

2022年度　横浜翠陵中学校

社会解答用紙　第2回

番号		氏名		評点	／50

1

問1		問2		問3	
問4		問5			
問6					
問7		問8			
問9		問10			

2

問1	海岸	問2		問3	港
問4					
問5					
問6	C		D		F

3

問1		問2				
問3	③		④		⑥	
問4	(1)	第　　条				
	(2)					

（注）この解答用紙は実物を縮小してあります。Ｂ４用紙に125％拡大コピーすると、ほぼ実物大で使用できます。（タイトルと配点表は含みません）

〔社　会〕50点（学校配点）

1～3　各２点×25

２０２２年度　横浜翠陵中学校

理科解答用紙　第２回

番号		氏名		評点	／50

1

問１		問２	極から　　極	問３	図
問４					
問５	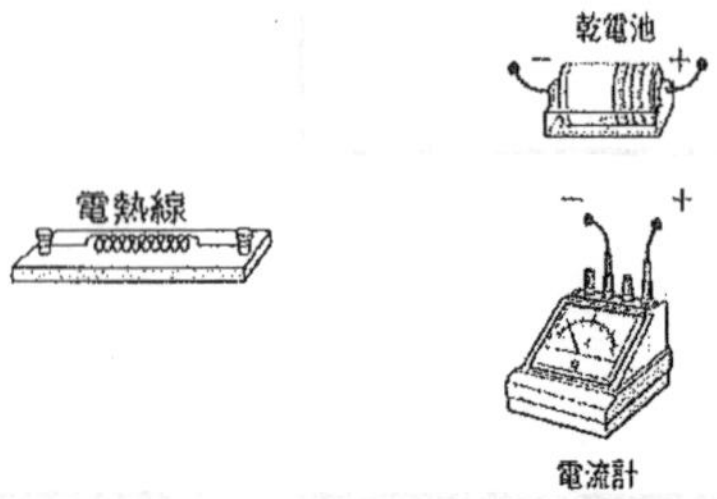				
問６	mA				

2

問１	性	問２		問３	
問４	A	B	C		
問５					

3

問１	容器　　と 容器	問２	容器　　と 容器		
問３		問４	種子	問５	
問６					

4

問１		問２			
問３					
問４		問５		問６	

（注）この解答用紙は実物を縮小してあります。Ａ４用紙に118％拡大コピーすると、ほぼ実物大で使用できます。（タイトルと配点表は含みません）

〔理　科〕50点（学校配点）

1～4　各２点×25

二〇二二年度　横浜翠陵中学校

国語解答用紙　第二回

番号　　氏名　　評点　／100

一

問一　(1)　(2)　(3)　(4)　い　(5)　って

問二　(1)　(2)　(3)　(4)　(5)　く

二

問一　(1)　(2)　(3)　(4)　(5)

問二　(1)　(2)

問三　(1)　(2)　(3)

三

問一　問二　問三　問四　問五　問六　問七　問八　問九

四

問一　①　②

問二　問三　問四　問五　問六　問七

問八　Ⅰ　Ⅱ

(注) この解答用紙は実物を縮小してあります。B４用紙に126%拡大コピーすると、ほぼ実物大で使用できます。(タイトルと配点表は含みません)

〔国　語〕100点(学校配点)

一, 二　各2点×20　三　問1　4点　問2　3点　問3　2点　問4　4点＜完答＞　問5　4点　問6　3点　問7　4点　問8, 問9　各3点×2　四　問1, 問2　各4点×2　問3　3点　問4　各2点×2　問5　4点　問6　3点　問7　4点　問8　各2点×2

2021年度　横浜翠陵中学校

算数解答用紙　第1回

番号		氏名		評点	/100

1

(1)		(2)		(3)	
(4)		(5)			

2

問1		問2	km
問3	円	問4	cm
問5			

3

問1	分	問2	m
問3			

4

問1	cm³
問2	答え（　　　　cm）

5

問1	個
問2	
問3	答え（　　　　個）

6

問1	①	②
問2		

(注) この解答用紙は実物を縮小してあります。200%拡大コピーすると、ほぼ実物大で使用できます。(タイトルと配点表は含みません)

〔算　数〕100点(学校配点)

1〜6　各5点×20　<2　問5，3　問3，5　問3は部分点あり。6　問1　①　2点　②　3点>

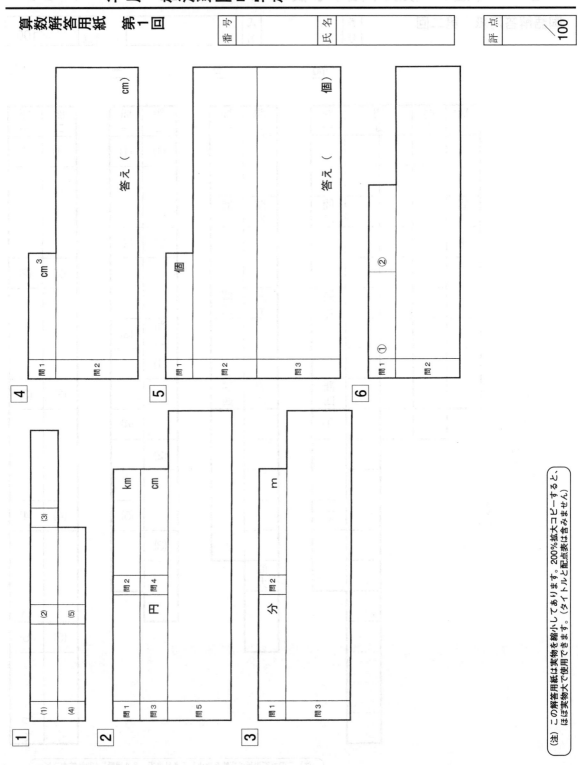

2021年度　横浜翠陵中学校

社会解答用紙　第1回

番号		氏名		評点	／50

1

問1	(1) の乱	(2)	(3)
	(4)		
問2	(1)		
	(2)		
問3	(1)		
	(2)	(3)	問4

2

問1	(1)	(2)	
	(3)		
問2	(1)	(2)	
問3	(1) A　洋	B　大陸	(2)

3

問1	問2	(1)	(2)
問3			
問4			
問5	問6		

（注）この解答用紙は実物を縮小してあります。B４用紙に125％拡大コピーすると、ほぼ実物大で使用できます。（タイトルと配点表は含みません）

〔社　会〕50点（学校配点）

1～3　各２点×25

２０２１年度　横浜翠陵中学校

理科解答用紙　第１回

番号		氏名		評点	／50

1

問１　　g　問２　　g　問３　　cm

問４

問５　　g　問６

2

問１　　問２　①　　②

問３　　問４

問５

3

問１　　問２　　問３

問４

問５

問６

4

問１　　問２　　座

問３　　問４

問５

問６

（注）この解答用紙は実物を縮小してあります。Ａ４用紙に118％拡大コピーすると、ほぼ実物大で使用できます。（タイトルと配点表は含みません）

〔理　科〕50点（学校配点）

1　各２点×６　2　問１　３点　問２～問５　各２点×５　3　問１　３点　問２～問５　各２点×５　4　各２点×６

二〇二一年度　横浜翠陵中学校

国語解答用紙　第一回

番号　　氏名　　評点　／100

一

問一　(1)　(2)　(3)　(4)　しい　(5)　いる

問二　(1)　(2)　(3)　(4)　る　(5)　びる

二

問一　(1)　(2)　(3)　(4)　(5)

問二　(1)　(2)

問三　(1)　(2)　(3)

三

問一

問二

問三

問四

問五

問六　最初　最後

問七　最初　最後

問八　6　8

問九

四

問一

問二

問三

問四　①　②

問五

問六

問七

問八

〔国　語〕100点(学校配点)

(注) この解答用紙は実物を縮小してあります。Ｂ４用紙に127％拡大コピーすると、ほぼ実物大で使用できます。(タイトルと配点表は含みません)

一，二　各２点×20　三　問１　３点　問２，問３　各２点×２　問４　３点　問５～問７　各４点×３ ＜問６，問７完答＞　問８　各２点×２　問９　４点　四　問１，問２　各４点×２　問３　３点　問４　各２点×２　問５～問７　各４点×３　問８　３点

２０２１年度　横浜翠陵中学校

算数解答用紙　第２回

番号　　氏名　　評点　／100

1

(1)　(2)　(3)　(4)　(5)

2

問1　　点
問2
問3　　m
問4　　度
問5

3

問1　分速　　m
問2　　m
問3

4

問1　答え（　　cm）
問2　答え（　　cm）

5

問1
問2
問3　答え（　　）

6

問1　ア　イ　①　②　③
問2　答え（　　曜日）

（注）この解答用紙は実物を縮小してあります。200%拡大コピーすると、ほぼ実物大で使用できます。（タイトルと配点表は含みません）

〔算　数〕100点(学校配点)

1～6　各５点×20　＜2　問５は完答。　3　問３，4　問１，問２，5　問２，問３は部分点あり。6　問１　各１点×５　問２　部分点あり。＞

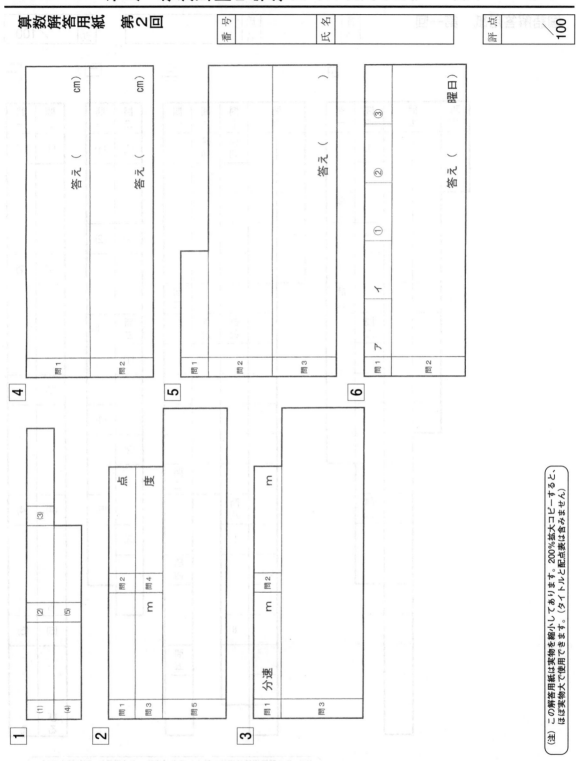

２０２１年度　　横浜翠陵中学校

社会解答用紙　第２回

番号		氏名		評点	／50

1

問1	(1)					
	(2)					
	(3)					
問2	(1)					
	(2)		問3	(1)　天皇	(2)	
問4	(1)		(2)		問5	

2

問1						
問2	(1)	工業地域	(2)	工業地帯	(3)	
	(4)					
	(5)					
問3	(1)		(2)			

3

問1		問2	先進国　＝　　　　　発展途上国　＝
問3			
問4			
問5		問6	

（注）この解答用紙は実物を縮小してあります。Ｂ４用紙に125％拡大コピーすると、ほぼ実物大で使用できます。（タイトルと配点表は含みません）

〔社　会〕50点(学校配点)

1～3　各２点×25

２０２１年度　横浜翠陵中学校

理科解答用紙　第２回

番号		氏名		評点	／50

1

問１		問２		問３	度
問４		問５			
問６					

2

問１	g	問２	
問３	（１）　g	（２）	（３）　g
問４			

3

問１		問２	B　C
問３			
問４		問５	

4

問１		問２		問３	
問４	毎秒　m				
問５					
問６					

（注）この解答用紙は実物を縮小してあります。Ａ４用紙に118％拡大コピーすると、ほぼ実物大で使用できます。（タイトルと配点表は含みません）

〔理　科〕50点（学校配点）

1，2　各２点×12　3　問１　３点　問２～問５　各２点×５　4　問１　３点　問２～問５　各２点×５

二〇二一年度　横浜翠陵中学校

国語解答用紙　第二回

番号		氏名		評点	／100

一

問一　(1)　(2)　(3)　(4)　(5)　みる

問二　(1)　(2)　(3)　(4)　く　(5)　す

二

問一　(1)　(2)　(3)　(4)　(5)

問二　(1)　(2)

問三　(1)　(2)　(3)

三

問一

問二　①　②

問三

問四　3　4

問五

問六

問七

問八

四

問一

問二　(1)　(2)

問三

問四

問五

問六　Ⅰ　Ⅱ

問七

（注）この解答用紙は実物を縮小してあります。B４用紙に119%拡大コピーすると、ほぼ実物大で使用できます。（タイトルと配点表は含みません）

〔国　語〕100点(推定配点)

一，二　各２点×20　三　問１　４点　問２　各１点×２　問３　４点　問４　各３点×２　問５　４点　問６，問７　各３点×２　問８　４点　四　問１　４点　問２　各３点×２　問３～問５　各４点×３　問６　各２点×２　問７　４点

Memo

Memo

Memo

東京都／神奈川県／千葉県／埼玉県／茨城県／栃木県ほか

2025年度用
声の教育社版

中学受験案内

■全校を見開き2ページでワイドに紹介！

■中学～高校までの授業内容をはじめ部活や行事など、6年間の学校生活を凝縮！

■偏差値・併願校から学費・卒業後の進路まで、知っておきたい情報が満載！

私立・国公立353校掲載

Ⅰ 首都圏（東京・神奈川・千葉・埼玉・その他）の私立・国公立中学校の受験情報を掲載。

合格情報
近年の倍率推移・偏差値による合格分布予想グラフ・入試ホット情報ほか

学校情報
授業、施設、特色、ICT機器の活用、併設大学への内部進学状況と併設高校からの主な大学進学実績ほか

入試ガイド
募集人員、試験科目、試験日、願書受付期間、合格発表日、学費ほか

Ⅱ 資　料

(1)私立・国公立中学の合格基準一覧表（四谷大塚、首都圏模試、サピックス）
(2)主要中学早わかりマップ
(3)各校の制服カラー写真
(4)奨学金・特待生制度，帰国生受け入れ校，部活動一覧

Ⅲ 大学進学資料

(1)併設高校の主要大学合格状況一覧
(2)併設・系列大学への内部進学状況と条件

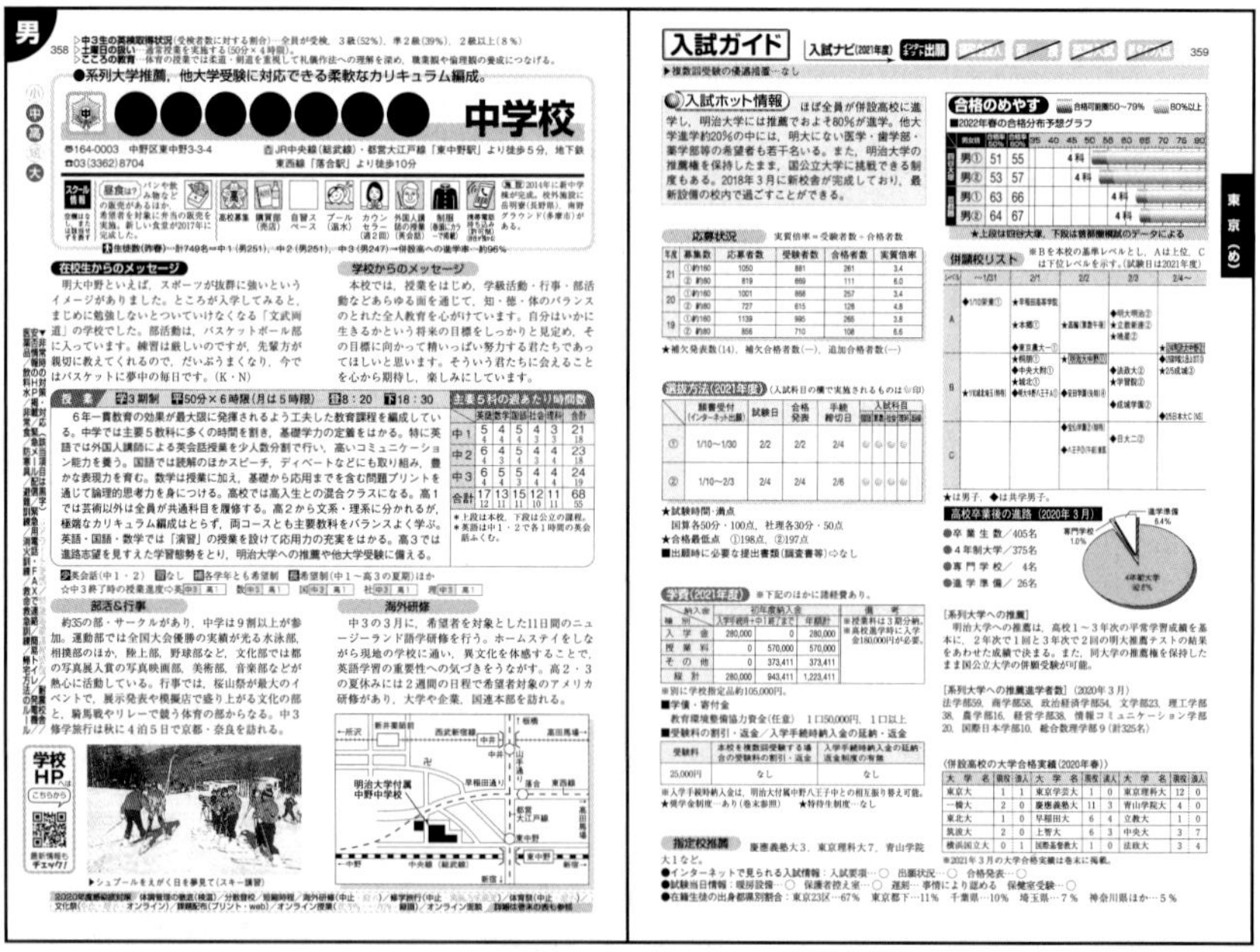

志望校・併願校を
この１冊で選ぶ！決める!!

過去問で君の夢を応援します
声の教育社
〒162-0814　東京都新宿区新小川町8-15
TEL.03-5261-5061　FAX.03-5261-5062
https://www.koenokyoikusha.co.jp